उत्तर प्रदेश सरकार

हरदोई : सांस्कृतिक गज़ेटियर

हरदोई
सांस्कृतिक गज़ेटियर

डॉ. अंजलि चौहान

वाणी प्रकाशन

वाणी प्रकाशन
4695, 21-ए, दरियागंज, नयी दिल्ली 110 002

शाखा
अशोक राजपथ, पटना 800 004

फोन : +91 11 23273167 फ़ैक्स : +91 11 23275710

www.vaniprakashan.in
vaniprakashan@gmail.com
sales@vaniprakashan.in

In Association with

ESTD.-1986

Ayodhya Shodh Sansthan
presents

HARDOI : SANSKRITIK GAZETTEER
by Dr. Anjali Chauhan

ISBN : 978-93-5229-570-8
Gazetteer

प्रथम संस्करण
मूल्य : ₹ 995

एस.के. ऑफ़सेट, दिल्ली-110 095 में मुद्रित

वाणी प्रकाशन का लोगो मक़बूल फ़िदा हुसेन की कूची से

हरदोई
सांस्कृतिक गज़ेटियर

भूमिका

अवध प्रान्त के सीमांकन को लेकर भिन्न विचारधाराएँ हैं; कुछ विद्वान इसे एक भौगोलिक क्षेत्र के रूप में देखते हैं तो दूसरी ओर भाषाविदों के अनुसार यह वह क्षेत्र है जहाँ अवधी भाषा बोली जाती है। इस प्रान्त को ऐतिहासिक सन्दर्भ में देखा जाए तो अलग-अलग कालखण्ड में इसकी सीमाएँ एवं राजधानी परिवर्तित होती रही। दूसरी ओर इस प्रान्त में स्थित हरदोई जिले को कुछ लोग अवध में रखते हैं तो कुछ इसे अलग मानते हैं फिलहाल वर्तमान प्रशासनिक ढाँचे के अनुसार यह जिला अवध का ही भाग है। इस जिले की मूल जानकारी खोजने पर वर्तमान समय में भी दो-तीन सन्दर्भ ग्रन्थ उपलब्ध हैं। एक तो अंग्रेजों द्वारा लिखा गया यूनाइटेड प्राविन्स का ग़ज़ेटियर जो एक विदेशी कृति थी। दूसरा, बघेल जी द्वारा लिखित और हाल में ही अमिय कृष्ण चतुर्वेदी (आई.ए.एस.) ने इसकी ऐतिहासिक पृष्ठभूमि पर काम किया है। तत्पश्चात उन्होंने क्षेत्रीय अधिकारियों एवं लोगों के सहयोग से लोकगीतों का संकलन भी किया।

इनके अतिरिक्त हरदोई पर कोई विशिष्ट पुस्तक या ग्रन्थ उपलब्ध नहीं है जो कि किसी स्वदेशी शिक्षाविद् ने लिखा हो। इस बात को ध्यान में रखते हुए अयोध्या शोध संस्थान के निदेशक डॉ. योगेन्द्र प्रताप सिंह द्वारा एक सुझाव दिया गया कि क्यों न अवध के विभिन्न जिलों का मोनोग्राफ तैयार किया जाए। अतः मैंने हरदोई पर एक शोध प्रस्ताव प्रस्तुत किया जिसे स्वीकृत कर लिया गया। एक मानवशास्त्री के तौर पर मैंने इसका नृजाति वृत्तान्त प्रस्तावित किया जिसमें मानव शास्त्र की अनुसन्धान पद्धति क्षेत्रीय अध्ययन प्रणाली का प्रयोग किया गया। इसके लिए 19 गाँवों का चुनाव किया गया। प्रत्येक गाँव में अनेक साक्षात्कार और वैयक्तिक अध्ययन किये गये तथा सम्बन्धित सरकारी विभागों से प्रश्नावली के माध्यम से जानकारी एकत्र की गयी। इस पद्धति के प्रयोग से हमने हरदोई की मौलिक संस्कृति को समझने का प्रयास किया है। विभिन्न शासनकाल में कैसे इस संस्कृति पर प्रभाव पड़ा और समय-समय पर उसमें परिमार्जन और नवीनीकरण हुआ, इसे भी जानने का प्रयास किया गया है।

इस अध्ययन को हमने दो शोध सहायकों—श्रीमती अरुणा सिंह एवं श्री रमेश प्रताप जी के सहयोग से पूरा किया है। अलग-अलग समय पर भिन्न पुस्तकालयों से भी वांछित सहयोग प्राप्त हुआ है। यहाँ पर मैं विशेष उल्लेख करना चाहूँगी, पुरातत्व विभाग, भारत सरकार के कैसरबाग शाखा के पुस्तकालय कर्मचारियों का तथा रिसर्च ऑफिसर श्री राकेश श्रीवास्तव का जिन्होंने हरदोई पर पुस्तकें ढूँढ़ने में विशेष सहायता की। इसके अतिरिक्त श्री जयनारायण पी.जी. कॉलेज तथा अमीरुद्दौला लाइब्रेरी व अयोध्या शोध संस्थान, फ़ैज़ाबाद के पुस्तकालयों से कुछ महत्त्वपूर्ण ग्रन्थ उपलब्ध कराये गये। हरदोई स्थित सरस्वती केन्द्र से मुझे इस जिले से सम्बन्धित दस्तावेज़ प्राप्त हुए।

शोध-कार्य के दौरान जिन व्यक्तियों ने विशेष रुचि लेकर मदद की उनमें श्री संजय सिंह,

श्रीमती अरुणा सिंह, श्रीमती रश्मि सिंह, श्रीमती अनुदा सिंह, श्री एस.के. सिंह, श्री राजीव रस्तोगी, श्रीमती ज्योति रस्तोगी, श्री पंकज अग्रवाल हैं। इनके अतिरिक्त श्रीमती वन्दना शुक्ला ने भी महत्त्वपूर्ण योगदान प्रदान किया।

इसी क्रम में मैं प्रो. नदीम हसनैन, पूर्व विभागाध्यक्ष, मानवशास्त्र विभाग, लखनऊ विश्वविद्यालय का आभार व्यक्त करना चाहूँगी जिन्होंने इस शोध प्रक्रिया में समय-समय पर मार्गदर्शन दिया तथा प्रो. इन्दु सहाय, पूर्व विभागाध्यक्ष, मानवशास्त्र विभाग, लखनऊ विश्वविद्यालय जिन्होंने सदैव ही मुझे शोध की बारीकियाँ पूरी करने के लिए पूर्ण निष्ठा से काम करने की प्रेरणा दी है। इनके अतिरिक्त डॉ. विद्याबिन्दु सिंह जी ने भी अवधी संस्कृति की समझ विकसित करने में मेरी सहायता की, अतः मैं उनका भी आभार व्यक्त करती हूँ। लखनऊ विश्वविद्यालय के प्राचीन इतिहास व पुरातत्व विभाग के विभागाध्यक्ष प्रो. डी.पी. तिवारी ने पूर्ण सहजता से हरदोई के पुरातात्विक इतिहास पर लिखने की सहमति प्रदान की जिससे इस ग्रन्थ का महत्त्व बढ़ गया। मेरे आग्रह को सहर्ष मानने के लिए मैं उनका शुक्रिया अदा करती हूँ। मेरी सहयोगी डॉ. नीतू सिंह, विभागाध्यक्ष, मानवशास्त्र विभाग, विद्यान्त हिन्दू पी.जी. कालेज ने भी इस कार्य को पूरा करने में हर समय मेरा मनोबल बढ़ाया, जो एक अच्छे मित्र की पहचान है।

इस शोध परियोजना पर काम करने के लिए मैं अपने महाविद्यालय की प्रबन्ध समिति के अध्यक्ष श्री वी.एन. मिश्र, प्रबन्धक श्री जी.सी. शुक्ला व प्राचार्य डॉ. एस.डी. शर्मा को आवश्यक अनुमति प्रदान करने के लिए धन्यवाद ज्ञापित करती हूँ।

इस शोध ग्रन्थ में प्रस्तुत किये गये अलग-अलग चित्र समय-समय पर श्री विजय वाल्मीकि द्वारा लिए गये। इस कार्य में उनका सहयोग अखिलेश कुमार सिंह ने किया। यहाँ पर प्रस्तुत किये गये चित्रों को कु. आयुषी चौहान ने पूरी कलात्मकता से पूर्ण किया है।

यहाँ पर इस कार्य के टंकण में श्री अश्विनी पाण्डेय, श्री मुकेश और श्री मुकुल लोहुमी ने योगदान पूर्ण मनोयोग से दिया जिसके लिए मैं कृतज्ञता व्यक्त करती हूँ।

सम्पूर्ण कार्य अवधि में मेरे माता-पिता व अन्य परिवार जनों ने विशेषकर मेरे पति श्री रणवीर सिंह चौहान ने मुझे पूर्ण समर्थन और प्रोत्साहन प्रदान किया जिसके लिए मैं सदैव ऋणी रहूँगी।

इस कार्य में पहली कठिनाई सन्दर्भ ग्रन्थ ढूँढ़ने में आयी। दूसरी ओर हरदोई जिले के ग्रामीण क्षेत्रों की सड़कें बहुत अच्छी न होने के कारण परेशानी उत्पन्न हुई। यह जिला बहुत विकसित नहीं है और न ही साक्षरता दर अच्छी है, जिसके कारण लोगों को ये समझाना कठिन था कि ये जानकारियाँ हम किस प्रयोजन से एकत्रित कर रहे हैं। जातिगत विभेद व पारिवारिक लड़ाइयाँ भी हमारे कार्य में बाधा बनीं। दूसरी ओर सांस्कृतिक परिवर्तन इतनी तीव्रता से होता चला जा रहा है कि लोग पारम्परिक तौर तरीके और अपनी संस्कृति को भूलते जा रहे हैं। इस दृष्टि से समय रहते इसका अध्ययन संवर्धन व प्रसार करना आवश्यक है अन्यथा हम भूमण्डलीकरण और आधुनिकता के दौर में अपनी विरासत खो देंगे।

यह अध्ययन हरदोई के सामाजिक-सांस्कृतिक परिवेश को समझने में सभी की सहायता करेगा, इस आशा के साथ मैं इसे आप सबको समर्पित करती हूँ।

–डॉ. अंजलि चौहान

दिनांक : 13.10.2015
(प्रथमा, शारदीय नवरात्र)

अनुक्रम

अध्याय-1

अवध क्षेत्र का विस्तार

भारत एक समृद्धशाली देश है। यहाँ की संस्कृति विश्व की प्राचीनतम संस्कृतियों में से है। इसका गौरवशाली इतिहास लगभग पाँच हजार वर्ष पुराना है। वर्तमान में भूमंडलीकरण के दौर में ये भी भले ही आर्थिक दृष्टि से पिछड़ा हो किन्तु आध्यात्मिक और लौकिक ज्ञान अतुलनीय है। इस ज्ञान में इतना तेज और ओज है कि अनेक विदेशी आक्रमण एवं सदियों के विदेशी राज के उपरान्त भी जीवित है। इसीलिए इसका संवर्धन और प्रसार परम आवश्यक है।

यदि हम वर्तमान समय की बात करें तो भारत में 29 प्रदेश हैं। उनमें से एक उत्तर प्रदेश है। उत्तर प्रदेश बहुत विशाल था इस कारण सन् 2000 में इसको विभाजित करके उत्तराखण्ड बना दिया गया। इसी प्रदेश का एक अन्य उद्‌भाग अवध भी है। इस क्षेत्र की भूमि पर अनेको नदियाँ बहती हैं इस कारण यह बहुत ही उपजाऊ भूमि रही है। इस स्थान पर भारत के अनेको प्रसिद्ध राजाओं और विभूतियों ने जन्म लिया है। सन् 2011 में तत्कालीन मायावती सरकार ने उत्तर प्रदेश के 04 भाग करने का प्रस्ताव रखा था—हरित प्रदेश, बुन्देलखण्ड, अवध, पूर्वांचल। प्राचीन समय से वर्तमान समय तक अवध की ऐतिहासिक पृष्ठभूमि बहुत गौरवमयी रहीं हैं।

प्राचीन वैदिक काल में ऋगवेद या अन्य संहिता में कोसल की कहीं चर्चा नहीं पायी गयी है। पूर्व वैदिक काल में सत्पथ ब्राह्मण और कल्पसूत्र नामक पुस्तक में कोसल को आर्य राज्य के रूप में बताया गया है। कोसल का नाम बौद्ध साहित्य में भी आया है, जिसमें इसे 16 महाजनपदों में से 'एक महाजनपद' बताया है। पाणिनि ने भी अपने एक सूत्र में (vi.i.17) में कोसल की चर्चा की है। बुद्धघोष ने 'अथाहशालिनी' में कोसल की 'क्षत्रियों' का एक जनजाति के रूप में चर्चा की है जो कि बौद्धकाल में विराजमान थे। कोसल को एक बहुत ही सुन्दर राज्य के रूप में बताया गया है, जहाँ अनेकों प्रकार की बोलियाँ, चावल, भोजन तथा अनेक प्रकार के पेय पदार्थ उपलब्ध थे। कोसल एक बड़ा, समृद्धशाली राज्य था, जैसा कि देवों का 'अलकानन्दा राज्य'। बुद्ध के समय में ये उत्तरभारत का एक शक्तिशाली राज्य था, जिसके ऊपर मगध का बहत प्रभाव बढ़ता जा रहा था।

कोसल राज्य, कुरु और पाँचाल राज्य के पूर्व में था और विद्रोह के पश्चिम में दोनों राज्यों के बीच में 'सदानीर' नदी थी, जिसको गंडक नदी के नाम से जाना जाता है। मैकडोनाल्ड और कीथ के अनुसार, कोसल राज्य, गंगा के उत्तर पूर्व में था और आधुनिक अवध के क्षेत्र को आच्छादित करता था।

रैपसन के अनुसार, ''कोसल ऐसा राज्य था, जो पाँचाल के पूर्व में तथा विदेह के पश्चिम में

फैला था। ये आधुनिक अवध और संयुक्त गणराज्य का क्षेत्र था।''

अवध क्षेत्र को भौगोलिक सीमांकन के तौर पर देख सकते हैं। और अवध क्षेत्र को बोली के आधार पर भी नामांकित किया जा सकता है।

अकबर ने अपने शासन की एक इकाई के रूप में अवध प्रान्त को जन्म दिया जिसका राज्यपाल सूबेदार कहलाता था, और अयोध्या नगर का भी सरकारी नाम अवध हो गया।

यदि हम हिन्दू काल के इतिहास को अलग कर दें, तब भी अवध का इतिहास अकबर से भी पुराना है। 1226 ई. में बाबर के हाथों इब्राहीम लोदी की पराजय के बाद अवध मुगल साम्राज्य का एक अंग बन गया। मुगल काल में अवध की प्रशासनिक स्थिति में व्यापक परिवर्तन हुआ। डॉ. ब्रज किशोर मिश्र के शब्दों में—''अवध प्रान्त बाबर के समय से ही मुगल साम्राज्य का एक प्रमुख अंग था किन्तु अकबर के शासन काल से पूर्व वह सूबे के रूप में न था। शेरशाह के समय तक देश सरकारों व परगनों के रूप में विभाजित था। अकबर ने जागीर प्रथा उठाई और देश को 12 सूबों में विभक्त किया। सूबेदार जो कि सिपहसालार कहे जाते थे, सम्पूर्ण अधिकारों से युक्त थे। ये सब सरकार और परगनों में बँटे थे। अवध इनमें एक प्रमुख सूबा था। उस समय इस सूबे का स्वरूप थोड़ा भिन्न था। वर्तमान अवध के कुछ भाग तत्कालीन अवध से बाहर थे, तो कुछ अन्य क्षेत्र अवध में सम्मिलित थे, वर्तमान अवध से बाहर है।''

जब दिल्ली के बादशाह ने सआदत खाँ को अवध का सूबेदार नियुक्त किया, उस समय लखनऊ में शेखजादों का आधिपत्य था, पर सआदत खाँ ने बड़ी कुशलता और कूटनीति से इन शेखजादों को पराजित कर अवध के शासन की बागडोर अपने हाथ में ले ली। सन् 1711 से नवाबों ने अवध पर शासन किया। अंग्रेजों ने 1856 में अवध के अन्तिम नवाब वाजिद अली शाह को हटाकर अवध को अपने राज्य में सम्मिलित कर लिया और इसका एक प्रमुख अधिकारी नियुक्त किया गया। 1877 में आगरा और अवध प्रान्त को मिला दिया गया। और उत्तरी पश्चिमी गवर्नर को जो अवध का चीफ कमिश्नर भी था यहाँ नियुक्त किया गया।

एक ओर तो उपर्युक्त प्रशासनिक फेर-बदल की प्रक्रिया चल रही थी तो दूसरी ओर अंग्रेजों की स्वार्थपरक नीतियों की व्यापक प्रतिक्रिया भी भारतीय जनमानस पर हो रही थी। परिणामस्वरूप 20 मार्च सन् 1857 को स्वतन्त्रता संग्राम प्रारम्भ हुआ था। इस संग्राम का सम्बन्ध अवध से बहुत गहरे जुड़ा था। लखनऊ नगर के दिलकुशा और रेजीडेंसी के खंडहर सन् 1857 के इतिहास की कहानी कहते हैं। इन खंडहरों में पड़े गोली के चिह्न स्वतन्त्रता के उन दीवानों के साहस और त्याग के उदाहरण हैं। जिन्होंने विदेशी शक्ति को देश से बाहर निकालने के लिए अपना सर्वस्व लुटा दिया। रेजीडेंसी की घेराबन्दी और वहाँ हुई लड़ाई और साम्राज्यवादी सेनाओं की पराजय भारतीय स्वाधीनता संग्राम के इतिहास की अत्यन्त गौरवपूर्ण स्मृतियाँ हैं।

विद्रोह का दमन तो कर दिया गया और अपनी तौर पर धीरे-धीरे सब कुछ सामान्य लगने लगा, पर भीतर-भीतर आग सुलगती रही जो पूर्व स्वतन्त्रता से कम पर बुझने को तैयार न थी। 1885 में कांग्रेस की स्थापना, व्यापक जन-जागरण, राजनीति में बुद्धिजीवी वर्ग की बढ़ती हुई रुचि अंग्रेजों को यह समझने के लिए पर्याप्त थी कि भारत में उनके शासन के दिन बहुत थोड़े रह गये हैं। स्वतन्त्रता के पूर्व से ही आधुनिक भारत के साथ ही साथ प्राचीन अवध का आधुनिक स्वरूप विकसित होने लग गया था। प्रशासनिक फेर-बदल का क्रम अब भी जारी था।

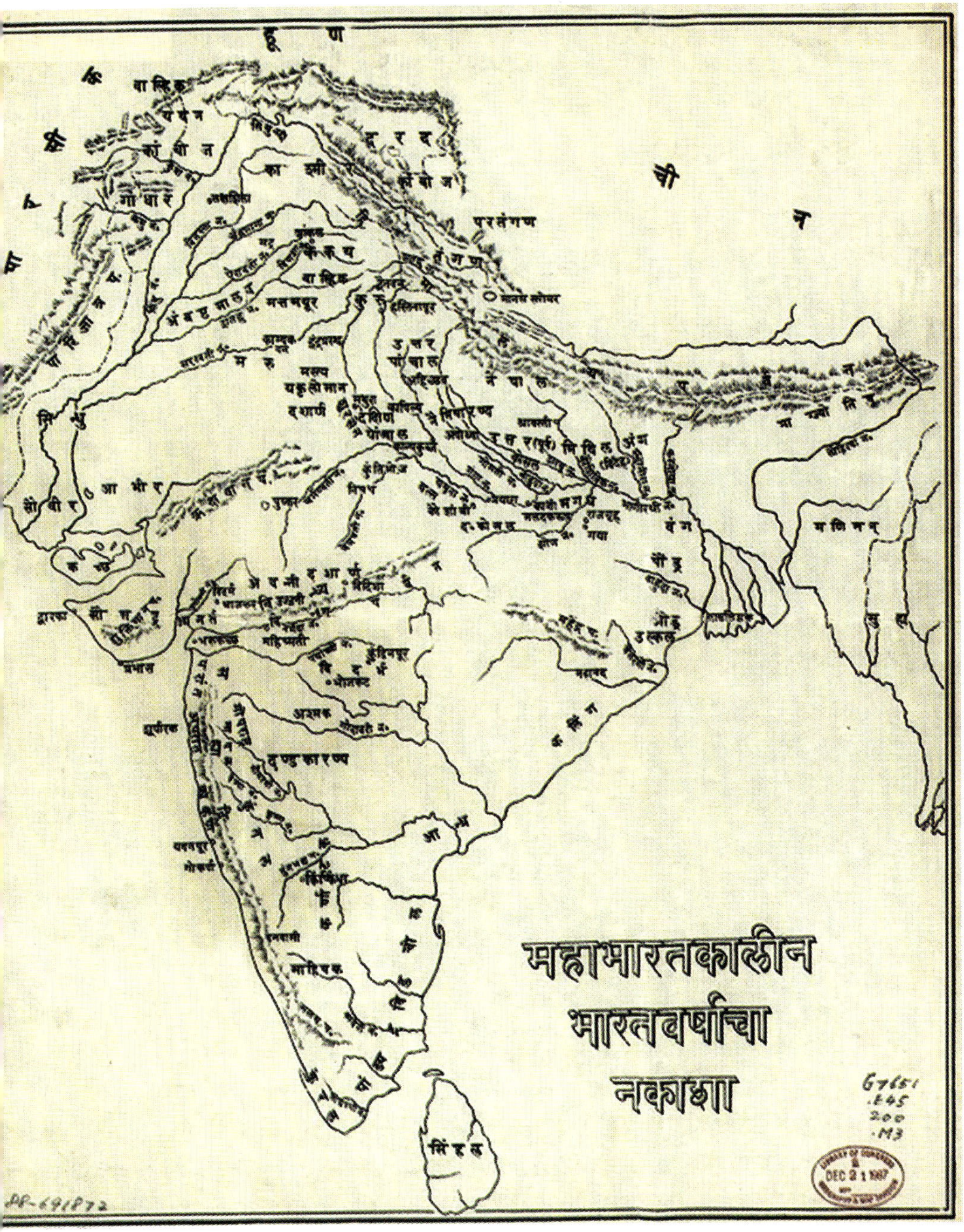

स्रोत : https://sushantskoltey.files.wordpress.com/2010/03/mahabharata_bharatvarsh.jpg (26.09.2015)

"सन् 1902 में इसका नाम यूनाइटेड प्राविन्सेस ऑफ आगरा एण्ड अवध (संयुक्त आगरा व अवध प्रान्त) रखा गया और चीफ कमिश्नर को हटा दिया गया। इसमें कुल 48 जनपद थे जिनमें से 36 आगरा के और 12 अवध (लखनऊ, उन्नाव, रायबरेली, सीतापुर, हरदोई, फैजाबाद, सुल्तानपुर, प्रतापगढ़, बाराबंकी आदि) के थे। उस समय के बहुत से सरकारी कार्यालय इलाहाबाद से लखनऊ आ गये। अप्रैल 1937 को प्रान्त का नाम संक्षिप्त होकर केवल यूनाइटेड प्राविन्स रह गया जो बाद में (24 जनवरी 1950 को) उत्तर प्रदेश हो गया।

"प्रान्त का नाम यूनाइटेड प्राविन्स (संयुक्त प्रान्त) से उत्तर प्रदेश और लखनऊ को उसकी राजधानी बनाये जाने के बाद लखनऊ जनपद और नगर का महत्त्व बहुत अधिक बढ़ गया। आधुनिकीकरण की लहर आने के बाद से प्राचीन अवध नाम का प्रचलन कम होने लगा पर यह क्षेत्र अपने आप में प्राचीन भारतीय इतिहास और संस्कृति की अमूल्य धरोहर समेटे हुए है, इसलिए इसकी प्रासंगिकता कभी समाप्त नहीं हो सकती। अवध के अधिकांश जिले ही नहीं अनेक पार्श्ववर्ती जनपद भी महत्त्वपूर्ण ऐतिहासिक प्रागैतिहासिक स्थलों से जुड़े हुए हैं। फैजाबाद, सुल्तानपुर, प्रतापगढ़ ही नहीं इलाहाबाद और उसके भी दक्षिण का क्षेत्र प्राचीन कोसल के इतिहास से घनिष्ठ रूप से सम्बद्ध है। राजधानी लखनऊ भी एक ऐतिहासिक नगर है। लखनऊ नगर में गोमती नदी पर बने पक्के पुल के ठीक नीचे, गोमती के दक्षिण-पश्चिम तथा इमामबाड़े के उत्तर-पूर्व की ओर लक्ष्मण टीला नाम का एक ऊँचा सा स्थान है। कहा जाता है कि इस स्थान पर लक्ष्मण जी ठहरे थे। उनकी स्मृति में टीले के चारों ओर एक गाँव बसाया गया जिसका नाम लक्ष्मणपुर रखा गया। कदाचित लक्ष्मणपुर ही विकृत होते-होते लखनऊ हो गया। धीरे-धीरे उसका विकास हुआ और लक्ष्मणपुर लखनऊ के रूप में उभर कर आया, और उसके आसपास जो गाँव बसते गये वे लखनऊ जनपद में सम्मिलित हो गये। ऐतिहासिक-प्रागैतिहासिक युगों के अवशेष, एवं स्मृति शेष उनके स्थान अवध को आज भी गौरवान्वित कर रहे हैं। अतीत में तो इसी क्षेत्र में जन्मे मर्यादा पुरुषोत्तम राम ने समूचे आर्यावर्त को गौरवान्वित किया ही है।"

—डॉ. मधुरलता श्रीवास्तव

अवध का ऐतिहासिक और भौगोलिक सीमांकन जानने के पश्चात एक अन्य प्रकार से अवध की परिकल्पना को समझना आवश्यक है। इस सम्पूर्ण प्रान्त में जिस भाषा का सर्वाधिक प्रचलन है उसे अवधी कहते हैं। यदि भाषा क्षेत्र के आधार पर हम अवध को परिभाषित करें तो इसका क्षेत्र बढ़ जाता है।

अवधी भाषा हिन्दी की सर्वाधिक समृद्ध विभाषा है। इसका मौखिक स्वरूप ही है और कोई भिन्न लिपि नहीं है बल्कि देवनागरी से ही इसे व्यक्त किया जाता है।

"अवधी हिन्दी की सर्वाधिक समृद्ध विभाषा है। यह उत्तर प्रदेश लखनऊ, सीतापुर, लखीमपुर खीरी, उन्नाव, फतेहपुर, बहराइच, बाराबंकी, बलरामपुर, रायबरेली, गोण्डा, सन्त कबीरनगर, फैजाबाद, अम्बेडकर नगर, सुल्तानपुर, प्रतापगढ़, सिद्धार्थ नगर, इलाहाबाद, श्रावस्ती, जौनपुर, मिर्जापुर, फतेहपुर, कौशाम्बी तथा बिहार के मुजफ्फरपुर एवं मध्य प्रदेश, छत्तीसगढ़ आदि क्षेत्रों में, लगभग साढ़े चार करोड़ व्यक्तियों के बीच व्यवहृत है। भारत के अतिरिक्त सूरिनाम, फीजी मारिशस में इसका प्रसार हुआ। भोजपुरी, बुन्देली, कन्नौजी, छत्तीसगढ़ी, बघेली आदि विभाषाएँ भी इसकी भगिनी हैं। अवधी के मुख्य पाँच रूपान्तर प्राप्त होते हैं—पूर्वी, पश्चिमी, बैसवारी, गांजरी एवं बांगरही। अपनी शब्द-सम्पदा

स्रोत : http://www.muzaffarnagar.nic.in/st_up1.gif (26.09.2015)

के कारण अवधी का स्थान महत्त्वपूर्ण है। वस्तुतः 'रामचरितमानस' की भाषा होने के कारण यह विश्व-विश्रुत हो गयी है।

''अवधी भाषा का इतिहास गौरवपूर्ण है। नवीनतम शोधों द्वारा यह सिद्ध हो गया है कि इसका व्याकरण सातवीं शती में ही स्थिर हो चुका था। इस दृष्टि से यह हिन्दी की सबसे पुरानी विभाषा है। आदिकाल के अपभ्रंश ग्रन्थों में अवधी का पर्याप्त पुट दिखाई देता है। हेमचन्द्र के 'काव्यानुशासन' में तथा सन्देश रासक, कीर्तिलता, वर्णरत्नाकर, प्राकृत पैंगलम, कुमार पाल प्रतिबोध, प्रबन्ध चिन्तामणि, पृथ्वीराज रासो, उक्ति व्यक्ति प्रकरण, कबीर की साखियों और सिद्धों के चर्या गीतों में अवधी के पुष्कल प्रयोग द्रष्टव्य हैं। मुल्ला दाउद कृत 'चांदायन' अवधी का प्रथम महाकाव्य है। इसके अतिरिक्त मृगावती (कुतुबन), मधुमालती (मंझन), पद्मावत, अखरावट, कहरानामा, मसलानामा, आखिरी कलाम, कान्हावत (जायसी), चित्रावली (उस्मान), ज्ञानदीप (शेखनबी), हंस जवाहर (कासिम शाह), इन्द्रावती (नूर मोहम्मद) आदि सूफी काव्य अवधी की ही देन हैं। रहीम का 'बरवै नायिका भेद' और अनेक हिन्दू प्रेमाख्यान इसी विभाषा की निधि है। अन्य प्राचीन अवधी कवियों में तुलसीदास, सूरदास

लखनवी, लालचदास, रामप्रिया शरण, जानकी शरण, जानकी रसिक शरण, राम चरन, मधुसूदन, कृपा निधान, शिव प्रसाद, सहजराम, ललकदास, रामजी शरण, सरयू प्रसाद, विन्ध्याचल प्रसाद, कवि सिंह आदि का प्रमुख स्थान है। आगे चलकर अवधी काव्य में बेनी, शुकदेव मिश्र, भिखारी दास, भूपति आदि ने योगदान किया। कालान्तर में प्रताप नारायण मिश्र, बैजनाथ, महावीर प्रसाद द्विवेदी (कल्लू अल्हैत), लक्ष्मण प्रसाद, ज्वाला प्रसाद, हरतालिका प्रसाद, ललिता प्रसाद, गयाचरण, प्राणचन्द चौहान, राजा विश्वनाथ सिंह, प्रयागदत्त, गंगा प्रसाद आदि अवधी की धारा को अच्छी तरह प्रवहमान बनाये रखने में विशिष्ट योगदान करते रहे।

''आधुनिक अवधी काव्य में बलभद्र दीक्षित 'पढ़ीस', द्वारका प्रसाद मिश्र, सनेही, वंशीधर शुक्ल, चन्द्र भूषण त्रिवेदी 'रमई काका', गुरु प्रसाद सिंह 'मृगेश', दयाशंकर शुक्ल 'देहाती', ब्रजनन्दन पाण्डेय, शिव दुलारे त्रिपाठी 'नूतन', सिरस, चतुर्भुज शर्मा, रामस्वरूप मिश्र विशारद, तुरन्त नाथ दीक्षित, उमादत्त सारस्वत, काका बैसवारी, रामविलास शर्मा, त्रिलोचन शास्त्री, लक्ष्मीशंकर मिश्र 'निशंक', ब्रजेश, केदारनाथ त्रिवेदी 'नवीन', करील, मधुप, सत्यधर, आद्या प्रसाद प्रदीप, जुमई खां 'आजाद', श्रीश, विकल गोंडवी, सरल, अनजान, घूरू, व्यथित, उन्मत्त, महेश अवस्थी, पारसनाथ 'भ्रमर', पीयूष, मधुप, शारदा प्रसाद 'भुशुंडि', देवकी नन्दन श्रीवास्तव 'नन्दन' आदि कवियों का वर्चस्व सर्वथा अभिनन्दनीय है। इसके अतिरिक्त अवधी में लोक गीतों, लोक नाट्यों, लोक कथाओं, लोकोक्तियों में जो वाग्विभूति विद्यमान है, वह निस्संदेह हिन्दी की महार्घ्य निधि है।''

—प्रो. सूर्यप्रसाद दीक्षित

भाषा-बोली

अवध की लोक भाषा को अवधी कहते हैं। यह शब्द अयोध्या से उद्धृत है। अवधी का अर्थ है अवध की भाषा। इसका प्रयोग न केवल अवध क्षेत्र में होता है अपितु उसके बाहर भी होता है। विश्व में सर्वाधिक बोली जाने वाली भाषाओं में इसकी गणना होती है। यह बोली फैजाबाद, रायबरेली, उन्नाव, सुल्तानपुर, लखनऊ, कानपुर, बाराबंकी, हरदोई, बहराइच, गोंडा, श्रावस्ती, बलरामपुर, प्रतापगढ़, बस्ती, भदोही, मिर्जापुर, फतेहपुर, कौशाम्बी, इलाहाबाद, लखीमपुर खीरी (पश्चिम क्षेत्र छोड़कर), सीतापुर (पश्चिम क्षेत्र छोड़कर), अम्बेडकर नगर (पूरब क्षेत्र के अतिरिक्त), नेपाल में लुम्बिनी, राप्ती भेरी और नेपालगंज में भी अवधी का प्रयोग होता है।

इस प्रकार लगभग 45 मिलियन लोग इस भाषा का प्रयोग करते हैं। भारत नेपाल के अतिरिक्त इसको फिजी, गुयाना, मलेशिया और मौरिशियस में भी बोला जाता है। ग्रियर्सन ने इसे एक इण्डो-यूरोपियन श्रेणी की भाषा बताया है।

अवधी भाषा के समूचे क्षेत्र के वैज्ञानिक अध्ययन के आधार पर डॉ. बाबूराम सक्सेना ने अवधी की तीन विभाषाओं का उल्लेख किया है। पश्चिमी, केन्द्रीय तथा पूर्वी मुख्य अवधी प्रदेश में बोलियाँ तीन विभागों में विभाजित की जा सकती हैं। पश्चिमी, मध्यवर्ती और पूर्वी लखीमपुर, खीरी, सीतापुर, लखनऊ, उन्नाव और फतेहपुर की बोलियाँ पश्चिम बहराइच, बाराबंकी और रायबरेली की बोलियाँ मध्यवर्ती गोंडा, फैजाबाद, सुल्तानपुर, प्रतापगढ़, इलाहाबाद, जौनपुर और मिर्जापुर की बोलियाँ पूर्वी विभाग में आती हैं।

डॉ. बाबूराम सक्सेना ने भी Evolution of Awadhi में प्रकारान्तर से इस तथ्य को स्वीकारा

है। डॉ. सक्सेना के शब्दों में 'जिले के नगरों में अवधी प्रदेश के बाहर से आने वाले शिक्षित लोग सामान्यतया अवधी रूपों का प्रयोग करने लगते हैं और शीघ्र ही अच्छे अवधी वक्ता वन जाते हैं किन्तु लखनऊ, इलाहाबाद, फैजाबाद जैसे बड़े नगरों में जहाँ अवधी प्रदेश से बाहर के शिक्षित वर्गों का बड़ा मिश्रण है, शिक्षित लोगों में विचार विनिमय का माध्यम हिन्दुस्तानी और अवधी दोनों रूपों से परिचित रहता है और आवश्यकतानुसार दोनों को बोलता है। किन्तु अवधी वक्ताओं के घरों में कोई समान प्रचार नहीं है।'

हिन्दी की बोलियों में अवधी का अपना महत्त्वपूर्ण स्थान है। साहित्यिक दृष्टि से देखा जाय तो तुलसी और जायसी के रचना काल में हिन्दी प्रदेश में दो प्रमुख विभाषाएँ प्रचलित थीं।–एक थी ब्रज और दूसरी थी अवधी। ''गोस्वामी तुलसीदास जी ने अपने समय में काव्य भाषा के दो रूप प्रचलित पाये। एक ब्रज और दूसरी अवधी।'' तुलसीदास जी ने अपने समय की दोनों ही विभाषाओं का अपने काव्य में प्रयोग किया है किन्तु अवधी का महत्त्व इस दृष्टि से बहुत अधिक बढ़ जाता है है कि हिन्दी साहित्य की अन्यतम तथा विश्व साहित्य की विशिष्ट कृति रामचरितमानस की रचना अवधी में ही हुई, ''मानस के पूर्व भी साहित्य में अवधी का उत्कृष्ट प्रयोग हुआ है। प्रेममार्गी सूफी कवियों ने अपने लोक कथात्मक प्रबन्धों की रचना अवधी में ही की है।'' मलिक मोहम्मद जायसी का पद्मावत इस दृष्टि से एक उत्कृष्ट ग्रन्थ है। इसके अन्तर्गत प्रेम गाथा की परम्परा पूर्व प्रौढ़ता को प्राप्त होती है। इस परम्परा में सबसे प्रसिद्ध ग्रन्थ है। पद्मावत की भाषा लोक भाषा अवधी है। इसमें तत्कालीन पूर्वी उत्तर प्रदेश की गाँव में बोली जाने वाली ठेठ ग्रामीण सरल और स्वाभाविक अवधी है। उसमें कृत्रिमता नहीं सहज सौन्दर्य और माधुर्य है। इसमें अरबी, फारसी की शब्दावली का प्रयोग हुआ है किन्तु अवधी को जो गौरव रामचरितमानस में प्राप्त हुआ है वह अन्य किसी कृति में नहीं। काव्य प्रतिभा की दृष्टि से रामचरितमानस महाकाव्य परम्परा में तो अपना महत्त्वपूर्ण स्थान रखता ही है। यह कृति हिन्दी ही नहीं वरन् भारतीय साहित्य में अनुपम है। यह आज भी जनमानस में लोकप्रिय है। मानस में परिष्कृत एवं संस्कृत अवधी का सुन्दर स्वरूप दृष्टिगत होता है। इसमें विविध भावों एवं रसों का कोश है। तुलसी ने इसमें अपने काव्य के द्वारा एक आदर्श समाज की परिकल्पना के साथ-साथ लोक मंगल तथा लोक मर्यादा की सृष्टि की है।

आधुनिक युग में खड़ी बोली के बढ़ते हुए वर्चस्व के कारण साहित्यिक दृष्टि से बोलियों का प्रयोग सीमित होता गया। ''ब्रज तथा हिन्दी की अन्य बोलियों की भाँति अवधी भी इससे प्रभावित हुई है।'' यद्यपि आधुनिक युग में अवधी की प्रवृत्ति मुख्य तथा लोक गीतात्मक है तथापि इस युग के कुछ कवियों ने अवधी में स्तरीय काव्य की रचना की है। जिनमें डॉ. द्वारिका प्रसाद मिश्र की कृष्णायन विशेषोल्लेख है। मिश्र जी के अतिरिक्त पढ़ीस, वंशीधर शुक्ल, रमई काका, पारस नाथ भ्रमर आदि की गणना आधुनिक अवधी के उच्च कोटि के कवियों में की जाती है।''

–डॉ. मधुरलता श्रीवास्तव

इस शोध ग्रन्थ में अवध के एक महत्त्वपूर्ण जिला हरदोई पर केन्द्रित विवरण प्रस्तुत किया जा रहा है। हरदोई जिला लखनऊ से 110 कि.मी. और 394 कि.मी. राजधानी दिल्ली से दूर है। इसके उत्तर में शाहजहाँपुर जिला है, पूर्व में सीतापुर, उत्तरपूर्व का कुछ भाग लखीमपुर खीरी से लगा हुआ है। इसके दक्षिण में लखनऊ और कानपुर है तथा पश्चिम में कन्नौज और फर्रुखाबाद जिला है। इसी

कारण यहाँ की भाषा अवधी के अतिरिक्त कन्नौजी भी है। हरदोई के मुख्यतः 5 तहसीले हैं—हरदोई, बिलग्राम, शाहाबाद, सवायजपुर और सण्डीला। यह जिला लखनऊ मण्डल में आता है तथा इसमें 19 ब्लाक हैं। सन् 1901 तक इसका मुख्य नगर मल्लावाँ था किन्तु 1935 में रेलवे लाइन बनने के कारण इसका मुख्यालय हरदोई हो गया।

इस शोध में इसके 19 ब्लाकों के गाँवों में नृजातीय अध्ययन किया गया और उसी का विश्लेषण यहाँ इस ग्रन्थ के माध्यम से किया जा रहा है।

अध्याय-2

हरदोई : पुरातत्त्व के आईने से

हरदोई जनपद उत्तर प्रदेश के अवध प्रान्त के अन्तर्गत आता है जो प्राचीन काल में उत्तरी पंचाल[1] और उत्तरी कोसल[2] का एक भाग था। परम्परया इसका नामकरण 1100 वर्ष पूर्व के किसी हरदोई बाबा के नाम पर रखा गया माना जाता है।[3] इसका नामकरण हरिद्रोही दैत्य हरिण्यकशिपु के नाम पर हरिद्रोही हुआ इसका उल्लेख महाभारत[4], भागवतपुराण[5], विष्णुपुराण[6], शिवपुराण[7], अग्निपुराण[8], कूर्मपुराण[9], मत्स्यपुराण[10], ब्रह्मपुराण[11] आदि में मिलता है और कालान्तर में हरिद्रोही परिवर्तित होकर हरदोई हो गया।[12] डॉ. महेन्द्र वर्मा 'मधुप' अपनी पुस्तक 'हरदोई' (हरिद्वयी की पौराणिक अस्मिता) में हरदोई शब्द की उत्पत्ति 'हरिद्वयी' से मानते हैं।[13]

हरदोई जनपद 25^0 53' उत्तरी अक्षांश से 27^0 46' उत्तरी अक्षांश और 79^0 41' पूर्वी देशान्तर से 80^0 46' पूर्वी देशान्तर के मध्य स्थित है। इसके उत्तर में शाहजहाँपुर और खीरी जनपद, पूरब में गोमती नदी, दक्षिण में उन्नाव और लखनऊ जनपद, पश्चिम में कन्नौज और फर्रुखाबाद जनपद, तथा दक्षिण पश्चिम में कानपुर जनपद स्थित है। हरदोई जनपद का आकार समचतुर्भुजी है, जिसकी लम्बाई 126 किलोमीटर है, तथा उत्तर-पश्चिम से दक्षिण-पश्चिम की ओर इसका विस्तार 74 किलोमीटर है।[14] इस जनपद का क्षेत्रफल 5,986 वर्ग किमी. है।[15] 2011 की जनगणना के अनुसार जनपद की कुल जनसंख्या 40,91,380 है तथा जनसंख्या घनत्व 638 व्यक्ति प्रति वर्ग किमी. और साक्षरता दर 86.3 प्रतिशत है।[16] इस जनपद में हरदोई, शाहाबाद, सण्डीला, बिलग्राम और सवायजपुर नाम की 5 तहसीलें हैं।

उच्चावच की दृष्टि से जनपद की भूमि तीन उपविभागों में बाँटी जा सकती है–

1. पश्चिम का उथला भाग
2. सई नदी घाटी क्षेत्र
3. गोमती नदी घाटी क्षेत्र।[17]

गोमती, सई, गर्रा, और रामगंगा नदियाँ जनपद के अपवाह तन्त्र का निर्धारण करती हैं। इसके अतिरिक्त सेंधा, सुखेटा, गउरिया, नरभू, गरई, गरेरा, अटर्बन और बेहटा बरसाती नदियाँ भी जनपद में प्रवाहित होती हैं। जनपद में सबसे बड़ी झील 'दहर झील' है जो 'साण्डी' में है जिसका विस्तार क्षेत्र 4x1 किमी. है। दूसरी बड़ी झील मल्लावाँ परगना के 'रुद्रामऊ' के निकट है।[18] झील के किनारे कच्ची मिट्टी से बना हुआ एक किले का अवशेष है जिसमें 'नरपत सिंह' नाम का स्वन्त्रता सेनानी रहता था, बाद में इसे अंग्रेजों द्वारा नष्ट कर दिया गया था।[19]

हरदोई जनपद ने समय-समय पर पुरातत्त्ववेत्ताओं को आकृष्ट किया है और उसी क्रम में डेक्कन कॉलेज पुणे के प्रो. बी.एन. मिश्रा द्वारा सामपुर का सर्वेक्षण किया गया जहाँ से उन्हें चित्रित धूसर मृद्भाण्ड तथा उत्तरी कृष्णमार्जित पात्र-परम्परा वाली संस्कृति के अवशेष प्राप्त हुए थे। यह टीला 'रामगंगा नदी' के दायें तट पर उत्तर-पूर्व दिशा में स्थित था[20] जो वर्तमान में रामगंगा नदी में समाहित

गोमती नदी

हो गया है। श्री मिश्रा ने संयुक्त रूप से फर्रुखाबाद, 'हरदोई', कानपुर और शाहजहाँपुर जनपदों का विहंगम सर्वेक्षण किया था जिसमें उन्हें इस जनपद के अनेक स्थलों से चित्रित धूसर मृद्भाण्ड, उत्तरी कृष्णमार्जित मृद्भाण्ड, काले रंग के मृद्भाण्ड तथा लाल रंग की पात्र-परम्परा वाली संस्कृति के अवशेष मिले थे।[21]

इलाहाबाद विश्वविद्यालय के डॉ. जगदीश गुप्त ने हरदोई जनपद के दो पुरास्थलों लखमापुर और शाहाबाद से सर्वेक्षण के दौरान ताम्र निधियाँ प्राप्त की थीं।[22] 'गर्रा नदी' की एक छोटी धारा के किनारे से डॉ. वाई. डी. शर्मा ने चित्रित धूसर पात्र परम्परा वाली संस्कृति के ठीकरों को ढूँढ़ निकाला था।[23] डॉ. शर्मा ने हरदोई-साण्डी मुख्य सड़क पर स्थित एक टीले से कुषाण कालीन मृद्भाण्ड प्राप्त किए थे।[24]

राज्य पुरातत्त्व विभाग, उत्तर प्रदेश के श्री आर. के. चतुर्वेदी द्वारा 'राजा नरपत सिंह की गढ़ी' नामक स्थान से चित्रित धूसर पात्र परम्परा और 'उत्तरी काले चमकीले पात्रों' वाली परम्परा से सम्बन्धित एक प्राचीन स्थल की खोज की थी। उन्हें यहाँ से मृण्यमूर्तियाँ, मनके, गोफन पत्थर, आदि पुरावशेषों के साथ-साथ गुप्त कालीन एक विष्णु प्रतिमा भी प्राप्त हुई थी।[25] हरदोई जनपद स्थित कमलापुर और मुजाहिदपुर नामक स्थान से डॉ. अरुण कुमार को ताम्र-निधि उपकरण और गेरुए रंग के मृद्भाण्ड प्राप्त हुए थे।[26]

श्री एल. एम. बहल ने जनपद के बाब बरखेरा नामक स्थान से शुंग-कुषाण कालीन पात्रों के साथ-साथ मुगल कालीन ग्लेज़्ड मृद्पात्र और लाल रंग के पात्र प्राप्त किये थे।[27]

राज्य पुरातत्त्व विभाग उत्तर प्रदेश के निदेशक आर. सी. सिंह के निर्देशन में राजाराम पाल, अम्बिका प्रसाद सिंह और राजकुमार द्वारा नैमिषारण्य स्थित चक्रतीर्थ की ऐतिहासिकता जानने और उससे सम्बन्धित पुरावशेष प्राप्त करने के लिए संयुक्त रूप से 'परिक्रमा मार्ग' और उसके आस-पास के क्षेत्रों में अन्वेषण कार्य किया गया था जिसमें हरदोई जनपद से 42 पुरातात्विक महत्त्व के स्थल प्राप्त हुए थे।[28]

राज्य पुरातत्त्व संगठन उत्तर प्रदेश की तरफ से राकेश कुमार श्रीवास्तव और रामगोपाल मिश्र को सर्वेक्षण के दौरान हरदोई जनपद स्थित 'बाणासुर का किला' तथा सोनिकपुर नामक स्थान से धूसर रंग के मृद्भाण्ड, काले रंग के लेपित मृद्भाण्ड, उत्तरी काले चमकीले मृद्भाण्ड और लाल रंग

के मृद्भाण्ड प्राप्त हुए।[29] यहाँ से प्राप्त अलंकृत ईंटों के आधार पर यह कहा गया है कि 10वीं सदी के आस-पास यहाँ इष्टिका देवालय रहे होंगे।[30]

सन् 1999-2000 ई. में प्रथम लेखक तथा श्री देवेन्द्र कुमार द्वारा हरदोई जनपद का ग्रामस्तरीय सर्वेक्षण किया गया जिसमें 50 पुरातात्विक महत्त्व के स्थल प्रकाश में लाये गये।[31] सत्र 2000-2001-2002 में कैम्ब्रिज विश्वविद्यालय के डी. के. चक्रवर्ती, काशी हिन्दू विश्वविद्यालय के आर. एन. सिंह तथा राज्य पुरातत्त्व विभाग उत्तर प्रदेश के संयुक्त तत्वावधान में चलाये जा रहे सर्वेक्षण अभियान के दौरान हरदोई जनपद के भी कुछ स्थलों का पुरातात्त्विक सर्वेक्षण किया गया था।[32]

अन्वेषण के अतिरिक्त जनपद के दो स्थलों लाल टिलिया स्थित ग्राम सुखनखेड़ा और बिलन्दखेड़ा का उत्खनन कार्य प्रथम लेखक द्वारा कराया गया जिसकी विस्तृत रपट प्रकाशनाधीन है। लालटिलिया से एक कुषाणकालीन अष्टकोणीय इष्टिका मन्दिर तथा बिलन्दखेड़ा से मध्यकाल से शुंग काल तक के अधिवासीय साक्ष्य प्राप्त हुए हैं।

जनपद में ग्राम-स्तरीय सर्वेक्षण के फलस्वरूप कुल 86 पुरास्थल चिह्नित किये जा सके हैं, जिनमें से 1 पुरास्थल कृष्ण-लोहित (बी. आर. डब्ल्यू.) पात्र परम्परा वाली संस्कृति से, 4 पुरास्थल चित्रित धूसर (पी. जी. डब्ल्यू.) पात्र परम्परा युगीन संस्कृति से, 30 पुरास्थल उत्तरी कृष्ण मार्जित पात्र परम्परा के युग से, 24 पुरास्थल शुंग-कुषाण काल से, 12 पुरास्थल गुप्तकाल से, 22 पुरास्थल पूर्वमध्यकाल से तथा मध्यकाल से नवाबी काल तक के कुल 55 पुरास्थल प्राप्त किये गये हैं, जिनमें से कुछ एक, कुछ दो, तथा कुछ बहुसांस्कृतिक हैं। इन पुरास्थलों का विस्तार न्यूनतम 2,000 वर्गमीटर से लेकर अधिकतम 4,20,000 वर्गमीटर के मध्य है तथा इनका जमाव न्यून्तम 1 मीटर से अधिकतम 15 मीटर तक है। इसके अतिरिक्त कुछ पुरास्थल ऐसे भी हैं जो समतल हो चुके हैं लेकिन वहाँ से पुरावशेष प्राप्त होते हैं। सर्वेक्षण के दौरान किसी भी पुरास्थल से गैरिक मृद्भाण्ड प्राप्त नहीं हुए हैं। यद्यपि बी. आर. डब्ल्यू. पात्र ही यहाँ के सर्वाधिक प्राचीन साक्ष्य के रूप में प्राप्त हुए हैं। अन्य मृद्भाण्डों में पी. जी. डब्ल्यू., धूसर मृद्भाण्ड, नारंगी लेपित मृद्भाण्ड, कृष्ण लोहित या लाल रंग के मृद्भाण्ड एवं काचित मृद्भाण्ड अधिक मात्रा में प्राप्त हुए हैं।

समस्त पात्र-परम्पराएँ चाक पर निर्मित की गयी हैं और ये सभी विभिन्न गढ़नों में प्राप्त हुए हैं। यदि कालक्रम के आधार पर मृद्भाण्डों का विभाजन करें तो हम पाते हैं कि बी. आर. डब्ल्यू. पात्र-परम्परा के पश्चात् पी. जी. डब्ल्यू. तथा उसके बाद एन. बी. पी. डब्ल्यू. पात्र परम्परा के समकालिक मृद्भाण्ड मिलते हैं तत्पश्चात कुषाण कालीन मृद्-पात्र प्राप्त होते हैं जिनमें विशेष रूप से कुषाण काल के कटोरे और घड़े प्राप्त होते हैं। गुप्तकाल एवं मध्यकाल का विभाजन भी पात्र-खण्डों के आधार पर ही सम्भव हो सका है। विभिन्न पुरास्थलों से महत्त्वपूर्ण पुरावस्तुएँ भी प्राप्त हुई हैं, इन पुरानिधियों में मुख्य रूप से मनके, खण्डित चूड़ी, खण्डित मूर्तियाँ टेराकोटा डिस्क आदि प्रमुख हैं।

हरदोई जनपद के ग्राम-स्तरीय सर्वेक्षण के दौरान यहाँ से 100 वर्ष प्राचीन से लेकर मध्यकाल तक के स्थापत्य के साक्ष्य प्राप्त होते हैं किन्तु ज्यादातर स्थापत्य मध्यकालीन हैं। जनपद से अनेक प्रस्तर निर्मित खण्डित-मूर्तियाँ भी प्राप्त हुई हैं जिन्हें अधिकतम 9वीं-10वीं शताब्दी तक प्राचीन माना जा सकता है।

ग्राम-स्तरीय सर्वेक्षण के फलस्वरूप प्रकाश में आये समस्त पुरास्थलों का संक्षिप्त विवरण निम्नलिखित सूची में उल्लिखित है—

क्रम सं.	पुरास्थल का नाम अक्षांश (उत्तर में) देशान्तर(पूरब में)	विकासखण्ड	पात्र-परम्पराएँ और पुरानिधियाँ	काल
1.	अटवा 27^0 7' 50'' 80^0 13' 20''	माधौगंज	लाल रंग के मृद्भाण्ड	मध्यकाल
2.	आदमपुर 27^0 19' 1.7'' 80^0 59' 10.2''	बिलग्राम	ब्रह्मावर्तसोता	सम्भवतः मध्यकाल, पौराणिक काल, (स्थानीय मान्यता)
3.	अनंगपुर 27^0 38' 50'' 79^0 47' 35''	भरखनी	लाल रंग के मृद्भाण्ड	मध्यकाल
4.	अन्धीखेड़ा (मैकपुर के बगल में) 27^0 38' 08.3'' 79^0 44' 35.2''	भरखनी	लाल रंग के मृद्भाण्ड	मध्यकाल
5.	अरमी 27^0 17' 45'' 80^0 21' 10''	अहिरौरी	लोहित मृद्भाण्ड	उत्तरी कृष्णमार्जित पात्र-परम्परा, पूर्वमध्यकाल
6.	ओदरापचलाई 27^0 11' 56.5'' 80^0 9' 56.1''	सुरसा	लाल रंग के मृद्भाण्ड	मध्यकाल
7.	उदयपुर बकुरा 27^0 25' 53.6'' 79^0 59' 15.9''	बावन	लोहित, भूरे तथा कृष्णलेपित रंग के पात्र	उत्तरी कृष्णमार्जित पात्र-परम्परा
8.	उधरनपुर 27^0 25' 16.0'' 79^0 59' 13.2''	बावन	लाल रंग के मृद्भाण्ड	200 वर्ष प्राचीन
9.	उसरहा 27^0 06' 49.3'' 80^0 26' 53.5''	बेंहदरखुर्द	लाल रंग के मृद्भाण्ड	मध्यकाल
10.	काकूमऊ 27^0 22' 35.3'' 80^0 19' 1.8''	टड़ियावाँ	लाल रंग के मृद्भाण्ड	मध्यकाल

11.	ककरारी 27^0 10’ 14.0’’ 80^0 31’ 3.9’’	सण्डीला	लाल रंग के मृद्‌भाण्ड	मध्यकाल
12.	कटरा 27^0 04’ 53.5’’ 80^0 17’ 30.5’’	कछौना	लाल रंग के मृद्‌भाण्ड	पूर्वमध्यकाल
13.	कटौनाखेड़ा 27^0 06’ 35.0’’ 80· 60’ 20.0’’	बावन	चित्रित धूसर, भूरे रंग के, लाल रंग के, चटाई के छाप और कछुए की हड्डी के छाप वाले लाल रंग के मृद्‌भाण्ड, टेराकोटा डिस्क	चित्रित धूसर मृद्‌भाण्ड परम्परा, उत्तरी कृष्णमार्जित पात्र-परम्परा, मध्यकाल
14.	कड़ेला 27^0 06’ 34.2’’ 80^0 43’ 56.2’’	भरावन	लाल रंग के मृद्‌भाण्ड	मध्यकाल
15.	कंकेड़ी 27^0 17’ 41.1’’ 80^0 01’ 15.3’’	साण्डी	हिरण्यकशिपु के वधस्थल से प्रसिद्ध	पौराणिक स्थल (स्थानीय मान्यता के अनुसार)
16.	ककवाही 27^0 25’ 44.8’’ 80^0 07’ 41.8’’	बावन	शिव मन्दिर	150 वर्ष प्राचीन
17.	कंथरी 27^0 06’ 34.2’’ 80^0 43’ 56.2’’	माधौगंज	लाल रंग के मृद्‌भाण्ड	मध्यकाल
18.	कनकापुरलाल 27^0 26’ 22.3’’ 79^0 59’ 13.2’’	भरखनी	लाल रंग के मृद्‌भाण्ड, पकी मिट्‌टी की गोटियाँ, बेलनाकार मनके	मध्यकाल
19.	कम्पनीबाग, चर्च 27^0 23’ 58.1’’ 80^0 51’ 54.6’’	हरदोई (शहर)	स्थापत्य	ब्रिटिशकाल
20.	करुवापार 27^0 05’ 35.0’’ 80^0 13’ 55.2’’	सण्डीला	लाल रंग के मृद्‌भाण्ड	100-200 वर्ष प्राचीन

21.	कोरोकलाँ 27^0 14' 30.4'' 80^0 24' 49.5''	कोथावाँ	लाल रंग के मृद्भाण्ड, मूर्तिखण्ड	100-200 वर्ष प्राचीन
22.	कौढ़ा-1 27^0 14' 10.1'' 80^0 05' 55.2''	बावन	लोहित मृद्भाण्ड	उत्तरी कृष्णमार्जित पात्र-परम्परा, कुषाणकाल, पूर्व मध्यकाल से मध्यकाल
23.	कौढ़ा-2 27^0 14' 15.0'' 80^0 06' 40.0''	बावन	लाल रंग के मृद्भाण्ड,	कुषाणकाल से मध्यकाल
24.	कुरारी 27^0 38' 08.2'' 79^0 43' 19.4''	भरखनी	चित्रित धूसर मृद्भाण्ड, भूरे रंग के मृद्भाण्ड, लाल रंग के मृद्भाण्ड, टेराकोटा हॉफस्काच, चटाई के छापयुक्त पात्र-खण्ड	चित्रित धूसर पात्र-परम्परा से मध्यकाल
25.	कलौली 27^0 08' 59.6'' 80^0 20' 3.6''	कछौना	लोहित मृद्भाण्ड	उत्तरी कृष्णमार्जित पात्र-परम्परा, कुषाणकाल व मध्यकाल
26.	कल्यानमल 27^0 14' 0'' 80^0 32' 10''	सण्डीला	कृष्णलेपित मृद्भाण्ड, भूरे रंग के मृद्भाण्ड	उत्तरी कृष्णमार्जित पात्र-परम्परा से मध्यकाल
27.	किला पण्डरवाँ 27^0 39' 45.1'' 80^0 14' 30.3''	पिहानी	1. शिव मन्दिर 2. मस्ज़िद	250 वर्ष प्राचीन 16-17 वीं शताब्दी ई.
28.	कस्बा गोपामऊ 27^0 32' 0.8'' 80^0 17' 7.5''	हरियावाँ	1. जामा मस्ज़िद 2. मस्ज़िद खैरुल्लाहशाह 3. शिव मन्दिर	मुगलकाल 300 वर्ष प्राचीन 100 वर्ष प्राचीन
29.	कस्बा गोपामऊ 27^0 32' 25.5'' 80^0 16' 49.9''	हरियावाँ	ईदगाह	मुगलकाल

30.	कस्बा पिहानी 27^0 37' 30.2'' 80^0 11' 55.0''	पिहानी	रौज़ा (सदर-ए-जहां)	मुगल शासक जहाँगीर का काल
31.	कस्बा बिलग्राम (मोहल्ला सैयदबाड़ा) 27^0 10' 38.2'' 80^0 01' 53.5''	बिलग्राम	1. मस्ज़िद 2. इमामबाड़ा 3. दरगाह (हज़रतअब्बास)	300 वर्ष प्राचीन 250 वर्ष प्राचीन 150 वर्ष प्राचीन
32.	कस्बा बिलग्राम 27^0 04' 14.6'' 80^0 30' 19.8''	बिलग्राम	ईदगाह	16-17 वीं शताब्दी ई.
33.	कस्बा माधौगंज 27^0 06' 59.0'' 80^0 08' 21.6''	माधौगंज	1. शिव मन्दिर 2. राधा-कृष्ण मन्दिर	200 वर्ष प्राचीन 100 वर्ष प्राचीन
34.	कस्बा मलावाँ (मोहल्ला भगवन्तनगर) 27^0 01' 02.6'' 80^0 09' 42.9''	मल्लावाँ	1. आशादेवी मूर्ति 2. शिव मन्दिर	बुद्धकाल पूर्वमध्यकाल अथवा 250 वर्ष प्राचीन
35.	कस्बा बिलग्राम (मोहल्ला-काजीपुर) 27^0 10' 33.4'' 80^0 01' 47.8''	बिलग्राम	लाल रंग के मृद्‌भाण्ड	मध्यकाल
36.	कस्बा माधौगंज 27^0 07' 32.2'' 80^0 08' 44.5''	माधौगंज	लाल रंग के मृद्‌भाण्ड	मध्यकाल
37.	कस्बा शाहाबाद 27^0 38' 15.0'' 79^0 56' 25.2''	शाहाबाद	भूरे रंग के मृद्‌भाण्ड, लाल और ग्लेज़युक्त मृद्‌भाण्ड	उत्तरी कृष्णमार्जित पात्र-परम्परा से मध्यकाल
38.	कस्बा शाहाबाद 27^0 38' 50.0'' 79^0 56' 50.2''	शाहाबाद	1. जामा मस्ज़िद	औरंगज़ेब कालीन
39.	कस्बा शाहाबाद 27^0 38' 35.0'' 79^0 57' 10.2''	शाहाबाद	मकबरा (नवाब दिलेर खाँ)	औरंगज़ेब कालीन

40.	कस्बा शाहाबाद 27^0 38’ 20.0’’ 79^0 56’ 40.0’’	शाहाबाद	1. राम जानकी मन्दिर (ठाकुरजी महाराज) 2. शिव मन्दिर	250 वर्ष प्राचीन 200 वर्ष प्राचीन
41.	कस्बा सण्डीला 27^0 03’ 50.3’’ 80^0 30’ 41.2’’	सण्डीला	बाराखम्बा	मुगल सम्राट अकबर कालीन
42.	कस्बा सण्डीला (मोहल्ला बाराखम्बा) 27^0 31’ 49.3’’ 80^0 30’ 44.8’’	सण्डीला	दुर्गा मन्दिर	250 वर्ष प्राचीन
43.	कस्बा सण्डीला (मोहल्ला अशरफटोला) 27^0 04’ 16.7’’ 80^0 30’ 19.1’’	सण्डीला	1. शीतलादेवी मन्दिर 2. दुर्गा मन्दिर 3. दरगाह	300 वर्ष प्राचीन 200 वर्ष प्राचीन 16वीं-17वीं शताब्दी ई.
44.	कस्बा सण्डीला (मोहल्ला निचलामलकाना) 27^0 04’ 15.6’’ 80^0 30’ 52.5’’	सण्डीला	मस्ज़िद सदराला	300 वर्ष प्राचीन
45.	कस्बा-साण्डी 27^0 17’ 31.7’’ 80^0 57’ 27.0’’	बिलग्राम	मस्ज़िद नौशहरा	281 वर्ष प्राचीन
46.	खेरवा 27^0 03’ 60.1’’ 80^0 12’ 20.0’’	माधौगंज	लाल तथा काले रंग के मृद्भाण्ड, शिव मूर्ति और मूर्ति-खण्ड	उत्तरी कृष्णमार्जित पात्र-परम्परा, मध्यकाल
47.	गेंगलापुर 27^0 12’ 20.8’’ 80^0 29’ 18.9’’	कोथावाँ	लोहित मृद्भाण्ड	उत्तरी कृष्णमार्जित पात्र-परम्परा, शुंग-कुषाणकाल
48.	गाजू 27^0 12’ 18.4’’ 80^0 22’ 33.0’’	कछौना	लोहित मृद्भाण्ड, चटाई के छाप युक्त मृद्भाण्ड	उत्तरी कृष्णमार्जित पात्र-परम्परा से गुप्तकाल
49.	गोण्डाराव 27^0 19’ 42.7’’ 80^0 19’ 58.2’’	अहिरौरी	लाल रंग के मृद्भाण्ड	पूर्वमध्यकाल

50.	गिरधरपुर 27^0 17’ 33.9’’ 80^0 19’ 27.8’’	कोथावाँ	सादे लाल रंग के मिट्टी के बर्तन	मध्यकाल
51.	घसो 27^0 36’ 21.0’’ 79^0 43’ 09.8’’	भरखनी	लाल रंग के मृद्भाण्ड	मध्यकाल
52.	चचरापुर 27^0 17’ 20.9’’ 80^0 18’ 15.8’’	बिलग्राम	पाँच पत्थर की शिलाएँ जिनको स्थानीय लोग दैत्य शिला मानते हैं	
53.	चन्दूपुरखैराई या करमायाखेरा 27^0 32’ 20’’ 79^0 56’ 25’’	शाहाबाद	लाल रंग के मृद्भाण्ड	गुप्त और उत्तर गुप्तकाल
54.	चनसौरा (लोनार) 27^0 24’ 18.2’’ 79^0 54’ 49.7’’	बावन	लाल रंग के मृद्भाण्ड	मध्यकाल
55.	जखावाँ 27^0 17’ 31.2’’ 80^0 23’ 27.9’’	कोथावाँ	लाल रंग के मृद्भाण्ड	200-300 वर्ष प्राचीन
56.	जामू 27^0 14’ 29.7’’ 80^0 33’ 22.1’’	सण्डीला	कृष्णलेपित रंग के, भूरे रंग के तथा लाल रंग के मृद्भाण्ड	उत्तरी कृष्णमार्जित पात्र-परम्परा, मध्यकाल
57.	ज्यूरा 27^0 32’ 50.0’’ 79^0 47’ 25.1’’	भरखनी	लाल रंग के मृद्भाण्ड	200-300 वर्ष प्राचीन
58.	जरौना 27^0 44’ 25.3’’ 80^0 11’ 30.1’’	पिहानी	लाल रंग के मृद्भाण्ड	100-200 वर्ष प्राचीन
59.	जसमई खिरौना 27^0 34’ 0’’ 79^0 55’ 40’’	शाहाबाद	लाल रंग के मृद्भाण्ड	200-300 वर्ष प्राचीन
60.	डर्रा (बुखारपुर) 27^0 32’ 50.0’’ 79^0 47’ 25.1’’	पिहानी	लाल रंग के मृद्भाण्ड, ईंट, ईंट के टुकड़े	नवाबीकाल

61.	ढिकहा 27⁰ 25’ 39.9’’ 79⁰ 50’ 21.7’’	भरखनी	लाल रंग के मृद्‌भाण्ड	300-400 वर्ष प्राचीन
62.	तकिया 27⁰ 20’ 38.8’’ 80⁰ 10’ 26.5’’	कछौना	लाल रंग के मृद्‌भाण्ड	उत्तरवर्ती मुगलकाल
63.	तेजीपुर 27⁰ 0’ 35.7’’ 80⁰ 09’ 42.9’’	मल्लावाँ	लाल रंग के मृद्‌भाण्ड	पूर्वमध्यकाल
64.	तरखल 27⁰ 08’ 39.9’’ 80⁰ 44’ 11.8’’	भरावन	लाल रंग के मृद्‌भाण्ड, हल्के भूरे रंग के पत्थर पर निर्मित शिवलिंग का अर्घा	पूर्वमध्यकाल
65.	दूल्हापुर 27⁰ 36’ 03.0’’ 80⁰ 16’ 52.1’’	हरियावाँ	लाल रंग के मृद्‌भाण्ड	100-200 वर्ष प्राचीन
66.	दलेलनगर 27⁰ 30’ 11.4’’ 79⁰ 58’ 16.0’’	शाहाबाद	लाल रंग के मृद्‌भाण्ड	मध्यकाल
67.	धानीनगला (बिबिआपुर) 27⁰ 35’ 04.9’’ 79⁰ 43’ 05.8’’	भरखनी	लाल रंग के मृद्‌भाण्ड	उत्तर मध्ययुगीन
68.	नगबाबा की डीह 27⁰ 11’ 6.7’’ 80⁰ 36’ 25.8’’	भरावन	लाल रंग के मृद्‌भाण्ड, शिव लिंग	100-200 वर्ष प्राचीन
69.	नगलालोथू 27⁰ 36’ 5.0’’ 79⁰ 56’ 30.2’’	शाहाबाद	लाल रंग के मृद्‌भाण्ड	कुषाण और गुप्तकाल
70.	नयागाँव मुबारकपुर 27⁰ 21’ 11.8’’ 80⁰ 09’ 54.3’’	हरदोई	शिव मन्दिर	250 वर्ष प्राचीन
71.	नयागाँव मुबारकपुर 27⁰ 20’ 39.9’’ 80⁰ 10’ 26.7’’	हरदोई	बालाजी मन्दिर	100 वर्ष प्राचीन

72.	नेवादा (पिपरी के पास) 27^0 30' 21.9'' 80^0 03' 04.6''	हरियावाँ	लाल रंग के मृद्भाण्ड	200-300 वर्ष प्राचीन
73.	पचरैया 27^0 33' 55.1'' 79^0 47' 35.4''	भरखनी	लाल रंग के मृद्भाण्ड	200-300 वर्ष प्राचीन
74.	पिण्डौरखेड़ा 27^0 17' 41.1'' 80^0 01' 15.3''	बिलग्राम	लाल रंग के मृद्भाण्ड, सुपारी के आकार के मिट्टी के मनके	शुंग-कुषाणकाल से पूर्वमध्यकाल
75.	बउलीगाँव 27^0 37' 30.2'' 80^0 11' 05.4''	पिहानी	बावली	मुगलकाल
76.	बीकापुर 27^0 11' 35.4'' 80^0 12' 24.6''	सुरसा	कृष्णलेपित, भूरे रंग के एवं लाल रंग के मृद्भाण्ड	उत्तरी कृष्णमार्जित पात्र-परम्परा, पूर्वमध्यकाल
77.	बक्सखेड़ा 27^0 16' 18.2'' 80^0 22' 14.7''	कोथावाँ	लाल रंग के मृद्भाण्ड	मध्यकाल
78.	बाणासुर का किला 27^0 13' 3.1'' 80^0 35' 26.9''	भरावन	कृष्णलेपित, भूरे रंग के तथा लाल रंग के मृद्भाण्ड, मिट्टी की चूड़ी, गोल टेराकोटा डिस्क, कत्थई रंग के भूरे मृद्भाण्ड, स्किन रबर, पूर्वमध्यकालीन तीन शिवलिंग	उत्तरी कृष्णमार्जित पात्र-परम्परा, शुंग-कुषाणकाल, गुप्तकाल व पूर्वमध्यकाल
79.	बाबरपुर 27^0 53' 40.2'' 79^0 12' 15.0''	भरखनी	भूरे रंग के मृद्भाण्ड, कृष्णलेपित तथा लाल रंग के मृद्भाण्ड प्रस्तर के मूर्तिखण्ड	उत्तरी कृष्णमार्जित पात्र-परम्परा, कुषाणकाल से मध्यकाल
80.	बाँसा 27^0 05' 10.0'' 80^0 12' 15.1''	मल्लावाँ	लाल रंग के मिट्टी के बर्तन	उत्तरी कृष्णमार्जित पात्र-परम्परा, कुषाणकाल

81.	बहेरिया 27^0 11’ 17.8’’ 80^0 36’ 54.2’’	भरावन	लाल रंग के मृद्भाण्ड हॉफ स्कॉच, मिट्टी के मनके	पूर्वमध्यकाल
82.	बहुतीकलाँ 27^0 10’ 37.2’’ 80^0 33’ 51.2’’	भरावन	लाल रंग के, काले रंग के मृद्भाण्ड छोटी मूर्ति का स्तन युक्त वक्ष भाग	उत्तरी कृष्णमार्जित पात्र-परम्परा, शुंग-कुषाणकाल
83.	बेरुआ 27^0 11’ 06.4’’ 80^0 25’ 53.2’’	कोथावाँ	राजा साहब की गढ़ी	ब्रिटिशकालीन
84	भभूतीखेड़ा 27^0 16’ 40.0’’ 80^0 25’ 32.5’’	कोथावाँ	लाल रंग के मृद्भाण्ड, चटाई के छाप वाले मृद्भाण्ड, पूर्वमध्यकालीन शिव लिंग, 39x12x7	उत्तरी कृष्णमार्जित पात्र-परम्परा, पूर्वमध्यकाल
			से.मी. माप की ईंटें	
85.	भरखनी 27^0 35’ 05.0’’ 79^0 48’ 05.1’’	भरखनी	भूरे तथा लाल रंग के मृद्भाण्ड	उत्तरी कृष्णमार्जित पात्र-परम्परा, कुषाण एवं मध्यकाल
86.	भवानीपुर 27^0 13’ 33.6’’ 79^0 48’ 28.7’’	कोथावाँ	काले रंग के मृद्भाण्ड, भूरे एवं लाल रंग के मृद्भाण्ड,	उत्तरी कृष्णमार्जित पूर्वमध्यकालीन काली मूर्ति पात्र-परम्परा, गुप्तकाल
87.	मगनपुर 27^0 29’ 25.7’’ 79^0 58’ 16.0’’	बावन	लाल रंग के मृद्भाण्ड, पत्थर के मूर्ति-खण्ड	मध्यकाल
88.	ममरेज़पुर 27^0 25’ 39.9’’ 79^0 50’ 21.7’’	कोथावा	लाल रंग के मृद्भाण्ड, 100 वर्ष प्राचीन मन्दिर	नवाबीकाल
89.	मन्सूरनगर 27^0 34’ 40.1’’ 80^0 08’ 50.3’’	पिहानी	लाल रंग के मृद्भाण्ड, पूर्वमध्यकालीन तीन	पूर्वमध्यकाल से 300-400 वर्ष प्राचीन

			शिव लिंग, प्रस्तर के मूर्ति-खण्ड, 38x24x6 से.मी. की ईंटें	
90.	मरेउरा 27^0 12' 18.8'' 80^0 22' 32.8''	कछौना	लाल रंग के मृद्भाण्ड	पूर्वमध्यकाल
91.	मंझिला 27^0 16' 19.9'' 80^0 04' 44.3''	सुरसा	लाल रंग के मृद्भाण्ड	200-300 वर्ष प्राचीन
92.	मलेहरा 27^0 14' 29.7'' 80^0 33' 22.1''	सण्डीला	लाल एवं काले रंग के सादे एवं लेपयुक्त मृद्भाण्ड, मिट्टी के मनके	उत्तरवर्ती कुषाणकाल
93.	महिगवाँ 27^0 10' 55.2'' 80^0 32' 18.8''	भरावन	लाल रंग के मृद्भाण्ड, जाली के छाप वाले मृद्भाण्ड,सन्दोही माता मन्दिर (150 वर्ष प्राचीन)	उत्तरी कृष्णमार्जित पात्र-परम्परा व 300-400 वर्ष प्राचीन
94.	रुईया गढ़ी 27^0 08' 9.2'' 80^0 08' 47.4''	माधौगंज	कृष्णलेपित, भूरे रंग के तथा लाल रंग के मृद्भाण्ड	उत्तरी कृष्णमार्जित पात्र-परम्परा व मध्यकाल
95.	रेउरी 27^0 14' 29.7'' 80^0 33' 22.1''	कोथावाँ	लाल रंग के मृद्भाण्ड, टेराकोटा डिस्क	मध्यकाल
96.	रायपुर भदेवना 27^0 31' 03.2'' 79^0 57' 54.2''	टोडरपुर	लाल रंग के सादे पात्र, सुपारी के आकार के मिट्टी के मनके	200-300 वर्ष प्राचीन
97.	लोकवापुर 27^0 17' 33.9'' 80^0 19' 27.8''	अहिरौरी	लाल रंग के मृद्भाण्ड	कुषाणकाल व पूर्वमध्यकाल

98.	लखमापुर 27^0 29' 33.1'' 79^0 53' 25.5''	भरखनी	ब्लैक एण्ड रेड वेयर, कृष्णलेपित एवं भूरे रंग के मृद्भाण्ड, कत्थई रंग के भूरे पात्र, ठप्पे से युक्त चिड़िया की मृण्यमूर्ति का चोंच भाग, टेराकोटा स्टैम्प, एक मृद्भाण्ड के ऊपर ब्राह्मी लेख 'म' ककहिया ईंट से निर्मित भवन	ताम्र पाषाणकाल पी. जी. डब्ल्यू. संस्कृति, उत्तरी कृष्णमार्जित पात्र-परम्परा कुषाणकाल, गुप्तकाल व पूर्वमध्यकाल
99.	लोनीखेड़ा 27^0 05' 50.5'' 80^0 30' 38.5''	सण्डीला	कृष्णलेपित और लाल रंग के मृद्भाण्ड,	उत्तरी कृष्णमार्जित पात्र-परम्परा से पूर्वमध्यकाल
100.	शान्तनुखेड़ा 27^0 17' 20.7'' 79^0 56' 55.9''	साण्डी	चित्रित धूसर भूरे रंग के और लाल रंग के मृद्भाण्ड, साँचे में बने मृद्भाण्ड, काचित मृद्भाण्ड	चित्रित धूसर पात्र-परम्परा, उत्तरी कृष्णमार्जित पात्र-परम्परा, गुप्तकाल, मुगलकाल
101.	शाहाबाद-पाली तिराहा 27^0 38' 05.1'' 79^0 56' 10.4''	शाहाबाद	मोटी गढ़न के भूरे रंग के मृद्भाण्ड, लाल रंग के मृद्भाण्ड	शुंग-कुषाणकाल व मध्यकाल
102.	सिकन्दरपुर नर कतरा 27^0 34' 60.0'' 79^0 56' 10.0''	शाहाबाद	लाल रंग के मृद्भाण्ड	मध्यकाल
103.	सुगवाँ 27^0 16' 9.0'' 80^0 02' 41.2''	सुरसा	लाल रंग के मृद्भाण्ड	कुषाणकाल
104.	सोंणिकपुर 27^0 11' 7.8'' 80^0 36' 52.2''	भरावन	कृष्णलेपित, भूरे रंग के तथा लाल रंग के मृद्भाण्ड	उत्तरी कृष्णमार्जित पात्र-परम्परा

105.	सुनासीनाथ 27^0 07' 32.2'' 80^0 08' 44.5''	मल्लावाँ	लाल रंग के मृद्भाण्ड, पूर्वमध्यकालीन सुनासीनाथ बाबा मन्दिर (शिव लिंग), तीन अन्य मन्दिर (200 वर्ष प्राचीन)	उत्तरी कृष्णमार्जित पात्र-परम्परा, कुषाणकाल, मुगलकाल
106.	सौंतेरा 27^0 12' 21.4'' 80^0 11' 11.6''	सुरसा	लाल रंग के मृद्भाण्ड	200-300 वर्ष प्राचीन
107.	साँपाखेड़ा 27^0 13' 30.2'' 79^0 59' 59.8''	बिलग्राम	कृष्णलेपित, भूरे रंग के तथा लाल रंग के मृद्भाण्ड, स्टैम्प डिजाइन युक्त अलंकृत पात्र	उत्तरी कृष्णमार्जित पात्र-परम्परा व कुषाणकाल
108.	सिमौर 27^0 37' 05.1'' 80^0 09' 35.0''	पिहानी	लाल रंग के मृद्भाण्ड, फूल के डिजाइन से युक्त अलंकृत ईंटें, कण्ठहार से युक्त पाषाण प्रतिमा का खण्ड, वन माला धारण किये हुए विष्णु की पाषाण प्रतिमा का खण्डित अंश, खण्डित सूर्य प्रतिमा, 36x20x6 से.मी. माप की ईंटें	नवाबीकाल, 300-400 वर्ष प्राचीन
109.	सैर 27^0 13' 33.6'' 80^0 29' 28.7''	कोथावाँ	लाल रंग के मृद्भाण्ड, पत्थर के मूर्ति-खण्ड	200 वर्ष प्राचीन
110.	हत्याहरण 27^0 13' 12.6'' 80^0 31' 24.6''	कोथावाँ	पंचमगीर नामक शिव लिंग, पौराणिक तीर्थ स्थल	पौराणिक तीर्थ स्थल (स्थानीय मान्यता के अनुसार)

111.	हथौड़ा 27^0 10' 56.3'' 80^0 24' 31.8''	कछौना	राजा श्यामाकुमार सिंह की गढ़ी	ब्रिटिशकालीन
112.	हरदोई शहर 27^0 23' 20.0'' 80^0 07' 5.2''	हरदोई	हरदोई बाबा मन्दिर	सम्भवतः 1000 वर्ष प्राचीन
113.	हरदोई शहर 27^0 23' 50.0'' 80^0 07' 38.2''	हरदोई	विक्टोरिया मेमोरियल हॉल	1888 ई. में निर्मित
114.	हरदोई शहर 27^0 23' 58.1'' 80^0 07' 36.9''	हरदोई	कम्पनीबाग और चर्च	ब्रिटिशकाल
115.	हरदोई शहर 27^0 23' 58.1'' 80^0 07' 36.9''	हरदोई	रफी अहमद किदवई इण्टर कॉलेज	1888 ई. में निर्मित
116.	हासबरौली 27^0 25' 39.9'' 79^0 50' 21.7''	अहिरौरी	कृष्णलेपित, भूरे और लाल रंग के मृद्भाण्ड, कछुए की हड्डी के छाप युक्त लाल रंग के मृद्भाण्ड, टेराकोटा हॉफ स्कॉच	उत्तरी कृष्णमार्जित पात्र-परम्परा
117.	ज्ञानपुर 27^0 08' 22.3'' 79^0 19' 40.4''	कछौना	लाल रंग के मृद्भाण्ड, चटाई के छाप युक्त लाल रंग के मृद्भाण्ड	उत्तरी कृष्णमार्जित पात्र-परम्परा, पूर्वमध्यकाल, मध्यकाल

हरदोई जनपद अनेक मन्दिरों और मस्ज़िदों से परिपूर्ण है। यहाँ मध्यकाल से लेकर 100 वर्ष प्राचीन तक के अनेक मन्दिर और मस्ज़िद प्राप्त होते हैं। इस क्षेत्र में मुस्लिम आक्रमणकारियों द्वारा कई मन्दिरों और मूर्तियों को तोड़कर तालाब या नहर में फेंक दिया गया था जो अनेक जगहों पर खुदाई करते समय प्राप्त हुई हैं। मुगल कालीन सम्राटों के सिपहसालारों और सामन्त राजाओं ने अनेक निर्माण कार्य किये हैं जिनमें से अधिकांशतः नष्ट प्राय हैं किन्तु अभी कुछ अल्प मात्रा में बचे हुए हैं। यहाँ से प्राप्त अधिकांश मन्दिर गुम्बदाकार हैं तथा मस्ज़िदों के सबसे ऊपर उल्टे कमल की आकृति बनी हुई है।

ककवाही का शिव मन्दिर 150 वर्ष प्राचीन है जो हरदोई जनपद के बावन विकासखण्ड के

ककवाही का शिव मन्दिर (बावन)

अन्तर्गत आता है। इसका निर्माण अष्टकोणिक जगती पर किया गया है जिसके गर्भगृह में काले पत्थर पर निर्मित अर्घा युक्त शिवलिंग है। मन्दिर का शिखर खरबुजिया आकार वाला है तथा सबसे ऊपर उल्टे कमल की आकृति बनी हुई है। यहाँ का प्रदक्षिणापथ ढँका हुआ है।

हरदोई जनपद के गोपामऊ कस्बे में एक जामा मस्ज़िद है। इस मस्ज़िद में तीन दरवाजे हैं जिनके ऊपर उल्टे कमल की आकृति से युक्त तीन गोल गुम्बद बनाये गये हैं। इसके अतिरिक्त खैरूल्लाहशाह

जामा मस्ज़िद (गोपामऊ)

मस्ज़िद 332 वर्ष प्राचीन है। यहाँ का ईदगाह 978 हि. या 1573 ई. का है।

शाहाबाद कस्बे में औरंगजेब कालीन जामा मस्ज़िद है[33] जिसमें एक बड़ा-सा प्रवेश-द्वार और तीन बड़े गुम्बद हैं जिनके ऊपर उल्टे कमल की आकृति बनी हुई है। मस्ज़िद एक ऊँची जगती पर बनी हुई है, इसके अन्दर नमाज़ अदा करने के लिए एक बहुत बड़ा हाल भी है।

जामा मस्ज़िद (शाहाबाद)

इसी कस्बे में औरंगजेब के सिपहसालार दिलेर खाँ[34] का एक मकबरा भी है।

सण्डीला कस्बे के बाराखम्बा मोहल्ले में इसी नाम का एक स्मारक है। जिसमें 12 खम्बे लगे हुए हैं जिसके मध्य में एक मजार है जिसके ऊपर एक अर्द्ध गोल गुम्बद बना हुआ है, इसका निर्माण 971 हिजरी या 1564 ई. में किया गया था।[35] यहीं के अशरफ टोला मोहल्ले में एक प्राचीन ईदगाह

नवाब दिलेर खाँ का मकबरा (शाहाबाद)

भी है जो 16वीं-17वीं शताब्दी ई. की है। इस कस्बे में सदराला मस्ज़िद और एक ईदगाह भी है।

जनपद के पिहानी कस्बे में नवाब सदर-ए-जहाँ[36] का रौज़ा है जो पुरातत्त्व विभाग द्वारा संरक्षित है। नवाब सदर-ए-जहाँ हरदोई नगर के परगना पण्डरवाँ और आलमनगर का सरदार तथा सम्राट का कृपा पात्र था। पिहानी में इसका मकबरा मुगल सम्राट जहाँगीर के शासन काल में 1026 हिजरी या 1612 ई. में निर्मित किया गया था।[37]

बाराखम्बा (सण्डीला)

नवाब सदर-ए-जहाँ का रोज़ा (पिहानी)

साण्डी कस्बा मन्दिरों और मस्ज़िदों से परिपूर्ण है जिनमें से कुछ प्राचीन तथा कुछ नवीन हैं। यहाँ की एक मस्ज़िद का निर्माण 1013 हिजरी या 1605 ई. में मुगल सम्राट अकबर के शासनकाल में किया गया।[38] यहाँ की नौशहरा मस्ज़िद का निर्माण 1154 हि. या 1733 ई0 में और मुंशीगंज मोहल्ले की मस्ज़िद का निर्माण 1153 हि. या 1732 ई. में किया गया था, एक अन्य पुरानी मस्ज़िद पीरजादा मोहल्ले में स्थित है। वर्तमान में नौशहरा मस्ज़िद के बरामदे में मक़तब खुला हुआ है।

ब्रह्मावर्तसोता–यह सोता 27^0 19' 1.7'' उत्तरी अक्षांश और 80^0 59' 10.2'' पूर्वी देशान्तर के मध्य हरदोई जनपद के बिलग्राम तहसील में स्थित है। इसी सोते के पास एक कुण्ड और शिव मन्दिर है कुण्ड के किनारे पहले जल का एक प्राकृतिक स्रोत था। ऐसा माना जाता है कि महर्षि ब्रह्मा ने पृथ्वी भ्रमण के समय यहाँ पर विश्राम किया था। यह कुण्ड गर्मियों में भी जल से परिपूर्ण रहता है।

ब्रह्मावर्तसोता (साण्डी)

सुनासीनाथ मन्दिर (मल्लावाँ)

मल्लावाँ विकासखण्ड के अन्तर्गत तेजीपुर पट्टी गाँव में सुनासीनाथ बाबा का मन्दिर है। इस मन्दिर के प्रवेश-द्वार पर कैलाश पर्वत का दृश्य प्रस्तुत किया गया है। इसके गर्भगृह में लाल बलुए पत्थर पर निर्मित शिवलिंग स्थापित है मन्दिर का शिखर गुम्बदाकार है तथा सबसे ऊपर उल्टे कमल की आकृति बनी हुई है। ऐसा बताया जाता है कि इस शिवलिंग को औरंगज़ेब के सैनिकों द्वारा नष्ट करने का प्रयास किया गया था[39] लेकिन वे असफल रहे।

हरदोई जनपद के पिहानी विकासखण्ड में किला पण्डरवा नामक मन्दिर है। यह लगभग 250 वर्ष पुराना शिव मन्दिर है।

ऐसी स्थानीय मान्यता है कि महाभारत कालीन पाण्डव यहाँ पर अज्ञातवास के लिए आये थे

शिव मन्दिर (किला पण्डरवाँ, पिहानी)

उस समय यहाँ घनघोर जंगल था, कालान्तर में यहाँ आकर लोग बस गये। यहाँ के मन्दिर का गुम्बद खरबुजियाकार है जिसके ऊपर उल्टे कमल की आकृति का निर्माण किया गया है, गर्भगृह में काले पत्थर पर निर्मित एक शिवलिंग है जिसकी लम्बाई 15 से.मी. और गोलाई 50 से.मी. है, सफेद संगमरमर पर निर्मित नन्दी की लम्बाई 23 से.मी. और ऊँचाई 20 से.मी. है। मन्दिर अष्टकोणीय है तथा इसका प्रदक्षिणापथ भी ढँका हुआ है।

यहीं 16वीं 17वीं शताब्दी ई. में निर्मित एक मस्ज़िद भी है, जिसमें तीन बड़े गोल गुम्बद हैं,

मस्ज़िद (किला पण्डरवाँ, पिहानी)

जिनके ऊपर उल्टे कमल की आकृति बनी हुई है।

मल्लावाँ विकासखण्ड में 27^0 7' 30.6'' उत्तरी अक्षांश और 80^0 08' 42.4'' पूर्वी देशान्तर पर आशादेवी की एक मूर्ति है। इस मूर्ति की माप 35 से.मी. x 20 से.मी. है तथा सम्पूर्ण मूर्ति पट्ट की माप 1.16 मी. x 38 से. मी. है। देवी की मूर्ति स्पष्ट नहीं है। यह किसी स्तम्भ से अलग हुई प्रतीत होती है।

ए. फ्यूहरर के अनुसार कभी इस मूर्ति के ऊपर सात सिरों वाला नागफण स्थित था जो इसके बौद्ध अथवा जैन मूल की ओर संकेत करता है।[40]

इसी के समीप दो अन्य प्राचीन शिव मन्दिर भी हैं।

कस्बा माधौगंज का शिव मन्दिर 27^0 6' 59.0'' उत्तरी अक्षांश और 80^0 08' 21.6'' पूर्वी देशान्तर के मध्य पटेलनगर मोहल्ले में स्थित है। यह मन्दिर भी उरुश्रृंगों से युक्त शिखर वाला है जिसके सबसे ऊपर, मस्तक भाग पर आमलक, कलश, खपुरि तथा देवता का आयुध त्रिशूल अंकित है। गर्भगृह में एक काले पत्थर तथा ऊँचे अर्घे पर निर्मित शिवलिंग है और आलों में अनेक देवी-देवता विराजमान हैं, मन्दिर 250 वर्ष प्राचीन है। यहीं पास में राधाकृष्ण का एक मन्दिर भी है जो 100 वर्ष प्राचीन है।

आशादेवी की मूर्ति (मल्लावाँ)

नयागाँव मुबारकपुर का शिव मन्दिर 27° 21' 11.8'' उत्तरी अक्षांश और 80° 09' 54.3'' पूर्वी देशान्तर के मध्य स्थित है। मन्दिर पंचरथ योजना में एक ऊँची जगती पर बना हुआ है गर्भगृह में

शिव मन्दिर (माधौगंज)

एक ऊँचे काले अर्घे पर शिवलिंग स्थापित है जिसकी लम्बाई 20 से.मी., गोलाई 42 से.मी. है, यहीं एक आले में सफेद पत्थर पर निर्मित नन्दी की प्रतिमा भी है। मन्दिर के आगे एक बैठका बना हुआ है जहाँ श्रद्धालु गण पूजा-पाठ करते हैं, मन्दिर उरुश्रृंगों से युक्त है इस मन्दिर में शुकनासिका और

नयागाँव मुबारकपुर का शिव मन्दिर (हरदोई)

ललाट बिम्ब दोनों का निर्माण किया गया है, सबसे ऊपर आमलक, कलश, खपुरि के साथ-साथ देवता के आयुध त्रिशूल का भी अंकन है। यह मन्दिर 250 वर्ष से अधिक प्राचीन प्रतीत होता है जो नागर स्थापत्य के बहुत करीब है।

यहाँ से 1 कि.मी. की दूरी पर 100 वर्ष प्राचीन एक बालाजी मन्दिर स्थित है। कंकेड़ी—यह 27^0 17' 41.1'' उत्तरी अक्षांश और 80^0 01' 15.3'' पूर्वी देशान्तर के मध्य हरदोई जनपद के साण्डी

नयागाँव मुबारकपुर का शिव मन्दिर (हरदोई)

कंकेड़ी (साण्डी)

विकासखण्ड के अन्तर्गत कंकेड़ी गाँव में स्थित है। इस स्थान के विषय में ऐसी मान्यता है कि भगवान नृसिंह ने हिरण्यकशिपु को इसी स्थान पर मारा था। यहाँ से पत्थर के कुछ मूर्तिखण्ड प्राप्त हुए हैं जो मन्दिर की नींव खोदते समय प्राप्त हुए थे। यहाँ स्थित मन्दिर के गर्भगृह में मध्यकालीन एक नृसिंह प्रतिमा भी है।

शीतलादेवी मन्दिर : यह मन्दिर 27^0 4’ 16.7’’ उत्तरी अक्षांश और 80^0 30’ 19.1’’ पूर्वी देशान्तर के मध्य हरदोई जनपद के कस्बा सण्डीला के अन्तर्गत अशरफपुरटोला मोहल्ले में स्थित है। शीतलादेवी की मूर्ति 10 से.मी. लम्बी और 6 से.मी. चौड़ी है, यहाँ एक बड़े प्रांगण में कई अन्य छोटे-बड़े मन्दिर स्थित हैं, यहाँ स्थित शिव मन्दिर के गर्भगृह में काले पत्थर पर निर्मित एक शिवलिंग है, मन्दिर कई उरुशृंगों वाला है, आमलक, कलश, खपुरि के साथ-साथ सबसे ऊपर देवता के आयुध त्रिशूल का भी अंकन है।

कस्बा सण्डीला के इसी मोहल्ले में ही एक दुर्गा मन्दिर है जो 200 वर्ष प्राचीन माना जाता है। विकासखण्ड पिहानी स्थित भिरिया गाँव से 50 वर्ष पुराने एक शिव मन्दिर से काले पत्थर पर निर्मित एक सिर विहीन मूर्ति प्राप्त हुई है जो दोनों हाथों से खण्डित है।

शीतला देवी मन्दिर (कस्बा सण्डीला)

प्राचीन काली मन्दिर : यह मन्दिर 27° 13' 33.6'' उत्तरी अक्षांश और 80° 29' 28.7'' पूर्वी देशान्तर के मध्य कोथावाँ विकासखण्ड के अन्तर्गत भवानीपुर गाँव के उ. पू. दिशा में स्थित है। यह मन्दिर जिस ऊँचे टीले पर बसा हुआ है उसी टीले से उत्तरी कृष्ण मार्जित पात्र-परम्परा के अवशेष प्राप्त हुए हैं। मन्दिर का शिखर गुम्बदाकार है लेकिन आमलक, कलश, खपुरि, और आयुध का अंकन किया गया है मन्दिर एक ऊँची जगती पर निर्मित है। यहाँ प्रतिष्ठित काली मूर्ति 120 से.मी. लम्बी और 85 से.मी. चौड़ी है। ऐसी मान्यता है कि इस मूर्ति की स्थापना बाणासुर ने पौराणिक काल अथवा धर्मराज युधिष्ठिर ने महाभारत काल में की थी।

नागबाबा की डीह : यह मन्दिर 27° 11' 6.7'' उत्तरी अक्षांश और 80° 36' 25.8'' पूर्वी देशान्तर के मध्य भरावन विकासखण्ड के अन्तर्गत कासिमपुर गाँव के उ. पू. दिशा में स्थित है।

प्राचीन काली मूर्ति एवं मन्दिर (भवानीपुर, सण्डीला)

इसके अष्टकोणीय गर्भगृह में काले पत्थर पर निर्मित एक अष्टफलकीय शिवलिंग स्थापित है, वरण्डिका के ऊपर एक गोल गुम्बद बना हुआ है तथा सीमेंट-मौरंग की सहायता से आमलक और खपुरि भी निर्मित है सबसे ऊपर देवता के आयुध त्रिशूल का अंकन है मन्दिर के आस-पास कई अन्य छोटे-छोटे मन्दिर निर्मित हैं।

हत्याहरण : यह तीर्थ स्थल 27° 13' 12.6'' उत्तरी अक्षांश और 80° 31' 24.6'' पूर्वी देशान्तर के मध्य कोथावाँ विकासखण्ड के अन्तर्गत बिलन्दखेड़ा गाँव के उ. पू. दिशा में स्थित है। इस स्थान

हत्याहरण (सण्डीला)

की विशेषता स्कन्दपुराण के तृतीय खण्ड के धर्मारण्य नामक उपखण्ड में वर्णित है।

यहाँ पंचमगीर महादेव का शिवलिंग से प्रसिद्ध शिव मन्दिर है, इसके सन्दर्भ में जनश्रुति चर्चित है कि इस स्थान पर महाराज युधिष्ठिर तथा दैत्यराज बाणासुर द्वारा शिवलिंग स्थापित किया गया था, बाद में इसके चारों ओर मन्दिर निर्मित किया गया।

सिद्धनाथ मन्दिर : यहाँ का मन्दिर पिहानी विकासखण्ड के अन्तर्गत मन्सूरनगर गाँव में स्थित है, यहाँ से तीन शिवलिंग प्राप्त हुए हैं जो पूर्व मध्यकालीन प्रतीत हो रहे हैं ये चतुष्फलकीय और अष्टफलकीय हैं। यहाँ से 38x24x6 से.मी. माप की ईंटें भी प्राप्त हुई हैं और शिवलिंगों के पास से

सिद्धनाथ मन्दिर (मन्सूरनगर, पिहानी)

ही पत्थर की मूर्तियों के खण्डित अवशेष भी प्राप्त हुए हैं जिनमें काले पत्थर पर निर्मित एक स्त्री जो गले में आभूषण धारण किए हुए बायें हाथ से अपने स्तन को पकड़े हुए है, एक देवता का धड़ भाग जो कमर से टूट गया है यह कमर में धोती सरीखे किसी वस्त्र को धारण किये हुए है तथा कुछ अन्य मूर्ति-खण्ड जो स्पष्ट नहीं हैं प्राप्त हुए हैं। सभी शिवलिंग पूर्वाभिमुख हैं तथा लाल बलुए पत्थर पर निर्मित हैं।

विकासखण्ड भरावन के ग्राम सोणिकपुर में भी लाल बलुए पत्थर पर निर्मित तीन शिवलिंग हैं जो पूर्व मध्यकालीन प्रतीत होते हैं, वर्तमान में इनके ऊपर नये मन्दिर बना दिये गये हैं।

विकासखण्ड पिहानी के ग्राम सिमौर से कुछ प्रस्तर के मूर्ति-खण्ड के साथ एक सूर्य प्रतिमा प्राप्त

शिव लिंग (सोंणिकपुर सण्डीला)

हुई है, ये पैरों में जूते पहने हुए हैं तथा दोनों हाथों में सनाल कमल था जो टूट गया है, देवता के पैरों के पास कोई स्त्री मूर्ति निर्मित है तथा ऊपर ऊषा और प्रत्यूषा का अंकन किया गया है। ये मूर्ति और मूर्ति-खण्ड बगल के तालाब की खुदाई से प्राप्त हुए हैं, सम्भवतः इस मूर्ति को भी मुस्लिम आक्रमणकारियों ने ही तोड़ा होगा मूर्ति 10वीं-11वीं शताब्दी ई. की प्रतीत हो रही है।

इसके अतिरिक्त विकासखण्ड सण्डीला के ग्राम महमूदपुर में 100 वर्ष प्राचीन एक शिव मन्दिर है तथा कोथावाँ विकासखण्ड स्थित ममरेजपुर में भी 100 वर्ष प्राचीन राधाकृष्ण का मन्दिर है।

विक्टोरिया मेमोरियल हॉल : यह हॉल 27^0 23' 50.0'' उत्तरी अक्षांश और 80^0 07' 38.2'' पूर्वी देशान्तर के मध्य हरदोई शहर में स्थित है। सन् 1888 ई. में रानी विक्टोरिया के दरबार की

विक्टोरिया मेमोरियल हॉल (हरदोई)

घटना को यादगार बनाने के लिए इस हॉल का निर्माण किया गया तथा 10 वर्षों से अधिक समय

कम्पनी बाग चर्च

तक लखनऊ के बाहर इसे अवध की सबसे सुन्दर इमारत माना जाता रहा।[41]

रफी अहमद किदवई इण्टर कॉलेज : यह इण्टर कॉलेज 27⁰ 23' 2.0'' उत्तरी अक्षांश और 80⁰ 07' 39.2'' पूर्वी देशान्तर के मध्य हरदोई शहर के सरायथोकपूर्वी मोहल्ले में स्थित है। इस इण्टर कॉलेज का निर्माण 1888 ई. में किया गया था, इसको ब्रिटिश आर्किटेक्चर के अनुरूप निर्मित किया गया

रफी अहमद किदवई इण्टर कॉलेज (हरदोई)

है। स्कूल की छत के ऊपर लखौरी ईंट से निर्मित छः गवाक्षों वाला स्तम्भ है जिसके ऊपर गुम्बदाकार शिखर है तथा सबसे ऊपर उल्टे कमल की आकृति से युक्त संरचना है।

हरदोई बाबा मन्दिर : यह मन्दिर 27⁰ 23' 15.9'' उत्तरी अक्षांश और 80⁰ 07' 4.2'' पूर्वी देशान्तर के मध्य हरदोई शहर में स्थित है। परम्परानुसार इनके नाम पर ही इस शहर का नामकरण किया गया, ये यहाँ 1,100 वर्ष पहले रहा करते थे। यह ऐतिहासिक मन्दिर प्रहलाद घाट से लगभग 1.5 कि.मी. की दूरी पर स्थित है।

हरदोई बाबा मन्दिर (हरदोई)

बाँसा (खेरवा) का शिव मन्दिर : स्थानीय लोग इस मन्दिर में रखी मूर्ति की पूजा पार्वती देवी समझकर करते हैं लेकिन इस मूर्ति में स्त्रियों से सम्बन्धित लक्षण नहीं दिखलाई देते हैं मूर्ति का

शिव मन्दिर (खेरवा)

राजा श्यामा कुमार सिंह की गढ़ी (हथौड़ा, कछौना)

उरोज भाग भी उन्नत नहीं है। इस मूर्ति के ऊपरी भाग में पद्मासन मुद्रा में शिव को दिखाया गया है। अन्य एक मूर्ति विष्णु की है। यह मूर्ति 10वीं-11वीं शताब्दी की प्रतीत हो रही है।

राजा साहब की गढ़ी : राजा श्यामाकुमार सिंह की गढ़ी 27^0 10’ 56.3’’ उत्तरी अक्षांश और 80^0 24’ 31.8’’ पूर्वी देशान्तर के मध्य कछौना विकासखण्ड के अन्तर्गत हथौड़ा गाँव में स्थित है। यहाँ दो स्थानों पर स्थापत्यकला से सम्बन्धित साक्ष्य हैं। राजा साहब का महल और एक तालाब बीच

राजा महेशबख्श सिंह की गढ़ी (बेरुआ, सण्डीला)

गाँव में है, गाँव से दूर लगभग 1 कि.मी. उ. पू. दिशा में एक अन्य तालाब और 250 वर्ष प्राचीन एक शिव मन्दिर स्थित है।

इस गढ़ी से लगभग 4 कि.मी. दूर बेरुआ में भी लगभग ब्रिटिशकालीन एक अन्य गढ़ी स्थित है जो राजा महेशबख्श सिंह की गढ़ी के नाम से प्रसिद्ध है।

डॉ. डी. पी. तिवारी

श्याम प्रकाश

प्राचीन भारतीय इतिहास एवं पुरातत्त्व विभाग

लखनऊ विश्वविद्यालय, लखनऊ

सन्दर्भ

1. डॉ. राजकुमार, पंचाली बोली, पंचाल जर्नल, खण्ड 9, 1996, पृ. 21-22
2. बी.एन. पाठक, हिस्ट्री ऑफ कोसल अप टू राइज ऑफ मौर्याज़, मोतीलाल बनारसीदास, पाँचवाँ संस्करण, वाराणसी, 1963, पृ. 36
3. अमर सिंह बघेल, हरदोई : उ. प्र. डिस्ट्रिक्ट गजेटिअर, पृ. 1
4. महाभारत (हिरण्यकशिपु के पुत्र प्रह्लाद का उल्लेख) पंचम खण्ड, शान्ति पर्व, गीता प्रेस गोरखपुर, पृ. 4881. 5/179/2-37
5. श्रीमद्भागवत महापुराण 2/2/786, 3/14/787, 3/19/788, 4/19/792, 4/15/792 (इसी प्रकार सम्पूर्ण अध्याय 5, 8, और 10 में वर्णन है।)
6. विष्णुपुराण, 1/17/7, 1/17/12, 1/17/19, 1/18/32, 1/19/2
7. शिवपुराण, 3/10/10, 3/10/11-15, 3/10/16-22, 12/35/36
8. अग्निपुराण, 4/1-4
9. कूर्मपुराण, 1/15/39, 1/15/43, 1/15/47, 1/15/49-50
10. मत्स्यपुराण, 1/161/2-3, 1/161/11-15
11. ब्रह्मपुराण, 3/3/64-68
12. अमर सिंह बघेल, पूर्वोद्धृत, पृ. 1
13. महेन्द्र वर्मा, 'मधुप', हरदोई (हरिद्वयी की पौराणिक अस्मिता), गोमती प्रकाशन, हरदोई, पृ. 27
14. सोशल नेटवर्क : हरदोई : अमर सिंह बघेल, पूर्वोद्धृत, पृ. 1
15. उत्तर प्रदेश 2011, सूचना एवं जनसम्पर्क विभाग उ. प्र., लखनऊ, पृ. 987
16. उत्तर प्रदेश 2011, पूर्वोद्धृत, पृ. 987
17. अमर सिंह बघेल, हरदोई : उ. प्र. डिस्ट्रिक्ट गजेटिअर, पृ. 3
18. वही, पृ. 9-10
19. रिजवी एवं भार्गव, फ्रीडम स्ट्रगल इन उ. प्र., पृ. 324-328
20. इण्डियन आर्कियोलॉजी : ए रिव्यू, 1962-63, पृ. 36
21. वही, 1965-66, पृ. 47
22. वही, 1965-66, पृ. 48
23. वही, 1965-66, पृ. 84
24. वही, 1965-66, पृ. 84

25. वही, 1977-78, पृ. 84
26. वही, 1978-79, पृ. 101
27. वही, 1982-83 पृ. 97-98
28. वही, 1985-86 पृ. 115
29. वही, 1991-92 पृ. 131
30. पुरातत्त्व समीक्षा, राज्य पुरातत्त्व विभाग, उ.प्र., 1991-92, पृ. 03
31. तिवारी, डी. पी., एक्सवेशन एट सौंफरी एण्ड एक्स्प्लोरेशन इन गंगा प्लेन 1991-2000, पृ. 216-219
32. पुरातत्त्व समीक्षा, पूर्वोद्धृत, 2000-2001-2002, पृ. 04
33. ए., फ्यूहरर द मॉन्युमेंटल एंटीक्विटीज़ एण्ड इन्सक्रिपशन्स इन नॉर्थ वेस्टर्न प्रोविंसेज एण्ड अवध, पृ. 283
34. ए. एच., हैरिंगटन, रिपोर्ट ऑव द रेग्यूलर सेटलमेंट ऑव द हरदोई डिस्ट्रिक्ट 1880, पृ. 183
35. ए., फ्यूहरर, पूर्वोद्धृत, पृ. 282
36. अमर सिंह, बघेल, हरदोई : उ. प्र. ग. डिस्ट्रिक्ट गजेटिअर्स, पृ. 17-18
37. वही, पृ. 39
38. ए., फ्यूहरर, पूर्वोद्धृत, पृ. 282
39. अमर सिंह, बघेल, पूर्वोद्धृत, पृ. 40
40. पूर्वोद्धृत, पृ. 18-19
41. अमर सिंह बघेल, पूर्वोद्धृत, पृ. 01

अध्याय-3

हरदोई का इतिहास

हरदोई जिला पश्चिमी जिलों के 12 जिलों में प्रमुख स्थान रखता है, जो मध्यकाल में अवध सूबे का प्रतिनिधित्व करता है। प्राचीन काल में इस देश का नाम कोसल और उत्तरकोसल था। इसका विस्तार पश्चिम में, थोड़ा सा इस जिले के पीछे, जिसे आज बरेली के नाम से जानते हैं, और पीलीभीत के नाम से जानते हैं, इसके दक्षिण में गंगा नदी है, जो हरदोई जिला की दक्षिणी सीमा को बनाती है।

पुरातात्विक दृष्टि से इस जिले में बहुत अधिक शोध नहीं हुए हैं। इस जिले में बहुत से प्राचीन एवं पुरातात्विक स्थान हैं। सम्पूर्ण क्षेत्र में अनेक छोटे-छोटे प्राचीनकाल के डीह या क्षेत्र हैं, जो प्राचीन काल के बारे में अधिक जानकारी प्राप्त करा सकते हैं। यहाँ विभिन्नता पायी जाती है, स्थानीय परम्परा भी पायी जाती है, जिससे यह पता लगाया जा सकता है कि प्राचीन काल के अवशेष बचे हुए हैं और इस क्षेत्र में नागरिक सभ्यता बहुत पहले ही प्रारम्भ हो चुकी थी।

हरदोई तहसील के बारवान परगना में इक्कीस डीह या गाँव उजड़े हुए हैं जो प्राचीन काल के हैं। बारवान गाँव के किले में एक बड़ी ईंट मिली है। इसी तहसील में गाँव बावन है, जिसे बड़ा खेड़ा के नाम से जाना जाता है। 'इसके बारे में यह रोचक बात जुड़ी हुई है, जो सर्वश्रेष्ठ मूर्ति विद्या का ज्ञाता होगा वही इसको बनायेगा। इसी नाम से परगना है जिसमें ग्यारह डीह प्राचीन काल के हैं। इसे बहुत ही प्रभावशाली ढंग से बनाया गया है इसीलिए इसे कल्हौर या किल्हो कहते हैं। यह क्षेत्र प्रायः कई हेक्टेयर तक कंकड़ से ढँका रहता है और इस क्षेत्र में राजगीर के बनाये हुए बड़े-बड़े कुएँ हैं जिनके किनारे ढह चुके हैं, इसका नाम रामकुण्ड है।

जो शहर बिलीग्राम है, इसका प्राचीन का नाम भीलाग्राम या श्रीनगर है। यह चारों तरफ मिट्टी से बनाया गया है, इसके कठोर किनारे गंगा की तरफ उठे हुए दिखाई देते हैं। इस शहर का प्राचीन हिस्सा बाँधने को कहा गया है, जब यह शताब्दी प्रारम्भ हो रही थी, इसके अवशेष खँडहर जो पिलर हैं (खम्भे) इसके बड़े-बड़े खण्ड, जो कंकड़ के बने हुए हैं, जो मन्दिर के अवशेष दिखाई दे रहे हैं यह मुस्लिम युग से पहले की बात है। इनमें से सबसे अच्छा मन्दिर जिसको हम लोग देख सकते हैं वह गुदारनाथ का मन्दिर है, जो ब्राह्मणों का निवास लमकनिया टोला है। यह एक छोटा खेड़ा है और टूटे-फूटे घरों से यह घिरा हुआ है। करीब सौ साल पहले, जब इस कंकड़ के खम्भे को तोड़ा जा रहा था, तब कीचड़ और कूड़ा करकट मिला था। पारम्परिक स्थान के जैसा टैंक, शहर हैदराबाद मुहल्ला में सागर नामक स्थान पर मिला है और दूसरे कंकड़ और पत्थर के खम्भे नींव में मिले हैं और नीचे तक गये हैं। जो मस्ज़िद, दरगाह और घर में कुएँ और घर के दरवाजे हैं उनमें अनेक नालियाँ दिखाई देती हैं, जो किसी प्राचीन इमारत से निकलकर मिल रही हैं। प्राचीन भीलीग्राम का यह अवशेष मात्र बचा हुआ है। प्रत्येक मुहल्ले का अलग-अलग किनारा होता था। हैदराबाद और

मैदानपुरा में नाव के अवशेष मिले हुए हैं।

बिलीग्राम तहसील के कटिआरी परगना के शामपुर, बड़ागाँव, मुर्वा, नगरौरा, सिआ, तेन्दुआपुर, बोराउ (बोरान और बिदियापुर) में किले के अवशेष मिले थे वे गोपामऊ के हैं, जो हरदोई तहसील में है। कहा जाता है कि यह दसवीं शताब्दी में बनाया गया था। प्राचीन काल में इस जंगल को साफ किया गया था, इसलिए इसे मावा चाचर कहते हैं। यहाँ उस समय की पत्थर की मूर्ति मिली है, जिसे लोग कौरेहरू देव और बादल देव के नाम से जानते हैं, जो इस क्षेत्र के देवता थे। यहाँ बड़ी पटिया कंकड़ की बनी हुई है, जो गोपीनाथ के मन्दिर से लिया गया है। यह प्राचीनकाल का मन्दिर अभी तक बचा हुआ है।

सण्डीला तहसील के गुण्डवा गाँव के रास्ते में किले का अवशेष बचा हुआ है जो बीबी दीदी खेड़ा के पास ही है और भरैया (हरैया) भी यहीं है। स्थानीय लोग इसे भंगरगढ़ कहते हैं। यहाँ चोटी पर एक नाग मन्दिर का अवशेष है और तालाब भी है। तहसील सण्डीला के ही ग्राम कल्याणमल में पंचबगीर महादेव नामक एक प्रसिद्ध शिवलिंग है। इसी ग्राम के निकट दो प्राचीन उजड़े स्थल हैं जो बेरीढीह और कैमगढ़ढीह नाम से प्रसिद्ध हैं। बेरीढीह किसी प्राचीन किले का अवशेष है जबकि कैमगढ़ढीह पुराने कालिका देवी मन्दिर का भग्नावशेष है। सण्डीला के 23 किलोमीटर उत्तर में ग्राम मझावाँ में ईंटों से बने एक बड़े दुर्ग के खँडहर हैं, जहाँ बारहवीं शताब्दी ईसवी का एक खण्डित संस्कृत शिलालेख मिला है।

हरदोई शहर के दक्षिण पश्चिम शहर में ऊँचा और अनियमित डीह (किला) है इसका विकास लगभग छह हेक्टेयर तक है जो इसी शताब्दी के आस-पास का है, यह टूटे-फूटे ईंटों से ढँका है और यहाँ प्राचीन काल की विद्या देवी की मूर्ति का अवशेष है, कुछ लोग कहते हैं कि ये हरदोई शहर का ही अवशेष है। इस क्षेत्र के बहुत से मकान उन पुरानी बड़ी ईंटों के बने हैं जो इस टीले से खोदकर निकाली गयी है। इस टीले पर ईंटों के मन्दिर और पुरानी इमारतों के अवशेष अक्सर निकल आते हैं। इस टीले का पुरातत्व की दृष्टि से उत्खनन आवश्यक था जो अतिमहत्त्वपूर्ण होने के बाद भी किया नहीं जा सका है। यह टीला यहाँ की मूल आबादी ठठेरा जनजाति से सम्बन्धित रहा हो सकता है। जनश्रुति है कि हिरणाकश्यप नामक एक ठठेरा राजा भी यहाँ हुआ, जो हरिद्रोही था। भ्रमवश उसे ऐतिहासिक हरिद्रोही हिनण्यकशिपु से सम्बद्ध कर दिया गया। हरदोई के इस टीले का सम्बन्ध हरिदेवबक्स से भी रहा हो सकता है जिनके नाम से हरदेवगंज मोहल्ला यहाँ आज भी स्थित है। हरदोई के उद्‌भव के सम्बन्ध में एक जनश्रुति हरदेव बाबा से सम्बन्धित है जिनका मन्दिर यहाँ स्थित है। इस मन्दिर के परिसर में जो मूर्तिअवशेष सुरक्षित हैं वे कनिष्कयुगीन प्रतीत होते हैं और इस टीले से ही संगृहीत किये गये हो सकते हैं। नीर गाँव के पास रास्ते में ऊँचे ईंटों का खेड़ा है, कहा जाता है कि प्राचीन काल में इसका नाम बसोहरा था और गाँव का नाम गौडखेड़ा (गौरा डण्डा) बड़ा डीह, दोनों 20 किमी. तक फैले हुए हैं। हरदोई के पूर्व में कल्याण मल गाँव है जो सण्डीला तहसील में पड़ता है। इसे शिवलिंग के नाम से रखा गया है, इसीलिए पंचाबगीर महादेवा के नाम से जाना जाता है। गाँव के यहाँ दो अवशेष पाये जाते हैं जो बैरी डीह और कैमागढ़ डीह हैं। इसकी बनावट यह बताती है कि यह अवशेष प्राचीन काल का है और दूसरे जो प्राचीन काल का अवशेष मिलता है उसे कालिका देवी के नाम से जाना जाता है। तहसील बिलीग्राम के अंग माल्लवाँ में अनेको पक्की ईंटों से बने मकान, मस्ज़िद व दरगाहों में जमीन से एक मीटर ऊपर तक की ऊँचाई में तराशी गयी कंकड़ की शिलाओं का प्रयोग किया

हुआ मिलता है। इनमें बीच-बीच में लाल पत्थर की शिलाओं का प्रयोग भी देखने में आता है। यहाँ के एक स्थानीय दरगाह का गुम्बद आठ गोलाकार सुन्दर नक्काशीयुक्त स्तम्भों पर टिका है। मल्लावाँ के भवनों, मस्ज़िदों और दरगाहों में प्रयुक्त इन शिलाओं की वास्तुकला के दुर्लभ अवशेषों के सम्बन्ध में डॉ. फहर की राय है कि कंकड़ की तराशी गयी ये शिलाएँ, स्तम्भ व अन्य वास्तु-अवशेष निःसन्देह प्राचीन ब्राह्मण, जैन व बौद्ध धर्मों से सम्बन्धित भवनों से प्राप्त किये गये रहे हैं। उनका मानना है कि प्राचीन ब्राह्मण, जैन व बौद्ध धार्मिक वास्तुकला के मुस्लिम निर्माणों में प्रयुक्त इन अवशेषों के अतिरिक्त कुछ मूर्तिकला के अवशेष भी यहाँ खण्डित रूप में पुराने पीपल के पेड़ों के नीचे इकट्ठे किये हुए देखे जा सकते हैं। फहर का कहना है कि मल्लावाँ के एक हिन्दू मन्दिर में आशादेवी की मूर्ति किसी पुराने पूजास्थल का अवशेष है; इसके सात सरों वाला नागफन इसके बौद्ध अथवा जैन मूल की ओर संकेत करता है। मल्लावाँ से 10 किलोमीटर उत्तर-पूर्व बनसा (बाँसा) में टूटी-फूटी ईंटों व बर्तनों से भरा हुआ एक बड़ा ढीह है। इसकी चोटी पर दशम शताब्दी ईसवी के एक मन्दिर के खँडहर हैं। यहाँ एक बाँसा देवी के नाम से प्रसिद्ध पार्वती की मूर्ति है। इस खँडहर पर मुख्य रूप से वर्षा ऋतु में प्रचुर मात्रा में प्राचीनकालीन सिक्के प्राप्त होते रहे हैं जो स्पष्ट करते हैं कि यह स्थान निश्चित ही कुषाणकाल (द्वितीय तृतीय शताब्दी ईसवीं) से बहुत पहले आबाद था और कोई महत्त्वपूर्ण देवस्थान था।

बिलीग्राम तहसील के साण्डी शहर के उत्तर में पुराने किले का अवशेष है जो सन्ताननगर या सन्तान खेड़ा कहलाता है। यहाँ पर एक ऊँचा टीला है जो एक से अधिक अन्य समानान्तर टीले खड़े हैं, वहाँ की मिट्टी बहुत कठोर होती है, जो नदी के बाढ़ से कट भी नहीं सकती है। इसका जो आधार है, वह गर्रा नदी के पास में है। प्रत्येक परत एक के ऊपर दूसरी करके एक मजबूत ऊँचा टीला बना दिया गया है। यह चौदहवीं शताब्दी का मुस्लिम का मकबरा है। फहरेर कहते हैं कि प्रत्यक्ष प्रमाण के अनुसार कहा जा सकता था कि अवशेष किसी प्राचीन हिन्दू मन्दिर के थे। जोकि पवित्र मंगला देवी और गोवर्धनी देवी के नाम से जाना जाता है। पास ही में फूलमती नाम का पीलपाया है जो बौद्धधर्म के 'चैत्य' की प्रतिकृति जैसा है और मध्य में अपने गणों सहित पदासीन मूर्ति के ऊपर उठा है। निश्चित ही इसका सम्बन्ध बौद्धधर्म से रहा होगा। तहसील हरदोई के दक्षिण में प्राचीन परगना 'सरह' के ग्राम रूही, हरिवाँ, कुर्सेली, बिजगवाँ, उत्तरा, अयारी, बड़गाँवाँ, तोदरपुर, धनवार, रामपुर, सादतनगर, और कमलापुर में अनेक प्राचीन डीह प्राप्त होते हैं। स्वयं कस्बा शाहाबाद मुस्लिमकाल से अतिप्राचीन रहे किसी विस्तृत शहर के खँडहरों व भग्नावशेषों के ऊपर बसा है।

स्थानीय पारम्परिक और पौराणिक कहानियों में इस जिले अधिक संख्या में वर्णन पाया जाता है विभिन्न प्रकार के काल्पनिक आकार और पौराणिक पुरुषों को ध्यान में रखकर कहा गया है। उदाहरण के लिए दहाड़ झील के किनारे, आदमपुर गाँव में सांदी के निकट यहाँ एक छोटा-सा तालाब है, जिसे ब्रह्मावर्त के नाम से जाना जाता है, जहाँ ब्रह्म जी रहते हैं। जो कि सृष्टि के रचयिता हैं। ऐसा माना जाता है, कि वे पृथ्वी के तीर्थ यात्रियों को एक पगहे से बाँधे रहते हैं। हरदोई शहर की स्थापना करने वाला हिरण्यकश्यप था, जो राक्षसों का राजा था, वह ईश्वर का विरोधी था। इसलिए उसे हरिद्रोही कहा जाता था। यह नाम कुछ दिनों तक चला फिर इसमें बदलाव हुआ जो हरिद्रोही और बाद में हरदोई के नाम से जाना जाता है। प्राचीन काल में इसका नाम बावाँ था, जिसे महाबलीपुरम के नाम से जानते हैं। जो राक्षसों के राजा महाबली की राजधानी थी जो वामन अवतार के लिए

प्रसिद्ध है। सामान्यतः प्राचीन काल में कल्याणमल को रथौली के नाम से जाना जाता था, क्योंकि सामान्यतः यह माना जाता है कि जब राम लंका से वापस आ रहे थे राम का रथ रुक गया था, इसी स्थान पर वह रावण की हत्या से मुक्ति पाने के लिए स्नान किये थे । प्राचीन जलाशय जग्गूपुर गाँव में है जो सण्डीला तहसील में है, जिसे नल का तालाब भी कहते हैं, जो प्राचीन काल के राजा नल के द्वारा बनाया गया था।

बिलग्राम (भील्लाग्राम) कहा जाता है कि स्थानीय राक्षस बिल या भिल्ला था जो लोग नैमिशारण्य (निमिखार) में पूजा किया करते थे उन पर धूल फेंका करता था। जो गोमती नदी को पार करके सीतापुर में पड़ता है। बिलीग्राम अनुमानतः यह सूचना देता है कि यहाँ मूल में भील लोग रहते थे। स्थानीय जनसंख्या के अनुसार कहा जाता है कि श्रीकृष्ण के भाई बलराम ने अपने हथियार हल से उस राक्षस को मार दिया था। इस स्थान को देखने के लिए दूर-दूर से लोग आते हैं। साईं लिंगन कोपंचाबगीर महादेव हैं, जो कल्याणमल में पड़ता है। यहाँ ऐसा विश्वास किया जाता है कि युधिष्ठिर ने इसको बसाया है जो पाण्डव हस्तिनापुर के राजा थे और सण्डीला अनुमानतः सन्द्रियाल का आश्रम था, जो प्राचीन काल के महर्षि थे।

अयोध्या के इक्ष्वाकु वंश के जो राजा थे उन्होंने प्राचीनकाल में भारतीय क्षत्रियों की सौर्य दौड़ कराई थी, जो इस दौड़ में प्रथम आयेगा वह उस क्षेत्र पर अपना राज्य स्थापित करेगा। यह क्षेत्र उस समय के राजा दिलीप द्वितीय का था। भाग्य से उस समय उनका उस भूमि पर अधिकार था। यह जिला उस समय कोसल क्षेत्र के अन्तर्गत आता था। आगे चलकर इक्ष्वाकु वंश में राम का जन्म हुआ। जो रामायण के नायक थे। यह जिला तब उस साम्राज्य का अभिन्न अंग बनाया गया। एक स्थानीय परम्परा व प्राचीन काल के अनुसार राम ने इस राज्य को कल्याणमल (प्राचीन नाम रथौली) से जोड़ा था, जो इसी जिले में था। इस स्थान के बारे में कहा जाता है कि पंच-छात्र, इस स्थान को चिन्हित किया गया है प्राचीन धरोहर के रूप में जो रामायण में वर्णित किया गया है। राम के बड़े पुत्र कुश को राज सिंहासन मिला था और उन्होंने इस जिले को अपने साम्राज्य के अन्तर्गत शासित किया। उन्हीं के वंश में दीर्घयजना थे, जो युधिष्ठिर के समकालीन थे। जो पाण्डव के राजा थे। यह स्थानीय परम्परा के अनुसार है, इसलिए इस जिले को देखने के लिए आना चाहिए।

कुछ समय के बाद दिवाकर राजा हुए जो श्रावस्ती के राजा थे और राम के दूसरे पुत्र लव जो श्रावस्ती के संस्थापक थे, कोसल राज्य की शाखा थी। उन्होंने अध्योध्या पर शासन किया और दो शाखा को जोड़े रखा, श्रावस्ती के बचने पर यह संयुक्त राज्य की राजधानी थी।

यह एक ऐतिहासिक तथ्य है कि प्रसेनजित, महावीर व बुद्ध के समकालीन थे। प्रसेनजित के शासनकाल में कोसल उत्तरी भारत के चार बड़े राज्यों में से एक था। प्रसेनजित ने मगध नरेश अजातशत्रु के साथ एक लम्बा युद्ध लड़ा था। प्रसेनजित की मृत्यु के बाद उसका पुत्र वेदोदभ कोशल जनपद का राजा बना। वेदोदभ ने शक राज्य को पराजित किया। वेदोदभ व शक राज्य के बाद कोसल नाम ग्रन्थों में उल्लिखित नहीं हुआ है। इतिहासकारों का मानना है कि मगध नरेश शिशुनाग ने अपने राज्यकाल में कोसल को मगध राज्य में मिला लिया। कोसल जनपद नन्दवंश के काल तक मगध राज्य का अंग रहा। नन्दवंश के पतन के अनन्तर कोसल जनपद द्वितीय शताब्दी ईसापूर्व तक मौर्य नरेशों के नियन्त्रण में रहा। कुछ समय तक यह क्षेत्र अयोध्या शाखा सम्बन्धी शुंग नरेशों के आधिपत्य में भी रहा। प्रथम शताब्दी ईसवी के अन्तिम चतुर्थ भाग की समाप्ति

के लगभग कुषाण राजा कनिष्क ने सम्पूर्ण उत्तरी भारतवर्ष, जिसमें हरदोई जनपद भी सम्मिलित था, अपने राज्य के अधीन कर लिया। अगली डेढ़ शताब्दी तक कुषाण राजाओं ने इस क्षेत्र पर राज्य किया। कुषाण नरेशों के अनन्तर अयोध्या के मित्र नरेशों ने इस क्षेत्र पर राज्य किया। मित्र राजाओं से इस क्षेत्र को गुप्त नरेशों ने चतुर्थ शताब्दी ईसवी के मध्य अपने आधिपत्य में ले लिया। इस क्षेत्र पर गुप्तवंशीय राजाओं का छठी शताब्दी के आरम्भ तक आधिपत्य रहा। गुप्त नरेशों के पतन के बाद हरदोई जनपद कन्नौज के मौखरी राजाओं के नियन्त्रण में चला गया। 606 से 647 ईसवी के मध्य बर्धनवंश के राजाओं ने इस क्षेत्र पर अपना आधिपत्य स्थापित किया। चीनी यात्री ह्वेनसांग ने जो इस कालावधि में भारत आया था, हरदोई क्षेत्र का परिभ्रमण नहीं किया था। राजा हर्षवर्धन की मृत्यु के 50 वर्ष बाद तक उत्तरी भारतवर्ष में राजनैतिक अस्थिरता व अशान्ति रही। कन्नौज के राजा यशोवर्धन के शासनकाल में इस पर अंकुश लगाया जा सका। वर्मन् वंश का इस क्षेत्र पर आठवीं शताब्दी के पूर्वार्द्ध तक आधिपत्य रहा। आठवीं शताब्दी के उत्तरार्द्ध में यह क्षेत्र अयोध्या नरेशों के आधिपत्य में चला गया। नवीं शताब्दी ईसवी के आरम्भ से लेकर ग्यारहवीं शताब्दी पर्यन्त गुर्जर प्रतिहार राजाओं ने इस क्षेत्र पर राज्य किया जिसकी राजधानी कन्नौज रही। इतिहासकारों का मत है कि नवीं शताब्दी से ग्यारहवीं शताब्दी तक हरदोई जनपद भी पूरी तरह गुर्जर प्रतिहार राजाओं के आधिपत्य में रहा। सन् 1018 के अन्त में महमूद गजनवी के आक्रमण और विजय ने कन्नौज की प्रतिहार सत्ता को जानलेवा चोट पहुँचायी और इस क्षेत्र में गुर्जर प्रतिहार सत्ता का अन्त हो गया। ऐसे कई चिह्न मिलते हैं कि महमूद गजनवी कभी हरदोई भी आया था। किन्तु जनश्रुति में प्रचलित है कि गजनवी की सेना के एक अधिकारी काजी यूसुफ ने बिलग्राम पर आक्रमण किया था और यहाँ के रैकवार राजपूतों को खदेड़ दिया था, किन्तु इस जनश्रुति का कोई ऐतिहासिक प्रमाण नहीं मिलता है।

कोसल प्राचीन काल के सोलह महाजनपद में से एक था जो जैन एवं बुद्ध की किताब (पुस्तकों) में मिलता है। प्रसेनजित, जो कोसल जनपद पर शासन करते थे जो छठी ईसा पूर्व के समाप्त होने और पाँच ईसा पूर्व के प्रारम्भ में थे, वे कोसल के महाराजाओं में एक थे। जो महावीर एवं बुद्ध के समकालीन थे उनके शासनकाल में उत्तर भारत के चार महाजनपद में से प्रमुख था जो मगध के राजा अजातशत्रु से अधिक दिन तक युद्ध किये थे। इनकी अकस्मात मृत्यु के बाद इनका पुत्र वेदोदभ राजा हुआ। उसने शकराज्य के नष्ट होने पर कहा, यह अन्तिम अवसर है, जब राजधानी कोसल ने इस पर ध्यान दिया है, इसके बाद यह मगध के राजा शिशुनाग के राज्य में मिल गया। यह राज्य नन्द के शासनकाल में मगध महाजनपद के अधीन रहा। इसके बाद यह जिले (जनपद) के रूप में मौर्य के शासनकाल में आया, जो दूसरी शताब्दी ईसा पूर्व तक उसके शासन रहे। इसके बाद यह अयोध्या शाखा सुनगास के रूप में था। लगभग पहली शताब्दी के चौथे भाग में कुषाण साम्राज्य के कनिष्क (78-102 ए.डी.) ने अपने अधीन इस राज्य को ले लिया, पूर उत्तर भारत को, उस क्षेत्र को जो इस जिले द्वारा घेरा गया है। कुषाण का शासन इस भाग पर लगभग एक शताब्दी तक रहा। इस पर मित्र राजाओं द्वारा शासन किया गया जो अयोध्या के सहायक थे। इसके बाद गुप्त राजाओं द्वारा हराया गया और यह सहायक राज्य चौथी शताब्दी के आधी सदी तक रहा।

इसके बाद लगभग छठी शताब्दी के प्रारम्भ से यह जिला (जनपद) गुप्त साम्राज्य का एक अभिन्न हिस्सा रहा, इसके बाद मौखरी राजा जो कन्नौज के राजा थे, यह वह थे, जिनको हर्षवर्धन ने हटाकर राजा बना, इनका समय 606-647 ई. (ए.डी.) रहा। चीन का यात्री ह्वेनसांग जो हर्षवर्धन

के समय में भारत आया था, इस जिले का उसने वर्णन नहीं किया है।

लगभग आधी शताब्दी व हर्षवर्धन की मृत्यु के बाद चाव और एनार्ची, उत्तर भारत में आये, इसके बाद यशोवर्मन ने शासन किया जो कन्नौज के राजा थे, जिन्होंने भाग्य से आठवीं सदी के पहले आधे भाग में और इसके बाद अयोध्या के राजा सफल हुए, इस शताब्दी के आधे भाग में। 9वीं और 11वीं शती के प्रारम्भ में गुर्जर जो प्रतिहार के राजा थे। उनकी भी कन्नौज राजधानी थी। वे उत्तर भारत के महान शासक थे। कन्नौज, फर्रुखाबाद में स्थित है, जो हरदोई के दक्षिण में गंगा नदी के पार करने पर यह स्थित है, यह भाग, इसीलिए कन्नौज के राजाओं द्वारा अधिक शासन किया गया है।

अधिक संख्या में विभिन्न प्रकार के डीह या खेड़ा, टीला स्थान हैं। जिन्हें इस पाठ में प्राचीनकाल में बताया गया है, और वे किस प्रकार से स्थानीय परम्पराओं से जुड़े रहे। यहाँ के लोग अपने अनुसार बनाये हुए हैं। ठठेरा, जो कहते हैं कि यह अधिक क्षेत्र में विस्तार किये हुए हैं।

राजपूत द्वारा इस क्षेत्र पर अधिक विस्तार किया गया है, और बाद में मुस्लिम के संरक्षण में यह क्षेत्र रहा है। पता चलता है कि यह ठठेरा नाम, वर्तमान समय में जो ताँबे के बर्तन बनाने वाले या जो पीतल का काम करने वाले होते हैं। यह ठठार या ठट्ठार का बदला हुआ रूप है, यह एक जाति है या दल है, जो आइन-ए-अकबरी के अनुसार उन्हें जमीन दी गयी थी, जो यमुना के पश्चिम भाग में है। यह हरदोई शहर स्वयं बना है, जो प्राचीन स्थान है, बने हुए हैं, ठठेरा या ठट्ठेरा, बझेरा किला के आस-पास रहते हैं, जो गोपामऊ के उत्तर में स्थित है। उसके 52 बुर्ज अभी तक शेष हैं। परगना बावाँ में एक बहुत बड़ा किला स्थित है, जो कल्हौर के पास है। यह अवशेष जो अधिक क्षेत्रफल तक फैला हुआ है, उसके आस-पास जंगल भी है, यह डेनियलगंज के आस-पास है। इस जिले में बहुत-सी पौराणिक कहानियाँ उपलब्ध हैं, जो लोगों के मुख में बसी हुई हैं। सिर्फ दो परगना पाली और पछोहा के उत्तर-पश्चिम को छोड़कर, यहाँ के किसान प्रमाण के रूप में प्राचीनकाल के निवासी हैं, जो सण्डीला परगना कल्याणमल का कुछ भाग है, जो कुछ अरखास और परगना गुण्डवाँ जो कुर्मी के द्वारा बसाया गया है। शायद झोझा के द्वारा। पासी या राजपासी विश्वास करते हैं, वे मूल निवासी हैं, और वे ही इस जमीन के असली मालिक हैं, इस जिले के। यह संख्या विचार करने योग्य पायी जाती है। बिलीग्राम के जो भील हैं, वे इस जिले के मूल या दूसरे जनजाति के हैं। ये विभिन्न प्रकार के लोग, जो मुख्यतः मूल निवासी, जमींदार और पेट्टी के स्थानीय मुख्य लोग और कन्नौज के राजा द्वारा जो लोग शासन कर रहे हैं, इस जिले में जो शासन चलता है।

राजपूत जो कि देशान्तर में रहते हैं, वे वापस इस जिले में चले आये हैं, जो विभिन्न समय में और विभिन्न शताब्दियों में, वे क्रम से विभिन्न स्थानों पर अपने मुखिया के साथ आकर रहने लगे। रायकवाड़ 8-10वीं शताब्दी में इस जिले में इधर-उधर जाकर बस गये थे, उसके मुखिया श्रीराम थे, उन्होंने श्रीनगर शहर की स्थापना की है, और बाद में यह बिलीग्राम के नाम से जानते हैं। अनुमानतः यह पहली बार है, जब देशान्तर से पहली बार जिले में आकर के बस गये थे। वे लोग उनके पीछे आये 12वीं शताब्दी तक आये। समबनसिस के अनुसार प्राचीन जमींदार को हटा दिया गया जो सांदी, बारवाँ और पाली परगना में रहते थे। गौड़ नारकंजारी, जो इन्दौर के निकट है, बावाँ परगना के ठठेरा के द्वारा भगा दिया गया था जिसमें बाँगर, मंसूर नगर, सारा, सरोमन नगर, पिण्डरवा, और आलमनगर, आहबान, गोपामऊ परगना से बाहर निकाल दिया और पाण्डेय, ब्राह्मण ने शाहाबाद परगना से बाहर निकाल दिया।

अर्खा सण्डीला तहसील में जानवर राजपूत द्वारा भगा दिया गया और गुंडवा परगना से ब्राह्मण वाराणसी से आकर कुर्मी को बाहर कर दिया। मल्लावाँ परगना में चन्देला राजपूत समुदाय के रूप में आकर के रहते हैं, जो कानपुर जिले के शिवराजपुर के रहने वाले हैं। अनेक जो प्राचीन जमींदार हैं वे बाहर के हैं और जो बचे हुए हैं उनकी स्थिति दास या वे जो खेतों में मजदूर हैं और दास प्रवृत्ति के हैं। एक दूसरे प्रकार के राजपूत इस जिले में हैं, उनकी स्थिति अच्छी है, और वे आपस में जुड़े हुए हैं। वे नियमित आपस में बातचीत करते रहते हैं जहाँ कहीं भी रहें।

मध्यकाल

तालिका-1

हरदोई के ऐतिहासिक स्थल

क्रम	स्थान	जिला	काल	स्रोत
1.	अम्रापुरी	हरदोई	मध्यकाल	IAR 1982-83
2.	अनु	हरदोई	मध्यकाल	IAR 1982-83
3.	औरंगाबाद	हरदोई	मध्यकाल	IAR 1982-83
4.	असेनी	हरदोई	मध्यकाल	IAR 1982-83
5.	अस्टमडी एलायस नगला अस्तल	हरदोई	मध्यकाल	IAR 1982-83
6.	अथुना	हरदोई	मध्यकाल	IAR 1982-83
7.	बारकोट	हरदोई	मध्यकाल	IAR 1982-83
8.	बघारी	हरदोई	मध्यकाल	IAR 1982-83
9.	स्लना	हरदोई	गुप्त और मध्यकाल	IAR 1982-83
10.	समैन	हरदोई	मध्यकाल	IAR 1982-83
11.	सडाना	हरदोई	मध्यकाल	IAR 1982-83
12.	संग्रामपुर या कानुन	हरदोई	सुंग-कुशान और मध्यकाल	IAR 1982-83
13.	संखा	हरदोई	मध्यकाल	IAR 1982-83
14.	सराय नाहर राय	हरदोई	मध्यकाल	IAR 1982-83
15.	सराय राजई	हरदोई	सुंग-कुशान	IAR 1982-83
16.	सरल गुडौल	हरदोई	मध्यकाल	IAR 1982-83
17.	सरिया तिवारी	हरदोई	मध्यकाल	IAR 1982-83
18.	सती बुर्ज	हरदोई	मध्यकाल	IAR 1982-83
19.	सेम	हरदोई	मध्यकाल	IAR 1982-83
20.	शैल पटना	हरदोई	मध्यकाल	IAR 1982-83
21.	भाक्करपुर	हरदोई	मध्यकाल	IAR 1982-83

22.	सिद्धेश्वर महादेव	हरदोई	मध्यकाल	IAR 1982-83
23.	सीमालता	हरदोई	मध्यकाल	IAR 1982-83
24.	सिसवान खुर्द	हरदोई	मध्यकाल	IAR 1982-83
25.	शिवा मन्दिर	हरदोई	मध्यकाल	IAR 1982-83
26.	सोनख	हरदोई	मध्यकाल	IAR 1982-83
27.	उमरा बुर्जुग	हरदोई	मध्यकाल	IAR 1982-83
28.	उतरटिया	हरदोई	मध्यकाल	IAR 1982-83
29.	याकूतगंज	हरदोई	मध्यकाल	IAR 1982-83

स्रोत : *Land and people of Indian States and union territories (Uttar Pradesh) 35 Volume, Edited by Shankar Lal, C. Bhatt, Gyan Publishing House, 2005*

तालिका-2

हरदोई के पुरातात्विक खुदाई के स्थल

क्रम	पुरातात्विक स्थल	स्थान एवं तहसील
1.	मेजर रॉबर्ट का मकबरा	बारामऊ, तहसील सवैजपुर
2.	ईंटों का टीला जिसे स्थानीय लोग ''भाकरगोन'' कहते हैं।	गांड्वा, तहसील सण्डीला
3.	ऊँचा नीचा खेड़ा जो कि टूटे हुए ईंट और मूर्ति से ढंका है।	हरदोई, तहसील हरदोई
4.	एक टीला जिसे ''किल्लो का कल्हार'' कहा जाता है।	कहालो, तहसील हरदोई
5.	स्मारक मकबरा	खसौरा, तहसील सवायचपुर
6.	स्मारक कब्रिस्तान	माधोगंज, तहसील बिलग्राम
7.	एक बड़ा डीह जो कि टूटी हुई ईंटों, मिट्टी के बर्तनों और उन्नीसवीं शताब्दी के खँडहर मन्दिर के साथ पाया गया।	खेरवा और कजगों तहसील बिलग्राम
8.	मकदूम शाह की दर्ग के पास कुआँ	मल्लावाँ, तहसील बिलग्राम
9.	एक खँडहर जिसे सांडीखेड़ा कहते हैं।	पाली, तहसील शाहाबाद
10.	नवाब शहर जहाँ का मकबरा	पिहानीं, तहसील शाहाबाद
11.	प्राचींन टीला	पहुंचीना खेड़ा, तहसील शाहाबाद
12	फूलनाथ	सांडी, तहसील बिलग्राम

स्रोत : *asi.nic.in*

1193 ईसवीं में चन्दवार के युद्ध में कन्नौज के गहादावाला नरेश जयचन्द्र के पराजित होने व मारे जाने के उपरान्त शहाबुद्दीन गौरी के सेनानायक कुतुबुद्दीन ऐबक ने गहादावालों की राजधानी

कन्नौज और इस प्रान्त पर विजय अभियान कर अधिकार कर लिया और इस सम्पूर्ण क्षेत्र पर चाहे नाममात्र के लिए ही रहा हो, मुस्लिम आधिपत्य स्थापित हो गया। सम्भवतः मलिक हशमुद्दीन अगुलबक को अवध का गवर्नर नियुक्त किया गया जिसके अधिकार क्षेत्र में हरदोई भी आता था। 1206 ईसवीं में शहाबुद्दीन गौरी की मृत्यु के उपरान्त कुतुबुद्दीन ऐबक जो हिन्दुस्तानी राज्य का वायसराय था, दिल्ली गद्दी का पहला मुस्लिम सुल्तान बना। कुतुबुद्दीन ऐबक के शासनकाल में 1208 ईसवी में सैयद मोइनुद्दीन जो सैयद कानूनगोज का पूर्वज था, कन्नौज से हरदोई के परगना गोपामऊ में बस गया। बिलग्राम में काजी यूसुफ की दरगाह 1212 ईसवी में कुतुबुद्दीन ऐबक के पुत्र व उत्तराधिकारी अरमशाह के शासनकाल में बनवाई गयीं।

इस क्षेत्र में मुस्लिम शासन को स्थायित्व प्रदान करने का श्रेय दिल्ली के अगले सुल्तान इल्तुतमिश को ही जाता है। 1217 में वह कन्नौज आया और यहाँ से उसने देश के इस भाग को जीतने और अपने वश में करने का काम पूर्ण करने के उद्देश्य से अपनी सेनाएँ भेजीं। उसने हरदोई जनपद में अपने दो सेनापति ईराक के शेख मोहम्मद फकीह और सैयद मोहम्मद सुगरा को भेजा। सुगरा का दावा था कि वह वासित (ईराक) के सैयद अब्दुल फजल (या फुर्श) का वंशज है और उसे अपने देश में राजनीतिक गड़बड़ी के कारण भाग कर हिन्दोस्तान आना पड़ा है। उत्तरी भारत के कुछ प्रसिद्ध सैयद परिवार इसी के वंशज हैं। जिसमें बराह के सैयद और बिलग्राम के सैयद भी शामिल हैं। लगता है कि इस नये आक्रमण का नेतृत्व सैयद मोहम्मद सुगरा ने ही किया था। उसकी सेना में शेख मोहम्मद फकीह की कमान में फिरशौरी शेख सैनिक शामिल थे। आक्रमणकारी सेना ने परगना बिलग्राम के राजा श्रीराम के वंशजों यानी रैकवार सरदारों से, जिन्होंने लगभग दो सौ साल पहले श्रीनगर (बिलीग्राम) और इस जागरी की स्थापना की थी, इस क्षेत्र को छीन लिया। लगता है रैकवार लोगों ने दुर्बल संघर्ष ही किया और सैयदों के लिए मैदान साफ कर दिया। तत्पश्चात इस विजय के पुरस्कार के रूप में सुल्तान की ओर से सैयदों को यह प्रदेश करमुक्तदान के रूप में प्राप्त हुआ जो बाद को परगना बिलग्राम के नाम से जाना जाने लगा। एक वर्ष बाद सैयद सईद मोहम्मद सुगरा का देहान्त हो गया और उसे बिलग्राम के उत्तर में बझोर ग्राम में दफन किया गया। उसकी दरगाह पर 614 हिजरी (1218 ई.) तिथि का शिलालेख लगा हुआ है। उसकी स्मृति में बिलग्राम के मोहल्ला सैयदबाड़ा में एक पुरानी मस्ज़िद 627 हिजरी (1230 ई.) में बनवाई गयी जो इस जनपद में अपने प्रकार की सबसे पहली इमारत थी।

सन् 1232-33 में सुल्तान ने गोपामऊ में ख्वाजा ताजुद्दीन हुसैन चिश्ती को नियुक्त किया जिसने अहवन राजपूतों को पराजित किया और इस परगना से भगा दिया, गोपामऊ कस्बे की किलाबन्दी की, गोपामऊ में चिस्तीपुरा नामक बस्ती की स्थापना की और अपने आध्यात्मिक गुरु ख्वाजा कुतुबुद्दीन (सूफी सन्त) की सलाह पर वहाँ एक मस्ज़िद और लालपीर की दरगाह बनवाई। इसके पश्चात् मुसलमानों ने साण्डी, पाली, सण्डीला और मल्लवाँ में नयी बस्तियाँ बसाकर इस जनपद पर अपना प्रभावशाली नियन्त्रण फैला दिया। वास्तव में हरदोई की भौगोलिक स्थिति के कारण और महान कन्नौज के निकट गंगा नदी के छिछले भाग को ढकने के कारण जिस पर पश्चिम में दिल्ली काबुल को और पूरब में जौनपुर पटना बंगाल को जाने वाली सड़क है, पूरब और पश्चिम के राजा महाराजाओं को समय-समय पर हरदोई नगर में एक-दूसरे के खिलाफ बड़ी-बड़ी सेना लानी-ले-जानी पड़ती थी। इसलिए सैनिक दृष्टि से इस स्थान के मूल्य को दिल्ली के प्रारम्भिक सुल्तानों ने सही-सही आँक लिया था और इस क्षेत्र पर अपनी प्रभावशाली पकड़ बनाये रखने की कोशिश की थी।

इल्तुतमिश ने स्वयं 1225 में अपने सबसे बड़े बेटे महमूद को अवध का गवर्नर नियुक्त किया था। सन् 1229 में महमूद की मृत्यु के पश्चात् उसके छोटे भाई गयासुद्दीन ने उसका स्थान लिया और लगता है कि सन् 1236 तक यह पद उसके पास ही रहा। सन् 1242 में गुरेतखाँ अवध का गवर्नर बना और उसके बाद तामरखाँ, तुगरिलाखाँ, अरसलानखाँ और संजर चस्त अवध के सूबेदार हुए। इनमें से अन्तिम नाम का सम्बन्ध नसीरुद्दीन महमूद (1246-1266 ए.डी.) के शासनकाल से है।

बलबन ने जो 1266 से 1287 तक दिल्ली का सुल्तान था, अवध के इस अराजक क्षेत्र को सैनिक कमाण्डरों के बीच विभाजित कर दिया और किले की रक्षा करने वाले ऐसे सैनिक उपलब्ध कराये जो स्थानीय विद्रोही सरदारों के विरुद्ध बेरहमी से कार्यवाही करने के लिए उपयुक्त थे। इसी शासनकाल के अन्तिम भाग में अमीनखाँ अवध का गवर्नर बना। जलालुद्दीन खिलजी (1290-1295) के शासनकाल में दोनों प्रान्तों—यानी सूबा कड़ा और अवध का चार्ज सुल्तान के भतीजे अलाउद्दीन खिलजी के हाथों में चला गया। एक अप्रामाणिक किंवदन्ती कहती है कि सण्डीला क्षेत्र के पासियों को अलाउद्दीन खिलजी (1286-1316 ई.) के शासनकाल में ही अधीनस्थ किया गया था।

लगता है कि यह जनपद मोहम्मद बिन तुगलक के शासनकाल (1325-1351) में अवध के सूबेदार ऐन-उल-मुल्क के राज्य में सर्वाधिक फूला-फला और कहा जाता है कि बहुत से राजपूत और ब्राह्मण शरणार्थी जो सुल्तान के क्रूर एवं न्याय विरुद्ध शासन से बचने के लिए सण्डीला भाग गये थे, बाहर से आकर पुनः यहाँ बस गये और नगर के विकास में सहायक हुए। सण्डीला से सम्बन्धित एक और किंवदन्ती के अनुसार इस कस्बे का प्रारम्भिक नाम शीतलपुरा था और इसकी स्थापना आरख लोगों ने की थी जिनको इस परगना में वही स्थान प्राप्त था जो ठठेरों को जनपद के दूसरे स्थानों पर प्राप्त था। कहा जाता है कि फिरोजशाह तुगलक (1351-1355) के शासनकाल में एक सैयद मखदूम अलाउद्दीन ने सुल्तान से एक राजपत्र या अनुदानपत्र प्राप्त कर लिया था और वह दिल्ली से इस क्षेत्र के लिए चल पड़ा। लेकिन रास्ते में उसने सुल्तान की इस सनद को यह कहते हुए यमुना नदी में डाल दिया—सनद अल्लाह (ईश्वर मेरी सनद है)। यही कारण था कि उसने यहाँ अपने जीते हुए पहले स्थान को सनद अल्लाह का नाम दिया जो धीरे-धीरे बिगड़ कर सण्डीला हो गया। उसके बारे में कहा जाता है कि उसने इस परगने से आरख लोगों को खदेड़ दिया और मौजूदा कस्बा सण्डीला और उसके मखदूम मोहल्ले की बुनियाद डाली, जहाँ उसकी दरगाह आज भी खड़ी है। इस करमुक्त अनुदान के अन्तर्गत अपने हिस्से के रूप में 360 बीघा भू-भाग लेते हुए वह यहीं बस गया। सुल्तान फिरोजशाह तुगलक बंगाल जाते हुए रास्ते में स्वयं सण्डीला आया था। उसके आदेश से 769 हिजरी (1368 ई.) का शिलालेख लिए एक मस्ज़िद इस कस्बे में 1374 ई. में बनवाई गयी। बहराइच की या पर जाते समय वह एक बार फिर यहा ठहरा था। 1377 ईसवी में सुल्तान ने अवध और सण्डीला का शासन, प्रबन्ध, अपने राज्य के इस भाग को सुरक्षित रखने की दृष्टि से, मलिक हिसामल-मुल्क को सौंपा। इस प्रकार सण्डीला पश्चिमी अवध में दिल्ली के सुल्तानों की एक महत्त्वपूर्ण चौकी बन गया।

उपर्युक्त प्रकार से दिल्ली सल्तनत के लिए सण्डीला पश्चिमी अवध प्रान्त की दृष्टि से अतिमहत्त्वपूर्ण दुर्ग बन चुका था। सन् 1394 में सण्डीला का नये सैनिक उद्देश्यों से किये जाने वाला सुदृढ़करण मलिक सरवर ख्वाजा-ए-जहाँ के हाथों में चला गया। सुल्तान ने उसे कन्नौज और बिहार के बीच में आने वाले सम्पूर्ण क्षेत्र का शासन-प्रबन्ध सौंप दिया और उसको मलिक-उश-शक्र की उपाधि प्रदान कर दी। कुछ ही समय पश्चात् दिल्ली में अपने स्वामी की दुर्बलता का लाभ उठाकर

उसने अपने को स्वतन्त्र घोषित कर दिया और जौनपुर में शर्की राजाओं के वंश की नींव डाली। नगर हरदोई अब इस नये राज्य में सम्मिलित हो गया।

मलिक सरवर ख्वाजा-ए-जहाँ की 1399 ईसवी में मृत्यु हो गयी और उसका मुँहबोला बेटा मुबारक शाह उसका उत्तराधिकारी हुआ। अगले वर्ष दिल्ली के सुल्तान मुहम्मद तुगलक का सेनानायक इकबालखाँ इन नवस्थापित शर्की राजाओं के विरुद्ध कार्यवाही करने के लिए रवाना हुआ और उसने कन्नौज के सामने गंगा तट पर शिविर लगा दिये। मुबारकशाह उससे मुकाबले के लिए आया। परन्तु नदी दोनों के लिए बड़ी बाधा सिद्ध हुई और वे अपनी-अपनी राजधानियों को लौट गये। 1401-1402 ई. में मुबारकशाह का भाई इब्राहीमशाह जौनपुर की गद्दी का उत्तराधिकारी हुआ और जनपद हरदोई उसके राज्य में रहा। जल्दी ही दिल्ली के सुल्तान महमूद और इकबाल खाँ ने उसके विरुद्ध सण्डीला के रास्ते कन्नौज की ओर कूच किया और उसे जीत लिया जो कि मुबारकशाह के कब्जे में था। 1406 ई. में इब्राहीमशाह हरदोई नगर में आया और यहाँ से उसने कन्नौज पर आक्रमण किया जो कि उस समय दिल्ली सुल्तान की ओर से एक किसी महमूद तरमती के कब्जे में था। चार माह के घेरे के पश्चात तरमती ने शर्की राजाओं को यह स्थान समर्पित कर दिया। कन्नौज नगर हुसैन शाह शर्की (1458-1479) के शासनकाल तक जौनपुर के शर्की राजाओं के अधीन रहा। कहा जाता है कि शाह शर्की के समय में ही 882 हिजरी (1478 ई.) में चौहाथ मस्ज़िद बिलग्राम में बनी।

बहलोल लोधी (1451-1488) जिसने दिल्ली के सैयद सुल्तानों को हराकर वहाँ अपना वंश स्थापित कर लिया था, हुसैनशाह शर्की को सबसे जबरदस्त प्रतिद्धन्दी के रूप में मिला और ये दोनों राज्य उत्तरी हिन्दोस्तान की सत्ता के लिए जीवनपर्यन्त एक दूसरे से संघर्ष करते रहे। अन्तः लोधी सुल्तान ने शर्की राजा को जौनपुर से खदेड़ कर उसके राज्य को अपने राज्य में मिला लिया और जनपद हरदोई एक बार फिर दिल्ली सुल्तानों के अधिकार में पहुँच गया। बहलोल लोधी ने अपने बेटे बरक शाह को जौनपुर का सूबेदार नियुक्त किया। इस समय नाममात्र से हरदोई नगर दिल्ली सल्तनत का भाग था, वास्तव में यह सुल्तान के भतीजे मोहम्मदखाँ फारमूली के काला पहाड़ के नाम से ज्यादा प्रसिद्ध है, की जागीर में और शासन-प्रबन्ध में था। सन् 909 हिजरी (1504 ई.) में अगले सुल्तान सिकन्दर लोधी (सन् 1489-1517 ई.) के शासनकाल में बिलग्राम में पीर अब्दुल्ला की दरगाह बनवाई गयी। लोधी वंश का सन् 1526 में पानीपत के युद्ध में इब्राहीम लोधी की हार और मृत्यु के पश्चात अन्त हो गया और पहला मुगल सम्राट बाबर दिल्ली राज्य का स्वामी बना।

अवध में अफगान सरदारों का गुट जो कि इब्राहीम लोदी से उसकी मृत्यु (1526) तक—दो साल खुले विद्रोह पर उतारू रहा था, अब भी ऐसा ही करता रहा। उनके अधिकार में अब न केवल बिहार का प्रदेश था बल्कि कभी जौनपुर के राजाओं के अधिकार वाला इलाका भी था। विशेष रूप में यह जनपद और गंगा के दायें तट का प्रदेश भी इन्हीं के अधिकार में था। ये अफगान सरदार कन्नौज पर अधिकार करते हुए नदी के दायें किनारे को भी पार कर दोआब तक बढ़ आये थे। दरियाखाँ लोहानी का पुत्र बहादुरखाँ इन अफगान सरदारों का नेता था जिसने मोहम्मदशाह की उपाधी ग्रहण कर ली थी। इब्राहीम लोधी की पराजित सेना के जीवित बचे नायक वाजिद फारमूली और फीरोजखाँ ने विजेता 'बाबर' के आगे समर्पण कर दिया था और उनकी सेवाएँ मोहम्मदशाह और पूरब के दूसरे विद्रोही सरदारों के विरुद्ध सफलतापूर्वक काम में लाई गयीं। उनकी सेवाओं के लिए उन्हें और उनकी सेना के बड़े-बड़े सरदारों को अवध में बड़े-बड़े लाभप्रद पद प्राप्त हुए। ये पद उनको मुख्य रूप से उन क्षेत्रों की मालगुजारी से मिले जो अभी तक विरोधियों के हाथों में थी।

सन् 1527 में इस क्षेत्र की शान्ति फिर भंग हो गयी। यह सब कुछ एक ओर अफगान सरदार बिबन के उत्कर्ष से हुआ। बिबन ने लखनऊ पर कब्जा कर लिया और बाबर के सूबेदार को कन्नौज छोड़ने पर विवश कर दिया। इसलिए बाबर ने अपने प्रिय अधिकारियों में से एक खेरेशन के सुल्तान हुसैन मिर्जा के पोते मोहम्मद सुल्तान मिर्जा को इस प्रदेश का प्रशासन प्रदान कर दिया। जैसे ही बिबन ने सुना कि इस अधिकारी ने गंगा पार कर ली है, उसने लखनऊ खाली कर दिया और भाग गया। बाबर स्वयं लखनऊ की ओर बढ़ा। उसने गंगा पर एक पुल बाँधा और नदी के पूर्वी किनारे, सम्भवतः हरदोई जनपद, में एकत्रित अफगानों को हराया और निःसन्देह सण्डीला होते हुए लखनऊ की ओर कूच कर गया।

इस अवसर पर उसने बिलग्राम के सैयदों को उनके अफगान विद्रोह में साथ देने के लिए वे जागीरें वापस लेकर दण्डित किया जो उनके कब्जे में तीन सौ साल या ऐसे ही कुछ समय से चली आ रही थीं। इस प्रदेश की कारिन्दगी किसी एक सैयद भिकभरन को प्रदान की गयी और सूबेदार मोहम्मद सुल्तान मिर्जा को लिखे गये एक फरमान के द्वारा सम्राट ने ग्राम ओहादपुर का बिलग्राम के शेख काजी अब्दुल देम के नाम चला आ रहा अनुदान यथावत् बरकरार रखा।

बाबर की 1530 ई. में मृत्यु हो गयी और उसके पुत्र हुमायूँ ने दिल्ली की सत्ता ग्रहण की। हुमायूँ के शासनकाल में 1534 में अवध के सूबेदार मोहम्मद सुल्तान मिर्जा ने विद्रोह कर दिया। कन्नौज से जौनपुर तक के प्रदेश का अपने को वास्तविक शासक बनाकर उसने छः हजार अफगानों और राजपूतों की सेना तैयार कर ली, अपने नाम का फतवा पढ़वाया और हरदोई नगर के बिलग्राम को राजधानी बना लिया। उसने अपने पुत्र उलुग मिर्जा को जौनपुर पर चढ़ाई और घेराबन्दी करने के लिए एक बड़ी सेना के साथ भेजा। जबकि उसके दूसरे पुत्र शाहमिर्जा ने कड़ा माणिकपुर और कन्नौज को अपने अधिकार में ले लिया था। सम्राट हुमायूँ ने अपने भाई मिर्जा हिन्दाल को, जो आगरा का शासक था, इस विद्रोह का दमन करने का आदेश दिया। उसने इन विद्रोहियों के विरुद्ध एक सफल सैनिक अभियान का नेतृत्व किया। जैसे ही मोहम्मद सुल्तान मिर्जा ने उसके आगमन का समाचार सुना उसने अपनी सारी सैनिक टुकड़ियों को अन्दर बुला लिया और शाह मिर्जा भी उससे आ मिला, जबकि उलुग मिर्जा ने पत्र लिख कर बताया कि वह उससे आ मिलेगा और आग्रह किया कि उसके आने तक किसी युद्ध का खतरा मोल न लिया जाये। बिलग्राम में नदी के तट पर पड़ाव डाले हुए मोहम्मद सुल्तान मिर्जा और शाह मिर्जा ने सम्राट की सेना को रोकने के लिए हर जोर लगाया। बहरहाल हिन्दाल ने, जो शत्रु से उलुग मिर्जा के आ मिलने से पूर्व ही टक्कर लेने के लिए उत्सुक था, कन्नौज से दस मील ऊपर एक दुर्ग का पता लगाकर अपना शिविर छोड़ दिया और नजर बचाकर अपने सैनिकों सहित एक रास्ते से निकल आने में सफल हो गया। दोनों सेनाएँ आमने-सामने आ गयीं लेकिन जब उनमें टक्कर होने ही वाली थी कि एक जोरदार पश्चिमोत्तर आँधी ने धूल उड़ाकर विद्रोहियों की आँखों में झोंक दी और वे मैदान में न टिक सके। शाही सेना ने, हवा जिसके पीठ की ओर थी, इस स्थिति का लाभ उठाया और दुश्मन को जोर से पीछे ढकेलना आरम्भ कर दिया, शत्रु पीछे हटता रहा और जल्द ही भाग खड़ा हुआ। हिन्दाल ने बिलग्राम और आसपास के प्रदेश पर अधिकार करके शत्रु की बची हुई सेना का पीछा किया जो बाद में उलुग मिर्जा से जा मिली। 1537 ईसवी में हिन्दाल की इस क्षेत्र में उनसे एक बार और मुठभेड़ हुई जिसके बाद विद्रोही पूरी तरह तितर-बितर हो गये।

हुमायूँ के शासन में दिल्ली राज्य के पूर्वी भाग में अस्थिरता का ही वातावरण बना रहा और

अवरोध तथा विद्रोह के सारे तत्त्व यहाँ बिखरे रहे। सत्ता के नये उम्मीदवार शेरशाह सूरी ने बिहार में अपना प्रभाव बढ़ाया और स्थिरता प्रदान करना आरम्भ कर किया। युद्ध भूमि में अपने पराक्रम और वीरता के गुण और सुदृढ़ मालगुजारी व्यवस्था द्वारा वह अपनी जनता का स्नेह और प्रशंसा प्राप्त करने लगा। भारत के हर भाग में अफगानों की निगाहें उसको एक नेता के रूप में देख रही थीं जो भविष्य में उनकी जाति की गौरवमय प्रधानता पुनः स्थापित कर सकता था, जिसके चले जाने का उनमें से हर एक को गहरा दुःख था। आखिरकार हुमायूँ ने इस नये खतरे का दमन करने का निश्चय किया। उसने कन्नौज और आसपास के प्रदेश, जिसमें यह जनपद भी था, का प्रबन्ध अपने बहनोई नूरुद्दीन मोहम्मद मिर्जा को सौंपा और 1538 में शेरशाह के विरुद्ध कूच किया। हुमायूँ को अन्त में 1539 ईसवी में चौसा के मैदान में शेरशाह सूरी के हाथों भारी पराजय का सामना करना पड़ा।

कहा जाता है कि युद्ध से कुछ पहले जब हुमायूँ ने अपने को अफगानों से घिरा हुआ पाया तो उसने अपने भाई तथा मुख्य सेनानायक मिर्जा अस्करी से अनुरोध किया और वचन दिया कि वह उसको उसके मनचाहे चार वरदान देगा। मिर्जा अस्करी की अपनी पसन्द सबसे पहले धन, दूसरी ढाका का मलमल और रेशम, तीसरी सुन्दर लड़कियाँ और चौथी हिजड़े थे। उसके सरदारों ने जवाब दिया कि हिजड़े (जनाने) और लड़कियाँ समय को देखते हुए बहुत खतरनाक हैं। वे अपनी पूरी वीरता से लड़ेंगे यदि सम्राट उनमें से हर एक को पदोन्नति दें और एक बड़ा धन नकद दें। ऐसे राजा के भाग्य की आसानी से कल्पना की जा सकती है जिसका सेनापति युद्ध के ठीक पहले अपनी पल्टन के नायकों से पूछे कि युद्ध स्थल से न भागने के लिए वे किन शर्तों पर सहमत हैं।

शेरशाह सूरी ने अपनी विजय को आगे बढ़ाते हुए कन्नौज तक नदी के पूर्वी प्रदेश तक राज्य का विस्तार कर लिया। 1540 में हुमायूँ ने शेरशाह के विरुद्ध पुनः कूँच कर फिर से गंगा पार कर ली थी और जो इस जनपद में बिलग्राम के निकट शिविर डाले हुए था।

कन्नौज पहुँचने से पूर्व हुमायूँ की सेना में हजारों जवान जिसमें अधिकतर घुड़सवार थे और धुरी पर घूम जाने वाली तोपों को मिलाकर लगभग आठ सौ तोपें थी। कन्नौज आगमन के एक दिन बाद उसने फौजी पड़ाव वाले मैदानी शहर अलीपुर, सम्भवतः मेहंदीघाट के लिए प्रस्थान किया। यहाँ उसने निरीक्षण के दौरान बहुत से सैनिकों को उचित रूप से सशस्त्र न पाकर उनको शस्त्र भण्डार से शस्त्र उपलब्ध कराने का आदेश भी दिया। उसने यहाँ अपने मुख्य सरदारों को सम्मान से नवाजा और अनेक श्रेष्ठता के पदक प्रदान कर आगामी अभियान के लिए उनके उत्साहवर्धन के लिए भरसक प्रयत्न किये। परन्तु यह सब बातें अधिक लाभदायक सिद्ध नहीं हुईं। मोहम्मद सुल्तान मिर्जा और उलुग मिर्जा जिन्होंने हुमायूँ की कृपादृष्टि फिर से प्राप्त कर ली थी, एकबार फिर उसे छोड़ गये, शायद इसलिए कि उनकी पिछली हार की कड़वी यादें अब भी उनके दिलों से नहीं निकली थीं या उन्होंने यह सोचा कि एक अफीमची राजा के शेरशाह से जीतने की कोई सम्भावना नहीं है। इन दोनों की अकृतज्ञता मुगलों के हित के लिए जानलेवा सिद्ध हुई। हुमायूँ के एक और भाई मिर्जा कामरान ने भी उन्हीं का अनुसरण किया। हुमायूँ की सेना में परित्याग रोजाना होने लगे और इसे रोकने के उद्देश्य से हुमायूँ ने सेना को गंगा पार करने का आदेश दे दिया और नदी को अपने पीछे लेकर पड़ाव डाल दिया। उसकी यह कूटनीति जानलेवा साबित हुई। दोनों सेनाएँ बिलग्राम के समीप लगभग एक माह तक एक-दूसरे के आमने-सामने डटी रहीं। जब नदी बाढ़ पर आयी तो हुमायूँ को ऊँची जगह तलाश करने के लिए मजबूर होना पड़ा और जब हुमायूँ ऐसा कर ही रहा था तभी अफगानों ने आक्रमण कर दिया। जरा सा भी मुकाबला किये बिना मुगल भाग खड़े हुए और गंगा

में ढकेल लिए गये। स्वयं हुमायूँ मरते-मरते बचा। उसने इस जनपद के बिलग्राम के बाढ़ग्रस्त मैदान पर न केवल एक महत्त्वपूर्ण युद्ध हारा अपितु हिन्दुस्तान का साम्राज्य भी खो दिया जो उसके पिता बाबर ने जीता था और उसके लिए जोड़ा था।

शेरशाह सूरी के बाद उसका पुत्र इस्लामशाह सूरी (1545-1554) गद्दी पर बैठा जिसके शासनकाल में 956 हिजरी (1549 ई.) में बिलग्राम में मौलवी पीरबक्श के नाम पर एक मस्ज़िद बनवाई गयी। जब इस्लामशाह की मृत्यु हुई तब दिल्ली की गद्दी के तीन सूर दावेदार थे जिनमें आदिल शाह सूर के अधिकार में गंगा के पूर्व का प्रदेश था जिसमें यह जनपद भी सम्मिलित था। सूरवंश के आपसी मदभेद और विरोध ने हुमायूँ को वह अवसर प्रदान किया जिसकी उसे लम्बे समय से प्रतीक्षा थी। उसने 1555 ईसवी में सूर लोगों पर प्रहार किया और थोड़ी कठिनाई के पश्चात् दिल्ली पर अधिकार कर लिया। इसी वर्ष सण्डीला में सम्भवतः हुमायूँ के आदेश से ही एक मस्ज़िद बनवाई गयी थी जिस पर 962 हि. की तिथि अंकित है। इसी समय एक स्थानीय कायस्थ को गोपामऊ में कानूनगो भी नियुक्त किया गया। कस्बा पिहानी की बुनियाद भी इसी समय रखी गयी। हुमायूँ ने कन्नौज के सैयद गफूर काजी को जो 1540 ई. में उसका वफादार रहा था और शेरशाह से बचकर भाग निकला था, पाँच गाँव और 5000 बीघा जंगल की जमीन परगना पण्डरवा में, जहाँ पिहानी बसा है, दी। यह वही जंगल था जिसमें अब्दुल गफूर ने अपने को शेरशाह के आतंक से छिपा लिया था, अफगान सम्राट की सत्ता मानने से इनकार कर दिया था और कन्नौज से भाग कर यहाँ आया था।

जल्द ही हुमायूँ की मृत्यु के बाद उसका बेटा अकबर उसका उत्तराधिकारी बना (सन् 1556-1605)। यह समय का प्रताप ही था कि दिल्ली के सिंहासन का स्वामी बनने से पूर्व अकबर को पानीपत का द्वितीय निर्णायक युद्ध 1556 ईसवी में लड़ना पड़ा। अवध क्षेत्र में मुगल साम्राज्य की ढीलीढाली पकड़ भी इस बीच तक लुप्त हो चुकी थी। इसलिए अकबर ने 1559 में एक सरदार अली कुली खाँ खान-ए-जमाँ शैबानी को यहाँ के लिए नियुक्त किया। उसने इस प्रदेश को लखनऊ तक अफगानों से साफ कर दिया और संभल तथा लखनऊ के बीच के सारे प्रदेश पर साम्राजी अधिकारी स्थापित कर दिया, जिसमें हरदोई भी सम्मिलित था।

हरदोई जनपद से सम्बन्ध रखने वाला सबसे महान नाम नवाब सदर-ए-जहाँ का है जो मुगल सम्राट अकबर से जुड़ा है। पूर्व वर्णित पिहानी के अब्दुल गफूर का एक छोटा भाई अब्दुल मुकतदी था जिसके बेटे गफूर आलम को अध्ययन के लिए दिल्ली भेजा गया था। उसने बड़ी उन्नति कर ली थी और वह राजकुमार सलीम (जहाँगीर) का अध्यापक नियुक्त किया गया। अन्ततः उसे 'नवाब सदर-ए-जहाँ' की उपाधि मिल गयी और वह नवाब सदर-ए-जहाँ यानी साम्राज्य का एक मुख्य मुफ़्ती हो गया। नवाब सदर-ए-जहाँ को एक धार्मिक दूत बनाकर तूरान के अब्दुल्लाखाँ के पास भेजा गया ताकि वह नये धर्म दीन-ए-इलाही, जो अकबर ने चलाया था, के लिए समर्थन प्राप्त करे। हरदोई नगर के परगना पण्डरवा और आलमनगर का अधिकतर भाग इसी सरदार के पास रहा। उसके उत्तराधिकारी जिन्होंने इस परगने के पुराने मालिकों, निकुम्भ और गौर राजपूतों को, यहाँ से बेदखल कर दिया था, अठारहवीं शताब्दी के अन्त तक इसको अपने अधिकार में लिए रहे। अकबर ने ग्राम बरवन, गाजी और बहादुर के सोमवंशी राजपूत सरदारों को अपनी सेवा में ले लिया था जिनकी दक्षिण के शाही युद्धों में की गयी वीरता ने उन्हें खान की उपाधि और परगना बरवन का करमुक्त अनुदान दिलाया।

इस काल में अनेको यादगार इमारतें इस जनपद में बनवाई गयीं। उदाहरणतः सण्डीला में 971 हि.(1564 ई.) में बारहखम्बा (बारह स्तम्भों वाला विशाल कक्ष) के आसपास के बाग में एक मकबरा,

गोपामऊ में जामा मस्ज़िद, ईदगाह और एक कुआँ (978 हि., 1571 ई. में) और 979 हि. (1572 ई.) में बनवाये गये थे। हबीबुल्ला की सरपरस्ती में हाजी अफजल उल्ला का मकबरा बिलग्राम में 980 हि. (1573 ई.) में बनवाया गया था। बिलग्राम के ही पास के ग्राम नजरतनगर में एक मस्ज़िद और एक बावड़ी 1011 हि. (1603 ई.) में बनवाई गयी थी जो अब विखण्डित अवस्था में है। इसी कालावधि में साण्डी में 1013 हि. (1605 ई.) में एक मस्ज़िद भी बनवाई गयी थी।

प्रशासनिक दृष्टि से मौजूदा जनपद हरदोई का पूरा क्षेत्र अकबर के सूबा अवध के अन्तर्गत खैराबाद और लखनऊ की सरकारों में बँटा हुआ था। यद्यपि यह जनपद एकरूपता रखने वाला भूखण्ड नहीं था फिर भी आईन-ए-अकबरी में वर्णित महालों और मौजूदा परगनों के बीच अनुरूपता के चिह्न ढूँढ़ना बहुत कठिन नहीं है। इनमें से अधिकतर ने अपने पुराने नाम बरकरार रखे हैं। लेकिन कुल परगनों की संख्या उससे कहीं अधिक है जो अकबर के काल में थी।

लखनऊ की सरकार तब पचपन महालों की बनी हुई थी जिसमें से पाँच उस जगह पर थे जहाँ पर अब जनपद हरदोई है। वे सण्डीलाह (सण्डीला), मल्लावाँह (मल्लावाँ), कछन्दाह (कछन्दाओं), गुरेन्दा (गुण्डवा) और बिलग्रामों (बिलग्राम) थे।

जहाँगीर के शासनकाल (1605-1627) में नवाब सदर-ए-जहाँ जो सम्राट का कृपापात्र बना रहा था, पदोन्नति देकर चार हजारी मनसबदार बना दिया गया और जागीर के रूप में कन्नौज उसे मिल गया। कहा जाता है कि 120 वर्ष की लम्बी आयु के बाद 1020 हि. (1612 ई.) में उसकी मृत्यु हुई और पिहानी में उसे दफन किया गया।

शाहजहाँ के शासनकाल (1627-1658) में एक मस्ज़िद मोहम्मद जाहिद के नाम से बिलग्राम में 1042 हि. (1633 ई.) में और इसी कस्बे के मोहल्ला कटरा में 1058 हि. (1633 ई.) में और इसी कस्बे के मोहल्ला कटरा में 1058 हि. (1649 ई.) में ईदगाह निर्मित करायी गयी थी। कहा जाता है कि सम्राट ने अपने एक सरदार बहमनयारखाँ को साण्डी के कायस्थों को दण्डित करने के लिए भेजा था जिन पर इसी कस्बे के किसी सादुल्ला की हत्या का आरोप था। यह भी कहा जाता है कि सम्राट शाहजहाँ ने अपने एक और कृपापात्र सरदार खलील उल्ला खाँ को सम्पूर्ण साण्डी परगना जागीर के रूप में दे दिया था।

औरंगजेब (1658-1707) के बारे में कहा जाता है कि वह कस्बा मल्लावाँ में आया था और उसने सोनासी नाथ मन्दिर में स्थित देवता की मूर्ति को नष्ट करने का आदेश दिया था। लेकिन उपाख्यान के अनुसार वह मूर्ति की चमत्कारी शक्तियों के कारण सफल न हुआ। उसने सण्डीला में सैयदों की खोई जायदादें उनको वापस लौटायीं और इस परगने के 12 गाँव जागीर के रूप में मौलवी मोहम्मद शाह को प्रदान किये जिन्होंने प्रान्त बिहार में सम्राट की महत्त्वपूर्ण सेवाएँ की थीं। उसने कल्याणमल में एक दुर्ग भी बनवाया और वहाँ एक अधिकारी नियुक्त किया। 1677 ई. में सम्राट ने एक अफगान अधिकारी नवाब दिलेरखाँ और उसके भाई बहादुर खाँ को अग्निखेड़ा के पाण्डे परिवारों को कुचलने के लिए नियुक्त किया जिन्होंने खैराबाद से दिल्ली जाने वाली सड़क पर शाही खजाने के काफिले को लूट लिया था। इस सफल अभियान के लिए उनको मौजूदा सरह और शाहाबाद के परगनों पर आधारित क्षेत्र, जो अभी तक पाण्डे परिवार के पास था, इनाम के स्वरूप प्रदान किया गया। इसी वर्ष इसी अधिकारी द्वारा कस्बा शाहाबाद की स्थापना भी कराई गयी। उसने इस स्थान को अपनी बिरादरी के अफगानों और अपने सैनिकों से भर दिया और यहाँ बड़ी ड्योढ़ी के नाम से एक महल और एक बढ़िया जामा मस्ज़िद बनवाई। औरंगजेब के शासनकाल में ही सरकारी कर्मचारी

नौनिध राय ने गोपामऊ में 1699 ईसवी में गोपीनाथ का मन्दिर बनवाया।

आधुनिक काल

सन् 1722 में शादातखाँ बुरहानुल मुल्क नाम के निशापुर के एक शिया सैयद को आगरे का गवर्नर नियुक्त किया गया और उसे सूबा अवध का भी चार्ज दिया गया। सन् 1724 तक दो वर्ष की अवधि में, उसने अपने को इतनी मजबूती से स्थापित कर लिया कि अब वह दिल्ली के मुगल साम्राज्य का उत्तराधिकारी तो नाममात्र का था, अवध का वास्तविक शासक और लखनऊ का पहला नवाब बन गया था। जनपद हरदोई उसकी रियासत में था जिसका उस समय दिल्ली प्रभुसत्ता से कुछ लेना-देना शेष नहीं रह गया था। नवाब सफदरजंग (1739-1754) जो शादातखाँ का भतीजा और दामाद था उसका उत्तराधिकारी बना।

सफ़दरजंग की नवाबी में ही गोपामऊ के कन्नौजी शेखों के परिवार के अनवायुद्दीन खाँ सिराजुलउमरा को 1744 में कर्नाटक की राजधानी अर्काट का सूबेदार नियुक्त किया गया। कहा जाता है कि सिराजुलउमरा ने अपने जन्मस्थल गोपामऊ में चौकुण्डा नामक एक कुएँ और एक मस्ज़िद का निर्माण कराया। अपनी नियुक्ति के पाँच वर्ष बाद वह एक युद्ध में मारा गया और उसका ही एक नातेदार मो. अलीखाँ अर्काट में नवाब के रूप में उसका उत्तराधिकारी नियुक्त हुआ। मोहम्मद अलीखाँ का नाम इण्डोब्रिटिश इतिहास में ऐंग्लोफ्रेंच युद्धों और 1751 के प्रसिद्ध अर्काटधिराव के सम्बन्ध में अमर हो गया। परगना शाहाबाद की स्वतन्त्र स्थापना भी 1745 ई. में गर्रा नदी के पूर्वी गाँवों को जोड़कर हुई।

1754 ई. में सफ़दरजंग की मृत्यु के उपरान्त उसका पुत्र शुजाउद्दौला अवध प्रान्त का नवाब बना। उसको पदासीन होते ही शत्रुओं की एक भयंकर दुरभिसन्धि से टक्कर लेनी पड़ी। अहमदशाह अब्दाली 1757 ई. में उत्तरी भारत के अभियान पर दिल्ली आया था। सफ़दरजंग के पुराने शत्रु और मुगल सम्राट आलमगीर द्वितीय के वजीर गाजिउद्दीन इमादुल मुल्क ने सम्राट के पुत्र मिर्जा बाबा को अवध का सूबेदार नियुक्त करवा लिया। इमादुल मुल्क के राजकुमार मिर्जा बाबा, उसकी सेना, अब्दाली के कुछ घोड़ों, कई रुहेला सरदारों और फर्रुखाबाद के अहमदखाँ बाँगस के साथ शुजाउद्दौला के दमन के लिए अभियान आरम्भ किया। अहमदखाँ बाँगस ने अपनी दस हजार की पैदल अग्रिम रक्षक सेना को अपने नायक अनूपगिरि गोसाईं के नेतृत्व में शत्रु का रास्ता रोकने के लिए भेजा। इस सेना ने साण्डी के निकट दाऊगंज में जो उस समय गर्रा नदी की घनी आबादी वाला कस्बा था, पड़ाव डाल दिया। साहसी शुजाउद्दौला अपनी सेना का नेतृत्व करते हुए स्वयं 5 जून को बिलग्राम और 6 जून को साण्डी पहुँचा। इसी बीच उसने मराठों से सहायता की अपील की और बाद में शुजाउद्दौला और रुहेला सरदार सादुल्लाखाँ जिनमें मित्रता हो चुकी थी, शुजाउद्दौला के अड़ियल रवैये के कारण टूट गयी। शुजाउद्दौला ने गर्रा नदी पार कर व साण्डी के बीच पड़ाव डाल दिया और आसपास खाइयाँ तैयार कर दीं। अन्त में शुजाउद्दौला की अविभाजित स्थिति और सादुल्लाखाँ की वकालत के परिणामस्वरूप युद्धात्मक कार्यवाही का अन्त हो गया। राजकुमार मिर्जा बाबा नवाब शुजाउद्दौला से पाँच लाख से कुछ अधिक रुपयों का आश्वासन लेकर पीछे हट गया। शुजाउद्दौला ने 27 जून, 1757 को हरदोई जनपद से लखनऊ की ओर अपनी वापसी यात्रा आरम्भ की थी।

दो वर्ष पश्चात्, जब रुहेला सरदार नजीबुद्दौला ने मराठों के दबाव के कारण शुजाउद्दौला की सहायता में जाने का निर्णय किया। वर्षा ऋतु के आरम्भ में लखनऊ से रवाना होकर लगभग

तीन माह तक वह इस जनपद में शाहाबाद के समीप पड़ाव डाले रहा। वह आगे इसलिए नहीं बढ़ सका था क्योंकि वर्षा और कीचड़ के कारण मार्ग अवरुद्ध हो गये थे। एक दशक के उपरान्त जब शुजाउद्दौला रुहेलों से युद्ध में संलग्न था रुहेलों ने उसके क्षेत्र में आक्रमण कर मल्लावाँ पर अधिकार कर लिया। शुजाउद्दौला निरन्तर इसी जनपद में रहा क्योंकि यह उसके राज्य की सीमाओं पर था। 13 जून, 1772 में अंग्रेजी जनरल राबर्ट बारकर की उपस्थिति में हरदोई जनपद के शाहाबाद में रुहेला सरदारों और शुजाउद्दौला के बीच प्रतिरक्षा और अनाक्रमण सन्धि हुई। हरदोई कस्बा उस समय तक किसी महत्त्व का न था जबकि साण्डी के अतिरिक्त बिलग्राम, गोपामऊ, सण्डीला और शाहाबाद अपने प्रगतिशील विद्यास्थलों के कारण सम्पन्न कस्बे थे।

अवधप्रान्त के बाद के नवाब आशुउद्दौला (1775 से 1795 ई.) ने अपनी राजधानी को फैजाबाद से लखनऊ कर लिया था। इस परिवर्तन से हरदोई जनपद राजधानी और दरबार के प्रभावों के लिए ज्यादा खुल गया था। मोहम्मद अलीखाँ जो अर्काट के नवाब रह चुके थे और जिन्होंने 1760 ई. में सम्राट शाहआलमगीर से वालाजाह की उपाधि और सन् 1786 ई. में टर्की के सुल्तान से अमीर-उल-हिन्द एवं खादिम-उल-हैमाईन की उपाधियाँ प्राप्त की थीं, अपने जन्म स्थान गोपामऊ को नहीं भूल सके थे। गोपामऊ में उन्होंने अकबर के समय में बनवाई हुई जामा मस्ज़िद को पुनः बनवाया और 1795 ई. में लालपीर की दरगाह की मरम्मत करवाई। आशफुद्दौला के शासनकाल में ही कटियारी के ठाकुर रंजीतसिंह ने 1792 में धरमपुर में एक दुर्ग का निर्माण कराया।

नाजिम के अधिकार क्षेत्र में सरकार को निज़ामत भी कहा जाने लगा और उसको चकलों में बाँट दिया गया जो व्यक्तिगत महालों के समूह का प्रतिनिधित्व करते थे। इस व्यवस्था के तहत हरदोई जनपद का एक भाग लखनऊ निजामत में आता था और बाकी खैराबाद निजामत में।

सन् 1801 में नवाब सादात अलीखाँ ने स्वयं अपना प्रशासनिक एवं मालगुजारी का ढाँचा आरम्भ किया। बिलग्राम और सण्डीला के परगने लखनऊ की निजामत से खैराबाद की निजामत में स्थानान्तरित कर दिये गये। अतः खैराबाद की निजामत की मालगुजारी का क्षेत्र सम्पूर्ण हरदोई जनपद बन गया। राजा शीतल प्रसाद त्रिवेदी का प्रधान कार्यालय खैराबाद में था किन्तु वे अक्सर टडियावाँ में रहना पसन्द करते थे जहाँ उन्होंने एक किला बनवाया था और गोंडवा में एक बाहरी चौकी भी स्थापित की थी।

हरदोई जनपद में आने वाला सम्पूर्ण क्षेत्र चकला टडियावाँ, सण्डीला, साण्डी-पाली में विभक्त था। इसमें से प्रत्येक का एक-एक चकलेदार होता था। अपने क्षेत्र से मालगुजारी वसूल करना, खजाने में जमा करना, कानून और व्यवस्था बनाये रखना चकलेदार के प्रधान कर्तव्य थे। राजा शीतल प्रसाद त्रिवेदी के पश्चात् चकला टडियावाँ का कार्यभार कोमल स्वभाव के कारण राजा भवानी प्रसाद को मिला। उनके बाद लखनऊ का मुगल अजाखाँ, राय भक्तमल, मौलवी फरीउद्दीन, हुसैन अलीखा, राय दिलाराम और राजा श्योनाथसिंह इस चकले के चकलेदार रहे। 1857 ई. में राजा श्योनाथसिंह से यह चकला अवध निजाम समाप्त कर अंग्रेजों ने अपने अधिकार में ले लिया।

चकला सण्डीला के पहले चकलेदार राजा गोवर्द्धनदास थे जो सरवर भरगाँव के ताल्लुकेदारों के पूर्वज थे। उन्होंने 1821 ई. में कार्यभार आरम्भ किया। राजा गोवर्द्धनदास के बाद शेख इमाम बक्श और उनके बाद अमृतमल पाठक सण्डीला के चकलेदार नियुक्त हुए। सन् 1836 से 1846 तक चौधरी हशमत अली सण्डीला के चकलेदार रहे। इनके पश्चात मुरलीधर और उनके बाद नवाब अली नकीखाँ चकलेदार बने। सण्डीला का अगला चकलेदार ख़्वाजा हुसैन बक्श हुआ। हुसैन बक्श

के बाद चौधरी हशमत अलीखाँ की इस पद पर पुनर्नियुक्ति हुई जो अवध के अंग्रेजी शासन में मिलाये जाने तक प्रभावी रही।

साण्डी-पाली के चकले के बारे में केवल इतनी जानकारी उपलब्ध होती है कि 1830 ई. के आसपास कुतबुद्दीन हुसैनखाँ यहाँ चकलेदार के पद पर रहे और उन्होंने अपने कार्यकाल में बरवन के सोमवंशी राजपूतों के दुर्ग पर आक्रमण किया और उसे नष्ट कर दिया। उनका उत्तराधिकारी फरीउद्दीन हुसैनखाँ बना जिसने 1836 ई. के आसपास एक अलग इकाई के रूप में पछोहा में नया परगना बना दिया।

'निजाम व्यवस्था' निश्चित रूप से अब तक प्रभावहीन और दुर्गुणग्रसित अवश्य हो गयी थी जिसका लाभ उठाकर ईस्ट इण्डिया कम्पनी ने अवध के अन्तिम शासक, राजा वाजिद अली शाह को पदच्युत कर फरवरी, 1856 में अवध को अंग्रेजी साम्राज्य में मिला लिया। परिणामस्वरूप मौजूदा जनपद हरदोई का सम्पूर्ण क्षेत्र पहली बार एक प्रशासनिक इकाई (जिला) बना दिया गया। मल्लावाँ इसका प्रधान कार्यालय बना।

हरदोई जनपद में स्वतन्त्रता की व्यग्रता के संकेत सबसे पहले तहसील सण्डीला में दिखाई पड़े। मलिहाबाद के मुसलमानों द्वारा खुला सशस्त्र विद्रोह आरम्भ कर देने का समाचार फैलते ही ब्रिटिश सेना एवं पुलिस अधीक्षक कैप्टन वेस्टन को 27 मई, 1857 को मलिहाबाद में शान्ति स्थापना करने के लिए भेजा गया। फरवरी 1856 में अवध को अंग्रेजी राज्य में मिलाने का विरोध होने पर कैप्टन हचिनशन जो तत्कालीन सैनिक सचिव भी था, को लखनऊ से प्रान्त के उत्तर-पश्चिम में से होते हुए एक सैन्य अभियान पर भेजा गया। पहली जून को यह सेना सण्डीला पहुँची जहाँ लखनऊ के भड़क उठने का समाचार इसे मिला। हचिनशन ने सण्डीला कोष में मात्र एक हजार दो सौ रुपये छोड़कर सम्पूर्ण धनराशि आहरित कर सम्भवतः सेना को शान्त रखने के लिए वेतन बाँट दिया। अगले दिन मल्लावाँ के डिप्टी कमिश्नर डब्लू.सी. चैपर ने हचिनशन को लिखा कि विद्रोही लखनऊ से माधौगंज पहुँच चुके हैं। फतेहगढ़ से आये हुए समाचार में हचिनशन को माधौगंज की ओर न बढ़ने के लिए आग्रह किया गया। इसके बावजूद भी हचिनशन ने गंगा की ओर अपना कूच जारी रखा। उसने मल्लावाँ पार भी कर लिया किन्तु उसे पीछे हटना पड़ा और 8 जून को चैपर, जिसे मल्लावाँ छोड़कर भागने पर विवश होना पड़ा था, उससे आकर मिल गया।

रूइया और रूदामऊ के रैकबार जमींदार अंग्रेजों के विरुद्ध उठ खड़े होने वाले सर्वप्रथम और अंग्रेजी सत्ता के आगे परास्त होने वाले इस जनपद के सबसे अन्तिम लोग थे। इन्होंने तत्काल मल्लावाँ पर आक्रमण किया, अदालत के कमरे को जला दिया, सरकारी रिकार्ड को नष्ट कर दिया तथा पुलिस चौकियों और तहसील को तोड़ डाला। बरवन के सोमवंशी मुआफीदारों के मुखिया माधौसिंह पर आक्रमण कर दिया गया और उसकी बस्ती को जला दिया गया। इस क्षेत्र के बहुत से लोग सेना में थे। इसीलिए यह जनपद अंग्रेजी सेनाओं को छोड़कर भाग जाने आने वाले सैनिकों से भर गया। उस समय लखनऊ की रक्षा के लिए विदेशियों के विरुद्ध एक अच्छी-खासी सेना के साथ व्यक्तिगत रूप से भाग लिया।

सन् 1857 के स्वतन्त्रता संग्राम में अपवादस्वरूप जनपद हरदोई के कटियारी क्षेत्र का ताल्लुकेदार हरदेव बक्स फतेहगढ़ के स्वतन्त्रता संग्राम सेनानियों के आक्रमण के लगातार भय के बावजूद इस पूरे संघर्ष में वफादार बना रहा। उसने यूरोपीय शरणार्थियों को खसौरा और रामपुर में छिपाये रखा।

इस जनपद पर दोबारा अधिकार करने के लिए जर्नल बालपोल ने 7 अप्रैल को पैदल सेना,

घुड़सवार सेना और तोपखाने पर आधारित एक अच्छी-खासी सेना के साथ मूसाबाद (लखनऊ) से कूच आरम्भ किया। बालपोल के साथ कई हजार पैदल सेना, घुड़सवार सेना और तोपें थीं। नरपतसिंह के पास केवल 250 सैनिक थे। उत्तर पूर्व की ओर से बालपोल के डेढ़ सौ सैनिकों ने किले पर चढ़ाई की। इधर किले की दीवारों से भी गोलियों की बौछार होने लगी। 46 अंग्रेज सैनिक मार डाले गये जो शेष बचे उन्हें पीछे हटना पड़ा। बालपोल के तोपखाने ने किले के दूसरी ओर से गोलाबारी करना आरम्भ कर दिया। किले का विस्तार छोटा होने के कारण तोपों के गोले किले के ऊपर से होकर अंग्रेजी सेना पर ही गिरने लगे जिसने बालपोल की घबराहट को बढ़ा दिया। बालपोल की इस घबराहट को देखकर जर्नल होप आगे बढ़ा और आगे बढ़ते ही गोलियों की बौछार में ढेर हो गया। भारी नुकसान और स्पष्ट विरोध हासिल कर अंग्रेजी फौज आक्रमण से पीछे हट गयी। अवसर पाते ही नरपत सिंह ने रात में किला खाली कर दिया और वह घने जंगल का सहारा लेकर बच निकला। रामगंगा के दायें किनारे पर सिरसा में बाद में लड़ी गयी एक लड़ाई में, जिसमें बालपोल ने विजय प्राप्त की थी, मारे जाने वाले सैनिकों की वर्दियों से यह तथ्य स्पष्ट हो गया था कि यह युद्ध भी नरपत सिंह और उनकी सेना के साथ ही हुआ था।

कटियारी के राजा हदरेव बक्श ने अपनी जागीर के सैनिकों के साथ नरपत सिंह, फिरोजशाह और आजादी की लड़ाई के दूसरे सरदारों को, जो पास-पड़ोस में गतिशील थे, कई चौकियों पर दृढ़ता से सामना किया। लगभग इसी समय सरावन बड़ागाँव के राजा धनपतराय को फिरोजशाह ने सण्डीला में एक सेना के साथ चढ़ाई कर बन्दी बना लिया। लक्कड़शाह को उसके स्थान पर नाज़िम नियुक्त कर दिया गया और सण्डीला के किले को आंशिक रूप से नष्ट कर दिया गया।

उत्तर में सेनानी अब भी शक्तिशाली थे। निजाम अलीखाँ ने पीलीभीत पर आक्रमण कर दिया था। खान बहादुर खाँ चार हजार सैनिकों की सेना तैयार कर फिर से स्वाधीनता संग्राम के मैदान में उतर आये। मौलवी लियाकत अली ने बिलग्राम, साण्डी और पाली पर आक्रमण कर दिया और लूटपाट की। कैप्टन डाशन ने एक पुलिस व सैन्य दल की अगुवाई करते हुए तीन जुलाई को मलीहाबाद पर आक्रमण कर दिया और मलिहाबाद को विद्रोहियों से खाली करा लिया। साण्डी के आसपास के क्षेत्र में कटियारी का अंग्रेजों का पक्षधर ताल्लुकेदार हरदेव बक्श स्वतन्त्रता सेनानियों को कुचलने में सक्रिय भूमिका अदा कर रहा था। अगस्त के दूसरे सप्ताह के आरम्भ में ब्रिगेडियर ऐवलीध की जनपद उन्नाव के हुसैनगंज में विजय ने जनपद उन्नाव और जनपद मल्लावाँ के बड़े भाग से विद्रोहियों का सफाया कर दिया।

3 अक्टूबर के वर्षा की समाप्ति पर, खैराबाद के चकलेदार हरीचन्द्र ने, जो अवध में संघर्ष जारी रखे हुए था, छः हजार विद्रोहियों और आठ तोपों के साथ सण्डीला से लगभग 16 किलोमीटर उत्तर में गोमती नदी पार की। यहाँ कई और जमींदार उससे आ मिले और अक्टूबर की 4 तारीख को प्रातः बारह हजार सैनिकों ओर बारह तोपों के साथ वह सण्डीला से 5 किलोमीटर के अन्दर आ गया और उसने जल्द ही पश्चिमी और से कस्बे में प्रवेश कर लिया। कैप्टन हाव डाउशन, जो अपने पास 1400 पैदल और 500 अनियमित घुड़सवारों की सैनिक शक्ति लिए हुए था। शत्रु का आगमन सुनते ही वह किले में चला गया और उसने अपनी घुड़सवार सेना को मलिहाबाद भेज दिया। इस प्रकार वह 6 अक्टूबर तक विद्रोहियों को रोके रहा। इसी बीच मेजर मेनार्ड मलिहाबाद से 500 घुड़सवार और तोपखाना एवं शक्तिशाली सेना सहित उसकी सहायता के लिए आ गया। उसने तुरन्त स्वतन्त्रता सेनानियों पर आक्रमण कर दिया। हरीचन्द्र की फौज को कस्बे से 6 किलोमीटर दूर

जमुग्राम की ओर भगा दिया गया जहाँ स्वतन्त्रता सेनानियों ने अपनी स्थिति सुदृढ़ बना रखी थी।

ब्रिटिश सेना की तीन टुकड़ियाँ उस समय उत्तर-पश्चिम अवध में विद्रोहियों के विरुद्ध कार्यरत थीं। इनमें से एक को ब्रिगेडियर हाल के अधीन फतेहगढ़ से जनपद मल्लावाँ में होते हुए सीतापुर की ओर बढ़ने का आदेश था। दूसरी को लेकर ब्रिगेडियर बारकर ने अक्टूबर की 21 तारीख को तूफानी हल्ला बोलकर बिरवा के किले को अपने अधिकार में ले लिया। यद्यपि इस बार भी इस युद्ध में उसकी हानि अच्छी-खासी रही। बिरवा के दुर्ग में उन्नाव के पूरवा के ताल्लुकेदार का कारिन्दा गुलाब सिंह एवं नाजिम लक्कड़शाह भी अंग्रेजों के विरुद्ध लड़े थे। ब्रिगेडियर हाल ने इस माह की 15 तारीख को फतेहगढ़ से रवाना होकर रामगंगा पार की तथा पाली और सण्डीला की ओर प्रस्थान किया। हाल की यह सेना 28 तारीख को रूइया में बारकर से जा मिली। नरपत सिंह को एक बार फिर अपना किला छोड़कर बाहर निकलना पड़ा। रूइया दुर्ग दूसरे दुर्गों की भाँति तोड़फोड़ डाला गया।

1 जनवरी, 1877 को रानी विक्टोरिया को केसर-ए-हिन्द की उपाधि दी गयी और इस उपलक्ष्य में दिल्ली में एक शानदार दरबार हुआ। ठीक उसी दिन इस अवसर से मिलते-जुलते समारोह का आयोजन हरदोई में भी किया गया जिसमें जनपद के ताल्लुकेदारों और गण्यमान्य व्यक्तियों ने भाग लिया। 18 फरवरी, 1886 को रानी विक्टोरिया के शासन की जुबली मनाने के लिए डिप्टी कमिश्नर हरदोई की प्रेरणा पर एक दरबार हरदोई में लगाया गया। 1888 में इस घटना को यादगार बनाने के लिए एक अस्पताल विक्टोरिया मेमोरियल हाल इस जनपद में बनवाये गये।

कांग्रेस अब तक अहिंसा के सिद्धान्त के साथ-साथ एक क्रान्तिकारी संगठन में भी रूपान्तरित होने लगी थी। हरदोई जिला भी कांग्रेस में आने वाले इस नये परिवर्तन से अछूता नहीं रह सका। श्री जयदेव कपूर तथा शिव वर्मा जैसे प्रसिद्ध क्रान्तिकारी हरदोई जनपद की ओर से क्रान्तिकारी आन्दोलनों में जुड़े। इनके साथियों में श्री काशीराम का नाम प्रमुखता से लिया जाता है। श्री जयदेव कपूर काकोरी काण्ड में सीधे जुड़े थे। 1920 में कांग्रेस ने घोषित ही कर दिया कि उसका उद्देश्य भारतीय जनता द्वारा सारे जायज और शान्तिपूर्ण उपायों से स्वराज्य की प्राप्ति है।

सन् 1920 के अगस्त के महीने में गाँधी जी ने सारे देश में अपना प्रसिद्ध 'असहयोग आन्दोलन' प्रारम्भ किया, हरदोई जनपद में इस आन्दोलन के प्रति जनता की प्रतिक्रिया व्यापक और उत्साहपूर्ण थी। यहाँ बिलायती सामान का बहिष्कार किया गया, विदेशी कपड़ों की होलियाँ जलाई गयीं। गाँधीजी ने फर्रुखाबाद के एडवोकेट शान्ति स्वरूप को यहाँ के युवकों को संगठित करके एक समूह में जोड़ने के लिए हरदोई भेजा।

कांग्रेस के संरक्षण में सन् 1921 के आरम्भ में हरदोई में किसान सभा आन्दोलन जो 'एका' के नाम से प्रसिद्ध था, आरम्भ हुआ। जमींदारों द्वारा बुरी तरह शोषित और सरकार द्वारा उपेक्षित निर्धनता के दलदल में दबा किसान वर्ग, जिसकी स्थिति खेतिहर मजदूरों से थोड़ी भी अच्छी न थी, अपने दोहरे मालिकों—सरकार और जमींदारों—के विरुद्ध शस्त्रहीन और अहिंसक विद्रोह करने के लिए उठ खड़ा हुआ। पूरी तहसील सण्डीला, आधी तहसील हरदोई और तहसील बिलग्राम के एक भाग में दिन प्रतिदिन इस आन्दोलन का प्रभाव फैलता और तेजी पकड़ता चला गया। किसान आन्दोलन के अन्तर्गत प्रदर्शन प्रतिदिन होने लगे और सरकारी दफ्तरों व अदालतों का घिराव किया जाने लगा।

किसान आन्दोलन के समानान्तर चलने वाले खिलाफत आन्दोलन में जनपद के मुसलमानों ने भी हिस्सा लिया। सन् 1923 में 18 से 30 जनवरी के मध्य खिलाफ़त सभा की हरदोई में तीन बैठकें हुईं। 13 मार्च, 1923 को मोतीलाल नेहरू इस जनपद में आये और उन्होंने अवध किसान सभा

हरदोई की अध्यक्षता की जिसमें 2500 लोग सम्मिलित हुए। 18 मार्च, 1923 को जवाहर लाल नेहरू ने हरदोई में 2000 लोगों की विशाल सभा को सम्बोधित किया। इन महत्त्वपूर्ण दोनों ही सभाओं में गाँधी जी की 18 मार्च, 1922 को हुई गिरफ्तारी और छः वर्ष की कैद की सजा की निन्दा की गयी।

इसी वर्ष हरदोई जनपद की एक स्वयंसेविका गंगासाबाई ने नागपुर झण्डा सत्याग्रह में भाग लिया जो दफा 144 सी.आर.पी.सी. लागू करने के विरोध में था। तिरंगा उठाये हुए एक प्रदर्शन 17 मई को नागपुर में निकाला गया। गंगासाबाई पर इसमें सम्मिलित होने के लिए मुकदमा चलाया गया, उन्हें एक वर्ष अच्छे आचरण की जमानत के तौर पर 50-50 रुपये की दो जमानते और रु. 200/- का एक व्यक्तिगत मुचलका भरने का आदेश दिया गया जिसकी अवहेलना होने पर दो वर्ष का कठोर कारावास होना था।

सन् 1928 में जब साइमन कमीशन भारत आया तो अन्य स्थानों की भाँति जनपद हरदोई में भी हड़ताल रखी गयी, विरोधों और प्रदर्शनों का आयोजन किया गया। 'साइमन गो बैक' के शब्द दर्शाते हुए बैनर और प्ले-कार्ड उठाये गये, काले झण्डे लहराये गये। पुरुषोत्तमदास टण्डन अक्टूबर, 1929 के आरम्भ में इस जनपद में पधारे और राजनीतिक सभा की अध्यक्षता की। 11 अक्टूबर, 1929 को महात्मा गाँधी जी हरदोई जनपद आये और उन्होंने टाउनहाल में 4000 से अधिक व्यक्तियों की सभा को सम्बोधित किया।

सन् 1930 में सविनय अवज्ञा आन्दोलन और नमक सत्याग्रह आन्दोलन में हरदोई ने एक महत्त्वपूर्ण भूमिका निभाई। नमक एक्ट की अवहेलना करने पर गाँधी जी की गिरतारी के विरोध में हरदोई जनपद में सभाएँ, प्रदर्शन तथा हड़ताले की गयीं। 6 मई को 1000 व्यक्तियों की एक विशाल सभा हरदोई नगर में हुई, इसके बाद भी हड़तालें की गयीं। 25 मार्च को हरदोई और खसौरा में निषिद्ध नमक सार्वजनिक रूप से बनाया गया।

सविनय अवज्ञा आन्दोलन के अन्तर्गत 1 जून को 25 स्वयंसेवकों का पहला दल जनपद के कस्बों की ओर इस उद्देश्य से रवाना किया गया कि वह कपड़ा व्यापारियों को विदेशी कपड़े न बेचने के लिए निर्धारित संकल्प-पत्र पर हस्ताक्षर करने के लिए राजी करे। बहुत से दुकानदारों ने अपने विदेशी कपड़ों का स्टाक इन्हें सील कर लेने दिया। कस्बों और गाँवों तक में जुलूस निकाले गये। ठाकुर जंगबहादुर सिंह की पत्नी श्रीमती विद्यावती (बेरुआ रानी) ने सविनय अवज्ञा आन्दोलन और नमक सत्याग्रह आन्दोलन में बढ़-चढ़ कर भाग लिया। नागरिक आजादी कम कर दी गयी और प्रेस अध्यादेश, प्रिवेंशन ऑफ इन्टीमिडेशन ऑर्डिनेंस और अनलॉफुल इन्स्टीगेशन जैसे अनिष्ट, आपत्तिजनक कानून लागू कर दिये गये। इन आन्दोलनकारियों को दबाये जाने की कार्यवाही के बावजूद ये आन्दोलन बिना रोकटोक चलते रहे। 26 जनवरी, 1930 को स्वतन्त्रता दिवस घोषित कर दिया गया। सन् 1931 में सविनय अवज्ञा आन्दोलन गोलमेज कान्फ्रेन्स की दृष्टि में रखते हुए कुछ समय के लिए स्थगित कर दिया गया। इसकी असफलता पर 16 दिसम्बर, 1931 को श्री छेदालाल की अध्यक्षता में हरदोई में एक कांग्रेस सभा हुई जिसमें 4000 व्यक्ति उपस्थित रहे।

9 अगस्त, 1942 को 'भारत छोड़ो आन्दोलन' में भी हरदोई जनपद किसी अन्य से पीछे नहीं रहा, सभाएँ की गयीं, जुलूस निकाले गये। जवाबी कार्यवाही में सरकार ने सामूहिक गिरफ्तारियाँ, सामूहिक जुर्माने, शान्तिप्रिय जनता पर लाठीचार्ज, कांग्रेसी दफ्तरों की जब्ती और कांग्रेसी झण्डे का अपमान जैसे कदम उठाये।

सन् 1945 में द्वितीय विश्वयुद्ध समाप्त हो गया। अब तक अंग्रेज समझ चुके थे कि भारत को

वे और अधिक समय तक अपने अधिकार में रखने की स्थिति में नहीं है। हिन्दुस्तान की आजादी की लड़ाई कौंसिल की मेज पर पहुँच गयी और इण्डियन इंडिपेंडेंश एक्ट, 1947 के द्वारा 15 अगस्त 1947 को भारतवर्ष स्वतन्त्र हो गया।

हरदोई के महत्त्वपूर्ण स्थल

फिरोज तुगलक मस्ज़िद (सण्डीला)

हुमायूँ मस्ज़िद(सण्डीला)

हत्याहरण ताल(सण्डीला)

पंचमगिरी महादेव (सण्डीला)

दधीची आश्रम(डही)

दधीची आश्रम(डही)

मंगलगिरी तीर्थ

आशादेवी मन्दिर

नर्मदा तीर्थ

टेढ़ेश्वरनाथ मन्दिर

नवाब दिलेर खाँ का मकबरा (शाहाबाद)

जामा मस्ज़िद (शाहाबाद)

मोहम्मद अली का इमामबाड़ा (पिहानी)

सरदेजहाँ का मकबरा (पिहानी)

लालपीर की दरगाह (गोपामऊ)

जामा मस्ज़िद (गोपामऊ)

कलेक्ट्रेट, हरदोई

श्रावण देवी मन्दिर (हरदोई)

नरसिंह मन्दिर (हरदोई)

नरसिंह मन्दिर (हरदोई)

प्रह्लाद घाट

हरदेव बाबा मन्दिर (हरदोई)

सोनासी नाथ मन्दिर (मल्लावाँ)

जामा मस्ज़िद (मल्लावाँ)

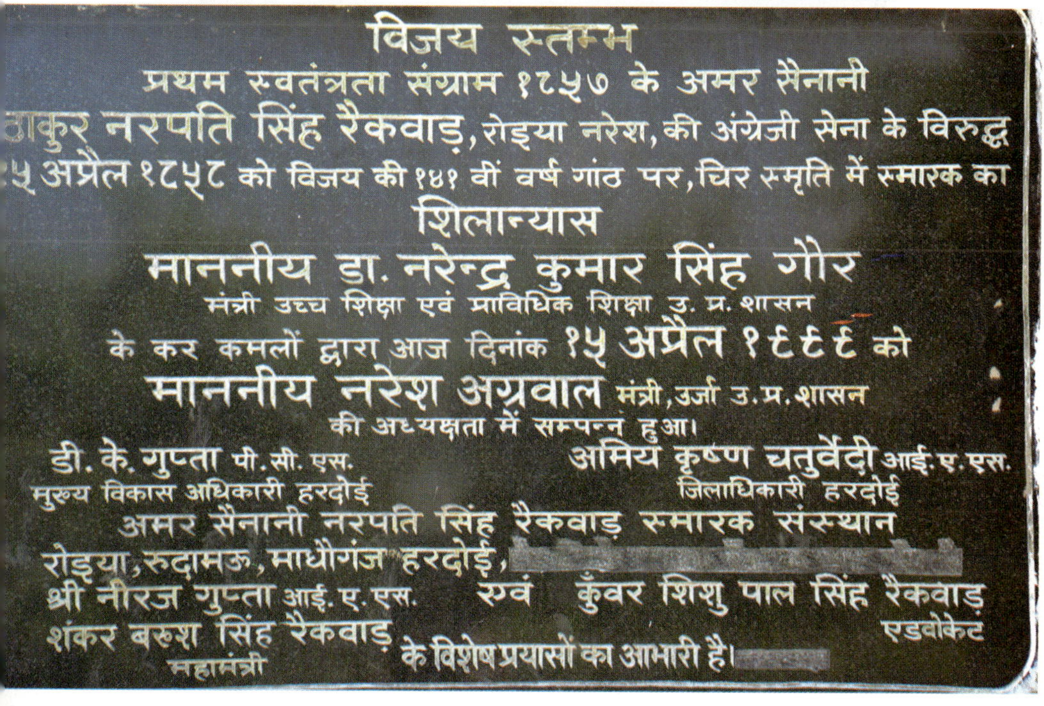
विजय स्तम्भ
प्रथम स्वतंत्रता संग्राम १८५७ के अमर सैनानी
ठाकुर नरपति सिंह रैकवाड़, रोइया नरेश, की अंग्रेजी सेना के विरुद्ध
२५ अप्रैल १८५८ को विजय की १४१ वीं वर्ष गांठ पर, चिर स्मृति में स्मारक का
शिलान्यास
माननीय डा. नरेन्द्र कुमार सिंह गौर
मंत्री उच्च शिक्षा एवं प्राविधिक शिक्षा उ. प्र. शासन
के कर कमलों द्वारा आज दिनांक १५ अप्रैल १९९९ को
माननीय नरेश अग्रवाल मंत्री, उर्जा उ.प्र. शासन
की अध्यक्षता में सम्पन्न हुआ।
डी. के. गुप्ता पी. सी. एस.
मुख्य विकास अधिकारी हरदोई
अमिय कृष्ण चतुर्वेदी आई. ए. एस.
जिलाधिकारी हरदोई
अमर सैनानी नरपति सिंह रैकवाड़ स्मारक संस्थान
रोइया, रुदामऊ, माधौगंज हरदोई,
श्री नीरज गुप्ता आई. ए. एस. एवं कुँवर शिशु पाल सिंह रैकवाड़
एडवोकेट
शंकर बख्श सिंह रैकवाड़
महामंत्री
के विशेष प्रयासों का आभारी है।

नरपत सिंह रैकवार शौर्य स्तम्भ (मल्लावाँ)

अन्य धार्मिक स्थल

बाँसा देवी का मन्दिर, बाँसा (बिलग्राम)

मल्लावाँ कस्बे से 10 किलोमीटर दूर ग्राम बाँसा में टूटी-फूटी ईंटों, बर्तनों, मूर्ति-खण्डों से भरा एक बड़ा ढीह है। इसकी चोटी पर दशम सदी के प्राचीन मन्दिर के खँडहर पर बाँसा देवी के नाम से एक मन्दिर स्थित है। इसमें पार्वती की एक प्रसिद्ध मूर्ति स्थापित है। यह स्थान निश्चित रूप से कुषाण काल से बहुत पहले का किसी महत्त्वपूर्ण देव स्थान के रूप में आबाद था।

सैयद बाड़ा की मस्ज़िद, बिलग्राम

सुल्तान इल्तुतमिश (1212-1236) ने 1217 में कन्नौज का भ्रमण किया। सुल्तान द्वारा नियुक्त किये गये सेनापति सैयद मोहम्मद सुगरा ने स्थानीय शासकों को पराजित कर दिया। इस विजय से प्रसन्न होकर सुल्तान ने सैयद मोहम्मद सुगरा को बिलग्राम परगना माफी में दिया। सैयद बाड़ा की मस्ज़िद का निर्माण 1230 ई. में कराया जाता है। कहा जाता है कि जनपद की यह सबसे प्राचीन मस्ज़िद है।

बिल्लेश्वरी देवी मन्दिर, बिलग्राम

यह मन्दिर बिलग्राम कस्बा के अति प्राचीन मन्दिरों में से एक है। जनश्रुतियों के अनुसार माना जाता है कि राजा जयचन्द्र की सात बहनों में से एक बिल्लेश्वरी थीं जो यहाँ पर आकर सती हो गयी थीं। उन्हीं की स्मृति में एक मन्दिर का निर्माण कराया गया था। प्रत्येक वर्ष चैत्र मास के कृष्ण पक्ष की अष्टमी को यहाँ पर मेला लगता है जिसमें हजारों व्यक्ति भाग लेते हैं।

सैयद मोहम्मद सुगरा की दरगाह

सुल्तान इल्तुतमिश के सेनापति सैयद मोहम्मद सुगरा ने श्रीनगर (बिलग्राम) से रैकवारों को विस्थापित कर बिलग्राम बसाया। यह सम्पूर्ण परगना उसे कर मुक्त अनुदान में मिला। सुगरा की मृत्यु के उपरान्त ग्राम बझोर में 1218 ई. के शिलालेख के साथ उसकी यह दरगाह बनवाई गयी।

गुदरनाथ मन्दिर

बिलग्राम के लमकनियाँ टोला में स्थित इस गुदरनाथ मन्दिर में प्राचीन भीलग्राम के अति महत्त्वपूर्ण मूर्ति-अवशेष व धार्मिक वास्तुकला के अवशेष प्राप्त हुए थे।

अध्याय-4

हरदोई का सांस्कृतिक इतिहास

भाषा–हरदोई जिले में अनेक भाषाएँ बोली जाती हैं। यहाँ 20 बोली या भाषा हैं, जिसमें हिन्दी, उर्दू, हिन्दुस्तानी, पंजाबी, अवधी, मारवाड़ी, राजस्थानी, बंगाली, गुजराती, बन्जारी, मराठी, इंग्लिश, सिन्धी, मलयालम, मुल्तानी, नेपाली, गुरुमुखी, पूर्वी, पहाड़ी, भारती।

यहाँ हिन्दी 92.8 प्रतिशत लोगों की मातृभाषा है, उर्दू 6.7 प्रतिशत, हिन्दुस्तानी 0.47 और दूसरी बची बोली 0.1 प्रतिशत बोली जाती है। हिन्दी को अगर हिन्दुस्तानी मान लिया जाय तो यह मुख्य भाषा शहर की बन जाती है। इसकी संख्या कुल जनसंख्या की 95.7 प्रतिशत लोग बोलते हैं। बचे हुए 4.3 प्रतिशत लोग उर्दू बोलते हैं। देहात में हिन्दी 61.0 प्रतिशत और उर्दू 38.6 प्रतिशत कुल जनसंख्या के लोग बोलते हैं।

यद्यपि यह जिला हरदोई पारम्परिक तौर पर अवध क्षेत्र में आता है लेकिन यहाँ पूर्वी अवधी की बोली नहीं बोली जाती है, वरन् यहाँ समान प्रकृति की कन्नौजी बोली जाती है, जो पश्चिमी अवधी की एक बोली है। 1901 की जनगणना के अनुसार पूरे जिले की जनसंख्या हिन्दी भाषा में कन्नौजी बोली जाती है, लेकिन 148 लोगों ने कहा था कि उनकी दूसरी मातृभाषा है। दूसरे जिले की तुलना में यह जिला भिन्न है। यह अवध का क्षेत्र है लेकिन यहाँ अवधी का पश्चिमी स्वरूप अधिक प्रभावशाली है। यहाँ यह शक नहीं है कि कन्नौजी इस जिले के पश्चिमी आधे भाग में बोली जाती है, जिसमें उन्नाव और सीतापुर एक दूसरे से लगा हुआ है। अनुमानतः इसकी सीमा रेखा इस जिले को दो भागों में बाँटती है, एक भाग में यहाँ शुद्ध कन्नौजी बोली जाती है। और दूसरे भाग में मिली-जुली कन्नौजी बोली जाती है या अवधी से मिली हुई बोली जाती है। यह सिर्फ साई नदी से लेकर के, जो इस जिले से गुजरता है। यह केवल शहरी इलाकों के लिए सत्य है, इस जिले के लिए। इसका विस्तार शहरी इलाकों में अधिक है। इसके साथ-साथ शहरी पढ़े-लिखे लोगों में मानक हिन्दी बोली जाती है। कार्यालय की भाषा वही है जो इस राज्य की भाषा है।

लिपि–इस जिले में देवनागरी लिपि का प्रयोग किया जाता है और उर्दू के लिए फारसी लिपि का प्रयोग किया जाता है और दूसरी प्रमुख भाषा अपनी-अपनी लिपि में लिखी जाती है।

धर्म और जाति

हिन्दू–इस जिले में 1961 ई. के अनुसार हिन्दू समुदाय कुल जनसंख्या का 89 प्रतिशत है। शहरी क्षेत्रों में 91.2 प्रतिशत ग्रामीण क्षेत्र में 60.6 प्रतिशत हिन्दू निवास करते हैं। हिन्दू प्रमुख रूप से चार प्रमुख जातियों में बँटे हुए हैं, जिसमें ब्राह्मण, क्षत्रिय, शूद्र और वैश्य आते हैं और इनके भी उपजातियाँ हैं, जिसमें से 17 ऐसी जातियाँ हैं जो 100 से भी कम हैं, लेकिन कुछ में हजार से भी कम हैं। इस

समय 21 जातियाँ हैं जिसमें 10,000 लोग हैं। इधर कुछ दशकों से जातियों का आँकड़ा नहीं दिया जा रहा है। इसीलिए उसका प्रतिशत नहीं दिया जा रहा है।

इसमें जो प्रमुख जातियाँ इस जिले में पायी जाती हैं, वह है ब्राह्मण, कुल हिन्दू जनसंख्या का 1/8वाँ भाग पाया जाता है। यहाँ मुख्यतः कान्यकुब्ज या कन्नौजिया उपभाग में निवास करते हैं। यहाँ कुछ सन्ध्यास और कुछ और दूसरे सदस्य इस भाग में निवास करते हैं। ब्राह्मण इस जिले में मुख्यतः विभिन्न स्थानों पर बसे हुए हैं। परन्तु ये अधिक संख्या में बिलीग्राम, और शाहाबाद तहसील और सण्डीला तहसील में बसे हुए हैं।

राजपूत या क्षत्रिय कुल हिन्दू जनसंख्या का 8 प्रतिशत पाये जाते हैं। जिसमें प्रमुख रूप से सोमवंशी, गौड़, चौहान, पानवाड़, वैस, चन्देल, निकुम्भ, राठौर, कटेहरिया, सकरवार, जॉवर, धाकर, गहरवार, रायकवार, तोमर, भदौरिया, रघुवंशी, और गौतम थे। प्रारम्भिक समय में इस जिले के राजपूत अधिक संख्या में रक्षा सेना में थे, किन्तु बाद में धीरे-धीरे वे कृषि से जुड़े।

वैश्य, कुल हिन्दू जनसंख्या का 2.5 प्रतिशत हैं, इनके उपभाग सोनवाणी, अग्रहरि और उमर, केशरवानी और हरदिया हैं। यह सब बातें इस जिले में संतुलन बनाये रखती हैं।

कायस्थ भी अधिक संख्या में निवास करते हैं, जिसमें श्रीवास्तव एक उपजाति है और अस्थाना, सक्सेना, और माथुर इनकी उपजाति हैं। जब जमींदारी का समय था, उस समय ये जमींदार लोग थे, इस जिले में ये लोग ताल्लुकेदार थे, सरावाँ, बड़ागाँव, सण्डीला तहसील में भी कायस्थ लोग रहते थे। इनका शैक्षणिक स्तर अच्छा था।

इस जिले में कुछ लोग खत्री भी हैं। इस जिले में मुख्य रूप से खेती करने वाली जातियाँ—अहीर, काछी, मुराव, गडेरिया, लोध, किसान या माथुरिया, कहार और कुर्मी हैं। वे सब आपस में मिलाकर के कुल हिन्दू जनसंख्या का 1/4 भाग हैं, और इनको अन्य पिछड़ा वर्ग में शामिल किया गया है। ये सब इस जिले में हर तरफ फैले हुए हैं, जिसमें अहीर, काछी, किसान, कहार और कुर्मी तहसील बिलीग्राम में अधिक संख्या में निवास करते हैं। गड़ेरिया हरदोई तहसील में निवास करते हैं। काछी और मुराव सण्डीला तहसील में निवास करते हैं और दूसरी उपजातियाँ तेली, बढ़ई, सोनार, लोहार, ठठेरा, नाई, माली, बराई, तम्बोली, कलवार, हलवाई, लूनिया, भड़भूजा, जोगी (फकीर) भाट जो व्यवसाय से जुड़ी हुई हैं, उनको मुख्यतः अन्य पिछड़ा वर्ग में शामिल कर लिया गया है।

लगभग दो दर्जन अनुसूचित जाति इस जिले में सन् 1961 ई. के अनुसार पायी जाती हैं। इस जिले में कुल जनसंख्या का 31 प्रतिशत और कुल हिन्दू संख्या का 35 प्रतिशत है। इनमें से मुख्य अनुसूचित जाति चमार (धुसिया, झूसिया या जाटव) है जिनकी संख्या 2,46,178 सन् 1961 में। उनमें से पासी या तारमालीस, इनमें अर्खा, संख्या 1,75,180 है, धोबी 26,344, धानुक 14,870, बाल्मीकि या भंगी 9004 और कोरी 6112। इसमें नट, कंजर, बहेलिया, कालाबाज और बेलदार में 500 और 2000 है और सनासियास, बरवार्स, बेड़िया, भूयियार्स, और बधिक, प्रत्येक जाति 100 से 500 के बीच में हैं। इसमें तुराइहास, खटिक, डोम, लालबेगी, करवाल शिल्पकार, दुसाध और बसोड़ ये सब कुछ संख्या में पाये जाते हैं।

समाज में हरिजन की स्थिति कुछ अच्छी हुई है, जब से देश स्वतन्त्र हुआ है। अब उन्हें अस्पृश्यता और प्रतिबन्धित नहीं किया जाता है। अब लोगों में एक दूसरी जाति से सम्बन्ध बनाते हैं।

मुस्लिम—इस जिले में मुस्लिम कुल जनसंख्या का 8.8 प्रतिशत हैं। इसी के अनुरूप लोग शहर में निवास करते हैं। 1961 की जनगणना के अनुसार इसमें से 39 प्रतिशत शहर में निवास करने

वाले हैं, लगभग 94 प्रतिशत मुस्लिम यहाँ सुन्नी हैं और बाकी बचे हुए लोग शिया हैं। सन् 1901 ई. में बहुत-सी उपजातियाँ मुस्लिमों में पायी जाती हैं, जो इस जिले में हैं, जिसमें से 40 या उससे संख्या में महत्त्वहीन है। साधारणतः आज के समय में भी उनकी वैसी ही दशा समाज में है। पठान जो कुल मुस्लिम संख्या का 1/6वाँ भाग है, इस जिले में रहते हैं। ये लोग लगभग शाहाबाद तहसील में और अधिक समूह में बिलग्राम तहसील में हैं। इस जिले में जो पठान निवास करते हैं, वे गोरी, काकर, युसुफजई, मुहम्मदजाई, बाजिदखेल, आफरीदी, बाकरजाई, और बंगाश। शाहाबाद परगना में ये अधिक क्षेत्र में पाये जाते हैं। शेख जो हैं सिद्दीकी, कुरैशी, फारूकी, अन्सारी और उस्मानी इसकी उपजातियाँ बाद में आ जाती हैं। इसके बाद इनकी संख्या सण्डीला में है। इसके अलावा इस शहर के दूसरे क्षेत्रों में पाये जाते हैं। जहाँ इनकी अधिक संख्या में जमींदार और मुख्य देख-रेख करने वाले थे। काकराली में इनकी संख्या अधिक थी। सईद में जो उपजतियाँ हैं उसमें रिज़वी, जैदी, हुसैनी और नकवी हैं, इनकी संख्या शाहाबाद और सण्डीला तहसील में पायी जाती हैं। पिहानी और बिलीग्राम में शिया अधिक संख्या में पाये जाते हैं, जो इस जिले के केन्द्र में स्थित है। इस जिले में कुछ जगह मुसलमान राजपूत हैं जो मुख्य रूप से चन्देल, रायकवाड़, बैस, सोमवंशी, जॉवर और गौड़ राजपूत से मुस्लिम राजपूत बनाये गये हैं। इनकी संख्या शाहाबाद और बिलीग्राम तहसील में अधिक है। इस जिले में जो बचे हुए मुसलमान हैं, वे किसी न किसी पेशे से जुड़े हुए हैं, उनकी उपजातियाँ निम्न हैं, जैसे जुलाहा, बेहना, या नादफ, गद्दी, फकीर, दर्जी, मनिहार, कसाव, बहेलिया और गाँधी। यह समूह इस जिले में कुल जनसंख्या का 2/3 भाग है, इसमें से फकीर अधिक संख्या में दिखाई देते हैं।

दूसरे धर्म–1961 ई. में दूसरे धर्मों की बात की जाए तो उनमें 494 ईसाई, 194 सिक्ख, 35 जैन, और 5 बौद्ध धर्म थे।

धर्म, विश्वास और मान्यता–हिन्दू धर्म के लोग विभिन्न प्रकार की मान्यताओं में विश्वास करते हैं, और वह विभिन्न प्रकार के मिथक में विश्वास करता है। इसमें भूत, आत्मा, विभिन्न प्रकार के छोटे-बड़े भगवान, विभिन्न प्रकार की अलौकिक शक्तियों में यह विश्वास करते हैं। इसका मुख्य आधार है, ब्रह्म की उपासना करना। इसमें ब्रह्म, शिव-पार्वती, विष्णु-लक्ष्मी, राम-सीता, कृष्ण-राधा, हनुमान, गणेश, और देवी (काली दुर्गा)। इस जिले की गंगा और गोमती पवित्र नदी है। कुछ स्थानीय, या गाँव के देवी-देवता होते हैं, जिनकी संख्या जो संत लोग होते हैं, वही जान सकते हैं। नागदेवता की पूजा होती है। कहीं-कहीं पूजा करने के लिए मन्दिर की आवश्यकता नहीं पड़ती है। केवल कुछ लोग प्रत्येक दिन मन्दिर जाते हैं। यहाँ कुछ घर अलग से पूजा करने के लिए बना दिया जाता है। वहाँ पूजा करने के लिए मूर्ति होती है, जो ईश्वर को मानने वाले यहाँ कभी-कभी पूजा करने के लिए आते हैं। अनेक शास्त्र के अनुसार व्यक्ति नियमित रूप से प्रातः और शाम प्रार्थना (सन्ध्या) करते हैं। लोग व्रत-उपवास करते हैं, जैसे—मंगलवार का व्रत, या कभी-कभी महीने में व्रत पड़ता है जैसे एकादशी और दूसरे आने वाले पर्व एवं त्योहार में व्रत रहना। कथा और दूसरे कहानियों की किताब जैसे उपनिषद, गीता, भागवत, पुराण, रामायण, रामचरितमानस, और कीर्तन जो समय के अनुसार लोग व्यवस्था कर देते हैं। पढ़े-लिखे और दूसरे समुदाय के लोग विभिन्न प्रकार के मंत्रों और अन्धविश्वासों में आकर के बड़ा आयोजन करते हैं और विभिन्न प्रकार के छोटे-बड़े स्थानीय देवी-देवता, भूत, आत्मा इत्यादि देखने को मिलता है, जो स्थानीय लोग ही करते हैं।

इस जिले में बहुत से मन्दिर हैं लेकिन कोई ऐसा धार्मिक स्थान नहीं है, जो ईश्वरवादी या यात्रियों को बाहर से आकर्षित कर सके। इस जिले में आदमपुर गाँव के पास दहाड़ झील के किनारे

पर ब्रह्मवर्त स्थित है। ब्रह्म जो रचना करने वाले हैं, यहाँ ऐसा माना जाता है कि, जो यात्री पृथ्वी पर आते हैं, उन्हें एक रस्सी से बाँध कर रखते हैं। यहाँ हत्याहरण कुण्ड कल्याणमल में स्थित है जहाँ रावण को मारकर राम आये थे। ब्रह्मादेव हाजीपुर के, अब्दुल्ला नगर के विष्णु भगवान। यहाँ एक शिवलिंग है, कहा जाता है कि युधिष्ठिर पाण्डवराज ने इसकी स्थापना की थी। गोपामऊ में गोपीनाथ महादेव, बिलीग्राम में मंशानाथ महादेव, सकहा के संकटहरण महादेव, रघुपुर के गणेश भगवान, जफरपुर के महावीर बाबा, बंसा की बंसा देवी, बावाँ की दर्शन देवी, मल्लावाँ में मन देवी और आशा देवी, सांदी में मंगला देवी और गोवर्धनी देवी, शाहाबाद की संकटा देवी, जोगीपुर की पथावनी देवी, हरियावाँ की फूलमती देवी, हरदोई की शरमन देवी, गांजू की कमाक्षा और पिहानी की सिम्भाभवानी इत्यादि। इसके अतिरिक्त देवी-देवताओं के और भी पवित्र स्थान निश्चित किए गये हैं।

इस जिले में महत्त्वपूर्ण स्नान करने वाले घाट हैं जिनमें छिबरामऊ, मिउराघाट और राजघाट गंगा नदी के किनारे पर है, और कुल्लाहबार गोमतीनदी पर है। लगभग दर्जन स्थानीय संत से जुड़े पवित्र स्थान हैं जहाँ उत्सव मनाया जाता है, जिसमें से अधिक प्रसिद्ध हरदेव बाबा हैं, हरदोई के, बाबा कन्हैयालाल, बिलसार हुसैन के थे, बंशी बाबा, भरखानी के बाबा परमहंस, भगवंतपुर के, भगत बाबा, मंसूरनगर के, बाबा खेमकरन, अमतरा के, बाबा पराश्रम, परसा के, और महात्मा खाकी बरावाँ के।

मुस्लिम–इस्लाम में सिर्फ एक ईश्वर को मानते हैं और उसके पैगम्बर मुहम्मद साहब हैं। उनके अनुसार दिन में पाँच बार नमाज मस्ज़िद में पढ़नी चाहिए। रमजान महीने में पूरे माह लोग रोज़ा रखते हैं। मक्का में हज करने का प्रावधान है। इस्लाम में जब कमाई की जाती है तो उसका कुछ भाग दान किया जाता है, जिसे जकात कहते हैं। इस जिले में अनेक मस्ज़िद हैं, जिसमें जामा मस्ज़िद, ईदगाह और इमामबाड़ा है, और भी छोटी बड़ी मस्ज़िदें इस जिले में बनी हुई हैं। अनेक लोग पीर पर विश्वास करते हैं, जैसे सण्डीला के मखदूम साहब, मल्लावाँ के मखदूम साहब, बावाँ के मखदूम अब्दुल कासिम, दहोलिया के शाहिद मर्द, लालपीर गोपामऊ के, जिन्दा पीर, शाहपुर सदूदाँ के, बहुत से मकबरे हैं, जहाँ पर साल में एक बार उर्स का उत्सव मनाया जाता है।

दूसरे धर्म–यहाँ, इसाई, सिख, जैन और बौद्ध धर्म के लोग रहते हैं, जो संख्या में कम हैं। वे अपने धर्म एवं मान्यताओं के अनुसार त्योहार मनाते हैं।

त्योहार एवं मेले–हिन्दू कैलेण्डर के अनुसार चैत्र महीने के पहले से नौ दिन तक नवरात्रि का प्रारम्भ होता है, इसमें लोग (ईश्वरवादी) देवी की पूरा करते हैं। जब आठ दिन बीत जाते हैं, तब शीतला अष्टमी पर देवी शीतला की पूजा की जाती है। इसके अगले दिन रामनवमी मनाई जाती है, इसी दिन राम का जन्म हुआ था। जब भक्त लोग व्रत रहते हैं, तब वे नमक या और दूसरे प्रकार का भोजन नहीं खाते हैं, वे मन्दिरों को भव्य तरीके से सजाते हैं, उनके जन्म से सम्बन्धित कथाओं को सुनने की व्यवस्था करते हैं। बरगदी अमावस्या, जेष्ठ महीने में 15 दिन बीत जाने पर पड़ती है। यह उत्सव विवाहित महिलाओं के लिए है, वे बरगद के पेड़ की पूजा करती हैं, और यह मानती हैं कि उनके पति की लम्बी उम्र हो। दस दिन बीत जाने के बाद, इस महीने में, जेठ दशहरा मनाया जाता है। यह स्नान का उत्सव है, उस दिन लोग गंगा और गोमती के किनारे स्नान करते हैं। जब सावन महीने के पाँच दिन बीत जाते हैं, तब नाग पंचमी पड़ती है। इसमें श्रद्धालु नाग देवता की पूजा करते हैं। जब सावन पूर्णिमा होती है, तब रक्षा बन्धन का त्योहार मनाया जाता है। इसमें बहनें अपने भाई के हाथ में रक्षा का धागा या रक्षाबंधन बाँधकर अपनी रक्षा का वचन लेती हैं। जब भादों के कृष्ण पक्ष के आठ दिन बीत जाते हैं तो कृष्ण जन्माष्टमी मनाई जाती है। इसमें घर या मन्दिर

को अच्छी तरह सजाया जाता है, जिसमें कृष्ण भगवान के चित्र को रखकर उनकी पूजा करते हैं। इस दिन लोग उपवास करते हैं और भजन कीर्तन करते हैं। इसके चार दिन बीतने के बाद गणेश चतुर्थी मनाई जाती है, जिसमें गणेश जी की पूजा की जाती है। अश्विन महीने के आखिरी दिन पितृ विसर्जन मनाया जाता है, जिसमें लोग अपने पूर्वजों को जल भोजन का अर्पण करते हैं। क्वार महीने के नव दिन में नव दुर्गा की पूजा की जाती है। इसमें देवी दुर्गा से सम्बन्धित भजन-कीर्तन होते हैं। इसके दसवें दिन दशहरा या विजयदशमी मनाई जाती है। इस दिन राम ने रावण को मारा था। कार्तिक महीने के आधे भाग के चौथे दिन करवा चौथ मनाई जाती है। विवाहित स्त्रियाँ अपने पति के स्वस्थ एवं आयु से सम्बन्धित लोग अपना व्रत रखती हैं। जब तेरह दिन इस महीने में बीत जाते हैं तो धनतेरस का त्योहार आता है। इस दिन लोग सोना चाँदी के गहने खरीदते हैं। इसके अगले दिन छोटी दीपावली या बड़ी दीपावली (प्रकाश का त्योहार)। इस दिन गणेश लक्ष्मी की लोग पूजा करते हैं, मिठाई बाँटते हैं और एक दूसरे को उपहार देते हैं। इसके अगले दिन अन्नकूट या गोवर्धन पूजा को मनाया जाता है और इसी दिन भैया दूज मनाई जाती है, इस दिन बहनें अपने भाई को तिलक लगाती हैं और उनके भविष्य की कामना करती हैं। जब कार्तिक महीने के आठ दिन बीत जाते हैं तो उसे गोपाष्टमी कहते हैं, इसमें गाय की पूजा की जाती है। कार्तिक पूर्णिमा को एक और स्नान करने का त्योहार है, जिसे मकर संक्रांति कहते हैं (प्रायः यह 14 जनवरी को पड़ती है) शुक्ल पक्ष के पाँचवें दिन माघ महीने में बसन्त पंचमी पड़ती है, इस दिन सरस्वती देवी की पूजा की जाती है, जो विद्या की देवी मानी जाती हैं। फाल्गुन महीने के कृष्ण पक्ष के तेरहवें दिन शिवरात्रि मनाई जाती है। इस दिन भगवान शिव की पूजा की जाती है, इस दिन भक्त व्रत रखते हैं और शिव की पूजा करते हैं। इस महीने में होली एक महत्त्वपूर्ण त्योहार है। यह फाल्गुन महीने के आखिरी दिन पड़ता है। इस दिन लोग होलिका का दहन करते हैं। इस साल की जो नयी फसल होती है, उसको अग्नि में जलाकर भूनते हैं और होलिका की पूजा करते हैं। इसके अगले दिन लोग एक-दूसरे पर रंग छिड़कते हैं, एक-दूसरे से सम्मानपूर्वक गले मिलते हैं। एक-दूसरे के ऊपर अबीर-गुलाल छिड़कते हैं।

हिन्दू धर्म में अनेक छोटे-बड़े 60 त्योहार हैं, इस जिले में वार्षिक त्योहार मनाये जाते हैं। इसमें 18 सम्मान की देवी हैं, और लगभग एक दर्जन विभिन्न संत हैं। और एक दर्जन से अधिक रामलीला या धनुष यज्ञ का मेला लगता है। जिसमें से दस स्नान करने वाले त्योहार हैं, और बचे हुए त्योहार दूसरे सम्मान में मनाये जाते हैं। इस प्रकार के मेले जो दस हैं, वे करीब 10,000 व्यक्ति को इकट्ठा कर लेते हैं, शिवरात्रि का मेला शाखा (बेहटा, गोकुल रेलवे स्टेशन के पास) के पास बहुत बड़ा रामलीला का आयोजन किया जाता है, जो जनवरी महीने में लगता है, यह हरदोई में आयोजन किया जाता है। ब्रह्मवर्त मेला आदमपुर (सांदी, बस स्टेशन के निकट) के पास जन्माष्टमी का मेला लगता है भद्रा में, और कटियारी पूर्णिमा को रायगढ़ में स्नान करने का मेला लगता है। यहाँ प्रत्येक उपस्थित 15000 से 20000 व्यक्ति होते हैं। स्नान करने का त्योहार या मेला मेयूरा घाट (बिलीग्राम, बस स्टेशन के निकट), शाहाबाद की रामलीला, परिक्रमा का मेला कुठावन (सण्डीला से उत्तर 19 किमी.) और हरदेव बाबा का मेला, हरदोई में 10,000 लोगों को इकट्ठा करता है।

मुस्लिम–इस जिले के मुस्लिम ईद-उल जुहा को मनाते हैं, जिलहिज्जा महीने के 10वें दिन पैगम्बर इब्राहिम के कार्य में खुदा को जानवर की बलि दी थी। शव्वल महीने के पहले दिन ईदु-उल-फितर मनाया जाता है। रमजान महीना जब पूरा हो जाता है, तब यह मनाया जाता है। रमजान महीने में लोग रोजा रखते हैं। इन दोनों त्योहारों में लोग ईदगाह में प्रार्थना करते हैं या किसी मस्ज़िद में नमाज

पढ़ते हैं और एक-दूसरे को बधाई देते हैं। मुहर्रम दस दिन का त्योहार होता है, इसको शिया विशेष रूप से मनाते हैं। इसमें इमाम हुसैन और उनके सहयोगियों की शहादत कर्बला के मैदान में हुई थी। इमामबाड़ा को विशेष रूप से सजाते हैं, और आखिरी दिन ताजिया को निकालते हैं। बारावफात (रबि-उल-अव्वल के बारहवें दिन), मुहम्मद साहब के जन्मदिन पर मनाया जाता है। और इस अवसर पर शब-ए-बारात (शाबान के 14वें दिन) को आग जलाकर चलते हैं और मिठाई बाँटते हैं और यह पारम्परिक और रूढ़िवादी त्योहार मनाया जाता है, उर्स विभिन्न प्रकार के पीर के मकबरों पर मनाये जाते हैं, ये मुस्लिम फकीर होते हैं। लेकिन कोई भी त्योहार इसमें से ऐसा नहीं है, जो भीड़ को एक हजार तक पहुँचा सके। इसमें से जो सबसे अधिक प्रसिद्ध है, वह है लालपीर गोपामऊ (बस स्टेशन के पास पिहानी) और जिन्दापीर शाहपुर सइदान में।

सम्पत्ति और उत्तराधिकार

हिन्दुओं में जिसमें सिक्ख और जैन भी शामिल हैं, कार्य और उत्तराधिकार नियंत्रित होते हैं। हिन्दू अधिनियम 1956 के अनुसार हिन्दुओं के मुस्लिम धर्म में अपने व्यक्तिगत नियम हैं, और क्रिश्चियन में भारतीय अधिनियम 1925 ई. के अनुसार। कार्य और कृषि का बँटवारा उ.प्र. सरकार के अनुसार जमींदारी उन्मूलन और भूमि सुधार अधिनियम 1950 (1951 के अधि.) कभी-कभी लोग अभ्यास में नियम दूसरे से उधार लेते हैं, विशेषकर हिन्दू अधिनियम के कार्य में पुत्री को उनके उत्तराधिकार, विशेष रूप से अगर पुत्र है तो संयुक्त परिवार और कोपेरसेनरी सम्पत्ति व्यवस्था अभी इस जिले में बचा हुआ है। लेकिन अब बड़ी तेजी से इन सब में बदलाव आ रहा है, नये सामाजिक और आर्थिक शक्तियों में।

विवाह एवं आदर्श

यह विवरण वैवाहिक स्तर के अनुसार है, जो विभिन्न आयु के समूह का वर्गीकरण किया जाता है, सन् 1961 ई. के अनुसार इस जिले में व्यक्ति जो बहुत ही बचपन (0-9) और जवान (9-14) है। आयु समूह की गणना 39.5 प्रतिशत इसके विपरीत बहुत ही कम प्रतिशत 6.1 है।

हिन्दुओं में विवाह से सम्बन्धित जो प्रचलन है वह सजातीय है। एक ही जाति के या एक जाति या उपजाति का विवाह एक ही गोत्र के लोग हों ऐसे विवाह देखने को कम मिलते हैं। यद्यपि ये सब रिवाज हिन्दू विवाह अधिनियम 1955 ई. के अनुसार है। विवाह के नियम के अनुसार विवाह की आयु 18 वर्ष पुरुष की और 15 वर्ष महिला की निश्चित की गयी है। यह परिवार के ऊपर निर्भर करते हैं। इस जिले में जो दस साल के हैं, उनकी शादी हो चुकी है, जो लोग 10-14 साल में शादी कर लिए हैं, उनका प्रतिशत कम है, बाल विवाह उतना अधिक प्रचलित नहीं है।

साधारणतः यह देखा जाता है कि शादी का आयोजन लड़के के घर वाले करते हैं, जिसमें लड़की के घर वाले लड़के के घर विवाह का प्रस्ताव लेकर जाते हैं। इसे स्वीकार करने के बाद लड़के के घर वाले उत्सव का आयोजन करते हैं (रोकाई और तिलक) जो अपने ही घर पर आयोजन करते हैं, और उस दिन को निश्चित करते हैं, जिस दिन दुल्हन के घर बारात लेकर जाना होता है। दूल्हे का दुल्हन के घर वाले दरवाजे पर स्वागत करते हैं, जिसे लोग अगवानी या द्वारचार कहते हैं और दुल्हन, दूल्हे के गले में जयमाला डालती है। इसके बाद जो वास्तव में विवाह होता है, वह मण्डप में प्रारम्भ होता है। इसके बाद शास्त्र के अनुसार कन्या के घर वाले कन्यादान करते हैं, इसके बाद

गठबन्धन करके सात फेरे लेते हैं। दूल्हे के घर वाले विदा कराके दुल्हन को अपने घर लाते हैं, इसे विदाई कहते हैं। इसके बाद लड़की के घर वाले कभी-कभी उसी दिन या दूसरे, तीसरे या चौथे दिन आते हैं और विदा करा लेते हैं।

अनुसूचित जाति और अन्य पिछड़ा वर्ग का जो आयोजन होता है वह बहुत ही साधारण होता है, यह केवल डोला या पाव पूजी करने के बाद दुल्हन को दूल्हा अपने घर लेकर आ जाते हैं, यहाँ ही विवाह का आयोजन किया जाता है, इसमें नट, कंजर, महावत और हबूराज आते हैं। लड़की को खरीद कर अपने घर लाते हैं, और अपनी दुल्हन बनाकर घर लाते हैं। सिक्खों में जो विवाह होते हैं वह गंथ साहब के अनुसार होता है, इसमें ग्रन्थ को साक्षी मानकर उसके सात फेरे लेते हें और जैन धर्म में लोग शास्त्र के अनुसार विवाह करते हैं और पूजा करते हैं। कुछ अपवाद को छोड़कर जैन और सिक्ख धर्म की शादी एक ही जैसी होती है, जैसे हिन्दू धर्म में उच्च जाति में होती है।

मुस्लिम धर्म में विवाह अनुबन्ध और प्रत्येक व्यक्ति के मन के ऊपर निर्भर करता है, जब उनके जवानी के दिन प्रारम्भ होते हैं। इसके मुख्य परिस्थिति यह है कि मेहर कहाँ तक तय हो जाता है, दूल्हा, दुल्हन को मेहर देकर शादी कर लेता है। कभी-कभी मँगनी के समय दुल्हन के घर पहुँच कर दोनों के वकील होते हैं और दो गवाह होते हैं, क़ाज़ी तब निकाह (विवाह का उत्सव) कराता है। इसके बाद साधारण विदाई (रुख़सत) करते हैं। दुल्हन अपने दूल्हा के साथ घर आ जाती है। शिया विवाह में दो मौलवी होते हैं एक दूसरे की तरफ से, जो क़ाजी का स्थान रखते हैं। क्रिश्चियन का विवाह, भारतीय क्रिश्चियन विवाह अधिनियम 1872 ई., जो 1952 ई. में प्रचलित है।

दहेज

दहेज, 1961 अधिनियम के अनुसार दहेज लेना या देना गैर-कानूनी है। किन्तु अभी भी इस जिले में बचा हुआ है, विशेष रूप से कान्यकुब्ज ब्राह्मण और कुछ कायस्थ और वैश्य में बचा हुआ है।

कोर्ट विवाह

1954 अधिनियम के अनुसार यह विवाह मान्य है। इस जिले में कोर्ट विवाह अधिक प्रचलित नहीं है। प्रारम्भ में 1967 ई. में दो, 1969 ई. में चार और 1970 ई. में एक विवाह हुआ। दो कोर्ट विवाह का पंजीकरण कराया गया था, जो मुस्लिम था, बाकी जो बचे हुए थे, वे हिन्दू थे।

विधवा विवाह

हिन्दू विवाह के अधिनियम 1856 के अनुसार हिन्दू विधवा नियम के अनुसार अपना विवाह कर सकती है। लेकिन परम्परा में यह विवाह नियम के विरुद्ध है, विशेष रूप से उच्च जाति में।

सन् 1961 ई. में इस जिले में विधवाओं की संख्या 72,918 थी और विधुर पुरुष की संख्या 42,678 थी। यहाँ के लोगों में विधवा विवाह के बारे में संकीर्ण सोच है, इसके साथ लोग विधवा के साथ विवाह करने को सम्मान मानते हैं। अनुसूचित जाति और अन्य पिछड़ा वर्ग में विधवा विवाह कम या अधिक है। सामान्यतः यहाँ विधवा साधारण ढंग से किसी नये पुरुष के साथ रहने लगती है, इसे लोग प्रायः घर बैठना कहते हैं। मुस्लिम समाज में विधवा विवाह का प्रचलन नहीं है। लेकिन उच्च समाज में लोग इसके पक्ष में हैं।

तलाक या विच्छेद

1961 ई. की जनगणना के अनुसार इस जिले में 4353 आदमी और 925 महिलाएँ, प्रमाण के अनुसार वे तलाक या अलग-अलग रहती थीं, उनके समाज के बारे में मालूम नहीं है, किस प्रकार से वे अलग रहते थे। अनुमानतः यह बहुत कम मात्रा में अलग हुए हैं, लेकिन कानून के अनुसार यह बहुत कम है, भारतीय विच्छेद अधिनियम 1869 यह केवल क्रिश्चियन के लिए था और मुस्लिम विवाह अधिनिमय 1939 ई. में कहा गया है कि मुस्लिम महिलाओं को तलाक लेने का अधिकार है, लेकिन मुस्लिम अधिनियम में सिर्फ पुरुष को अधिकार है तलाक देने का अपनी पत्नियों को। अनुसूचित जाति और अन्य पिछड़ा वर्ग में महिला या पुरुष स्थिति के अनुसार अलग रह सकते हैं, या उनकी पंचायत जैसा आदेश करती है, उसी के अनुसार लोग रहते हैं। हिन्दू जाति के लोग, हिन्दू विवाह अधिनियम 1955 को अधिक महत्त्व नहीं देते हैं, यह हल उनकी पंचायत करती है। इस जिले के हिन्दू तलाक में विश्वास नहीं करते हैं। लेकिन बहुत कम लोग न्यायालय में जाकर के तलाक या विच्छेद करते हैं। अगर हम कह सकते हैं कि सामान्यतः उच्च या मध्यम वर्ग लेकिन निम्न समाज में भी होता है, वहाँ पहले ही उनके समाज और रीति-रिवाज में होता है। एक औरत आदमी की अपेक्षा अधिक सहनशील होती है और वह तालक तभी देती है, जब वह जानती है कि अब पति के साथ निर्वाह नहीं हो सकता है। या दूसरे कारण से उनका रहना, जीवन व्यतीत करना अच्छा नहीं होता है। यहाँ स्थानीय न्याय के अनुसार एक पुरुष तलाक लेने के लिए न्यायालय जाते हैं। इससे दोनों पक्ष के लोग प्रभावित होते हैं।

वेश्यावृत्ति और अवैध व्यापार महिलाओं में

इस जिले में कोई भी वेश्यावृत्ति केन्द्र में नहीं है, केन्द्र के बाहर जिले में है। इस जिले में 107 व्यावसायिक वेश्यावृत्ति थी, 1 मई 1958 ई. में बिना दबाव के लोग यह कार्य करते थे, जिसमें महिलाएँ और लड़कियाँ अवैध व्यापार करती थीं। इनमें से अधिक लोगों ने नाचने गाने का व्यापार करना शुरू कर दिया था जिसे नौटंकी कहते हैं और उनमें से कुछ गृहस्थ को अपना लिया। 1968 ई. से 1970 ई. में पाँच इस प्रकार के व्यवसाय का पता चला, इसमें न्यायालय ने अधिनियम बना दिया है। इसका कोई दुरुपयोग न कर सके।

जुआ

उत्तर प्रदेश सरकार ने 1952 और 1962 में इस जिले में जुआ खेलने पर प्रतिबन्ध लगा दिया है। लेकिन कुछ लोग दीपावली के दिन खेलते हैं। कहीं-कहीं लोग छिपकर जुआ खेलते हैं।

गृहस्थ जीवन

इस जिले में 1961 की जनगणना के अनुसार 76 लोग बिना घर के थे, जिसमें 41 पुरुष थे और 35 स्त्री थीं। सभी को छोड़ करके एक व्यक्ति शहर में रहने वाला था और अधिकतर बिलीग्राम तहसील के रहने वाले थे। संस्थानों की जनसंख्या की तुलना में 1509 लोग थे (इसमें 1,303 पुरुष और 206 महिलाएँ थीं)। इसमें जो अधिकता थी 1434 लोग विभिन्न ग्रामीण क्षेत्रों के थे, जिसमें से 1063 लोग हरदोई शहर में अपना घर बनाये हुए थे। रहने योग्य आवासीय घर इस जिले में 2,31,472 थे,

जिसमें से 21,3,061 शहर क्षेत्र के थे और 18,411 घर छः शहर इस जिले के थे। औसत दर्जे के अनुसार घर व्यक्तियों के रहने से बनता है। साधारणतः साथ रहना और भोजन करना एक रसोई घर हो, 5 शहरी क्षेत्र में, और 4.9 और 4.9 औसत था। इधर एक दशक 1951-1961 में घर के औसत में वृद्धि हुई है। अनेक लोग एक घर में रहते हैं, जो 33 प्रतिशत है, 29.7 प्रतिशत दो कमरे लेकर रहते हैं, 17.8 प्रतिशत लोग तीन कमरे लेकर रहते हैं और 18.3 प्रतिशत लोग चार कमरे लेकर रहते हैं। इसमें 1.2 प्रतिशत लोगों के पास रहने के लिए नियमित घर नहीं है। औसत रूप से प्रत्येक व्यक्ति के भाग्य में घर हो दोनों जगह चाहे वह शहर का हो या ग्रामीण क्षेत्र का। एक कमरे का घर अधिक प्रचलित हैं, इसका औसत घनत्व 4.0 शहरी क्षेत्र में है, और 4.2 ग्रामीण क्षेत्र में है। इसी घर में लोग अपनी जिन्दगी बिताते हैं।

घर

इस जिले में कोई भी घर आर्कीटेक्ट के अनुसार नहीं बना हुआ है। साधारणतः छोटा सा आकार जो आयताकार या वर्गाकार होता है। प्रायः इस प्रकार का घर मध्यम वर्ग के लोगों का होता है, जिसमें एक छोटा सा बैठका होता है।, जो चारों तरफ से रहने वाले कमरों से घिरा होता है। रसोई घर, स्टोर रूम, बैठका और एक गलियारा होता है, जिसे मुख्य रास्ते से जोड़ दिया जाता है। ग्रामीण क्षेत्र में लगभग 89.7 प्रतिशत कच्ची मिट्टी की दीवार होती है और कुछ पक्की ईंट का बना हुआ था, लेकिन शहर में सभी लोगों का घर एक जैसाही बना होता है। इसमें छत पक्की बनी होती है।

पश्चिमी भाग में प्रायः घर की छत चपटी होती है। जो गरीब लोग होते हैं, उनकी छत घास फूस की बनी होती है। प्रायः सभी घरों में एक मंजिला की छत होती है, इससे भी ऊपर बिल्डिंग बनी होती है। इसमें बालू, गिट्टी, सीमेंट से छत बनी होती है जो शहर का मुख्यालय होता है और नगर निगम के आवास इस जिले में होते हैं, कुछ बंगले उनके आकार दूसरे प्रकार के होते हैं। जैसे प्राचीनकाल के ताल्लुकेदार्स और जमींदार के घर होते थे।

फर्नीचर और सजावट

निम्न और निम्न मध्यम वर्ग के घरों में जनसंख्या की अधिकता होती है। प्रायः इसमें चारपाई, जो बाँस की बनी होती है। एक या दो तख्त होता है। बैठने के लिए लकड़ी की सीट (पट्स) और चटाई इस प्रकार के फर्नीचर हैं। सस्ते धर्म से सम्बन्धित चित्र का कैलेण्डर से बना चित्र, मिट्टी के खिलौने और हाथ से बनी हुई रंगीन आकृतियाँ जो दीवारों पर बने होती थीं। यह सब सजावट के हैं, जो लोग धनी और पढ़े-लिखे लोग हैं, और उनमें से शहर के विकासकर्ता और कुछ धनी लोग अपने घर की अच्छी तरह पुताई कराते हैं। और कुछ लोग आधुनिक फर्नीचर की व्यवस्था से घर को सजाते हैं।

भोजन

इस जिले के निवासी प्रमुख रूप से हिन्दू अधिक हैं, और शाकाहारी हैं। वे शाकाहारी खाना ही पसन्द करते हैं जो मांस खाना चाहे खा सकता है, इसमें कोई आपत्ति नहीं करता है। मछली और अण्डा आसानी से गाँव में मिल जाता है, और शहर में जो गरीब हैं वे आसानी से खरीद सकते हैं। गेहूँ, चना, चावल, बाजरा, और दाल इसके साथ दूध, दही, घी और वनस्पति तेल है। इस

प्रकार से जनसंख्या को जो चीज अच्छी लगती है, वह चीज सभी लोग खाते हैं। बाजरा, जौ और ज्वार ये सब गरीब का भोजन है। इसके अलावा जो लोग खेती करते हैं या दूसरे मजदूर लोग सत्तू और चबेना जो नमक के साथ खाते हैं। गाँव में लोग दो बार भोजन करते हैं। एक बार सुबह और शाम को भोजन करते हैं। इसमें चपाती और कटोरा दाल और उसके साथ बनी हुई सब्जी। जैसा मौसम होता है उसी के अनुसार अपना भोजन करते हैं। चाय भी पीते हैं, तम्बाकू खाते हैं, और धूम्रपान भी करते हैं।

पहनावा या वेशभूषा

इस जिले के गाँव में आदमी कुर्ता (बड़ा और ढीला कमीज) या गंजी (आधा कमीज), एक धोती, एक अंगोछा, पगड़ी या टोपी, और औरतें सलूका (ढीला अंगवस्त्र) और लँहगा और एक ओढ़नी, अपने सिर को ढँकती है, जो शरीर का सबसे ऊपर वाला हिस्सा है। मुस्लिम आदमियों में वही वेशभूषा रहती है वे लुंगी या पायजामा, एक कुर्ता और कभी-कभी शेरवानी (बड़ा कोट) और टोपी या पगड़ी, मुस्लिम महिलायें पायजामा कुर्ता और ओढ़नी या दुपट्टा पहनती हैं। शहर की औरतें प्रायः साड़ी और ब्लाउज पहनती हैं। जवान लड़कियाँ सलवार या पायजामा, कुर्ता या दुपट्टा। इसके अतिरिक्त पढ़े-लिखे और जो आधुनिक शहर के लोगों का पहनावा पश्चिमी तरीके के अनुसार होता है, बुशर्ट और ट्राउजर या स्लेक अधिक प्रसिद्ध पहनावे हैं।

आभूषण

कभी-कभी लोग एक या दो छल्ले पहनते हैं। सोने या चाँदी के चैन (माला) गले में पहनते हैं। जिले के आदमी आभूषण नहीं पहनते हैं। महिलायें अधिकतर शीशे की चूड़ियाँ, सोने या चाँदी के ब्रेसलेट, भुजाबन्द, अँगूठी, नथनी, बाला, झूमका, टप्पा, गले का हार, हँसुली आदि। आभूषण प्रायः गरीब लोग पहनते हैं, जो प्रायः चाँदी या कांसा का या शीशे का बना होता है, जो धनी होते हैं वह कभी-कभी सोने के आभूषण पहनते हैं। उसमें बहुमूल्य पत्थर लगे होते थे।

सामुदायिक जीवन

मनोरंजन की वस्तु एवं पुनर्निर्माण–इस जिले में लगभग छः शहर हैं उसमें से एक नगर निगम है, इसमें सिर्फ एक स्थायी सिनेमा घर हाल है, लक्ष्मी टाकीज। जो हरदोई में है, इसमें 400 लोग एक साथ बैठकर सिनेमा देख सकते हैं। दो सिनेमा अभी बन रहे हैं। यहाँ दो अस्थायी चलने वाले सिनेमा है, जो विभिन्न शहर, बड़े-बड़े गाँव और इस जिले के मेले में दिखाई देते हैं। सर्कस और रासलीला की पार्टियाँ दिखाई देती हैं, इस जिले में आम तौर पर थिएटर को दिखाते हैं और नौटंकी, कव्वाली-समूह, कवि सम्मेलन, और उर्दू मुशायरा, विभिन्न प्रकार के शो, पपेट शो, और दूसरे सांस्कृतिक समारोह, और दंगल इस प्रकार मनोरंजन के साधन हैं।

ग्रामीण क्षेत्रों में आल्हा गाया जाता है, लोकगीत गाए जाते हैं जैसे कजरी और मल्हार, पुराने समय के वर्षा ऋतु कें गाये जाने वाले गीत हैं। बिरहा जाड़े के समय लम्बी रातों में गाये जाते हैं। फाग, होली के समय में गाया जाता है। जब बसन्त ऋतु का समय होता है, इसी समय लोक नृत्य का भी आयोजन किया जाता है। संगीत के जो यन्त्र या औजार होते हैं, उनका भी प्रयोग इस अवसर पर किया जाता है जैसे ढोलक, मंजीरा, घड़ियाल या थाली बजाई जाती है। कहीं-कहीं लोग कथा और

कीर्तन का आयोजन करते हैं। अधिक संख्या में रामलीला या धनुष यज्ञ का प्रदर्शन किया जाता है, स्नान के पर्व, इस प्रकार के आयोजन में जनता का उत्साह देखने को मिलता है, और वे लोग इसी में अपने समय को गुजार देते हैं। वृत्तचित्र, फीचर फिल्म और दूसरे शो की व्यवस्था, प्रचार विभाग की तरफ से की जाता है। यह विचार वेलफेयर विभाग के तरफ से किया जाता है। इसका सहयोग सरकार करती है। पंचायत घर का आयोजन आल इण्डिया रेडियो द्वारा किया जाता है जिससे लोगों का मनोरंजन उसी समय किया जाता है। गाँव वालों को शिक्षित भी किया जाता है, अनेक व्यक्ति, व्यक्तिगत रूप से शहर के लोगों के पास अपना रेडियो सेट्स है। युवक मंगल दल, महिला मंगल दल, और बाल मंगल दल, इस प्रकार के क्लब हैं, जो विभिन्न संगठन हैं यह विकास के विभिन्न पक्षों पर ध्यान देते हैं। इस जिले में युवा, महिला और बच्चों के कल्याण पर ध्यान दिया जाता है। इन सबके सदस्य अपने-अपने विचार को रखते हैं। युवा क्लब प्रान्तीय रक्षक दल की सहायता से कार्य करता है, इसमें टूर्नामेंट, शारीरिक अभ्यास, खेल और जो बहुत अधिक आवश्यक है, वह श्रमदान है। इसका कार्यक्रम है। अधिक संख्या में बाहर खेलने वाले खेल, घर के अन्दर खेलने वाले खेलों का आयोजन किया जाता है। इसमें विभिन्न प्रकार के खेल हैं, जिसमें खो-खो, लुकाछिपी, गुल्ली डण्डा, कबड्डी, छूँ घोड़ा, चौसर या पचीसी और कार्ड खेलना। पाश्चात्य खेल सिर्फ शिक्षण संस्थानों में ही और शहरी इलाकों में ही खेले जाते हैं। जैसे हाकी, फुटबाल, वालीबाल, क्रिकेट, टेनिस और बैण्डमिंटन, पिंग-पांग और कैरम बोर्ड आदि।

जमींदारी उन्मूलन का प्रभाव

इस जिले की कुल जनसंख्या का 35.8 प्रतिशत मजदूर हैं और बचे हुए मजदूर नहीं हैं और 87.4 प्रतिशत खेती करने वाले मजदूर हैं और कृषि मजदूर हैं। इसमें से 92.7 प्रतिशत लोग ग्रामीण क्षेत्रों में रहते हैं, ग्रामीण क्षेत्र की मजदूरों की संख्या 36.2 प्रतिशत है जिसमें से 89 प्रतिशत खेती करते हैं और कृषि मजदूर हैं और अधिक संख्या में ग्रामीण लोग अपने ऊपर निर्भर करते हैं।

हरदोई जिले की अधिकतर जनसंख्या सीधे या किसी के माध्यम के द्वारा वह खेती या कृषि से जुड़ी हुई है। यह शताब्दी जो प्रारम्भ होने वाली है, इस जिले में 20 ताल्लुकेदार्स या बड़े जमींद।र हैं, जो एक साथ चार सौ (400) गाँव पर जमींदारी करते हैं। इसमें से लगभग एक चौथाई भाग पूरा कृषि योग्य भूमि है, और कर निर्धारण करने योग्य है। जो बड़े ताल्लुकेदार्स हैं, उसमें कटिआरी, ककरैली, सरावन, बड़ागाँव, अटवा, भरावाँ और बसीतनगर सभी एक साथ हैं। इसमें से लगभग तिहाई हिस्सा पूरा ताल्लुकेदार्स का क्षेत्र है। इस जिले के बचे हुए 3/4 भाग को व्यवस्थित कराया जा रहा है और दूसरे छोटे जमींदार बनते जा रहे हैं इसलिए वहाँ कठिनाई से किराए पर सम्पत्ति मिलती है। यद्यपि वहाँ भूमि की अधिकता है, जहाँ 75 प्रतिशत बनाया गया है, वहाँ सम्पत्ति साधारण है, जो किराया दे करके खेती कर सकते हैं, जो जमींदार को पैसा या किसी प्रकार के लगान करके भूमि पर खेती कर सकते हैं। जो वास्तव में खेत को जोतते हैं। वे सांदी में ही जोतते हैं और एक-दूसरे के ऊपर निर्भर करते हैं। जमींदार किस प्रकार से व्यवहार करता है। जमींदारी उन्मूलन में उ.प्र. जमींदारी उन्मूलन और भूमि सुधार अधिनियम 1950 (अधिनियम 1, 1951) उसमें से अधिकतर भूमिधर हो गये हैं और उसमें से कुछ अपने भूमि के मालिक हो गये। राजस्व को सीधे सरकार को दो और अपनी भूमि पर खेती करो, किसी प्रकार का कोई दबाव न सहकर अपनी खेती करें। अधिक दाम में खेती का उत्पादन होता है उसी के

अनुसार राजस्व का भार भी बढ़ता है। यह आर्थिक स्थिति और सामाजिक स्तर को बढ़ाने में मदद करता है। जब लोग ताल्लुकेदार्स या जमींदार के अधीन रहकर खेती करते थे तो उन्हें अधिक मार खानी पड़ती थी। वे ज्यादा दिन तक जी नहीं पाते थे। उनमें से बहुत से लोग बाहर आ गये वे खेती करने लगे, व्यापार करना या उद्योग धन्धे लगाना वे इस प्रकार से कई प्रकार के व्यवसाय या सेवा को चुन रहे हैं। जो ट्रेडमेन जमींदार थे, वे प्रबन्ध करना सीख रहे हैं, वे उस तरफ ध्यान दे रहे हैं, जिसकी लोगों के बीच अधिक माँग है। इसीलिए जमींदारी उन्मूलन के इस जिले में सामाजिक और आर्थिक स्थिति में बदलाव आया है। अब लोग अपना स्थान लेकर रहते हैं, यह युग महान न्याय का युग है, इसमें लोग अब अपने अन्दर ग्रहण कर रहे हैं।

अध्याय-5

हरदोई की भौगोलिक स्थिति

जिले के नाम की उत्पत्ति

सबसे पहले हरदोई एक जिला है। बाद में यह मुख्यालय का शहर है। परम्परा के अनुसार इसकी उत्पत्ति हरदेव बाबा, जो एक सन्त थे, वे कहते हैं कि वे लोग लगभग 1100 वर्ष पहले रहते थे। दूसरी परम्परा के अनुसार इस शहर की उत्पत्ति के सम्बन्ध में यह विचार है कि पूर्व समय में यहाँ पर राजा हिरण्यकश्यप का शासन था। यह राक्षसों का राजा माना जाता था। इसने भगवान के नाम पर प्रतिबन्ध लगा दिया था। हिरण्यकश्यप को हरिद्रोही (भगवान के विरुद्ध) के नाम से जाना जाता था। बाद में इसमें परिवर्तन हुआ जो हरदोही और बाद में हरदोई के नाम से प्रचलित हो गया।

स्थिति, सीमाएँ, क्षेत्रफल और जनसंख्या

स्थिति और सीमाएँ

हरदोई की भौगोलिक स्थिति अक्षांश $26^0$53'N और $27^0$47'N और देशान्तर $79^0$41'E और $80^0$49'E इसके उत्तर-पश्चिम में शाहजहाँपुर और खीरी है। इसके पूर्व में गोमती नदी सीतापुर और खीरी को अलग करती है। इसके दक्षिण की ओर उन्नाव व लखनऊ है। इसके पश्चिम में शाहजहाँपुर और फर्रुखाबाद है और बहुत ही कम दूरी दक्षिण-पश्चिम कोना कानपुर जिले का पड़ता है। इसकी पश्चिमोत्तर सीमा सेन्धा नदी और दपरापुर को पार करते हुए बाद में नदी और गदनपुर का दक्षिणोत्तर भाग गंगा नदी से घिरा हुआ है, जिसकी सीमा उन्नाव जिले से सटा हुआ है। इस जिले का आकार चतुर्भुज का नहीं है, इसकी अधिकतम लम्बाई 126 किमी. है। इसका उत्तर-पश्चिम से दक्षिण पूर्व और इसकी औसत चौड़ाई 74 किमी. पश्चिम से पूर्व की ओर है।

क्षेत्रफल

केन्द्रीय सांख्यिकी संगठन के अनुसार जिले का क्षेत्रफल 1966 ई. के अनुसार 6,010 वर्ग किमी. है। पूरे प्रदेश में इसका सत्रहवाँ स्थान है, क्षेत्रफल के अनुसार जिले के बोर्ड ऑफ रेवेन्यू के अनुसार 1969-70 ई. के अनुसार 5990.58 वर्ग किमी. है। सन् 1971 ई. में केन्द्रीय सांख्यिकी संगठन के अनुसार 6,012 वर्ग किमी. है।

गंगा और रामगंगा के कारण से प्रतिदिन विशेष रूप से इस जिले का क्षेत्रफल बदलता रहता है।

जनसंख्या

1961 की जनगणना के अनुसार इस जिले की जनसंख्या 15,73,171 थी, जिसमें 7,26,010 महिलाओं को शामिल करने पर यह प्रदेश का जनसंख्या के आधार पर 18वाँ स्थान प्राप्त करता है। इस जिले में ग्रामीण जनसंख्या 14,58,885 थी, जिसमें महिलाएँ 6,73,782 थीं। 1971 की जनगणना के अनुसार इस जिले की जनसंख्या की वृद्धि हो गयी जो 18,49,519 थी जिसमें 8,36,259 महिलाएँ थीं। ग्रामीण क्षेत्रों में इनकी संख्या 17,03,350 थी, जिसमें 7,69,056 महिलाएँ थीं और 1,46,169 शहर की जनसंख्या के आधार पर 18वाँ स्थान रखता है।

शासन सम्बन्धी जिले का इतिहास

फरवरी 1856 ई. में ब्रिटिश ने अवध को संयुक्त करने की कोशिश की थी, तब यह क्षेत्रफल पहली बार जिले के रूप में चयन किया गया था, जो यह प्रमाणित करता है कि यह अकेला जिला है, जो मालवान से प्रधान कार्यालय है। 1857 ई. में स्वतन्त्रता संग्राम में केन्द्रीय स्थान के अनुसार हरदोई को मुख्यालय के रूप में चयनित कर लिया गया है। बाद में इस जिले को चार तहसील में बाँट दिया गया जो इस प्रकार हैं—हरदोई, शाहाबाद, सण्डीला और बिलीग्राम।

उपभाग, तहसील और थाना

ऊपर जिले के चार उपभाग शाहाबाद, हरदोई, बिलीग्राम और सण्डीला हैं जो इसी नाम से तहसील भी है।

शाहाबाद तहसील जो जिले के उत्तरी भाग से बना है, जो शाहाबाद, पछोचा, पाली, सरोमाननगर, आलमनगर साराह, उत्तर में मन्सूरनगर और पिहानी और यह शाहजहाँपुर और खीरी सीमाओं को छूता है और पूर्व में यह भाग खीरी और सीतापुर, और दक्षिण में यह हरदोई और बिलीग्राम तहसील और पश्चिम में शाहजहाँपुर जिला लगा हुआ है।

1961 की जनगणना के अनुसार इसका क्षेत्रफल 1,395.24 वर्ग मी. था और यहाँ की जनसंख्या 3,21,592 थी, जिसमें 1,47,681 महिलाएँ थीं। शाहाबाद और पिहानी जो 526 निवासी और 37 अनिवास गाँव को मिलाकर, जिसकी जनसंख्या 28,399 थी, जिसमें 13,390 महिलाएँ थीं और पिहानी में 10,716 जनसंख्या थी जिसमें 4759 महिलाएँ थी। सन् 1971 ई. की जनगणना के अनुसार यहाँ की जनसंख्या 4,15,047 थी, जिसमें 1,86,607 महिलाएँ थीं जिसमें अधिक से अधिक लोग ग्रामीण इलाकों में रहते हैं जिनकी संख्या 3,68,128, जिसमें महिलाओं की संख्या 1,64,674 थी, शहरी इलाकों में संख्या 46,919 थी जिसमें 21,933 महिलाएँ थीं।

हरदोई तहसील जिले का मुख्य उपभाग है, जो निम्न भागों से मिलकर बना हुआ है, जिसमें परगना बनगर, गोपामऊ, साराह दक्षिण में है और बावन और बारवन इसकी सीमा उत्तर-पश्चिम में है और उत्तर में तहसील शाहाबाद है और इसके पूर्व में जिला सीतापुर है। इसके दक्षिण पूर्व में तहसील सण्डीला है और दक्षिण में और दक्षिण-पश्चिम में बिलीग्राम तहसील है। 1961 ई. की जनगणना के अनुसार इसका क्षेत्रफल 1937.72 वर्ग मी. था और इसकी जनसंख्या 4,53,286 थी, जिसमें महिलाएँ 2,07,781 थीं और 471 निवासी और 71 अनिवासी गाँव को मिलाकर, जो हरदोई शहर को छोड़कर के इसकी जनसंख्या 36,725 थी, जिसमें 16,037 महिलाएँ थीं, 1971 की

जनगणना के अनुसार जनसंख्या 5,35,934 आदमी थे और 2,41,228 महिलाएँ थीं। ग्रामीण परिवेश में रहने वालों की संख्या 4,89,295 थी, जिसमें 2,20,450 महिलाएँ थीं और शहरी क्षेत्रों में 46,639 में 20,778 में महिलाएँ थीं।

बिलीग्राम तहसील जो जिले का दक्षिण पश्चिम भाग से मिलकर बना है। जो निम्न परगना से बना है जो कटियारी, साण्डी, बिलीग्राम, मलावान और कछनदाव और पश्चिम में फर्रुखाबाद जिले से जुड़ी हुई सीमा है और उत्तर में तहसील शाहाबाद और हरदोई है। पूर्व में सण्डीला तहसील है और दक्षिण में उन्नाव जिला है। दक्षिण पश्चिम में यह भाग गंगा और कानपुर और फर्रुखाबाद जिले अलग करते हैं। इसका क्षेत्रफल 1,518.39 वर्ग किमी. है, इसकी जनसंख्या 3,72,968 थी, जिसमें 1,71,757 महिलाएँ थीं। ग्रामीण क्षेत्र की जनसंख्या 3,52,929 थी, जिसमें महिलाएँ 1,62,480 थीं। 474 निवासी गाँव और 31 अनिवासी गाँव और शहर बिलीग्राम और सण्डी को मिलाकर जनसंख्या 10,396 थी, जिसमें 5,085 महिलाएँ थीं, जिसमें 9103 पुरुष पर 4192 महिलाएँ थीं।

1971 ई. की जनगणना के अनुसार इसकी जनसंख्या 4,45,568 पुरुष और 2,01,342 महिलाएँ थीं। ग्रामीण इलाकों में रहने वालों की संख्या 4,15,322, जिसमें 1,87,344 महिलाएँ और शहरी इलाकों में 3,0246 थी जिसमें 13,998 महिलाएँ भी थीं।

सण्डीला तहसील जिले की पूर्वी तहसील है। यह सण्डीला, गुण्डवा, कल्याणमल और बालामऊ और इसकी सीमा उत्तर और पूर्वोत्तर में गोमती नदी है, जो इससे सीतापुर को अलग करती है। इसके दक्षिण पूर्व में लखनऊ जिला है और दक्षिण में उन्नाव जिला है, इसके पश्चिम में बिलीग्राम तहसील है और इसके पश्चिमोत्तर में हरदोई तहसील है। इसका क्षेत्रफल 1439.23 वर्ग किमी. है, इसकी जनसंख्या 3,86,210 है, जिसमें 1,80,642 महिलाएँ थीं और 415 निवासी गाँव और 2 अनिवासी गाँव, सण्डीला शहर को मिलाकर जनसंख्या 18,407 थी, जिसमें 8765 महिलाएँ थीं। सन् 1971 की जनगणना के अनुसार इस तहसील की जनसंख्या 452970 थी, जिसमें 2,07,082 महिलाएँ थीं। ग्रामीण इलाकों में रहने वालों की संख्या 4,30,605 थी जिसमें 1,96,588 महिलाएँ थीं। इसके साथ शहर में रहने वालों की संख्या 22,365 थी, जिसमें 10,494 महिलाएँ थीं।

थाना

पुलिस व्यवस्था के लिए जिले में 15 थाने बनाये गये हैं, जिसमें शाहाबाद में तीन थाने हैं और चार पुलिस स्टेशन प्रत्येक तहसील में हैं जो हरदोई, सण्डीला और बिलीग्राम में हैं।

मानचित्र का विस्तृत वर्णन

इस जिले में नदियाँ विशेष प्रकार की महत्त्वपूर्ण भूमिका निभाती हैं। गंगा नदी का पुराना किनारा जो उत्तर से दक्षिण के किनारे को जो गारा को छोड़कर पश्चिमी भाग जो जिले का प्रमुख केन्द्र है। इसके दो प्रमुख भेद हैं पूर्व में उच्च भूमि और निम्न भूमि पश्चिम में है।

उच्च भूमि

यह छोटा विषय है, इसके बीच में कुछ छिछलेदार पानी के तालाब हैं, जो एक झरने की तरह दिखते हैं, यह गंगा और गोमती के किनारे से बने होते हैं, इस जिले में मुख्य रूप से इसी प्रकार की भौगोलिक स्थिति है। इसको हम मुख्यतः दूसरे प्रकार से प्राकृतिक दृष्टि से तीन प्रकार से बाँट

सकते हैं। पश्चिमी उच्च भूमि, साइ घाटी और गोमती का टुकड़ा या पूर्वी उच्च भूमि। पश्चिम उच्च भूमि गंगा और साई घाट के बीच के पुराने किनारों के बीच में फैली हुई है।

यह एक सँकरी पट्टी जो गीली मिट्टी और बलुई मिट्टी या भूमि है, जो गर्रा नदी के पश्चिमी किनारों से अधिक ऊँची भूमि हो गयी है और दक्षिण मिलान पर सख्त और उपजाऊ मिट्टी है और हरदोई तहसील में करैली मिट्टी पायी जाती है। दूसरे दक्षिण में ऊँचे किनारे दक्षिण दिशा में इस जिले में पाये जाते हैं। मुख्यतः समतल भूमि कहीं ऊँची है, कहीं नीची है। कहीं बालू का जमाव है, कहीं नीचे आने के लिए स्लोप की तरह है यह सब अकस्मात नजर आने लगता है। नीची जमीन में कहीं-कहीं दलदल भी पाया जाता है जो कछार के नाम से जाना जाता है। हरदोई और सैण्डी के जो किनारे हैं वह समुद्र की सतह से 146 मी. ऊँचाई पर हैं। माधोगंज और मल्लानवान में सिकुड़ कर 143 मी. ही रह गया है। इसके किनारे बहुत सँकरी पट्टी लिए हुए जो ऊँची-नीची भूमि है, वह इसी के द्वारा बनाई गयी होती है।

साई घाटी, जिले की मुख्य उपजाऊ भूमि है, जिसमें लोग रहते हैं। यह समतल मैदान है, यह अधिक उर्वरक मिट्टी है और अधिक दूरी तक करैली मिट्टी पायी जाती है और कहीं-कहीं झील, द्रव्य और ऊसर का भाग भी पाया जाता है। दो नदियों के बीच की भूमि साई और गोमती के बीच में पायी जाती है, जो शाहाबाद तहसील से उत्तर सँकरी हो जाती है लेकिन यह हरदोई तहसील की तरफ हो जाती है, जो समतल भूमि को एक जैसा बनाती हुई आ जाती है। उत्तर की भूमि चिकनी मिट्टी से बनी है, दक्षिण में मिट्टी की चिकनाई बढ़ती जाती है विशेष रूप से बालामऊ, मल्लानवान और सण्डीला। यहाँ सँकरी पट्टी बलुई भूमि से बनी हुई है, जो ऊँचे किनारे और नदी के बीच में स्वयं बनी हुई है। यहाँ छोटा-सा एक मैदान है, नीचे की भूमि है, जो बाढ़ के आने से अधिक उपजाऊ है।

साई के पश्चिम में अच्छी भूमि और चिकनी मिट्टी विस्तारपूर्वक फैली हुई है। लेकिन कुछ भूमि बाढ़ के आने से पूरी तरह ढँक जाती है, जो झील और नीचे की भूमि होती है। यह भूमि का विस्तार अधिक उर्वरक है। हरदोई और बिलीग्राम तहसील में मिट्टी या पानी का बहाव दक्षिण की ओर है। यह अधिक उर्वरक भूमि का लक्षण है, यह भूमि अच्छी मिट्टी बनाती है, जो अधिक सुरक्षित रहती है। यह कृषि योग्य, और खेती करने के लिए अधिक अच्छी होती है।

गोमती का विस्तार भूमि को अधिक ऊँचा बनाता है, जो गोमती नदी के किनारे वाली भूमि होती है, इसकी चौड़ाई लगभग 5 से 13 किमी. है। यहाँ की भूमि कम उपजाऊ और बलुई है, और पानी का स्तर भी कम होता है। यह क्षेत्र अधिक विस्तार और प्राकृतिक दृष्टि से भिन्नता लिए हुए है, कहीं-कहीं बालू का टीला है, कहीं-कहीं पानी का तीव्र बहाव मिट्टी को काटकर बहा दिया है और कहीं-कहीं दलदल भूमि है।

जोतने योग्य भूमि अधिक सूखी होती है, बलुई भूमि कुछ ऊँची होती है। खेती योग्य भूमि में कहीं-कहीं गड्ढे बने होते हैं और अधिक क्षेत्रफल अभी तक बंजर और परती पड़ा हुआ है। अधिक से अधिक बार भूमि की खेती करने से भूमि बलुई हो जाती है। अधिक भूमि सरपत से घिरी रहती है, जिससे मूँज बनाया जाता है। यह चार मीटर लम्बा होता है इसके तन्तु में अनेक शाखा निकली होती हैं। कुछ जगहों पर यह पूरी तरह से घेर लेते हैं। इसमें कुछ अल्पफसल जो जौ की बुवाई की जाती है लेकिन कुछ जगह सूखी जमीन है, यहाँ कुछ भी उत्पन्न नहीं होता है। यहाँ बालू का टीला विशेष रूप से चिन्हित किया गया है, यह गोपामऊ परगना का विस्तृत वर्णन है। इसी प्रकार का गोपामऊ के आस-पास के गाँव का है तन्दौर, बाजीपुर, सिमौरा और बानेकोनियान की भूमि है। यह

केवल बंजर भूमि नहीं है, लेकिन आस-पास की जो उपजाऊ भूमि होती है उसके लिए यह खतरनाक होती है। यहाँ की आस-पास की भूमि बलुई हो जाती है। इन बलुई किनारे के बीच में जो समूह होता है, वह नदी में गिरता है जब बारिश में जल बरसता है, तब वह नदी में गिरकर बह जाते हैं और कुछ दूरी पर एक मैदान बना लेते हैं। गुंडवा परगना के दक्षिण पूर्व कोने में और गोमती में एक नाला की तरह बहती है, जो बालू बहकर के उसके रास्ते को बन्द कर देते हैं, जो बाद में वह एक झील की तरह कार्य नहीं करते हैं। गोमती और इनके किनारों के बीच में जो थोड़ा क्षेत्रफल होता है उसे तराई का क्षेत्र कहते हैं, जो शाहाबाद तहसील में पड़ता है। अधिकतर यह क्षेत्र उपजाऊ है, लेकिन कहीं-कहीं बंजर या परती, बलुई मिट्टी या कहीं-कहीं दलदल है।

तराई क्षेत्र (तराई भूमि)

यह क्षेत्र अधिक विस्तार लिए हुए है। यह क्षेत्र अधिक दूरी तक फैला हुआ है जो ऊँची भूमि और तराई के बीच किनारे का सूचक है। यह गंगा नदी का किनारा है, कुछ कृषि कार्य में यह शाजहाँपुर और फर्रुखाबाद जिले की सीमा है और यह छिछली घाटी गर्रा नदी बनाती है। इसमें सेन्धा, रामगंगा और गंगा नदी की धारा से यह भूमि बनती है। गर्रा नदी का छिछला क्षेत्र हरदोई, बिलीग्राम और शाहाबाद तहसील तक उत्तर से दक्षिण तक फैला हुआ है। शाहाबाद तहसील में पूर्वी भाग में गर्रा का छिछला भाग फैला हुआ है। इसका उत्तरी भाग चिकनी मिट्टी से बना हुआ है। इसके दक्षिण में जो भूमि है, वह बाढ़ और कड़ी भूमि से बना है। कुछ लोग इस क्षेत्र में खेती करते हैं, जो वर्षा के ऊपर निर्भर करता है। हरदोई तहसील में अधिक क्षेत्र तक विस्तार लिए हुए दलदल है, जो विभिन्न जल-धाराओं के काटने से बनते हैं। बिलीग्राम में प्रायः तराई क्षेत्र में मुख्य इसका लक्षण है। हरदोई तहसील का जो गर्रा का क्षेत्र है वह अनउपजाऊ है। इस क्षेत्र को अधिक प्रभावित बाढ़ करता है।

गर्रा नदी के पश्चिम में जो शाहाबाद तहसील में आता है भूमि समतल है, यहाँ बालू अनेक प्रकार के हैं। यहाँ चिकनी मिट्टी है और भूमि उपजाऊ है। इसकी पश्चिमी सीमा कम उपजाऊ भूमि है। यहाँ सेन्धा नदी के बाढ़ से प्रभावित क्षेत्र होता है। हरदोई तहसील में भूमि में विभिन्न प्रकार के बदलाव होते हैं, जो बालू के टीले में पानी फँसकर चिकनी मिट्टी बन जाती है जो नदी के धारा से गड्ढे बन जाते हैं और नदी के बहाव से मैदान बनते हैं। बिलीग्राम तहसील अधिक उपजाऊ और उत्पादन का क्षेत्र है, जो गंगा नदी का उपजाऊ भाग है। उत्तर में गंगा और रामगंगा के बीच में बालू के गाँव हैं। इसके पास में जो पानी के गड्ढे होते हैं, उसमें झींगे पाये जाते हैं। अधिक मात्रा में जब बारिश होती है तब ही यह टूटती है, वैसे यह प्रयोग में तोड़ा न जा सकता है। रामगंगा का छिछला भाग उत्तर-पश्चिम तक फैला हुआ है जो कटियारी और सैण्डी के बीच में फैला हुआ है। यह विस्तार अधिक दूरी तक है जो बहुत ही अधिक उर्वरक वाला क्षेत्र है। रबी की फसल अधिक होती है और खरीफ की फसल नष्ट हो जाती है। गंगा के निचले स्तर की जो भूमि है उसमें बालू है। जैसे-जैसे मिट्टी सख्त होती जाती है। शाहाबाद तहसील के पश्चिमी भाग में सेन्धा नदी के कछार में जमीन नीचे है। बिलीग्राम तहसील में उत्तर-पश्चिमी भाग भी उसी तरह से है। परगना पाली की भूमि नीची है और बलुई मिट्टी है। लेकिन कटियारी और सैण्डी परगना में बारिश से अधिक मात्रा में मिट्टी के बहाव से आपस में मिट्टी मिल जाती है, जिससे मिट्टी उर्वरक और उपजाऊ भूमि हो जाती है।

नदियों की व्यवस्था और जल के स्रोत

इस जिले में मुख्य रूप से गंगा और रामगंगा नदियाँ बहती हैं और साथ में गोमती, साई, गर्रा नदी भी हैं। गंगा नदी गर्रा और रामगंगा के साथ तराई इलाकों में बहती है, जब साई नदी उच्च भूमि में उससे होकर के बहती है और गोमती नदी जिले की पूर्वी सीमा से होकर बहती है।

जिले में सबसे पहले रामगंगा नदी परगना गदनपुर की सीमा को छूती हुई बहती है, जो दक्षिण-पूर्वी बिछोहिया के पास आकर के मिल जाती है। इसी एक ही दिशा में करीब एक किलोमीटर तक दक्षिणी दिशा में मुड़ी हुई है और बिलीग्राम तहसील की सीमा से होकर बहती है। इस जिले के दक्षिण के तहसील को छोड़कर के नदी की धारा बहती है। दक्षिण-पश्चिम की सीमा को कुछ नदियाँ फर्रुखाबाद जिले से अलग करती हैं, और कानपुर जिले को भी अलग करती हैं। इस जिले में कोई भी पुल नहीं बना है, नदियों के ऊपर, नदी के इस पार से उस पार जाने के लिए अधिकतर नाव का प्रयोग किया जाता है। इसका विस्तार अधिक और चौड़ा होता है और साथ में परनाला बन जाता है, जहाँ नदी के बहाव से मिट्टी का मैदान बन जाता है।

जिन नदियों में पानी साल भर रहता है, वह तराई क्षेत्र पानी से घिरे रहते हैं, जो उनके किनारे जमीन होती है, लेकिन यह कभी-कभी लाभदायक होता है। जब हम इसे ध्यान देते हैं और प्रकृति के अनुसार कार्य करते हैं तो यह भूमि अधिक उपजाऊ होती है। रामगंगा नदी का पिछला हिस्सा जो छूटा होता है, वह अच्छी मिट्टी होती है। यह रामगंगा और गर्रा नदी से मिलकर बना होता है। रामगंगा और इसकी सहायक नदियाँ इसकी धाराएँ अधिक संख्या में होती हैं, बीच में सहायक नदियों में ऊँचे किनारे बन जाते हैं। लगातार इसमें बदलाव होते रहते हैं और जो गंगा नदी का पीछे का पानी होता है, उससे बदलाव होता रहता है। साल में जब भारी वर्षा होती है, सण्डी का अधिक क्षेत्र बाढ़ से प्रभावित हो जाता है और पानी की धारा कुछ समय तक बनी रहती है।

रामगंगा–रामगंगा की उत्पत्ति हिमालय के ऊँचे पर्वत से हुई है, जो एक बड़ी नदी है। वहाँ से निकलने पर अनेक प्रकार के प्रभाव को सहते हुए शाहाबाद तक आती है, यहाँ पहुँचने से पहले अनेक जिले की सीमा को छूते हुए आती है। शाहाबाद तहसील की सीमा में अनेक जिलों की सीमा को छूती है जैसे फर्रुखाबाद, शाहजहाँपुर, हरदोई में गंगा और रामगंगा दो बराबर की दूरी से मिलती है। इस भाग के अधिकतर क्षेत्रफल में नियमानुसार लगातार बदलाव होता रहता है, इसी कारण से नदियाँ मैदान भाग छोड़ती रहती हैं, एक स्थान से दूसरे स्थान पर। दक्षिण पूर्वी भाग में यह चक्करदार अनियमित आकार बनाती है, जो कटिआरी और साण्डी परगना में दिखाई देते हैं। यह दो परगना की सीमा बनाती है। बमरौली के पास यह गर्रा नदी के जल को अपना लेती है, जो सराहीपुर के पास अधिक तेजी से दक्षिण में गंगा से मिल जाती है, जो बिछोहिया के पास होता है। यहाँ तेजी से बदलाव होता है लेकिन यहाँ शिकार नहीं होता है। प्रायः यह गंगा के पास आकर मिलती है। पूरे देश में पड़ोसी नदियों का संगम यहाँ आकर कट जाता है। यहाँ आकर के उसे स्वीकार कर लेते हैं। नदियों के द्वारा लाई हुई मिट्टी से जो मैदान बनता है, उसे सेव कहते हैं। जो अधिक उपजाऊ होता है, और यह अनावश्यक यहाँ वहाँ मुड़ी होती है। जब बाढ़ का समय आता है तब यहाँ के खेत करीब आधे मीटर तक डूब जाते हैं। नाव अधिकतर जगह प्रयोग में लायी जाती हैं।

गर्रा–गर्रा नदी की उत्पत्ति हिमालय के निचले हिस्से नैनीताल से हुई है। इस नदी को पहले देवहा के नाम से जाना जाता था। जब यह नदी निकलती है तो कुछ जिले जैसे पीलीभीत, शाहजहाँपुर

होते हुए हरदोई जिले को छूती हुई जाती है, जो उधारनपुर के पास मिलती है। यह दक्षिण पश्चिम होते हुए शाहजहाँपुर जिले को लगभग 13 किमी. अलग करते हुए बहती है। यह जिले के बसीतनगर जो शाहाबाद परगना में पड़ता है। यह परगना बारवान और साँडी परगना से होकर के बहती है, जो ऊँची-ऊँची भूमि बन जाती है, नदियों द्वारा जो मिट्टी आती है, वही इसके बहाव को रोक देता है। इसके बाद जल रिस करके रामगंगा में आ करके गिरता है, यह बारमौली के निकट आकर के ऐसा होता है, जो अधिक दूर नहीं है। इसके किनारे पर जो गाँव बसे हुए हैं, उनके लिए यह भूमि अधिक उपजाऊ और कृषि के लिए उपयोगी है।

नदी के उत्तर किनारे ऊँचे हैं और अच्छी तरह से बने हैं और दक्षिण की ओर किनारा नीचा है। परगना बारनान और साण्डी में गर्रा नदी में जब बाढ़ आती है तब आस-पास और रामगंगा नदी अधिक उपजाऊ भूमि को छोड़ जाती है। इस जिले में नदी के ऊपर कहीं भी पुल नहीं बना है, आने-जाने के लिए नाव का प्रयोग किया जाता है।

सेन्धा–यही छोटी धारा वाली नदी है, यह शाहजहाँपुर के पास दिखाई देती है। यह इस जिले में बारवाड़ा गाँव और पछोहा परगना में पहली बार मिलती है। यह पछोहा और पाली परगना की पश्चिमी सीमा को छूते हुए बहती है, जो शाहजहाँपुर और हरदोई जिले को अलग करती है। यह शाहाबाद तहसील के दक्षिण पश्चिम के दपरापुर गाँव में पहली बार प्रवेश करती है। इसी जगह पर यह रामगंगा से मिलती है लेकिन यह दक्षिण-पूर्व कटियारी और साण्डी परगना की तरफ मुड़ जाती है। साण्डी परगना के कुचला स्थान पर जो नदी बहती है, बड़ा मैदान छोड़ देती है, गर्रा नदी से मिलने से पहले। पछोहा और पाली परगना में नदी तराई क्षेत्र को छोड़ देती है। यह बालू का क्षेत्र हो जाता है, जो उर्वबर भूमि नहीं होती है, लेकिन कटियारी और सांडी परगना में नदी के बहाव से क्षेत्र बना है, वह नियमानुसार जब वर्षा होती है, उसी में सब मिल जाते हैं। यहाँ कृषि के लिए उपयुक्त भूमि नहीं है, कारण यह है कि जब बाढ़ आती है, तो आस-पास की कृषि भूमि पानी से डूब जाती है और किनारे भी डूब जाते हैं, इसलिए यहाँ खेती आसान नहीं है।

सुखेता–यह धारा भी गर्रा नदी के प्रमुख सहायक धाराओं में से है, यह धारा जिला शाहजहाँपुर से उत्पन्न होती है और जिले में अलग होती है। जैसे खीरी, जब यह हरदोई जिले में प्रवेश करती है तब यह उत्तर-पश्चिम आलमनगर परगना में मिलती हुई प्रतीत होती है जहाँ शाहजहाँपुर, खीरी और हरदोई जिले की सीमाएँ मिलती हुई दिखाई देती हैं। दक्षिणी तरफ यह कुछ किलोमीटर तक बहती है और यह हरदोई से शाहजहाँपुर को अलग करती है। यह हरदोई जिले में आलमनगर गाँव में प्रवेश करती है और उसी नाम से परगना भी है। इसी दिशा में पुनः धारा प्रवाहित होती है जो बारवान और सरोमान नगर में बहती है। यह गर्रा नदी के साथ-साथ कुछ दूरी तक बहती है और यह परगना सांडी, मालवा अखेलपुर में आकर के गिरती है। साधारणतः यह मुख्य धारा नहीं है, लेकिन जब वर्षा ऋतु में अधिक वर्षा हो जाती है तो यह प्रचण्ड रूप धारण कर लेती है। इस नदी का प्रयोग खेती के उद्देश्य से किया जाता है, विशेष रूप से आलमनगर परगना के लोगों के लिए ही हो सकता है।

गौरिया–यह शाहाबाद के उत्तर-पश्चिम से निकलती है, जो मुख्य सुखेता की प्रमुख सहायक धारा है, यह दक्षिण की ओर बहुत ही तेजी के साथ बहती है। यह सरोमाननगर परगना के बखेरा के पास आकर के जुड़ जाती है।

नारभू–शाहाबाद शहर के पास उत्तर-पश्चिम दिशा से उत्पन्न होती है और यह दक्षिण दिशा की ओर बहती है, जो गर्रा नदी के सहायक के रूप में है। यह परगना सरोमाननगर के नौराहरा नामक

स्थान पर आकर के सुखेता से जुड़ जाती है।

गारहाई–यह धारा गर्रा की छोटी धारा है, जो दाहिने तरफ किनारे से होकर बहती है। जो शाहजहाँपुर जिले से उत्पन्न होती है, जो गर्रा के साथ-साथ कुछ दूरी तक बहती है और यह करीब 12 किमी. परगना पछोहा के पश्चिमी भाग तक बहती है और बाद में यह कहारकोला के पास गर्रा नदी से मिल जाती है।

गोमती–यह नदी सबसे पहले इस जिले को पिहानी परगना के निकट जहानीखेरा के पास आकर के मिलती है और दक्षिण पूर्व की ओर बहती है। जो हरदोई, खीरी और सीतापुर जिले को अलग करता है। यह इस जिले के देवकली को छोड़ करके लखनऊ जिले में प्रवेश करती है। इसकी तलहटी अधिक गहरी है और इसके दोनों किनारे अधिक ऊँचे हैं, वर्षा में छोड़कर के यह नदी अच्छी तरह से बहती है और कुछ नुकसान इससे नहीं होता है। इस नदी के ऊपर इस जिले में कोई भी पुल नहीं है। नाव प्रत्येक स्थान पर प्रयोग की जाती है। इस नदी में बहुत से छोटे-छोटे सहायक नाले आकर मिल जाते हैं। कुछ मिट्टी से युक्त पानी आकर के मिल जाता है। इनमें सबसे कोई महत्त्वपूर्ण नहीं है। पिहानी परगना में मिट्टी बह करके नदी के किनारे-किनारे बहुत गहरी घाटी बन गयी है। लेकिन दक्षिण परगना गोपामऊ में अधिक मात्रा में बेकार पड़ा हुआ है। बबुआपुर और जमुनैन के पास कुछ मुख्य धारा आकर गिरती है। सण्डीला में कुछ छोटी-छोटी धाराएँ गोमती नदी में आकर मिल जाती हैं। कुछ धाराएँ हवाई और गुण्डवा परगना के तिरवा के पास आ करके मिल जाती हैं। जो ढाबाखेरा के पास आकर गोमती में आकर मिल जाती है।

साई–खीरी जिले से इसकी उत्पत्ति होती है, साई, गोमती की प्रमुख सहायक धारा है। परगना आलमनगर के कुंचीखेड़ा के पास इस जिले में प्रवेश करती है। दक्षिण भाग में यह चक्करदार और अनियमित रूप से बहती है और फिर यह दक्षिण-पूर्व में सण्डीला तहसील की सीमा के दक्षिण-पश्चिम में आकर मिलती है। उन्नाव जिले के जाहिदपुर में यह नदी प्रवेश करती है। ऊपर जो नदी आ रही थी उसे मैनस्ता कहते हैं। आलमनगर परगना को पण्डरावा परगना और साराह के दक्षिण और पश्चिम सीमाएँ को अलग करती है। गोपामऊ परगना से बहती हुई दौलतपुर तक जाती है। यह लगातार परगना गोपामऊ और बंगर के बीच की सीमाओं में बहती है। यह दक्षिण में हरदोई तहसील को अलग करती है, और बिलीग्राम को सण्डीला से अलग करती है और तब यह दक्षिण-पूर्वी भाग में बहती हुई उन्नाव जिले को हरदोई जिले से अलग करती है। यह नदी मन्द पड़ जाती है और इस स्थान पर गर्मी के मौसम में इसकी गहराई कम हो जाती है। जब वर्षा होती है तो इसकी ऊँचाई बढ़ जाती है। उत्तर में ठण्ड के दिनों में यह नदी सूख जाती है और इसका उपयोग कृषि कार्य के लिए नहीं हो पाता है। बंगर परगना के गाँव के लोग इस नदी से खेती करते हैं, इसके दक्षिण में नीची भूमि है, यहाँ खेती नहीं हो पाती है।

अतरबान–इस धारा को अतरी के नाम से जाना जाता है, यह गोपामऊ परगना के पश्चिम झील से उत्पन्न होती है, और यह बबुआपुर के पास गोमती से मिल जाती है।

गरेरा–यह धारा परगना गोपामऊ के हुँसेपुर गाँव से निकलती है और दस कि.मी. की दूरी तक बहती है, जो नया देवरिया गाँव तक बहती है। गोपामऊ परगना की दक्षिणी सीमा तक बहती है और यह जमुनियाँ गाँव के पास आकर गोमती से मिल जाती है। गरेरा की धारा को किनारे के नरकट आगे बढ़ने से रोक देते हैं अर्थात् इसकी धारा मन्द पड़ जाती है।

बेहटा–यह नदी गोमती नदी की सहायक नदी है। छत्तनखेड़ा गाँव के पास झील से निकलती

है और दक्षिण पूर्व की दिशा में बहती है, जो परगना कल्याणमल दक्षिणी पश्चिमी सीमा से होती हुई पहाड़पुर गाँव तक आती है और तब यह परगना सण्डीला के पूर्वी भाग में बहती है, बिना अपनी दिशा बदले हुए बहती रहती है। हाकिमपुर के पास यह दक्षिण दिशा की ओर बहती है और परगना गुंडवा सीमा के पास पश्चिमी सीमा पर।

झीलें–यह अधिक संख्या में झीलें और दलदल भूमि है। इसमें से कुछ बिल्कुल बड़ी है, जो विशेष रूप से ऊँची भूमि पर पायी जाती हैं। ये सण्डीला और हरदोई तहसील में पायी जाती हैं। लेकिन बिलीग्राम तहसील में अधिक संख्या में पायी जाती हैं, और शाहाबाद तहसील में अच्छी संख्या में हैं। साण्डी में दहार झील है, यह इस जिले में सबसे बड़ी झील है। इसकी गहराई अधिक है और चौड़ाई भी अधिक है जिसकी गहराई लगभग चार किमी. है और चौड़ाई एक किलोमीटर है, जो ऊपर से घास से ढँकी रहती है। इसके किनारे ढालदार हैं और ये छोटे छायादार जंगल से भरे रहते हैं। दूसरी बड़ी झील परगना माल्लानवान के रूदामाऊ के पास है। यह अब बर्बादी के कगार पर खड़ी है, नरपति सिंह एक स्वतन्त्रता सेनानी थे, ने मिट्टी का किला बनाया था, जो बाद में ब्रिटिश सरकार ने नष्ट कर दिया था। सण्डीला तहसील में अनेक झीले हैं, (जिसे स्थानीय लोग झाबर्स कहते हैं) कुछ विशेष आकार, जो अनियमित रूप से दिखाई देती है। और सण्डीला परगना में यह उत्तर की तरफ अधिक विस्तार लिए हुए है। इस तहसील में सबसे बड़ी झील नरपतपुर ताल है जिसका कुछ भाग कल्याणमल भाग में स्थित है और कुछ भाग गुण्डवा परगना में पड़ता है। अब तक जितने झील हैं, उनमें कुछ देखने योग्य झील हैं, वे हैं बेहेन्दरकला, अर्सालिया भूर, गुसवा, दोंगा, नेवादा, रैसाऊँ, कछौना और लालपुर। हरदोई तहसील में अधिक संख्या में झील हैं, जो विभिन्न आकार और प्रकार की हैं। सबसे बड़ी झील भरैल के दक्षिण सीतापुर रोड के पास है। गोपामऊ परगना में मध्य भाग में अनेक झील और तालाब हैं।

इन झील और तालाब के पानी धीरे-धीरे घट जाते हैं, जिससे मिट्टी बीच में फट जाती है और उसमें तनाव आ जाता है, जिसे ऊसर कहते हैं। बावान और बंगर परगना में अधिक संख्या में झील पायी जाती हैं। इसमें मुख्य बड़ीझील बेहटा, गोकुल, और धानीतासौरा जो हरदोई के दक्षिण में हैं। ये झीलें मुख्यतः खेती के कार्यों में प्रयोग की जाती हैं। जब अधिक मात्रा में बारिश होती है तो इसके किनारे डूब जाते हैं और आस-पास के गाँव के लिए खतरा बढ़ जाता है।

भूगर्भ–भूगर्भिक दृष्टिकोण से यह जिला इण्डो-गैंजेटिक अधिक विस्तार लिए हुए है। जब इण्डो-गैंजेटिक की उत्पत्ति हुई थी उस समय पूरा नया गुण जब यह पृथ्वी की बाहरी परत बनी थी, तब प्राचीन काल में हिमालय और गोंडवाना भूमि के बीच में यह जिला बना था। स्थानीय लोग इसे बंगर कहते हैं, जो ऊपरी सतह पर चबूतरे की तरह हैं ये द्रव के रूप में फैली हुई है। जो नये-नये विस्तार हुए हैं, स्थानीय स्तर पर इसे खडर कहते हैं जो निम्न स्तर की भूमि से बना होता है। आर्थिक दृष्टि से जो तत्व पाये जाते हैं वह कंकड़, रेह और बालू पाये जाते हैं।

कंकड़–यह तत्व ऊसर विस्तार में पाये जाते हैं और यह जब मिट्टी से मिल जाते हैं तो इनका आकार बड़ा हो जाता है। यह मिट्टी और बालू से मिल करके बना होता है। इसका प्रयोग मकान बनाने में अधिकतर किया जाता है। अच्छी मात्रा में जो चूने पाये जाते हैं, वे कंकड़ को जलाकर बनाये जाते हैं।

रेह–यह क्षारीय भूमि में फूलने से बनता है, जिसे रेह कहा जाता है। यह प्रायः ऊसर और जहाँ पानी जमा होता है वहाँ इस प्रकार की भूमि पायी जाती है। इसका आर्थिक महत्त्व भी होता

है। इसका प्रयोग शीशा बनाने में किया जाता है और धोबी इसका प्रयोग कपड़े धोने में करता है। जब इसका शुद्धिकरण कर लिया जाता है तब इसका प्रयोग साबुन में किया जाता है और इसके डाई उद्योग में इसका प्रयोग भारी जल के शुद्धिकरण के लिए किया जाता है। जब अधिक मात्रा में सल्फर होता है तो इसके सल्फर को निकाल दिया जाता है।

बालू–यह नदियों के किनारे और बड़ी नदियों के कछार में पाये जाते हैं। इनका उपयोग भवन-निर्माण में किया जाता है।

वातावरण–इस जिले में गर्मी में अधिक गर्मी पड़ती है और ठण्डक में लोग अधिक प्रसन्न रहते हैं। साल कई मौसम में बँटा हुआ है। ठण्डा का समय, यह नवम्बर के आखिरी में शुरू होता है और फरवरी के महीने तक चलता है, इसके बाद गर्मी की ऋतु आती है, यह मार्च से जून के मध्य तक पड़ती है। जून और सितम्बर के बीच में दक्षिण-पश्चिम का मौसम होता है। यहाँ बारिश होती है। अक्टूबर और नवम्बर मानसून के बाद का मौसम है।

अध्याय-6

हरदोई की जैविक विविधता

पेड़-पौधे, वनस्पतियाँ एवं फसल

जब कृषि का समय होता है तब यह जिला फसल से ढँका रहता है। जो मुख्य जंगल है वह सण्डीला, माधोगंज, हरदोई, बावान और गोमती नदी के किनारे और साई नदी के किनारे पाये जाते हैं। इस शताब्दी के प्रारम्भ में साई नदी के किनारे अधिक मात्रा में ढाक के पौधे पाये जाते थे। अधिक संख्या और उपयोगी जंगल पिण्डवारा और आलमनगर से प्रारम्भ होते हैं। परगना सारा के उत्तर और मंसूरनगर के विस्तार क्षेत्र में ढाक और झाड़ियाँ पायी जाती हैं। हरदोई तहसील के गोपामऊ परगना में गोमती के किनारे सँकरी घास और झाड़ियों का जंगल पाया जाता है और कुछ अच्छे सुन्दर जंगल सण्डीला तहसील में पाये जाते हैं। कुछ ढाक के पौधे इधर-उधर समूह के रूप में गंगा नदी के किनारे बिखरे हुए मिलते हैं। यहाँ साधारणतः अधिक मात्रा में पौधों का उत्पादन कृषि कार्य के उद्देश्य से किया जाता है। द्वितीय विश्व युद्ध और कम समय में आवश्यकता की पूर्ति हेतु जंगल इस जिले में अधिक से अधिक संख्या में काटे जाते हैं और माँग की पूर्ति की जाती है, और माँग के अनुसार उनकी फसल पैदा की जाती है। इस शताब्दी तक बिना किसी रोक-टोक के जंगल का दोहन किया जाता रहा है, जो अभी तक चला आ रहा है जब उ.प्र. में जमींदारी प्रथा का अन्त हुआ और भूमि सुधार का कानून 1950 ई. में पारित हुआ। तहसील शाहाबाद में 324 हेक्टेयर भूमि पर जंगल था, बिलीग्राम में 404 हेक्टेयर, 607 हेक्टेयर भूमि सण्डीला में। इन सभी जंगलों में वन विभाग की स्थापना की गयी, जिससे वृक्षों की कटाई पर रोक लगी और पेड़-पौधों के विकास पर अधिक जोर दिया जाने लगा। इन जंगलों में मुख्य रूप से बरगद, पीपल, पाकड़, सीसों, नीम, जामुन, ढाक और विभिन्न प्रकार के पौधे पाये जाते हैं। इस जंगल में मुख्य रूप से ढाक और झाड़ियाँ पायी जाती हैं। करीब 30 हेक्टेयर जंगल इमारती पौधों का जंगल है जो 25 हेक्टेयर सण्डीला तहसील में है और 5 हेक्टेयर शाहाबाद तहसील में है।

बगीचे–1860-71 ई. सबसे पहले बाग-बगीचे के लिए व्यवस्था की गयी थी, जिसमें यह विचार बनाया गया था कि इसमें आम के पौधे ही लगेंगे, 12.718 हेक्टेयर या 2.1 प्रतिशत पूरे इस जिले की भूमि आवंटित की गयी थी। दूसरी बार नियमित स्थापना 1890-96 ई. में की गयी जो धीरे-धीरे इस क्षेत्रफल को बढ़ाकर 13.315 हेक्टेयर कर दी गयी, इसे 1903 ई. में बढ़ा कर 14,299 हेक्टेयर कर दिया गया इसके बाद सन् 1969-70 ई. में इसे घटा करके 9.179 हेक्टेयर कर दिया गया, 2179 हेक्टेयर शाहाबाद तहसील में और 2941 तहसील सण्डीला में था। 2.737 हेक्टेयर हरदोई तहसील में, 1.322 हेक्टेयर बिलीग्राम तहसील में था। इस शताब्दी के प्रारम्भ में वहाँ बहुत से पौधों का बगीचा

लगाया गया लेकिन अब वहाँ आम साधारण बगीचा ही लग पाया और उसकी ही वृद्धि हो सकी। ये बगीचे मुख्यतः आम, महुआ, जामुन, अमरूद के ही पाये जाते हैं।

जीव जन्तु एवं पशु-पक्षी

बाघ और तेंदुआ इस जिले के जंगल में बहुत समय से दिखाई नहीं दिए हैं। भारतीय हिरन, जंगली सूअर और भेड़िया अपनी जाति को बचाए हुए हैं। अब यह नहीं पाये जाते हैं, ये सब अपनी आदत से फसल को बर्बाद कर देते हैं, इसलिए लोग इन्हें गोली मार देते हैं। शिकारी अधिक मात्रा में इनकी हत्या कर देते हैं। शिकारी और किसान इनको मारते चले जा रहे हैं। इस जिले में हिरन, खरहा, लकड़बग्धा, शृंगाल, लोमड़ी, जंगली बिल्ली, नेवला और गिलहरी आदि जीव-जन्तु पाये जाते हैं।

पक्षी–इस जिले में वही पक्षी पाए जाते हैं जो इससे जुड़े हुए जिले में पाए जाते हैं। इस जिले में मुख्य रूप से शिकार करने वाले पक्षी मिलते हैं और विभिन्न प्रकार के जैसे बत्तख और कबूतर पाए जाते हैं। कुछ जातियाँ सारस, मोरनी, जलमुर्गा, टिटिहरी, शिकार की चिड़िया भी देखी जा सकती हैं। जाड़े के समय में शिकार की चिड़िया अधिक मात्रा में दिखाई देती हैं। जब साई की घाटियों का पानी कम नहीं होता है तो सारस और बत्तख का लोग शिकार करते हैं। हरी कबूतर जब फल लगते हैं और बेरी के पेड़ होते हैं, उस पर देखे जाते हैं। बटेर, कबूतर और तीतर इसके परिणाम को शिकार और मारने से अलग नहीं किया गया है। यह सब पक्षी शिकार के लिए ही है। वहाँ मैदानी भाग में अनगिनत संख्या में पक्षी पाए जाते हैं। जैसे ग्रेब, एक प्रकार की बड़ी चिड़िया, बगुला, झपटने वाला पक्षी, चील, गिद्ध, कोयल, उल्लू, राम चिरैया, तोता, कठफोड़वा, कौआ, गौरैया, बुलबुल, भरद्व ाज (लावा) पक्षी, काला पक्षी, ब्लैक ड्रोगों, लाई कैचर, सनबर्ड, पीफ उल्लू आदि।

रेगने वाले जन्तु–इस जिले में विभिन्न प्रकार के साँप और दूसरे रेगने वाले जन्तु हर जगह पाए जाते हैं। विशेष रूप से ग्रामीण या पिछड़े भागों में पाए जाते हैं। अधिकतर साँप जहर वाले नहीं होते हैं, कुछ साँप खतरनाक होते हैं जैसे कोबरा, करैत, रैट साँप/रसोल का वाइपर जो बच्चा देने वाला और रात्रिचर है, वे भी इस जिले में पाए जाते हैं। कभी-कभी लोग साँप के काटने से मर जाते हैं।

अन्य रेंगने वाले जन्तु–गिरगिट और विभिन्न प्रकार की छिपकली यहाँ पायी जाती हैं, जो अब लगभग मृत प्राय हैं, अब इनका शिकार करना और मारने पर प्रतिबन्ध है। मगरमच्छ और घड़ियाल गंगा और रामगंगा नदियों में प्रायः पाए जाते हैं। इनका भी लोग शिकार करते हैं और मारते हैं। अब इनके मारने और शिकार पर प्रतिबन्ध लगा हुआ है।

मछली–लगभग 60 प्रकार की मछली नदियों में पायी जाती हैं, जो तालाब एवं झीलों में इस जिले में पायी जाती हैं। हिल्सा, रोहू, पतरा, भाकुर, नैन, चिलवा, महाशेर, सिन्ही मछली पायी जाती हैं।

शिकार-अधिनियम–इस जिले में शिकार और मारने पर प्रतिबन्ध लगा हुआ है, जो जंगली पक्षी और जानवरों के मारने पर प्रतिबन्ध है। यह अधिनियम 1912 (नियम VIII 1912) इसमें समय-समय पर परिवर्तन भी किया गया है।

अध्याय-7

हरदोई का वर्तमान स्वरूप

जनपद हरदोई की 2001 की जनगणना के अनुसार विभिन्न धार्मिक समुदायों का विश्लेषण प्रस्तुत तालिका में किया गया है। इस जनपद में सर्वाधिक संख्या हिन्दुओं की है जिनमें विभिन्न जातियाँ एवं उपजातियाँ पायी जाती हैं। इसके बाद मुसलमानों की जनसंख्या है। इनके अलावा सिख, बौद्ध धर्म एवं जैन समुदाय के लोग भी निवास करते हैं।

तालिका संख्या-3

हरदोई में विभिन्न धार्मिक सम्प्रदायों की जनसंख्या

क्षेत्र का नाम	धार्मिक समुदाय	कुल/ग्रामीण/शहरी	जनसंख्या		
			कुल जनसंख्या	पुरुष	महिला
	1	2	3	4	5
जिला हरदोई	सभी धार्मिक समुदाय	कुल	3398306	1842698	1555608
	सभी धार्मिक समुदाय	ग्रामीण	2990993	1626218	1364775
	सभी धार्मिक समुदाय	शहरी	407313	216480	190833
	हिन्दू	कुल	2930439	1594424	1336015
	हिन्दू	ग्रामीण	2677752	1459319	1218433
	हिन्दू	शहरी	252687	135105	117582
	वैदिक धर्म	कुल	65	36	29
	वैदिक धर्म	ग्रामीण	65	36	29
	वैदिक धर्म	शहरी	0	0	0
	बाल्मीकि समुदाय	कुल	2	2	0
	बाल्मीकि समुदाय	ग्रामीण	1	1	0

	बाल्मीकि समुदाय	शहरी	1	1	0
	कबीर पंथी	कुल	4	3	1
	कबीर पंथी	ग्रामीण	4	3	1
	कबीर पंथी	शहरी	0	0	0
	लिंगायत/शैव	कुल	2	0	2
	लिंगायत/शैव	ग्रामीण	0	0	0
	लिंगायत/शैव	शहरी	2	0	2
	इस्लाम/मुस्लिम	कुल	445419	235929	209490
	इस्लाम/मुस्लिम	ग्रामीण	292655	155536	137119
	इस्लाम/मुस्लिम	शहरी	152764	80393	72371
	ईसाई धर्म	कुल	1887	1023	864
	ईसाई धर्म	ग्रामीण	1400	759	641
	ईसाई धर्म	शहरी	487	264	223
	सिक्ख धर्म	कुल	6105	3375	2730
	सिक्ख धर्म	ग्रामीण	5484	3031	2453
	सिक्ख धर्म	शहरी	621	344	277
	बौद्ध धर्म	कुल	12353	6801	5552
	बौद्ध धर्म	ग्रामीण	11792	6517	5275
	बौद्ध धर्म	शहरी	561	284	277
	हिनायान	कुल	23	16	7
	हिनायान	ग्रामीण	23	16	7
	हिनायान	शहरी	0	0	0
	जैन धर्म कुल		232	107	125
	जैन धर्म ग्रामीण		87	41	46
	जैन धर्म शहरी		145	66	79

स्रोत–(जनगणना-2001)

हिन्दू जातियाँ

हरदोई की सामाजिक व्यवस्था को समझने के लिए यह आवश्यक है कि हम यहाँ की मूल संरचना जिसका कि जातीय आधार है उसे भली-भाँति जान लें। इसी सन्दर्भ में विभिन्न हिन्दू एवं मुस्लिम जातियों की उत्पत्ति तथा उनकी सांस्कृतिक व्यवस्था एवं कार्य की यहाँ पर चर्चा की जा रही है।

आरख जाति

आरख जाति के लोगों एक छोटा कृषक समूह है जिनकी संख्या लगभग 2,50,000 है। ऐसा माना जाता है कि वे अयोध्या से आये थे। इनके अन्तर्विवाही समूह हैं सूर्यवंशी आरख और मूटी आरख। मूटी आरख की संख्या कम है और ये मुख्यतः पारम्परिक रूप से घोड़ों को प्रशिक्षण देते हैं।

उत्पत्ति–रसल और हीरालाल (Tribe and castes of the Central Provinces of India) आरख लोग पासी और बहेलिया जाति से ही उद्भूत हैं जो कि शिकारी और चिड़िया मारते हैं। इनकी परम्पराएँ भी पासी से ही मिलती हैं और इन्हें निम्न जाति का माना जाता है। किन्तु वे ऐसा मानते हैं कि वे क्षत्रिय वर्ग से हैं और 'सिंह' उपनाम का प्रयोग करते हैं।

विलियम कुक (Tribe and castes of North-Western India 1896) कहते है कि भगवान परशुराम ने पासी समुदाय से मदद मांगी किन्तु वे भाग गये और अरहर के खेत में छुप गये। इसीलिए इन्हें आरख कहते हैं। दूसरा अर्थ है सेना के अग्रणी। एक अन्य वक्ता के अनुसार एक बार परशुराम को समुद्र में नहाते समय जोंक ने काट लिया। जो खून निकला उसके एक भाग से उन्होंने पासी को बनाया दूसरे भाग से आरख को बनाया।

ये लोग अवधी भाषा बोलते हैं जो कि इण्डो-आर्य भाषा है। इसकी लिपि देवनागरी है। ये लोग अपनी नातेदारी नाई, धोबी, धनुक (रूई धुनने वाला), माली और कुम्हार से रखते हैं।

स्थान–आरख लोग उत्तर भारत के उत्तर प्रदेश में पाए जाते हैं। वे कानपुर, लखनऊ, हरदोई, लखीमपुर और बाराबंकी तथा मेरठ में रहते हैं। कुछ समूह मध्य भारत में भी पाए जाते है।

व्यवसाय–इनका पारम्परिक व्यवसाय खेती है। कुछ लोग अब सरकारी तथा प्राइवेट नौकरियाँ भी करते हैं। अन्य लोग खेतों या मिलों में मजदूरी करते हैं। बहुत कम लोग चिड़िया पकड़ते या शिकार करते हैं या घोड़ों को प्रशिक्षित करते हैं। आरख लोग मांस खाते हैं किन्तु गाय-भैंस नहीं खाते। ये चावल, गेहूँ, दालें, सब्जी, दूध, दही भी खाते हैं। कुछ लोग शराब भी पीते हैं। ये लोग बच्चों की शिक्षा के प्रति बहुत जागरूक नहीं हैं। ये पारम्परिक दवाओं का प्रयोग अधिक करते हैं।

आरख लोग केवल अपने समुदायों में विवाह करते हैं। जिस गाँव से वे बहू लाते हैं उसमें अपनी बेटी का विवाह नहीं करते। इनकी स्त्रियाँ माँग में सिन्दूर भरती हैं; चूड़ी, बिछिया, पायल पहनती हैं। इनमें सम्बन्ध विच्छेद की परम्परा है; ऐसा करने पर लड़की को चाँदी का सामान देना पड़ता है जो सम्बन्ध विच्छेद का प्रतीक है। इनमें पुनर्विवाह, विधवा विवाह भी होता है।

इन लोगों में जब सम्पत्ति का बँटवारा होता है तो सभी पुत्रों को बराबर का हिस्सा दिया जाता है। लड़कियों का सम्पत्ति पर कोई अधिकार नहीं होता। पिता की मृत्यु के बाद सबसे बड़ा पुत्र परिवार का मुखिया होता है। आरख में स्त्रियों का स्थान पुरुषों से नीचे माना जाता है परन्तु पारिवारिक मामलों में उनकी सलाह ली जाती है। स्त्रियाँ घर का काम करती हैं और खेती के काम में भी हाथ बँटाती हैं।

आरख लोगों में एक विशिष्ट सामुदायिक एकता है। 1924 में मेरठ में इन्होंने एक अधिवेशन किया जिसमें इन्होंने स्वयं को क्षत्रिय के रूप में मान्यता की बात कही।

लोक विश्वास–आरख हिन्दू धर्म का पालन करते हैं। वे विष्णु, शिव, काली, राम और दुर्गा की पूजा करते हैं। विशेषतः वे हनुमान और परशुराम की पूजा करते हैं। हिन्दू त्योहार मनाते हैं। ये लोग बच्चे के पैदा होने पर शुद्धता-अशुद्धता का पालन करते हैं। जन्म के छठे दिन नामकरण करते हैं। और मुण्डन करते हैं।

मृत्यु होने पर ये शव को जलाते नहीं हैं दफन करते हैं। इसे जूरिया कहते हैं। जो तीन दिन तक माना जाता है। इस दौरान दूब (घास), सरसों और जल ईश्वर को चढ़ाया जाता है। इसके बाद 10वें व 13वें दिन पूजा होती है।

बारी

बारी जाति के लोग दूसरों लोगों के घर काम करते थे। ये लोग मुख्यतया पत्तियों से प्लेट व कप बनाते थे। ऐसा माना जाता है कि इनकी उत्पत्ति बनमानुष (जंगल में रहने वाले लोग) अथवा मूसाहार (चूहे खाने वाले लोगों) से हुई थी। ब्राह्म इनके बनाये पत्तल में खा लेते हैं इनको विश्वास है कि एक बार विष्णु अपने पूर्वजों को जल दे रहे थे। तत्पश्चात वे दान करना चाहते थे तो ब्राह्मणों ने उनसे दान नहीं लिया। अतः विष्णु ने मिट्टी से एक व्यक्ति का निर्माण किया। यही पहला बारी था उसने कहा कि वह दान तभी लेगा जब सब जाति के लोग उसके हाथ से भोजन-पानी ग्रहण करेंगे। तब परमेश्वर ने उससे पानी माँगा और सबके सामने ग्रहण किया। इसीलिए इस जाति के लोग घरों का काम, पानी भरना, मशाल दिखाने तथा यात्रा में साथ चलने का काम करते हैं।

उनकी स्त्रियाँ उच्च जातियों की स्त्रियों की सेविका का काम करती थीं। इनकी छवि अत्यन्त ईमानदार के रूप में व्याप्त है।

धानुक

ये लोग निम्न जाति के कृषक वर्ग के लोग है। इस जाति का नाम संस्कृत शब्द 'धनुष्का' से उत्पन्न हुआ है जिसका अर्थ है धनुष चलाने वाला। पद्म पुराण के अनुसार ये चमार पिता और अहिर माँ की उत्पत्ति हैं। ये लोग लोगों की दासता करते थे और सैनिक के तौर पर भी भर्ती होते थे।

इनमें उप-जातियाँ नहीं होती है। इनके गोत्र के नाम क्षत्रिय आधार पर रखे जाते हैं। ये लोग समगोत्र में विवाह नहीं करते न ही चचेरे भाई-बहनों में विवाह होता है। विवाह का निर्धारण पिता द्वारा व नातेदारों द्वारा होता है। विधवा विवाह तथा सम्बन्ध विच्छेद की अनुमति देय है।

ये लोग खेतों में मजदूरी या बटाई पर काम करते हैं। गाँव की पहरेदारी करते हैं। मांस मछली खाते हैं लेकिन सूअर नहीं खाते न ही मदिरा-पान करते है। ये लोग बिना पानी के पका भोजन ब्राह्मण तथा लोधी से ले लेते है किन्तु राजपूत से नहीं लेते हैं पर निमार लोग सूअर का मांस खाते है और ब्राह्मण और राजपूतों का जूठा खा लेते हैं।

ये लोग अनैतिक सन्तान जो धानुक पिता और उच्च जाति की स्त्री जैसे लोधी या कुर्मी से उत्पन्न हो को अपना लेते हैं।

कुम्हार

इस जाति का नाम संस्कृत शब्द कुम्भ से लिया गया है। 1911 में इनकी संख्या 120,000 थी और मुख्यतया उत्तर या पूरब में पाए जाते हैं। सर रिसले व ब्रह्म वैवर्त पुराण के अनुसार इनकी उत्पत्ति वैश्य स्त्री और ब्राह्मण पिता से हुई; पराशर संहिता अनुसार माली पिता और चमार जाति की स्त्री से हुई; पसार पद्धति के अनुसार तिल्ली स्त्री पट्टीकर से हुई।

सर मौनियर विलियम अनुसार इनकी उत्पत्ति क्षत्रीय स्त्री व ब्राह्मण पुराण से हुई। इनकी अनेक उपजातियाँ क्षेत्रीय आधार पर पायी जाती हैं। लड़कियों का विवाह छोटी उम्र में हो जाता है इनमें सम्बन्ध विच्छेद व विधवा विवाह मान्य है।

गाँव में भूसा लेते हैं बदले में मिट्टी के बर्तन देते हैं खेती का वर्ष चालू होने पर हर किसान को खाली बर्तन देता है शादी विवाह के अवसर पर नयी बहू को कुम्हार के घर ले जाया जाता है। जिसे 'सुहाग' रस्म से जाना जाता है। कुम्हार उसे चक्के पर बिठा कर सात बार घुमाता है। कुम्हारिन उसे 7 घड़े देती है इन्हें पानी से भरा जाता है और सात समुद्र माना जाता है। कुम्हारिन को नये वस्त्र दिये जाते हैं। कुम्हार चक्र पर घड़ा सुराही दियाली बनाता है यदि मिट्टी के बर्तन में किसी दूसरी जाति का व्यक्ति खा-पी ले तो वह अशुद्ध हो जाती है और फेंक दी जाती है। मृत्यु होने पर सारे बर्तन फेक दिये जाते हैं और नये लाए जाते हैं। ग्रहण पड़ने पर या किसी व्यक्ति के जख्म में कीड़े पड़ जाएँ तो भी ऐसा किया जाता है कुम्हार चिलम भी बनाता है क्योंकि इसको मुँह नहीं लगाया जाता इसलिए इसको विभिन्न जातियाँ या हिन्दू मुसलमान दोनों प्रयोग कर सकते हैं।

कुछ कुम्हार और धीमर सूअर पालते है और उन्हें बलि के लिए बेचते हैं। नीची जाति के लोग ये बलि देते हैं।

कहार

कहार को पालकी उठाने वाला या पानी भरने वाला कहा जाता है। क्रुक के अनुसार 1911 में 23,000 कहार थे और 3,00,000 धीमर थे। इनके बीच अन्तर करना कठिन है। क्रुक के अनुसार कहार नाम संस्कृत शब्द सम्बन्ध कार से बना है जिसका अर्थ होता है वो जो कन्धे पर धारण करता है। ऐसा माना जाता है कि कहार ब्राह्मण पिता और चण्डाल पिता से उत्पन्न हुए थे। इन्हें घर के कामों के लिए रखा जाता था उसके हाथ से सब पानी ग्रहण कर लेते थे और वह बर्तन माँजने का भी कार्य करता था। धोबी और चमार के बर्तन वह नहीं धोता था। कहार 'डोली' उठाते थे। बड़े जमींदार के लिए काम करते थे बदले में इन लोगों को खेत दिये जाते थे।

एक अन्य प्रकार की डोली होती थी जिसकी छत महराबदार होती थी उसमें आठ खम्बे होते थे और पर्दे लगे रहते थे। 'पालकी' भी इस्तेमाल होती थी जिसमें कुर्सी नुमा बैठने वाला एक लम्बे बाँस पर बँधा रहता था। उसके ऊपर पर्दा लगा रहता था।

तीसरा था 'चौपाले' इसमें चौकोर डिब्बा नुमा होता था उसको बास से टाँगा जाता था यह उच्च सामाजिक प्रतिष्ठा का प्रतीक था अग्रेज ने इस प्रथा पर रोक लगा दी थी। क्रुक कहते हैं कि डोली को शुभ चिह्न माना जाता था। होली, दीवाली के अवसर पर दीवार गोबर से लीपकर उस पर डोली के चिह्न बनाये जाते थे।

राजा लोग स्त्रियों को अपनी और अपनी रानियों की पालकी महल के भीतर उठाने और उनकी

सुरक्षा हेतु रखते थे।

गड़रिया

गड़रिया लोग भेड़ पालने का काम करते हैं। इस शब्द की उत्पत्ति गंधार शब्द से हुई थी। गंधार वह देश है जहाँ से भेड़ सबसे पहले खरीदे गये थे। 1991 में इनकी संख्या 41,000 थी। ये उत्तर की नेरबुड्डा घाटी में रहते थे। ये एक मिश्रित समूह है। इनका मानना है कि महादेव ने इन्हें अपने भेड़ को देखभाल के लिए बनाया था। फिर उन्होंने तीन स्त्रियों से विवाह किया जो ब्राह्मण, धीमर और बरई जाति की थीं जिनसे तीन उप-जातियाँ पैदा हुईं—निखार, ढेंगर, बरमईया।

इनके समुदाय में विवाह अपने गोत्र में वर्जित है। ये लोग दिशाई देवी की पूजा करते हैं। अधिकतर हिन्दू और मुसलमान बकरे का मांस खाते हैं भेड़ कम ही खाया जाता है उससे ऊन प्राप्त करके कम्बल बनाये जाते हैं।

इनके हाथ से ब्राह्मण पानी नहीं पीते हैं ये लोग अपने भेड़ के स्थानों सफाई के कारण महक आती है ''एक तो गडरिया, दूसरे लहसुन खाए'' भेड़ जहा भी चरती है खेत में फसल को नुकसान पहुँचाती है इसलिए कहा जाता है कि ''अहीर, गड़रिया, पासी। ये तीनों सत्यानासी''।।

निम्न तीन जातियाँ अपनी भेड़ों के चरने के लिए मैदान पसन्द करती हैं आज स्थिति बदल गयी है—''अहीर, गड़रिया, गूजर। ये तीनों चाहे उजर''।।

घोसी

ये जाति उत्तर भारत में पायी जाती है। 1911 में इसकी संख्या 10,000 थी। इनका नाम संस्कृत शब्द घुश से बना है जिसका अर्थ है चिल्लाना या जो अपने मवेशियों को चिल्लाकर बुलाते हैं। उत्तर भारत में ये सभी मुसलमान हैं किन्तु मध्य भारत में ये अहीर के समकक्ष हिन्दू जाति है कुछ मुसलमान घोसी नीमार में पाए जाते हैं कुछ लोग अपने आप को गद्दी कहते हैं और मण्डला में पाए जाते हैं।

लोग इनसे दूध लेते हैं क्रुक का मानना है कि अधिकतार घोसी अहीर हैं जिन्होंने धर्म परिवर्तन कर लिया था। नरसिंहपुर में ये कृषक का काम करते हैं सो गोर में ये केवल भैंस पालते हैं। मध्य भारत में इनकी दो उपजातियाँ हैं हवेलिया और बिरछेया।

घोसी लोग बहुपत्नी विवाह भी करते हैं तथा सम्बन्ध विच्छेद कर सकते हैं ये लोग मृतकों को जलाते हैं। बच्चों को ये गाड़ते हैं तथा जिनकी मृत्यु चेचक से होती है उन्हें भी जलाते नहीं हैं।

राजपूत

भदौरिया—ये लोग अतेर (जो यमुना के दक्षिण में है) के पास भदावर नामक गाँव से है टॉड और सर एच.एम. इलियट के अनुसार ये चौहान लोग से सम्बद्ध माने जाते हैं किन्तु क्रुक कहते हैं चौहान लोग ऐसा नहीं मानते अब इनमें आपस में विवाह होने लगे हैं यदि यह सत्य है तो चौहान वंश के लोग सम्भवतः विभाजित हो गये थे।

चौहान—इनको अग्नि कुल से उत्पन्न मानते हैं कर्नल टॉड कहते हैं कि ये बहुत बहादुर माने जाते थे ऐसी कथा है कि वशिष्ठ अपने आसन पर बैठकर मंत्र जाप कर रहे थे और देवताओं का आवाहन कर रहे थे। जैसे ही यज्ञ में आहुति दी एक ऐसा बाहुबली ओजस्वी एक हाथ में तलवार और दूसरे में धनुष लेकर प्रकट हुआ।

जनरल कनिंघम कहते है कि वे ब्राह्मण ऋषि भृगु से उत्पन्न हुए थे। ऐसा मानते हैं 5वीं 6ठीं शताब्दी में आये हूण लोगों से उत्पन्न हुए। सबसे पहले ये लोग सम्भर और अजमेर जो राजपूताना के नाम से जाना जाता है में स्थापित हुए उसके बाद 39 राजाओं का शिलालेख मिलता है फिर राजा (बिमल देव) 12वीं शताब्दी में दिल्ली तक आये और तोमर राजा को हराया। नेरू बुड्का, ग्रहमण्डल, महेश्वर, असिरगण हिसार से उत्तर और अरावली पर्वत तक फैला हुआ था, बिमल देव का मंत्री पृथ्वीराज था उसने जयचन्द जो कन्नौज का राजा था को मात देकर उसकी पुत्री संयुक्ता से विवाह किया। 1182 में उन्होंने राजा परमाल को हराकर महोबा पर कब्जा किया। 1191 में उन्होंने मोहम्मद गौरी को हराया था उसने सबको मार डाला केवल एक बार रायसो चौहान को हराया जो चौहान समूह से था उसने भी लोगों को जीता। बूदी और कोटा राज्य बनाया चौहान लोगो से खिच्ची वंश भी उत्पन्न हुआ जो सिन्ध सागर क्षेत्र से थे। चौहान लोग पंजाब और उत्तर भारत के यूनाइटेड प्रोविन्स में आते थे। मध्य में नरसिहंपुर, होशंगाबाद मण्डलाये जो मण्डला सियोनी और बालाघाट क्षेत्र के चौहान से विवाह करते हैं। विधवा विवाह वर्जित है किन्तु यदि वे ऐसा करती हैं तो जाति से निकाल दिया जाता है। विधवा बाल नहीं काटती हैं लेकिन उसे काँच की चूड़ी पहनने की अनुमति नहीं है सफेद वस्त्र पहनने होते हैं और कोई जेवर नहीं पहन सकती है।

कई चमार लोग पंजाब से चौहान शब्द का प्रयोग उसके गरिमामयी इतिहास के कारण करते है। बिलासपुर में गाँव के पहरेदार उसका प्रयोग करते हैं सम्भवतः ये गैर कानूनी सन्तति है जो निम्न जाति की महिलाओं से उत्पन्न है।

गौर

कर्नल टॉड कहते हैं कि ये राजस्थान के राजपूत थे। बंगाल के राजाओं ने अपनी राजधानी लखनऊती को गौड़ नाम दिया था और उसी पर गौड़ ब्राह्मण व राजपूतों का नाम पड़ा था। कनिघंम कहते हैं कि गोंडा नाम गौड़ा था जो श्रावस्ती के आस-पास था।

भिश्ती

यह एक मुसलमानों की जाति है इनमें बहुत से लोग हिन्दू से परिवर्तित हैं इनमें एक गोत्र में विवाह नहीं होता अतः ये बहिर्विवाही हैं इनका विवाह मुसलमानों में निकाह प्रथा से होता है। ये लोग अपने चमड़े के थैले जिसे मशके कहते हैं की पूजा करते हैं इसको हर शुक्रवार पूजा जाता है और Fetish मानते है। भिश्ती का काम घरों में पानी देने का काम है। इसे मश्की या परवाली भी कहते हैं ये लोग अपनी कमर पर लाल कपड़ा बाँधते थे। ये सड़कों पर जल छिड़काव करते थे। ये लोग बहुत मेहनती होते थे। जब बड़े-बड़े जल संचयन केन्द्र बनने लगे तब इनका पुश्तैनी कार्य भी समाप्त होने लगा।

चमार

ये लोग जानवरों की खाल साफ करने का कार्य करते थे। इनकी संख्या मध्य भारत में बहुत अधिक थी। चमार शब्द संस्कृत षब्द 'चारमक्र' से उद्धत है जिसका अर्थ होता है चमड़े का काम करना। पारम्परिक दृष्टिकोण से चमार लोग काले रंग के माने जाते हैं इनपर कहावत भी कही गयी है। "करिया ब्राह्मण गोर चमार इनके साथ न उतरये पार" सर एच. सिले के अनुसार चमार लोग अपनी उत्पत्ति रविदास

या राय दास से बताते हैं जो रामानन्द के शिष्य हैं। वे 14वीं शताब्दी के अन्त में आये थे। कुछ अन्य लोगों का कहना है कि चार ब्राह्मण भाई थे उसमें से सबसे छोटा भाई एक बार नदी में नहाने गया यहाँ एक गाय डूब रही थी वह उसको बचा न सका और तब उसके भाइयों ने उसके मृत्यु शरीर को बाहर निकालने को कहा तब से वह जाति से निकाल दिया गया और चमार कहा गया।

चमार समुदाय में कई अन्तर्विवाही उपजातियाँ पायी जाती हैं। जैसे सतनामी, अहिरवार, कन्नौजिया, जैसवारा इत्यादि। विवाह अपने गोत्र में नहीं होता। अधिकतर परिवार के बड़े लोग विवाह निर्धारित करते थे। वधूमूल्य दिया जाता है। विधवा विवाह, पुनर्विवाह की अनुमति इनके समाज में प्राप्त है। अपने मृतक को वे गाड़ते हैं सामाजिक तौर पर इन्हें नीचा माना जाता है, ये लोग सामूहिक कुएँ से पानी नहीं निकाल पाते थे।

क्षेत्रीय अध्ययन के गाँव

वर्तमान अनुसन्धान मानव शास्त्रीय पद्धतियों का प्रयोग करके किया गया है। इसके लिए सर्वप्रथम यह जानना आवश्यक था कि जनपद हरदोई का वर्तमान प्रशासनिक ढाँचा किस प्रकार का था। इस जनपद में कुल 19 ब्लाक एवं 05 तहसीले हैं। इस दृष्टि से सभी 19 ब्लाक में से एक-एक गाँव का चयन किया गया। इन गाँवों में क्षेत्रीय अध्ययन किया गया और विभिन्न पद्धतियाँ जैसे साक्षात्कार एवं वैयक्तिक अध्ययन किये गये। तत्पश्चात इनके निष्कर्ष को प्रस्तुत किया गया है। यह भी जानने की कोशिश की गयी कि अद्यतन 2011 की जनगणना के अनुसार चुने गये विभिन्न गाँवों में क्या जनसंख्या थी और उनका क्या शैक्षणिक एवं व्यावसायिक स्तर था।

तालिका संख्या-4

जनपद हरदोई के अन्तर्गत अध्ययनरत ग्राम एवं ब्लाक

क्र.सं.	गाँव	ब्लाक
1	मुरौली कटरियान	साण्डी
2	अहिरोरी	अहिरोरी
3	चाँद बेहटा	टड़ियांवा
4	डही	अहिरोरी
5	बेगमगंज	सण्डीला
6	मल्लावाँ	मल्लावाँ
7	दुर्गागंज	बिलग्राम
8	बावन	बावन
9	महम्दापुर	भरावन
10	मल्लपुर	कोथावा
11	टोडरपुर	टोडरपुर

12	उधरनपुर	शाहाबाद
13	दहेलिया	पिहानी
14	दौलतयारपुर	माधोगंज
15	जमालपुर	भरखनी
16	हरपालपुर	हरपालपुर
17	रनियामऊ	हरिगावाँ
18	सुरसा	सुरसा
19	बालामऊ	कछौना
20	बड़ा गाँव	बेहन्दर

ग्राम–मुरौली कटरियान : ब्लाक–साण्डी

मुरौली कटरियान क्षत्रिय बाहुल्य क्षेत्र है। ग्राम प्रधान द्वारा बताई गयी 2012 की जनगणना के अनुसार यहाँ की जनसंख्या 300 से 4000 के बीच है। यहाँ 1500 वोटर हैं। क्षत्रियों के बाद चमार जाति के लोग ज्यादा बसते हैं। इसके अलावा ब्राह्मण, यादव, तेली, नाऊ, कुसवाहा (काछी), धोबी, कहार आदि जातियाँ बसती हैं। बन्दरों का प्रकोप है। इस गाँव में झोला छाप डाक्टर हैं, जो किसी भी बीमारी के लिए अंग्रेजी दवाएँ देते हैं।

ग्राम–अहिरोरी : ब्लाक–अहिरोरी

यह कभी अहिरों का गाँव ही हुआ करता था। इसी वजह से इसका नाम अहिरोरी पड़ा था। किन्तु मंगल गिरि बाबा के श्राप से अहिरों को इस गाँव से जाना पड़ा। आस-पास के गाँव में यदि इस गाँव से कोई अहिरों के घर जाता है तो वो अपने घर का दरवाजा नहीं खोलते हैं।

इस पूरे क्षेत्र में लोग मंगल गिरि बाबा को बहुत मानते हैं। यह गाँव मंगल गिरि बाबा का तीर्थ है। आषाढ़ की पूर्णिमा को बहुत बड़ा मेला लगता है।

यह क्षत्रिय, गुप्ता बाहुल्य क्षेत्र है। ब्राह्मण नाम मात्र के हैं। यहाँ की जनसंख्या सेंसेस 2011 के अनुसार 8171 के लगभग है व क्षेत्रफल 11,42,383 हेक्टेयर है। गेहूँ और धान यहाँ की प्रमुख फसल है।

ग्राम–चाँद बेहटा : ब्लाक–टडियावां

मानचित्र के अनुसार लखनऊ से हरदोई तक जाने वाली सीधी सड़क के दाहिनी ओर चाँद बेहटा गाँव स्थित है। यह गाँव हरदोई शहर से लगा हुआ है, इसलिए अधिकतर पक्के मकान बने हुए हैं। यहाँ की जनसंख्या ग्राम प्रधान के द्वारा बताई गयी लेटेस्ट जानकारी के अनुसार 5000 के लगभग है। चाँद बेहटा में ठाकुर, ब्राह्मण, वैश्य (सामान्य वर्ग) के लोग ज्यादा रहते हैं। पिछड़ी जाति की जनसंख्या कम है। पिछड़ी जाति में कहार और कुम्हार रहते हैं।

ग्राम–डही : ब्लाक–अहरोरी

हरदोई से सीतापुर पर 25 किलोमीटर पर ग्राम डही पड़ता है। ग्राम डही के बारे में एक लोकोक्ति प्रचलित है–'जिसने न नहाई, डही उसके एकौ तीरथ न सही।' यहाँ की जनसंख्या सेंसेक्स 2011 के अनुसार 2637 है। यहाँ की ग्राम पंचायत डही है। राजपूत बाहुल्य वाला गाँव है। क्षेत्रफल 2,44,311 हेक्टेयर है।

ग्राम–बेगमगंज : ब्लाक–सण्डीला

लखनऊ से हरदोई की ओर जाने पर सबसे पहले ही बेगमगंज गाँव पड़ता है। बेगमगंज सण्डीला तहसील के अन्तर्गत आने वाला एक गाँव है। यहाँ की जनसंख्या 2001 में 6872 थी। आज के आंकड़ों के अनुसार 10,000 हो गयी है। यहाँ की बोली, तहज़ीब व संस्कृति पर लखनऊ की छाप है। क्योंकि यह लखनऊ से लगा हुआ गाँव है।

ग्राम–मल्लावाँ : ब्लाक–मल्लावाँ

तहसील बिलग्राम के अंग मल्लावाँ में अनेक पक्की ईंटों से बने मकान, मस्ज़िद व दरगाहों में जमीन से एक मीटर ऊपर तक की ऊँचाई में तराशी गयी कंकड़ की शिलाओं का प्रयोग किया हुआ मिलता है। इनमें बीच-बीच में लाल पत्थर की शिलाओं का प्रयोग भी देखने में आता है। यहाँ के एक स्थानीय दरगाह का गुम्बद आठ गोलाकार सुन्दर नक्काशीदार स्तम्भों पर टिका है। प्राचीन ब्राह्मण, जैन व बौद्ध धार्मिक वास्तुकला के मुस्लिम निर्माणों में प्रयुक्त इन अवशेषों के अतिरिक्त कुछ मूर्तिकला के अवशेष भी यहाँ खण्डित रूप में पुराने पीपल के पेड़ों के नीचे इकट्ठे किये हुए देखे जा सकते हैं। मल्लावाँ के एक हिन्दू मन्दिर में आशा देवी की मूर्ति किसी पुराने पूजास्थल का अवशेष है, इसके सात सरों वाला नागफन इसके अथवा जैन मूल की ओर संकेत करता है। मल्लावाँ से 10 किलोमीटर उत्तर पूर्व बनसा (बाँसा) में टूटी-फूटी ईंटों व बर्तनों से भरा हुआ एक बड़ा ढीह है। इस की चोटी पर एक मन्दिर के खँडहर हैं। यहाँ एक बाँसा देवी के नाम से प्रसिद्ध पार्वती की मूर्ति है। इस खँडहर पर मुख्यरूप से वर्षा ऋतु में प्रचुर मात्रा में प्राचीनकालीन सिक्के प्राप्त होते रहे हैं जो स्पष्ट करते हैं कि यह स्थान निश्चित ही बहुत पहले आबाद था और कोई महत्त्वपूर्ण देवस्थान था।

धार्मिक स्थलों में सोनासीनाथ का चमत्कारी मन्दिर भी आता है। जनश्रुति प्रचलित है कि औरंगजेब ने मल्लावाँ के सोनासीनाथ मन्दिर में स्थित मूर्ति को नष्ट करना चाहा। किन्तु वह मूर्ति के चमत्कारी प्रभाव के कारण अपने प्रयास में सफल नहीं हुआ। बाबा सोनासीनाथ महोदव के शिवलिंग की स्थापना प्राचीनकाल में इन्द्र द्वारा की गयी थी। कहा जाता है कि शिवलिंग की पूजा सबसे पहले भगवान इन्द्र द्वारा की गयी थी। श्रावण मास के प्रत्येक सोमवार को यहाँ बहुत बड़ा मेला लगता है।

इस क्षेत्र की प्रमुख फसलें गेहूँ, मक्का, गन्ना हैं। पाँच किलोमीटर के क्षेत्रफल में इस गाँव का विस्तार है। सोमवार, बृहस्पतिवार को साप्ताहिक बाजार लगते हैं, जिसमें जरूरत के सभी सामान मिल जाते हैं। शारदा नहर सिंचाई का साधन है। ट्यूबवेल और जेट पम्प भी जगह-जगह लगे हैं। इस गाँव के बायीं ओर में गंगा बहती है। गंगा पार कराने के लिए मल्लाह ज्यादा रहते थे इस वजह से इसका नाम मल्लावाँ पड़ा।

दादा मियाँ की मजार इस क्षेत्र में स्थित है। जहाँ 100 साल से उर्स का आयोजन होता है व

बृहस्पतिवार को यहाँ मेला जगता है। अमावस्या के बाद के बृहस्पतिसार को नौचन्दी मेला लगता है। चाँद के महीने में ही उर्स लगता है। सावन के सोमवार व माघी का मेला गंगा के किनारे लगता है। अंग्रेजों के समय में मल्लावाँ जिला था। यहाँ की जनसंख्या 50,000 व वोटर संख्या 25,000 है।

ग्राम–दुर्गागंज : ब्लाक–बिलग्राम

कस्बा बिलग्राम जिसका पुराना नाम भीलग्राम व श्रीनगर रह चुका है, एक ऊँचे टीले के ऊपर बसा था। उल्लेख मिलते हैं कि भीलग्राम आरम्भ में गंगा के बायें पुराने किनारे पर एक उभारदार ढीह पर स्थित था। इस कस्बे के पुराने भाग के बारे में कहा जाता है कि इस शताब्दी के आरम्भ तक पूर्व मुस्लिमकाल के भवनों, हिन्दू मन्दिरों की नक्काशीदार बुनियादों, स्तम्भों, पीलपावों, तराशे हुए कंकड़ के पंक्तिबद्ध भग्नावशेषों व खँडहरों से भरा पड़ा था। बिलग्राम में मस्ज़िदों, दरगाहों, भवनों की बुनियादों, निचले भागों, कुआँ व प्रवेशद्वारों में अनेक कंकड़ों व पत्थरों के पंक्तिबद्ध भवनों के चिह्न देखे जा सकते हैं जिनमें से बहुत से नालीदार हैं जो दर्शाते हैं कि वे उन पुरानी इमारतों से लिए गये हैं जो पुराने भीलग्राम कस्बे के अवशेष थे।

बिलग्राम का सम्बन्ध भिल्लादैत्य और भील जाति की विशाल आबादी से रहा है। रैकवार राजपूत श्रीराम ने नवीं शती में इसे श्रीनगर के रूप में बसाया था। ग्यारहवीं शती में अफगान आक्रांताओं ने इसे बिलग्राम नाम दिया।

बिलग्राम के ग्राम दुर्गागंज का सर्वे करने पर यहाँ की धार्मिक संस्कृति व रहन-सहन का पता चला। यहाँ की जनसंख्या करीब 5000 है, जिनमें वोटर 3000 हैं। 20 एकड़ के क्षेत्रफल में यह गाँव बसा है।

होली के बाद नवमी या दशमी को पुश्तैनी नौटंकी का आयोजन होता है। यह परम्परा सौ वर्षों से चली आ रही है। बुधवार व रविवार को बाजार लगता है जिसमें अनाज व सब्जियाँ ही उपलब्ध होती हैं। बाकी सामानों के लिए लोगों को कस्बे के बाजार में जाना पड़ता है।

यहाँ की मशहूर हस्तियों में चन्द्रहास मिश्रा स्वतन्त्रता सेनानी व एम.एल.ए. रह चुके हैं व टी. एन. बाजपेई नार्दर्न इण्डिया रेलवे के प्रेसीडेंट थे।

इस गाँव में कुम्हार व ठाकुर नहीं रहते हैं। यदि ठाकुर किसी के घर में रह जाए तो उसका अनिष्ट हो जाएगा। ऐसा यहाँ के लोगों का मानना है। कुम्हार न होने की वजह से यहाँ टेराकोटा का कोई काम नहीं होता है।

गाँव के पूरब में देवरादानव का मन्दिर है। मन्दिर में शिवलिंग स्थापित है। यहाँ के लोगों के विश्वास के अनुसार मन्दिर में सुबह चार बजे ही कोई पूजा कर जाता है व उसकी पूजा के बाद ही गाँव के लोग मन्दिर में पूजा के लिए प्रवेश करते हैं।

ग्राम–बावन : ब्लाक–बावन

25000 जनसंख्या वाला यह ग्राम संस्कृति के विद्वानों का गढ़ रहा है। यहाँ पर 10,000 वोटर संख्या है। बावन ग्राम में ही ईश्वर का वामन अवतार हुआ है। ऐसा यहाँ के लोगों का मानना है। यहाँ भगवान के बावन मन्दिर हैं जिनमें शिव, राम-सीता, राधा-कृष्ण, हनुमान, गणेश, ब्रह्मा की मूर्तियाँ स्थापित हैं। मूर्तियों को देखकर ज्ञात होता है कि हरदोई का पुरातात्विक इतिहास बड़ा ही रोचक है। क्योंकि मूर्तियों का स्वरूप बहुत ही प्राचीन है। पत्थरों को काटकर मूर्तियों को स्वरूप दिया गया है,

व ऊपर से कोई भी रंग रोगन नहीं है।

हरदोई तहसील का कभी परगना रहा बावन इक्कीस प्राचीनकालीन ढीह अथवा निर्जन उजड़े गाँवों को अपने आँचल में सँजोये था। स्वयं बावन ही एक अति प्राचीन भग्न किले के खँडहरों के ऊपर बसा था। इसी तहसील का ग्राम बावन भी स्वयं एक बड़े खेड़े के ऊपर स्थित था, जहाँ से ब्राह्मणकालीन मूर्तिकला के अति उत्कृष्ट कोटि के मूर्तिशिल्प के अवशेष प्राप्त हुए हैं। बावन ग्राम की परिधि में ग्यारह दूसरे पुराने टीले रहे हैं जिनमें सबसे प्रभावशाली कलहौर अथवा किलहो का टीला था। उक्त टीला कई हेक्टेयर तक विस्तृत था, जिसमें एक विशाल राजगीरी कुआँ एवम् रामकुण्ड नामक एक विशाल टूटे-फूटे तालाब के अवशेष रहे हैं।

बावन का पुराना नाम महाबलीपुर था जिसका सम्बन्ध राजा बलि और वामनावतार से रहा है। यहाँ का आदिनाथ मन्दिर 300 वर्ष पुराना है जिसमें शिवलिंग स्थापित है। मुगलकाल में मुगलों ने आरे से शिवलिंग को काटा था। परन्तु वह पूरी तरह से उसे काट नहीं पाए। इसलिए अभी भी वह आधी कटी शिवलिंग मन्दिर में स्थापित है।

पंडित लालमणि मिश्र कलपात्री सनातन धर्म के प्रवर्तक रहे हैं उनकी वजह से सनातन धर्म के प्रवर्तक यहाँ बहुत रहे हैं। संस्कृति परम्परा की रक्षा करने वाले तथा संस्कृत परम्परा को जीवित रखने का प्रयास यहाँ के लोगों ने किया है।

शारदा तिलक नामक पुस्तक जो कि पत्थर के छापे से लिखी गयी थी। एक प्रकांड पंडित के पास संगृहीत है। जिसके अन्तर्गत कर्मकाण्ड, तन्त्र मंत्र, कुंड मंडप जैसे अभिलेखों का संग्रहण है। यह पुस्तक 129 साल पुरानी है व इसके रचयिता त्रिविक्रम आर्य मुनि के शिष्य श्री महामहोपाध्याय राम सम्प्रदाय प्रवर्तक श्रीमान् माधव भट्ट हैं।

इस प्रकार हम यह कह सकते हैं कि पूरा का पूरा बावन ब्लॉक मन्दिरों का गढ़ है। ब्राह्मण व ठाकुर ज्यादा संख्या में रहते हैं बाकी 30 प्रतिशत अनुसूचित जाति के लोग हैं जिसमें कुम्हार बिल्कुल भी नहीं हैं।

बावन ग्राम में ही ईश्वर का बावन अवतार हुआ है। ऐसा यहाँ के लोगों का मानना है। यहाँ भगवान के बावन मन्दिर है जिनमें शिव, राम सीता, राधा-कृष्ण, हनुमान, गणेश, ब्रम्हा की मूर्तियाँ स्थापित हैं। मूर्तियों को देखकर ज्ञात होता है कि हरदोई का पुरातात्विक इतिहास बड़ा ही रोचक है। क्योंकि मूर्तियों का स्वरूप बहुत ही प्राचीन है। पत्थरों को काटकर मूर्तियों को स्वरूप दिया गया है, व ऊपर से कोई भी रंग रोगन नहीं है।

हरदोई तहसील का कभी परगना रहा बावन इक्कीस प्राचीनकालीन ढीह अथवा निर्जन उजड़े गाँवों को अपने आँचल में संजोये था। स्वयं बावन ही एक अति प्राचीन भग्न किले के खँडहरों के ऊपर बसा था। इसी तहसील का ग्राम बावन भी स्वयं एक बड़े खेड़े के ऊपर स्थित था, जहाँ से ब्राह्मणकालीन मूर्तिकला के अति उत्कृष्ट कोटि के मूर्तिशिल्प के अवशेष प्राप्त हुए हैं। बावन ग्राम की परिधि में ग्यारह दूसरे पुराने टीले रहे हैं जिनमें सबसे प्रभावशाली कलहौर अथवा किलहो का टीला था। उक्त टीला कई हेक्टेयर तक विस्तृत था, जिसमें एक विशाल राजगीरी कुआँ एवम् रामकुण्ड नामक एक विशाल टूटे-फूटे तालाब के अवशेष रहे हैं।

ग्राम–महम्मदापुर : ब्लाक–भरावन

महम्मदापुर गाँव भरावन ब्लाक के अन्तर्गत आता है। यहाँ की कुल जनसंख्या 2600 है व वोटर

संख्या 1200 के लगभग है। 61 ग्राम सभाएँ हैं। यहाँ की प्रमुख फसल धान व गेहूँ है। 75 प्रतिशत लोगों की आय का साधन खेती है। इसके अलावा जौ, चना, उरद, मूंग, ज्वार, बाजरा, मक्का की पैदावार भी होती है। सिंचाई का प्रमुख साधन-नहर, ट्यूबवेल व कुआँ हैं।

भरावन ब्लाक बहुत बड़ा है। लखनऊ से मलिहाबाद फिर अतरौली पर जाने वाले सीधे रास्ते पर यह गाँव पड़ता है। इस ब्लाक का नाम किन्हीं तालुकेदार के नाम पर पड़ता है। भरावन ब्लाक का विस्तार 1,075 हेक्टेयर तक है व 753 हेक्टेयर एरिया खेती के योग्य है।

भरावन का एक पोस्ट आफिस, तीन जूनियर हाईस्कूल, दो जूनियर बेसिक स्कूल, सिंचाई विभाग का एक डाक बंगला, एक डिस्पेन्सरी, जच्चा बच्चा केन्द्र व चाइल्ड वेलफेयर सेंटर, एक पशु चिकित्सालय है। सप्ताह के हर सोमवार व बृहस्पतिवार को बाजार लगता है।

यहाँ पर हिन्दू जाति का बाहुल्य है व धार्मिक प्रवृत्ति के लोग रहते हैं। इसी प्रकार पूजा पाठ के गीत भी प्रचलित हैं।

ग्राम–मल्लपुर : ब्लाक–कोथावाँ

ब्लाक भरावन के बाद ब्लाक कोथावाँ पड़ता है। यहाँ पर अधिकतर ब्राह्मण परिवार रहते हैं। इसके पश्चात् 2 घर मुसलमानों, 5 घर क्षत्रियों के, दो घर पासी व एक घर बनिया का है। यह एक छोटा सा गाँव है। जनसंख्या 600 व वोटर संख्या 300 है। यहाँ अधिकतर गन्ने की खेती होती है।

ब्लाक कोथावाँ के अन्तर्गत ही हत्याहरण तीर्थ आता है। इस गाँव का नाम भी स्थानीय लोगों ने हत्याहरण बताया। यहाँ की जनसंख्या 5000 है व वोटर संख्या 2000 के करीब है। यहाँ भी ब्राह्मण अधिकतर रहते हैं। एक दो घर मुस्लिम के व अनुसूचित जाति के हैं। यहाँ पर गेहूँ व धान की खेती होती है।

इस गाँव का नाम हत्याहरण इसलिए पड़ा क्योंकि यहाँ पर एक तालाब है जिसमें जल सूर्य की किरणों से उत्पन्न हुआ है। इसी वजह से इसे प्रभाकर क्षेत्र कहा जाता है।

इसे ब्रह्म क्षेत्र भी कहा जाता है। इसकी कहानी इस प्रकार है–

त्रेता युग में जब राम जी, रावण को मारकर आये व यज्ञ का अनुष्ठान किया। तब उस यज्ञ में ब्राह्मणों ने आने से इनकार कर दिया। राम ने वशिष्ठ जी के पास जाकर इसका कारण पूछा तो वशिष्ठ जी ने कहा कि रावण एक ब्राह्मण था व शिव भक्त था। उसका वध करने के कारण आपके ऊपर ब्रह्म हत्या का दोष लगा है। इस दोष से मुक्त होने के लिए आपको प्रभाकर क्षेत्र में सूर्य की किरणों से उत्पन्न जल में स्नान करना चाहिए। इससे आप हत्या के दोष से मुक्त हो जायेंगे। राम ने इसी तालाब के जल में स्नान किया व ब्रह्म हत्या के दोष से मुक्त हुए। इस कारण इसे ब्रह्म क्षेत्र भी कहा जाता है।

एक और कहानी प्रचलित है कि राम ने जिन हाथों से रावण का संहार किया था उसमें काले बाल उग आये थे–

''लख्यों हाथ में स्याही बारा।
तब रघुबंस मणि ने विचारा।।''

राम जी ने वशिष्ठ जी से पूछा कि इसका क्या कारण है तब वशिष्ठ जी ने कहा कि आप तीर्थयात्रा पर निकलिए जहाँ पर आपके बाल गिर जाएँगे वहीं आपका पातक निवारण हो जाएगा। हत्याहरण नहाने के पश्चात् उनके बाल गिर गये और वह पापमुक्त हो गये। दशहरा, अमावस्या व भादों माह के प्रत्येक रविवार को यहाँ पर बड़ा मेला लगता है।

हत्याहरण तालाब के किनारे शिव जी का मन्दिर है जिसमें पंचमुखी शिवलिंग विराजमान है। मान्यता है कि यह पंचमुखी शिवलिंग पाण्डवों द्वारा स्थापित किया गया। युद्ध के बाद वे आत्मग्लानि से भर गये थे। इससे छुटकारा पाने के लिए उन्होंने इस शिवलिंग की स्थापना की।

ग्राम–टोडरपुर : ब्लाक–टोडरपुर

इस गाँव की कुल जनसंख्या 3000 है, जिसमें 855 अनुसूचित जाति के लोग, 676 पिछड़ी जाति के लोग, 1469 सामान्य जाति के लोग रहते हैं। यह ब्लाक शाहाबाद से पहले पड़ता है। यहाँ पर एक शकाहा मन्दिर है। जो शिवजी का है। सावन में श्रद्धालु यहाँ पर कांवर चढ़ाते हैं। इस पूरे क्षेत्र में शिवभक्ति का बहुत प्रचार है।

ग्राम–उधरनपुर : ब्लाक–शाहाबाद

इस क्षेत्र में मुस्लिम आबादी ज्यादा है। कहा जाता है कि गोपी व सोपी दो शासक थे। गोपी ने गोपामऊ बसाया व सोपी ने शाहाबाद। उधरनपुर ग्राम की कुल जनसंख्या 4228 है, इसमें 489 अनुसूचित जाति के, 1954 पिछड़ी जाति के व 1785 सामान्य जाति के लोग रहते हैं।

यही कारण है कि शाहाबाद में मुगलकालीन इमारतों का दर्शन होता है।

ग्राम–दहेलिया : ब्लाक–पिहानी

उपरिलखित ग्राम में 1031 अनुसूचित जाति, 2224 पिछड़ी जाति व 1222 सामान्य जाति के लोग रहते हैं। नवाबी इलाका है। हामिद अली मियाँ यहाँ के तालुकेदार थे। यहाँ अधिकतर गन्ने की खेती होती है। इस ब्लाक के किनारे-किनारे सई नदी गयी है।

इसी ब्लाक के दो गाँव हैं बूढ़ा गाँव व धोबिया गाँव। जहाँ के प्रमुख धार्मिक स्थल हैं। सिंह भवानी मन्दिर व इच्छा पूर्णी माता मन्दिर। यहाँ की संस्कृत पाठशाला भी बहुत पुरानी है।

आस-पास के गाँवों में ठाकुर बस्ती है। चौहानों के बारह गाँव हैं। ठाकुर बाहुल्य है। राज्य शिक्षा मंत्री अशोक बाजपेई यहीं की देन हैं।

ग्राम–दौलतयारपुर : ब्लाक–माधौगंज

इस गाँव की जनसंख्या 2600 है जिनमें से 1500 वोटर हैं। दौलतयारपुर ऐतिहासिक महत्त्व का ग्राम है। यहाँ राजा नरपत सिंह का रूइया दुर्ग स्थापित है। राजा नरपत सिंह ने स्वतन्त्रता की लड़ाई में बढ़ चढ़कर हिस्सा लिया था।

जर्नल बालपोल ने 7 अप्रैल को पैदल सेना, घुड़सवार सेना और तोपखाने पर आधारित एक अच्छी-खासी सेना के साथ मूसाबाग (लखनऊ) से कूच आरम्भ किया। दूसरे सप्ताह के भीतर ही वह सदामऊ पहुँच गया जहाँ रैकवार सरदार नरपत सिंह का रूइया में जंगली किला था। यद्यपि यह दुर्ग किसी हद तक छोटा था लेकिन इसके उत्तरी पूर्वी दिशाओं पर ऊँची-ऊँची मिट्टी की दीवारें उसे मजबूती प्रदान करती थीं जिनमें गोलाबारी के लिए मोखे बने हुए थे। इन दोनों दिशाओं पर दुर्ग चौड़ी और गहरी खाई के द्वारा भी सुरक्षित था। यह बाँसों के ऐसे घने जंगल से घिरा हुआ था जिसको पार करना लगभग असम्भव था। यहीं पर लड़ाई के दौरान अंग्रेजों का अनुभवी सेनापति जर्नल होप मारा गया। अंग्रेजी अफसरों और सैनिकों का काफी नुकसान हुआ। नरपत सिंह अन्त

तक अंग्रेजी सत्ता के विरुद्ध डटे रहे।

राजा नरपत सिंह रूइयागढ़ के नरेश थे व अटवा के रहने वाले थे। अंग्रेजी शासनकाल में रानी विक्टोरिया के भाई को रूइया में मारा गया था, जिनकी समाधि किले के समीप बनी हुई है। इसके पश्चात् ही नरपत सिंह सुरंग द्वारा भाग निकले थे। यह सुरंग रूइयागढ़ से शुरू होकर कन्नौज में निकलती थी।

इसके अलावा दौलतयारपुर में गेहूँ, धान, पिपरमिंट की खेती की जाती है। यहाँ की औरतों में पिछौरा ओढ़ने का रिवाज है। हरदोई के गाँवों में प्रचलित जाति गीतों का पुट यहाँ दृष्टिगोचर है।

ग्राम–जमालपुर : ब्लाक–भरखनी

यह बहुत छोटा सा गाँव है। यहाँ 41 अनुसूचित जाति, 691 पिछड़ी जाति व 720 सामान्य जाति के लोग रहते हैं। इस प्रकार कुल 1452 जनसंख्या है।

यह शाहाबाद के पश्चिम में पड़ता है। शाहजहाँपुर, हरदोई, फर्रुखाबाद तीन जिलों की सीमाएँ मिलती हैं। यहाँ क्राइम बहुत ज्यादा होता है।

श्रावण मास में गाँव का दौरा होने के कारण सावन के त्योहारों का पूरा पुट देखने को मिला। हरियाली तीज सावन का पहला त्योहार है। स्त्रियाँ व लड़कियाँ नये व रंग-बिरंगे वस्त्र और हरी चूड़ियाँ पहनती हैं, हाथ-पैर में मेंहदी लगाती हैं व झूला झूलती हैं।

ग्राम–हरपालपुर : ब्लाक–हरपालपुर

हरपालपुर एक बड़े क्षेत्र वाला ग्राम है। यहाँ की जनसंख्या 6368 है, जिसमें 854 अनुसूचित जाति के, 2913 पिछड़ी जाति के व 2599 सामान्य जाति के लोग हैं।

यह कटियारी क्षेत्र गंगा का किनारा है तथा सुखेता, गर्रा, रामगंगा इन तीन नदियों का उद्‌गम है। ये तीनों नदियाँ गंगा में समाहित हो जाती हैं। यहाँ पर बाढ़ की विभीषिका बहुत है।

अवध प्रान्त में सभी नदियाँ पवित्र ग्राम देवी मानी जाती हैं तथा इनकी पूजा का भी विधान है। दोआब की अवध की भूमि गंगा और यमुना के मध्य विस्तृत है। पवित्र और धार्मिक जीवन के साथ उसका बड़ा घनिष्ठ सम्बन्ध है।

ग्राम–रनियामऊ : ब्लाक–हरियावां

रनियामऊ की कुल जनसंख्या 1872 है जिसमें 802 लोग अनुसूचित जाति के, 29 लोग पिछड़ी जाति के, 1041 लोग सामान्य जाति के रहते हैं। इस ग्राम या पूरे ब्लाक में अधिकतर गन्ना व गेहूँ की खेती होती है। पंडित जाति की अधिकता है। इसके अलावा धोबी, चमार, पासी, गद्‌दी जातियाँ पायी जाती हैं।

इस गाँव की जनसंख्या काफी कम है व अन्य के साधन सीमित हैं। यहाँ का सबसे बड़ा उत्सव कृष्ण जन्माष्टमी होता है। कृष्ण जन्माष्टमी के बाद की द्वासशी या भादों की द्वादशी में दधि का मेला होता है। कृष्ण की मूर्ति घर-घर घुमाई जाती है। कई नौटंकी होती हैं। हर जाति की अलग-अलग दधि उठती है।

पासियों के यहाँ से आल्हा आता है। यानी पासी लोग आकर आल्हा गाकर त्योहार की महत्ता को और बढ़ा देते हैं। इन आल्हा के गाने वाले लोगों को अलहित कहते हैं।

ग्राम–बड़ागाँव : ब्लाक–बेहन्दर

यह ब्लाक पिछड़ा हुआ है किन्तु गाँव सम्पन्न है। ठाकुर बाहुल्य है। यहाँ की जनसंख्या 4494 है। अनु. जाति के 2396, पिछड़ी जाति के 1957 तथा सामान्य जाति के 241 लोग हैं। यहाँ के प्रख्यात व्यक्तियों में स्वतन्त्रता सेनानी विश्वनारायण पाण्डे व सिद्धिनाथ तिवारी का नाम आता है। सचान कोट में अंग्रेजों के साथ युद्ध हुआ व क्षेत्र की जनता ने अंग्रेजों को भगा दिया।

ग्राम–सुरसा : ब्लाक–सुरसा

सुरसा हरदोई नगर क्षेत्र से लगा हुआ गाँव है। यहाँ की जनसंख्या 1732 है, जिसमें 966 अनुसूचित जाति, 444 पिछड़ी जाति व 322 सामान्य जाति के लोग रहते हैं। यहाँ अधिकतर धान व मूँगफली की खेती होती है।

यहाँ के विख्यात व्यक्तित्व क्रांतिकारी रघुनन्दन शर्मा रहे हैं। जिन्होंने हैदराबाद के निजाम के खिलाफ बहुत बड़ा आन्दोलन चलाया था, निजाम ने उन्हें जेल में डलवा दिया किन्तु जेल में भी उनकी गतिविधियाँ चलती रहीं। निजाम ने रोटी के आटे में काँच मिलाकर खाने में दे दिया था, जिससे जेल में ही उनकी मृत्यु हो गयी।

ग्राम–कछौना : ब्लाक–बालामऊ

यह ब्लाक सण्डीला के बाद ही पड़ता है। इसकी कुल जनसंख्या 4512 है, जिसमें 875 लोग अनुसूचित जाति के व 3392 पिछड़ी जाति तथा 245 लोग सामान्य वर्ग के हैं।

सामान्य में यहाँ पर अधिकतर ठाकुर सम्प्रदाय के लोग रहते हैं। रानी विद्यावती देवी की बेरूआ स्टेट गुलामी के दौरान थी। ब्रिटिश हुकूमत के दौरान अंग्रेजों से लड़ीं। रानी विद्यावती की वीरता को याद कर आज भी यहाँ के लोग इन गीतों को गुनगुनाते हैं।

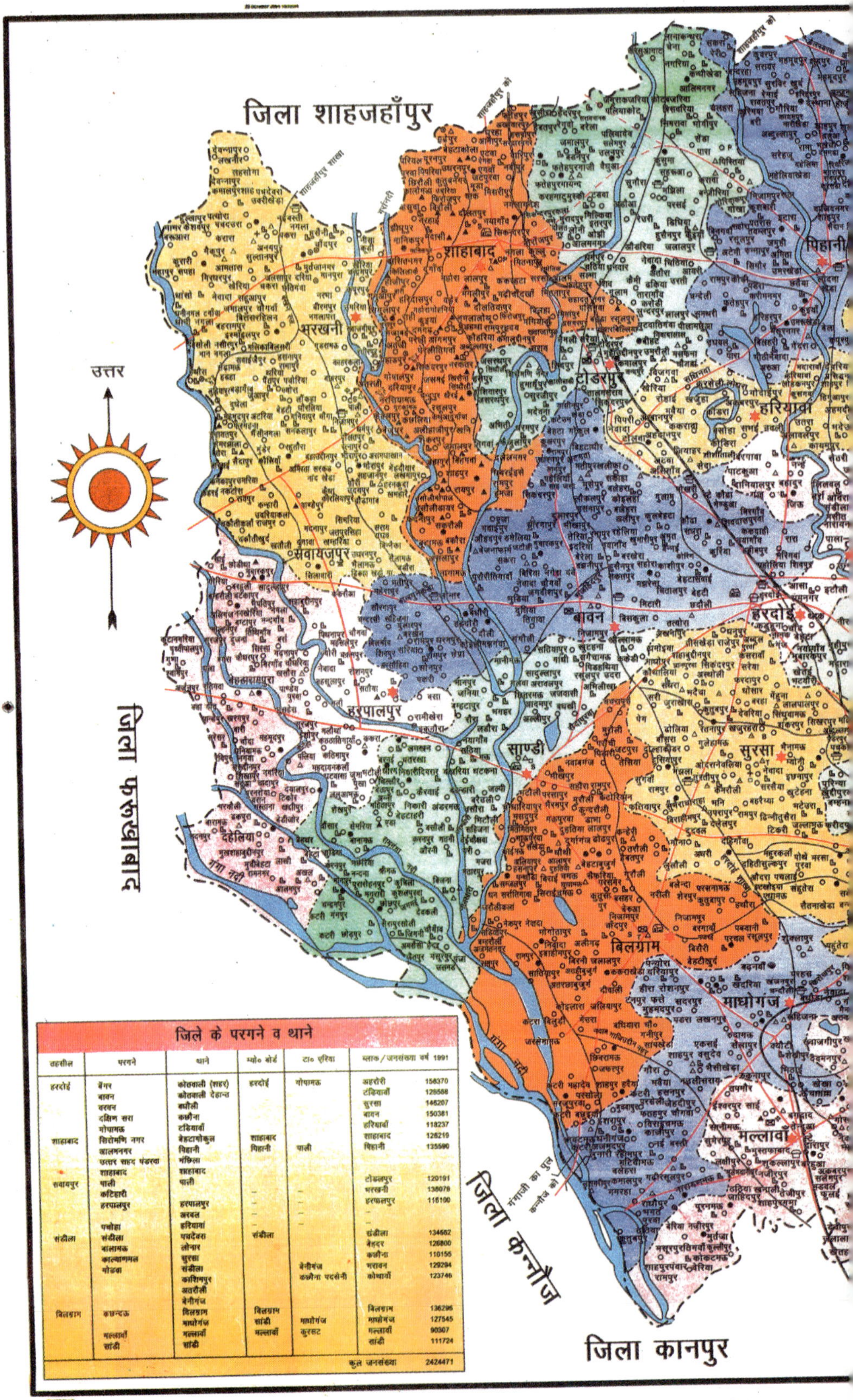

जिले के परगने व थाने

तहसील	परगने	थाने	म्यो० बोर्ड	टा० एरिया	ब्लाक/जनसंख्या वर्ष 1991	
हरदोई	बेंगर	कोतवाली (शहर)	हरदोई	गोपामऊ	अहरोरी	158370
	बावन	कोतवाली देहात			टडियावाँ	126558
	बरवन	बघौली			सुरसा	146207
	दक्षिण सरा	कछौना			बावन	150381
	गोपामऊ	टडियावाँ			हरियावाँ	118237
शाहाबाद	सिरोमणि नगर	बेहटागोकुल	शाहाबाद		शाहाबाद	126219
	आलमनगर	पिहानी	पिहानी	पाली	पिहानी	135590
	उत्तर साहद पंडरवा	मंझिला				
	शाहाबाद	शाहाबाद				
सवायजपुर	पाली	पाली			टोडरपुर	120191
	कटियारी		–	–	भरखनी	138079
	हरपालपुर	हरपालपुर	–	–	हरपालपुर	116100
		अरवल	–	–	–	
	पचोहा	हरियावां	–	–	–	
संडीला	संडीला	पचदेवरा	संडीला		संडीला	134662
	बालामऊ	लोनार			बेहदर	126800
	कल्याणमल	सुरसा			कछौना	110155
	गोंडवा	संडीला		बेनीगंज	भरावन	129294
		काशिमपुर		कछौना पतसेनी	कोथावाँ	123746
		अतरौली				
		बेनीगंज				
बिलग्राम	कछन्दऊ	बिलग्राम	बिलग्राम		बिलग्राम	136296
		माधोगंज	सांडी	माधोगंज	माधोगंज	127545
	मल्लावाँ	मल्लावाँ	मल्लावाँ	कुरसट	मल्लावाँ	90307
	सांडी	सांडी			सांडी	111724
					कुल जनसंख्या	2424471

मानचित्र

जिला हरदोई

विशेष सूचनाएं

भौगोलिक क्षेत्र	वर्ग किमी.	1991	5947
जनसंख्या			
पुरूष	जनसंख्या हजारों	"	1510.83
स्त्री	"	"	1236.25
ग्रामीण	"	"	2424.47
नगरीय	"	"	322.61
अनुसुचित जाति	"	"	866.58
अनुसुचित जनजाति	"	"	.03
साक्षर व्यक्तियों की सं०	"	"	
पुरूष	"	"	610.09
स्त्री	"	"	193.68
कुलयोग	"	"	803
तहसीलों की सं०	संख्या	1997–98	5
समुदायिक विकास खण्ड	"	1995–96	19
न्यायपंचायत	"	"	191
ग्राम सभा	"	"	1101
आबाद ग्रामों की सं०	"	1991	1983
गैर आबाद ग्रामों की सं०	"	"	100
वन ग्राम	"	"	0
कुल ग्राम	संख्या	"	1983
नगर एवं नगर समूह	"	"	13
नगर पालिका परिषद	"	"	7
नगर पंचायत	"	"	6
पुलिस स्टेशन (ग्रामिण)	"	1995–96	12
पुलिस स्टेशन (नगरीय)	"	"	12
बस स्टेशन	"	"	74
रेलवे स्टेशन	"	"	24
रेलवे बडी लाइन लं०	किमी.	"	169
डाक घर (नगरीय)	संख्या	"	29
डाक घर (ग्रामीण)	"	"	302
तारघर	"	"	14

संकेत सूची

जिले की सीमा	
ब्लाक की सीमा	
ब्लाक का मुख्यालय	
रेलवे लाईन व स्टेशन	
पक्की सड़क	
कच्ची सड़क	
नहर व रजबहा	
नदी व नाले	
झील व तालाब	
एक हजार से अधिक जनसंख्या के ग्राम	
एक हजार से कम जनसंख्या के ग्राम	L
डाकघर	P
थाना	T
केन्द्र विकास क्षेत्र	B
पशुबाड़ा	C
बीज भण्डार सहकारी विभाग	S
उन्नत बीज भण्डार	S
पंचायत अदालत केन्द्र	●
चिकित्सालय	
पशु चिकित्सालय	
बैंक	▲
पशुशोधालय	
निरीक्षण भवन	
निरीक्षालय पी. डब्ल्यू. डी.	
निरीक्षालय जिला परिषद	
शुगर मिल्स	
डिगरी कॉलेज	
कन्या डिगरी कॉलेज	
उच्चतर माध्यमिक विद्यालय	
जूनियर हाई स्कूल	△
कन्या जूनियर हाई स्कूल	△
मान्यता प्राप्त जूनियर हाई स्कूल	□
प्राइमरी पाठशाला	■
सहकारी विकास संघ	○
क्रयविक्रय समितियाँ	⊙
प्राथमिक स्वास्थ्य केन्द्र	×
परिवार नियोजन केन्द्र	+
सूचना केन्द्र	⊠
पुलिस चौकी	OP

जिले की शिक्षण संस्थाएं :–

1. राजकीय इण्टर कालेज, हरदोई
2. एस० डी० इण्टर कालेज, हरदोई
3. एस० बी० वी० इण्टर कालेज, हरदोई
4. रफी अहमद किदवई इण्टर कालेज, हरदोई
5. आर० आर० इण्टर कालेज, हरदोई
6. आर० कन्या महाविद्यालय, हरदोई
7. सी० एस० नेहरू डिग्री कालेज, हरदोई
8. श्री बेनीमाधव विद्यापीठ इण्टर कालेज, हरदोई
9. गंगा देवी हायर सेकण्ड्री स्कूल, हरदोई
10. वैदिक विद्या मंदिर हायर सेकण्ड्री स्कूल, हरदोई
11. लाल बहादुर शास्त्री हायर सेकण्ड्री स्कूल, हरदोई
12. राजकीय कन्या शिक्षा विद्यालय, हरदोई
13. दयानन्द विद्यालय सुरसा, हरदोई
14. आदर्श कृष्ण विद्यालय, हरदोई
15. आर० एम० पी० इण्टर कालेज, शाहाबाद
16. बसन्त लाल विद्यालय, शाहाबाद
17. नेहरू कन्या हायर सेकण्ड्री स्कूल, शाहाबाद
18. जवाहर लाल विद्यालय, शाहाबाद
19. हामिद अली हायर सेकण्ड्री स्कूल, शाहाबाद
20. एम० जी० हायर सेकण्ड्री स्कूल पलिया, शाहाबाद
21. सुदर्शन शिक्षा सदन मझिया पिहानी, शाहाबाद
22. भारतीय हायर सेकण्ड्री स्कूल, शाहाबाद
23. आदर्श विद्या मंदिर भाभर, शाहाबाद
24. वैदिक विद्यालय हायर सेकण्ड्री स्कूल पलिया, शाहाबाद
25. भारतीय इण्टर कालेज पाली, शाहाबाद
26. अम्बिका बख्स हायर सेकण्ड्री स्कूल, पडरवा कला
27. इत्तिफाक रसूल इण्टर कालेज, सण्डीला
28. राजकीय कन्या इण्टर कालेज, सण्डीला
29. भगवान बुद्ध विद्यालय, सण्डीला
30. जनता इण्टर कालेज भरावन, सण्डीला
31. पी० वी० इण्टर कालेज तेरवा गौसगंज, सण्डीला
32. हत्याहारण इण्टर कालेज, हत्याहारण
33. जनता इण्टर कालेज कछौला, सण्डीला
34. ग्रामीण हायर सेकण्ड्री स्कूल गौरी कोथावां, सण्डीला
35. अटल बिहारी हायर सेकन्ड्री स्कूल डिकुन्नी, सण्डीला
36. छत्रपति शिवाजी विद्यालय हसनपुर बेहदर, सण्डीला
37. भरावन विद्यालय मंदिर भरावन, सण्डीला
38. गाँधी इण्टर कालेज बेनीगंज, सण्डीला
39. बी० जी० आर० इण्टर कालेज, बिलग्राम
40. पं० नेहरू इण्टर कालेज शदरपुर, माधोगंज
41. नरपत सिंह इण्टर कालेज, माधोगंज
42. बी० एन० इण्टर कालेज भगवन्त नगर, मल्लावां
43. ब्रजरानी इण्टर कालेज, बांसा
44. द्वारिकाधीश हायर सेकण्ड्री स्कूल, सांडी
45. दुर्गा प्रसाद हायर सेकण्ड्री स्कूल, खसरा
46. श्री रमेश चन्द्र अवस्थी विद्यालय, मल्लावां
47. विन्दुवाशिन हायर सेकण्ड्री स्कूल खेरवा, पुरवावां

31 मार्च, 1996 की स्थिति के अनुसार जनपद में रेस्टहाऊस डाक बंगलों की संख्या

विभाग	रेस्ट हाऊस	डाक बंगला	कुल
लोक निर्माण विभाग	–	6	6
सिंचाई विभाग	–	29	29
वन विभाग	–	–	–
जिला पंचायत	–	2	2
जल संस्थान	–	–	–
अन्य विवरण	–	2	2
कुल योग	0	39	39

विशेष सूचनाएं

	संख्या	1995–96	
राष्ट्रीयकृत बैंक की सं०	"	"	73
बायोगैस संयन्त्र	"	"	5967
वर्षा सामान्य	मिमी०	1995	941
वास्तविक	मिमी०	"	598
तापमान (उच्चतम)	सेन्टी०	1997–98	44
तापमान (न्यूनतम)	सेन्टी०	1995–96	6.0
नहरों की लम्बाई	किमी०	"	1548
राजकीय नलकूप	संख्या	"	592
व्यक्तिगत नलकूप व पम्पसेट	"	"	76629
जूनियर बेसिक स्कूल	"	"	1963
सीनियर बेसिक स्कूल	"	"	458
उच्चतर मा० स्कूल	"	"	107
डिग्री कालेज	"	"	3
औद्योगिक मा० स्कूल	"	"	1
पॉलिटेक्निक	"	"	1
चिकित्सा एवं औषधालय			
एलोपैथिक	"	"	10
आयुर्वेदिक	"	"	36
होम्योपैथिक	"	"	25
यूनानी	"	"	5
पक्की सड़कों की लं०	किमी०	1994–95	1477

प्रकाशक :
एम.डी.एच. इन्डस्ट्रीज,
ऑफिस – 1/1978, मॉडर्न शाहदरा, दिल्ली–110032

2011 की जनगणना के अनुसार हरदोई के अध्ययनरत क्षेत्र की जनसंख्या

स्तर	नाम	क्षेत्र	No_HH	TOT_P	TOT_M	TOT_F	P_06	M_06	F_06	P_SC	M_SC	F_SC	P_ST	M_ST	F_ST	P_LIT	M_LIT	F_LIT	P_ILL	M_ILL	F_ILL
गाँव	मुरौली कटरियान	ग्रामीण	433	2340	1307	1033	342	200	142	680	393	287	0	0	0	1477	928	549	863	379	484
गाँव	अहिरोरी	ग्रामीण	1329	8382	4512	3870	1304	684	620	4071	2192	1879	0	0	0	4053	2449	1604	4329	2063	2266
वार्ड	चाँद बेहटा	शहरी	1086	6215	3306	2909	889	461	428	1670	906	764	0	0	0	3954	2340	1614	2261	966	1295
गाँव	डही	ग्रामीण	526	2771	1506	1265	456	251	205	1922	1045	877	0	0	0	1532	994	538	1239	512	727
गाँव	बेगमगंज	ग्रामीण	909	5324	2927	2397	836	502	334	961	560	401	0	0	0	3026	1825	1201	2298	1102	1196
कस्बा	मल्लावाँ	शहरी	6086	36915	19404	17511	5025	2605	2420	4215	2270	1945	0	0	0	21913	12891	9022	15002	6513	8489
गाँव	दुर्गागंज	ग्रामीण	817	4683	2526	2157	744	394	350	1180	642	538	0	0	0	2956	1771	1185	1727	755	972
गाँव	बावन	ग्रामीण	2230	13524	7236	6288	1979	1048	931	2012	1077	935	0	0	0	7383	4437	2946	6141	2799	3342
गाँव	महम्दापुर	ग्रामीण	66	342	178	164	51	30	21	156	86	70	0	0	0	200	108	92	142	70	72
गाँव	टोडरपुर	ग्रामीण	603	3846	2030	1816	591	319	272	1143	593	550	0	0	0	2503	1424	1079	1343	606	737
गाँव	उधरनपुर	ग्रामीण	113	687	376	311	130	62	68	358	188	170	0	0	0	285	201	84	402	175	227
गाँव	दहेलिया	ग्रामीण	1051	6035	3225	2810	1014	555	459	1169	640	529	0	0	0	3100	1915	1185	2935	1310	1625
गाँव	दौलतयारपुर	ग्रामीण	546	3092	1617	1475	546	259	287	1661	848	813	0	0	0	1172	713	459	1920	904	1016
गाँव	जमालपुर	ग्रामीण	112	695	400	295	142	88	54	148	86	62	0	0	0	314	222	92	381	178	203
गाँव	हरपालपुर	ग्रामीण	1544	8822	4603	4219	1464	770	694	973	516	457	0	0	0	5228	3042	2186	3594	1561	2033
गाँव	रनियामऊ	ग्रामीण	203	1111	575	536	202	103	99	254	134	120	0	0	0	685	420	265	426	155	271
गाँव	सुरसा	ग्रामीण	373	2157	1163	994	321	164	157	1278	695	583	0	0	0	1321	818	503	836	345	491
गाँव	बालामऊ	ग्रामीण	1022	4749	2524	2225	582	315	267	993	546	447	0	0	0	3221	1890	1331	1528	634	894
गाँव	बड़ा गाँव	ग्रामीण	1019	5234	2833	2401	875	436	439	2768	1490	1278	0	0	0	2644	1714	930	2590	1119	1471

स्रोत : Office of census of India, Lucknow, Uttar Pradesh

सूचक–

No_HH	–	कुल घर
TOT_P	–	कुल जनसंख्या
TOT_M	–	कुल पुरुष जनसंख्या
TOT_F	–	कुल महिला जनसंख्या
P_06	–	06 वर्ष से कम बच्चों की जनसंख्या
M_06	–	06 वर्ष से कम लड़के
F_06	–	06 वर्ष से कम लड़कियाँ
P_SC	–	अनुसूचित जाति की कुल जनसंख्या
M_SC	–	अनुसूचित जाति के पुरुष
F_SC	–	अनुसूचित जाति की महिला
P_ST	–	अनुसूचित जनजाति की कुल जनसंख्या
M_ST	–	अनुसूचित जनजाति के पुरुष
F_ST	–	अनुसूचित जनजाति की महिला
P_LIT	–	कुल शिक्षित जनसंख्या
M_LIT	–	कुल शिक्षित पुरुष
F_LIT	–	कुल शिक्षित महिलाएँ
P_ILL	–	कुल अशिक्षित जनसंख्या
M_ILL	–	कुल अशिक्षित पुरुष
F_ILL	–	कुल अशिक्षित महिलाएँ

हरदोई जिले की कुल जनसंख्या 40,91,380 है इनमें 22,04,264 पुरुष हैं और 18,87,116 स्त्रियाँ हैं। (2011 जनगणना) हरदोई का औसत शैक्षिक दर 68.89 प्रतिशत है जिसमें पुरुषों का शैक्षिक दर 77.2 प्रतिशत और स्त्रियों का शैक्षिक दर 59.17 प्रतिशत है। यदि हम हरदोई जिले की साक्षरता दर को उत्तर प्रदेश और भारत की दर से तुलना करें तो उत्तर प्रदेश का शैक्षिक दर 69.72 प्रतिशत है जिसमें पुरुषों का शैक्षिक दर 79.24 और महिलाओं का शैक्षिक दर 59.26 प्रतिशत है। भारत में शैक्षिक दर 74.04 प्रतिशत है जिसमें पुरुषों का शैक्षिक दर 82.14 और महिलाओं का शैक्षिक दर 65.46 प्रतिशत है। इस अर्थ में हरदोई जिला राष्ट्रीय और प्रादेशिक स्तर पर शैक्षिक दर में पिछड़ा हुआ है। यहाँ का लैंगिक अनुपात 885 महिलाओं पर 1000 पुरुष हैं। 6,62,807 बच्चों (0-6 वर्ष) में 3,55,722 लड़के थे और 3,07,085 लड़कियाँ थीं। हरदोई जिले की जनसंख्या उत्तर प्रदेश की जनसंख्या का 2.05 प्रतिशत है। 2011 की जनगणना के अनुसार यहाँ पर हिन्दू, मुस्लिम, ईसाई, जैन और सिख लोग निवास करते हैं। सबसे बड़ी जनसंख्या यहाँ हिन्दुओं की है। यद्यपि यहाँ मुसलमानों की भी जनसंख्या बहुत पहले समय से निवास कर रही है। सबसे अधिक संख्या में शाहाबाद तहसील में रहते हैं जहाँ उनकी जनसंख्या 13.5 प्रतिशत है। बिलग्राम और हरदोई में इनकी संख्या कुछ कम है। हरदोई जिले में लगभग 69 अलग-अलग हिन्दू जाति के लोग निवास करते हैं।

अध्याय-8

हरदोई के त्योहार एवं मेले

भारत एक महान देश है। यहाँ विविध समुदायों के लोग शान्तिपूर्वक एकता एवं सामंजस्य बनाकर निवास करते हैं। अलग-अलग सम्प्रदाय अनेक त्योहार मनाते हैं। ये त्योहार वर्ष भर समरसता प्रदान करते हैं। प्रत्येक का अपना महत्त्व है और उन्हें मनाने का तरीका भी भिन्न है। ये न केवल व्यक्ति के जीवन को हर्षोल्लास से भर देते हैं बल्कि नवऊर्जा और चेतना प्रदान करते हैं। कुछ त्योहार मानवपूर्ण गुणों को भी बढ़ावा देते हैं तो कुछ मानव को प्रकृति से जोड़ते हैं और उसका महत्त्व समझते हैं।

त्योहार सामाजिक जीवन का हिस्सा है और लोगों को एक साथ मिल-जुलकर रहने के लिए प्रेरित करते हैं। इससे सामाजिक सामंजस्य स्थापित होता है। हरदोई क्षेत्र हिन्दू बाहुल्य है इसलिए यहाँ पर मुख्यतः हिन्दू त्योहारों का विस्तृत वर्णन किया गया है।

नव दुर्गा व्रत

देवी जी थापी जाती हैं, पहले मिट्टी में जौ डाल कर कलश रख देते हैं फिर पीठा पीसकर थापे लगा देते हैं फिर ज्योति जलाकर पूजा शुरू करतें है एक दीपक देवी जी को जलाकर सबको दीपक दिखा देते हैं। एक दीपक पूजा शुरू करने से पहले रोज जलाते हैं।

यदि हवन वाले दिन (शनिवार, बृहस्पितवार, इतवार, मंगलवार) है तो विसर्जन नहीं कराते हैं उसके दूसरे दिन कराते हैं अगर दिन अच्छा है तो उसी दिन पूरी पूजा होने के बाद सुहाग लेकर थोड़ा सा कलश दीपक खिसका देते हैं, जहाँ पर हवन होता है वहाँ पर की एक ईंट खिसका देते हैं।

दशहरा की पूजा सामग्री

खोये का मीठा सादी पूड़ी चौक गोबर तुरई के फूल कलश के ऊपर तेल का दीपक, सबसे पहले पूजा करते हैं, भोग लगाकर आरती कर देते हैं, फिर सुहाग लेते हैं।

करवा चौथ व्रत–पूरे कार्तिक भर पीठा सफेद पिसता है।

सामान–कलेण्डर, सींक वाली झाड़ू, पीली मिट्टी के करवा या गिलास बच्चों के लिए 8, चूरा, नये चावल लाल वाले, यही चावल थोड़े पिसाये जाते हैं पिन्नी के लिए, खोये के पेड़े, बताशा, गुलगुलियाँ, पूड़ी, चाँदी का छल्ला, रोली, चावल, धूप, पुष्प, एक पिन्नी का लड्डू, अरक लेने के लिए इसकी बत्ती बड़ी और दो बनायी जाती है क्योंकि अरक लेते समय चारों तरफ जला लेते हैं।

चौ मुख दीया चौ मुख बाती
अरक देने नारायण आये,
अरक हमार अहिबात तुम्हार,

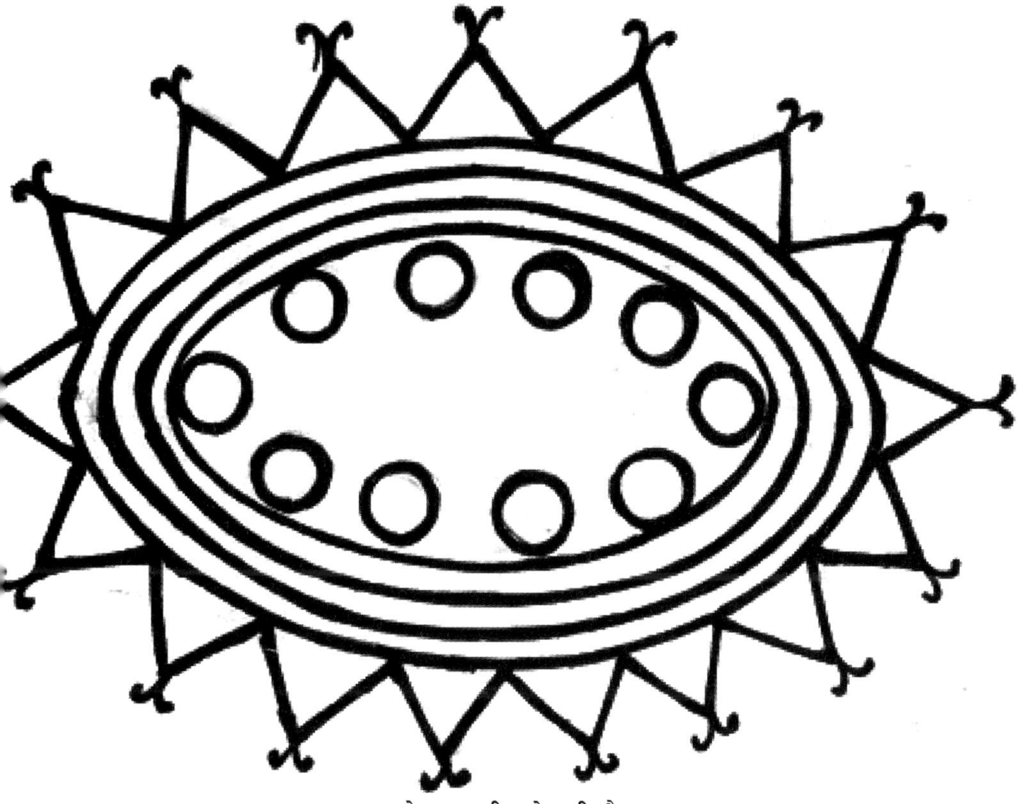

दशहरे पर बनायी जाने वाली चौक

सब सामान गड़ुये में चार-चार डाला जाता है जैसे—4 पूड़ी, 4 पेड़े, 4 बताशा, 4 पिन्नी, 4 गुलगुलियाँ, और गौरी गणेश के पास एक खूँट चढ़ा देते हैं (4 पूड़ी, 4 गुलगुलियाँ, 4 पेड़े, 4 पिन्नी,) गोल चौक रखी जाती हैं हर गिलास और गडुये के नीचे स्मृति चिह्न बनाया जाता है सूर्यास्त से पहले ही गोबर मँगाकर गोबर लगा दिया जाता है जहाँ चौक रखी जाती है और छत पर जहाँ पूजा होती है पानी डालकर साफ करके गोबर से लीप कर सूरज और चन्द्रमा पीठे से बना दिया जाता है

कहानी समाप्त होने के बाद अरक लेते हैं गड़ुये एक दूसरे से बदलते हैं 7 बार फिर भोग लगाकर आरती करते हैं। फिर ऊपर जाकर पूजा करते हैं। नीचे आकर सुहाग लेते हैं फिर गड़ुआ जुठरवाते हैं।

करवाचौथ पर बनायी जाने वाली विभिन्न प्रकार की चौक

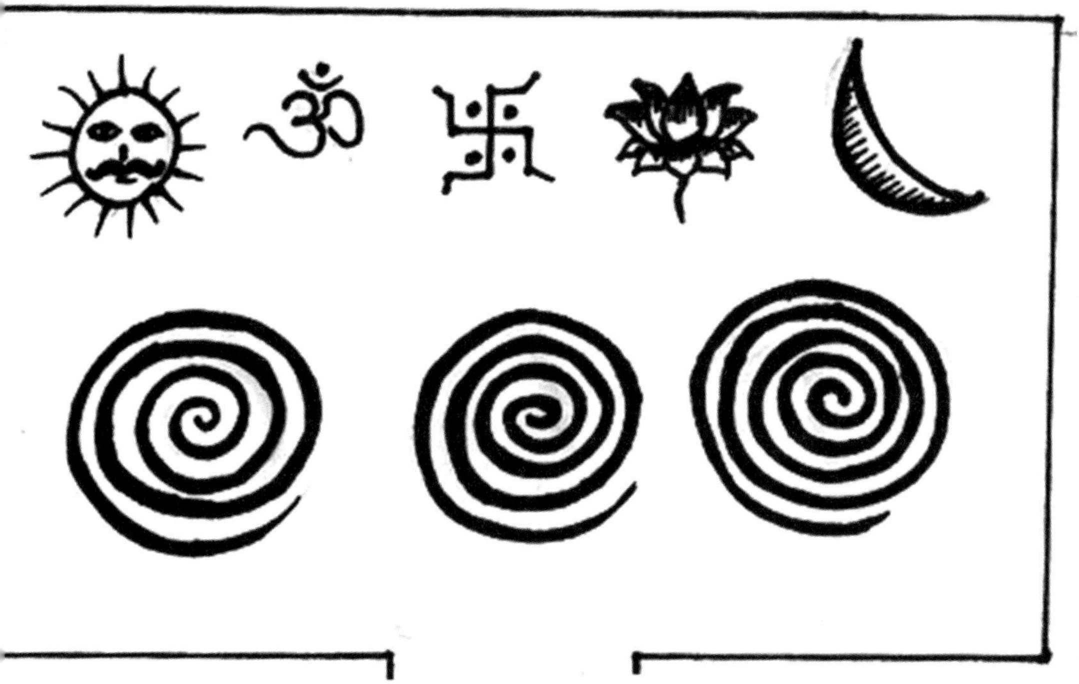

करवाचौथ पर बनायी जाने वाली विभिन्न प्रकार की चौक

धनतेरस

इसमें लक्ष्मी गणेश की मूर्ति आती हैं और कोई भी एक नया बर्तन आता है। 25 मिट्टी के दीये, 6 सिखा, 6 बड़े दीये, कुलियाँ, खीलें, खिलौना।

छोटी दीपावली

इस दिन जितनी भी बाहर की ओर नाली होती है तेल का दीपक जलाते हैं। 5.30 बजे।

दीपावली

दीपावली का पूजन कलश ही तीनों दिन चलता है। दीपावली वाले दिन 25 दीये घी के नयी रूई की बत्ती बनाकर तैयार किये जाते हैं और 2 दीये बड़े तेल के जिसमे लम्बी बत्ती डाल कर चारों तरफ जलाये जाते हैं पूजा के समय फिर बाद में दोनों बत्ती मिलाकर एक लौ कर देते हैं दो दिये बड़ी फूलबत्ती के घी के बनाये जाते हैं इसमें से एक-एक दीया दुकान जाता हैं। एक-एक दीया घर पर जलाया जाता है। तीन छोटे दीये तेल के लम्बी बत्ती के जलाये जाते हैं और चार दीये घी के फूलबत्ती के जलाये जाते हैं कुल मिलाकर 9 दीपक जलाये जाते हैं। 6 सिखा जी आते हैं उसमें खीलें भर कर, 2 खिलौना डालकर मन्दिर में रख देते हैं। पूजा की दो थाली लगायी जाती हैं एक घर की, एक मन्दिर की, मन्दिर की थाली एक गिलास में गंगाजल, 4-5 लौंग, इलायची के जोड़े, दही, 7 पीस मीठा, खील, खिलौना, रोली, चावल, 11 घी के दीये, फिर वही थाली दुकान जाती हैं दुकान पर दही दूसरा जाता है। हवन के लिए हवन कुण्ड तैयार किया जाता है। जिसके हवन सामग्री, कपूर, धूपबत्ती घी आदि भेजते हैं।

दीपावली पर बनाये जाने वाला अष्टकमल

तीन चाँदी की प्लेटों में पाँच मेल का मीठा लगाकर रख देते हैं। 2 चाँदी के कटोरे में खिले, 4 खिलौना लगाकर रख देते हैं। घर पर मन्दिर में पहले चौक डालकर कुल नौ दीपक द्वार पर जलाये जाते हैं और नौ ही दुकान पर जाते हैं। 4 घी के, 3 तेल के, 1 तेल का बड़ा, 1 घी का बड़ा, 10 दीये घी के मन्दिर जाते हैं। दीपावली को या होली पर ताजी दाल नहीं पिसायी जाती है जो सामान बनाना होता है धुआँस का बनता है।

उस पर पूजा की पतली रखकर नया लाल आसन बिछा देते हैं। चाँदी के सिक्के और रुपये की गड्डी रख कर जब घर के मुखिया मन्दिर से आ जाते हैं तब गणेश जी, लक्ष्मी जी को आसन पर बिठाकर पूजा शुरू की जाती है। पूजा करने के बाद लक्ष्मी जी की आरती की जाती है फिर

दीपावली पर बनाये जाने वाली चौक

घर के मुखिया सबको टीका लगा कर प्रसाद देते हैं, फिर दुकान पर पूजा करने जाते हैं। औरते सुहाग लेती हैं। पहले 4 दीये गंगाजी के, 4 दीये यमुना जी के जलाते हैं, 1 दीया आकाश का, 1 दीया तुलसी जी का जलाते है। आँगन में चौक पर घी का दीपक जलाते हैं फिर पूरे घर में तेल के दीपक जलाये जाते हैं।

अलाय-बलाय बनाने का विधान

हरदोई जनपद के सभी गाँवों में दीपावली के त्योहार के दौरान पूरे हफ्ते जो कार्यक्रम होते हैं उनका ब्योरा इस प्रकार है। दीपावली की धूम धनतेरस के दिन गाँवों से शहर की ओर जाकर लोग दीपावली के लिए खरीदारी करते हैं। या ब्लाक (कस्बे) की दुकानों से ही खरीदारी कर ली जाती है। लोग अपने घरों को गोबर से लीपते हैं, पूरे घर की साफ सफाई की जाती है। अगले दिन चौदस को नरकचौदस मनाई जाती है। इस दिन यमराज के नाम का दीपक जलता है। यहाँ

की कहावत है कि ''इस दिन कृष्ण की पत्नी सत्यभामा ने नरकासुर का वध किया था इसीलिए इसे नरक चौदस कहा जाता है।'' इस दिन घर के सभी लोग शरीर पर आटे व तेल से बनाया उबटन शरीर पर लगाते हैं व उससे निकाली हुई लीझी (आटे, तेल से रगड़ कर निकला हुआ मैल) को अगले दिन अलाय-बलाय में इस लीझी को डाला जाता है। कहते है नरक चौदस को जो भी उबटन लगाकर स्नान नहीं करता उसका पूरा वर्ष दुखमय बीतता है। इस दिन घर की नाली पर व घूरे पर दिया जलाया जाता है। कहते हैं कि इस दिन घूरे के भी दिन बहुरते हैं यानी उस पर दीप जलाकर उसका भी सम्मान किया जाता है।

अमावस्या दीपावली के दिन आँगन में आटे की चौक बनाकर उस पर तेल का दीपक जलाया जाता है। इसी दीपक से पहले अलाय-बलाय जलाई जाती है व इस अलाय-बलाय को गाँव बाहर डाल दिया जाता है। जहाँ वह पूरी तरह जलकर राख हो जाती है।

एक मुट्ठी फूस को बाँधकर उसमें घर का कचरा व उबटन से निकली हुई लीझी रखी जाती है फिर दिये से जलाकर जलती हुई फूस की ढेरी को लेकर चलते हैं व कहते हैं ''अलाय-बलाय जात है।'' ऐसा माना जाता है कि इस प्रकार परिवार साल भर के लिए टोने-टोटके व आकस्मिक विपत्तियों से मुक्त रहता है।

अलाय-बलाय जाने के बाद आँगन के उसी दीपक से अनेक दीप जलाकर सारे घर में रखे जाते हैं। रात में लक्ष्मी-गणेश का पूजन किया जाता है। खील, खिलौने व मिठाई का भोग लगाते हैं।

दीपावली के भोर में दलिद्दर भगाने का चलन है। घर की सबसे बुजुर्ग महिला सुबह चार बजे चिड़िया बोलने से पहले, घर का सूप लेकर उसपर करछुल पीटकर आवाज करती हैं व बोलती हैं "ईश्वर आयें दलिद्दर जाँय।" यह कहती हुई घर के बाहर निकलकर उस सूप को फेंक देती हैं। इस प्रकार कहा जाता है कि घर का दरिद्र भगा दिया। इसके पश्चात् सभी लोगों की आँख में दीपावली के मुख्य दीपक से पारा हुआ काजल लगाते हैं।

दीपावली के अगले दिन गोवर्धन पूजा होती है। घर के आँगन में गाय के गोबर से चौक बनाई जाती है। जो इस प्रकार होती है। खाना बनाकर चौक को भोग लगाया जाता है। अगले दिन भाई दूज की पूजा होती है।

कार्तिक अन्नकूट (गोधन)

इसमें स्मृति चिह्न गोबर से बनाये जाते है।

खीलें, बेसन, ओखली चलाती औरत, उरद दाल, दाल अरहर, राई की पगिहार, चावल खाना पकाती औरत, चकिया चलाती औरत, आटा, पहरेदार, कलश के लिए।

भाईदूज

भाईदूज वाले दिन जो गोधन बनाये जाते हैं उसे बीच में गोबर से लीप कर खुर बनाये जाते हैं और जो चारों तरफ पीठे से लाइन खींची जाती हैं उसे दोहरा देते हैं। और खुला वाला हिस्सा बन्द कर देते हैं। पहले अन्दर खुर बनाकर फिर बाहर भइया दूज रखते हैं। फिर पूजा करके एक-एक पूड़ी पर खोये का मीठा रख कर भोग लगाते हैं।

सामान–पूड़ी, खोये का मीठा, कच्ची ईंट, मसूर, बेरी के काँटे, शरीफे की पत्ती, सिलौटी, कान

गोवर्धन पर बनाये जाने वाली चौक

भाईदूज पर बनाये जाने वाली चौक

की घूरेरी, पगिया, कलश पर तेल का दीया, आरती, सिलौटी उल्टी रखी जाती है और उस पर चौक बनायी जाती है।

आँवले की पूजा

इस पूजा के लिए शनिवार सबसे अच्छा दिन होता है यह पूजा अष्टमी को की जाती है। इतवार को आँवले की पूजा नहीं होती है। पीठे के पीछे 7 चिह्न बनाये जाते हैं।

सामग्री–घी का दीपक, पूड़ी, कलश का जल, पिन्नी, आरती, पीठा सफेद कच्चे पीठे की (कड़ा पीठा) से गौरी जी बनाई जाती हैं। गुलगुलिया, आटा मड़ा हुआ थोड़ा सा, 12 गोली बनाकर चढ़ाई जाती हैं (आटे के आँवले), हलवा, कच्चा धामी, खीलें, खिलौना देने के लिए, खिचड़ी, 2 आँवले कच्चे, धूप, रोली, चावल, फूल, कपूर, खाना पूड़ी सब्जी खाने के लिए। बिछाने के लिए चादर, गिलास, प्लेट, चम्मच, अचार, मीठा, शाम को तवा चढ़ सकता है अगर दूसरे दिन खरावार है तो यदि उसी दिन बृहस्पति, मंगल, इतवार है तो दूसरे दिन चढ़ाया जाये।

कार्तिक–पूरे कार्तिक एक घी का दीया जलाते हैं। (आकाश के लिए दीपक)

(कार्तिक) एकादशी गन्ने की पूजा

एक दिन पहले मँगा कर रखना है तवा चढ़ सकता है।

सामान–गन्ना, शकरकन्दी, सिंघाड़ा, खीलें, खिलौना, गुड़, रोली, चावल, घी का दीपक जलाते हैं। कलश के ऊपर पूजा करने के बाद आरती करते हैं। इस दिन चौक पर भगवान विष्णु के चरणों की पूजा की जाती है उसके ऊपर पटली ढक देते हैं। ये पूजा केवल आदमी ही करते हैं।

भाईदूज पर बनाये जाने वाली चौक

(कार्तिक) एकादशी की पूजा

(कार्तिक) तुलसी जी की पूजा

सामान–पूड़ी, पिन्नी, हलुवा, गुलगुलियाँ, खीलें, खिलौना, रोली, अक्षत, पुष्प, धूप, जल, आरती।

यह पूजा दशहरा से शुरू हो जाती है। इसमें शाम को तुलसी जी के पास प्रतिदिन घी का दीया जलाया जाता हैं। और तुलसी जी की पूजा सुबह रोज करते है। यदि दीपक रोज नहीं जला पाते हैं तो आखिरी दिन पैंतीसा जला कर पूजा कर लेते हैं चाहे 35 घी के दीये जला लेते हैं। इस दिन तुलसी जी की शादी की जाती हैं

तुलसी जी के लिए लहंगा, चुन्नी, चूड़ी, बिछिया, बिन्दी मँगा लेते हैं। तुलसी जी को पहना कर पूजा करते हैं इसमें 30 खूँट चढ़ते हैं और कलश पर घी का दीया जलाते है। खूँट में 2 पूड़ी, 2 गुलगुलियाँ, 1 पिन्नी, थोड़ा सा हलुवा रखते हैं। तवा चढ़ाने की कोई बात नहीं। यह पूजा सोम, बुध, शुक्रवार को की जाती है।

''गंगा स्नान वाले दिन अरहर की दाल नहीं बनायी जाती है।''

(कार्तिक) तुलसी जी की पूजा

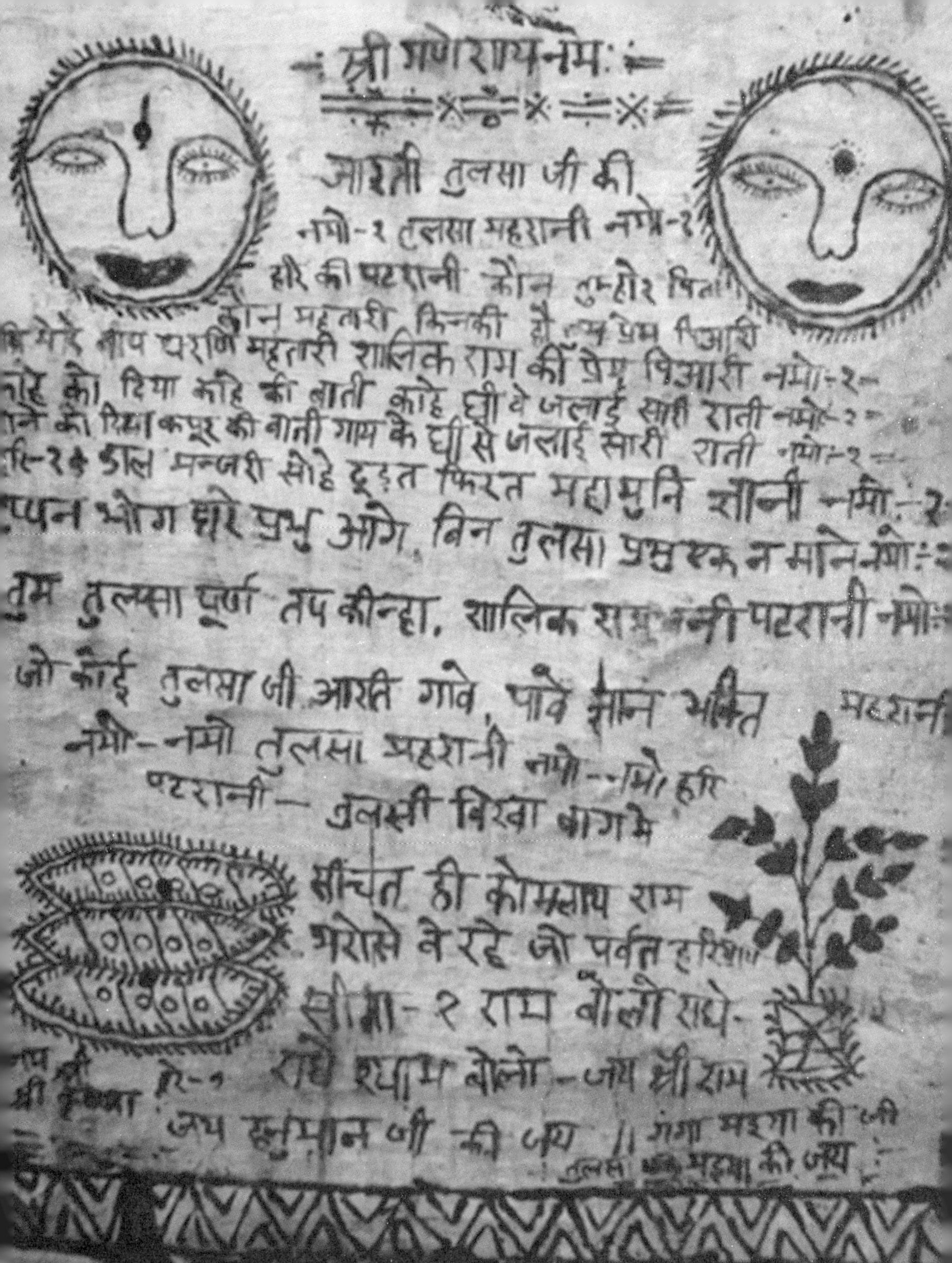
श्री गणेशाय नमः
आरती तुलसा जी की
नमो-२ तुलसा महरानी नमो-२
हरि की पटरानी
तुलसी बिरवा बाग मे
सींचत ही कोमलाय राम
जय हनुमान जी की जय

तुलसी पूजा की चौक

तुलसी जी की आरती

लाओ न सोने का गड़आ अचल कुआँ को पानी राम
सींचो न तुलसी का बिरवा मन माने फल पाए राम।
सावन तुलसी दूध न पीव न भादौ क्वार में
तुलसा दितर मनावै कार्तिक जुआँ न खेले राम
अगहन तुलसा अगर न पहने पूस सेज नहीं सोवे राम,
माह में तुलसा महा नहानी बारि अग्नि नहि तापै राम,
फाल्गुन तुलसा फाग न खेले न चोली रंग छिड़के राम,
चैत में बैसाख में तुलसा बैसाख नहानी ना खरबूजा चाखे राम
जेठ में तुलसा पानी छोड़े बिन मागे जल अचव राम
आषाढ़ में तुलसा अगन न सौवे न बिजली दुरकावै राम
इतने जप तप किये रानी तुलसा तब माधौ पर पाए राम
क्वाँरी गावै घर वर पावै ब्याही ललन खिलावै राम
बुढ़िया गावै जन्म मनावै तर बैकुण्ठ जाये राम
लाओ न सोने को गड़आ अचल कुआँ को पानी राम
सींचो न तुलसी के बिरवा मन माने फल पाए राम।

पूस-दिसम्बर

नयी उरद की दाल आती है और दाल भिगो कर पीस लेते हैं किसी भी अच्छे दिन पंखे पर बड़ी तोड़कर पूजा करते हैं और बन्धन की बिन्दी लगाकर दूब (घास) चढ़ा देते हैं। यह पूजा जो घर का सबसे बड़ा होता है वही करता है जैसे (मम्मी)।

अगहन-जनवरी (सकट) की पूजा

पुजाया 21 खूँट लगाये जाते हैं यदि लड़का होता है और शादी होती है तो कुंदवारा लगाया जाता है जिसमें दोहरा सामान बनाकर यानी (दुगना) पूजा की जाती है। गुलगुलियाँ, आंसे, पपड़ियाँ, तिलकुट (कच्चे तिल का) गुड़ डाल कर कूटा जाता है। एक खूँट में 2 पपड़ियाँ, 2 गुलगुलियाँ, 2 आंसे, थोड़ा सा तिलकुट, पूजा की थाली में बथुये की पिड़ियाँ, दो-दो दूब, गुड़ की सुपारी, चाँदी का छल्ला, रोली तिल, अक्षत, पुष्प, धूप, आरती, तीन थालियों में तिल और गुड़ का पाहा बना कर जला देते हैं।

विधि

सबसे पहले गोबर से लीपकर चौक रखते हं। पूजा की पटली पर दो पुतले बनाकर चौक पर रखते है और सुपारी भी रखते हैं। कलश पर तेल का दीया रखकर कलश की पूजा करते हैं। पूजा करने के बाद कहानी सुनाते हैं इसके बाद अरक लिया जाता है। अरक लेते समय बत्ती के चौमुखी कर लेते हैं। फिर हाथ में दीपक पकड़ कर सुपारी और चाँदी का छल्ला पकड़कर बोलते हैं—चौमुख दीना चौमुख बाती तिल-तिल बढ़े सकट की राती। अरक लेने नारायण आये अरक तुम्हार अहिबात हमार। अहिबात सुहाग भगवान का भोग लगाकर फिर आरती करके सुहाग लेते हैं।

संक्रान्त–खिचड़ी दान।

बसन्त पंचमी

इस दिन खोये की गुझिया बनाकर भोग लगाते हैं। और बेर, आम का बौर भी चढ़ाते हैं। इस दिन तहरी और पीले चावल मीठे बनाये जाते हैं। नोट–तवा नहीं चढ़ाया जाता है अगर गमी हो जाती है तो गुझिया नहीं बनायी जाती है जब होली में आग लग जाती है तब बनायी जाती है ध्यान रखना चाहिए।

होली की पूजा

गन्ना, बाली, बल्ले, सच्चे मोती 6 डिब्बे, 6 टुकड़े चाँदी के, पूजा की थाली में शहद, घी, शक्कर, रोली, चावल, कच्चा धागा, गेहूँ।

अष्टमी की पूजा (देवी जी की)

पटली पर देवी जी को बैठाना, पीछे एक भगौने में पानी भर कर नीम का लौंगा डाल कर देवी जी को बैठाना चाहिए। भगौने में चारों तरफ गधे बनाये जाते हैं दीवाल पर हनुमान जी (हाथ की थाप लगती) बनाये जाते हैं पटली पर देवी जी बैठाते हैं और आगे चौक डालते हैं।

पुजाया

7 खूँट मन्दिर में, 7 खूँट घर पर, सोठ गुण की गुझिया, 1 गौरी जी, 4 पपड़ियाँ, गुलगुलियाँ, हलुवा आटे का, सादे बेरे, छोटे-छोटे बरंवा, अबीर, द्वार पूजा भी होती है। नोट–यह पूजन सोमवार, बुधवार, शुक्रवार, शनिवार को की जाती है। इस पूजा में बार पूजा जाता है।

चैत्र (मार्च) नवरात्र

पहले सतिया बनाकर मिट्टी में जौ मिलाकर फिर सतिया बनाकर, दीपक जलाकर पहले कलश स्थापित किया जाता है फिर थापे लगती हैं। इस अवसर पर छोटी-छोटी पूड़ी, गुलगुलियाँ, ऐंठी-गुड्डी, आटे का हलवा, बताशा, पुआ इत्यादि बनाई जाती हैं।

हवन सामग्री मिलाने की विधि

हवन सामग्री चाहे जितनी कोई माप नहीं होती लेकिन उसमें तिल 1 किग्रा, चावल आधा किलो, जौ ढाई सै.ग्रा., शक्कर डेढ़ सै.ग्रा., थोड़ी-थोड़ी मेवा जैसे–मखाने, गरीं, किशमिश, देशी घी, कपूर।

पूजा का सामान

लौंग, इलायची, छोटी सुपारी, सादे पान, बताशा, कलावा, आटे का दीपक, रोली, अक्षत, बंधन, पुष्प, धूप, आम के पत्ते, मिट्टी, जौ, पीठा के लिए भीगे चावल, हल्दी पेड़। जगन्नाथ व्रत चैत्र में या अप्रैल बैसाख में जगन्नाथ जी की पूजा होती है (सोमवार को) तवा चढ़ाया जा सकता है।

पुजापा

गलफिया मेवा भरी पगी हुई गुझियाँ, छोटी-छोटी और पगे हुए खुरमे एक दो दिन पहले बनाकर रख लें। गेहूँ साफ कर लें दूसरे दिन सूखी कड़ाही में भूनकर उसमें गुड़ मिला दें और गुड़ धनिया बना लें। छोटी-छोटी पूड़ी, पुआँ, रबे का हलुवा बना लें। इस पूजा में गेहूँ की बाली, कच्चा आम, कोई फल दो प्रकार के, टेसू के फूल आदि चढ़ाया जाता है और जगन्नाथ जी का बेंत रखा जाता है। पूजा हो जाने के बाद पाँच-पाँच बेंत मारे जाते हैं। चरणामृत बनाकर सालिग्राम भगवान को स्नान कराया जाता है, पूजा की पटली पर आसन बिछा कर जगन्नाथ जी का फोटो किसी भी पात्र यानी (बर्तन) में एक कलश में पानी भर कर आगे फोटो बैठा दी जाती है। फिर ज्योति जलाकर भगवान को स्नान कराकर पूजा की जाती है रोली, अक्षत, पुष्प आदि चढ़ाकर कहानी कही जाती है फिर 11 खूँट चढ़ा दिये जाते हैं इसमें गौरी गणेश जी नहीं बैठाये जाते हैं। उसी दिन शाम को कलश हटा दिया जाता है। फोटो मन्दिर में बैठा देते हैं क्योंकि दूसरे दिन मंगल पड़ जाता है (मंगल, बृहस्पति, इतवार) खरे वार माने जाते हैं। चौक डाले चाहे न डाले। फोटो रखकर पूजा होती है। पुजाये का सामान बनाकर नये कपड़े से ढककर नीचे छड़ी रख देते हैं।

जेठ (जून)

जेठ के महीने में सिलौटी पर दाँत नहीं कराये जाते हैं।

बरम्बाऊस की पूजा

नयी बहू आने पर कंदवारा लगता है, 11 गड़ुये, 1 बहू का गड़ुआ (12) पीठा–पीठे की गौरी जी बनती है। पीठे से चिह्न काढ़ा जाता है।

बरगदही

सामग्री–आम-1, बैंगन-1, खरबूजा, बरगदा-4, आटे की गोली-12, चने-12, कच्चा धागा।

कच्चे धागे के भाले बनाकर हल्दी से रंग लिए जाते हैं। गड़ुये पीठे से रंगे जाते हैं फिर गड़ुसे में 4 पूड़ी, 4 बरगदा, 4 बताशा, 4 गुलगुलियाँ, सबसे पहले 12 चने डाल दिये जाते है, 3 ताँगे के गुतले से 4 फेरी ली जाती हैं। 12 चने के साथ ली जाती हैं, बरगद के पत्ते पर पुतला बनाकर 11 चने और एक भिटुआ रखकर माला से बाँध कर चढ़ा देते हैं फिर वही माला पहनाकर चने लील लिए जाते हैं, खाली घी का दीपक जलाकर रखते हैं पूजा कर के आरती कर देते हैं।

अषाढ़ (जुलाई)

अशाढ पूरे होने से पहले ही पूजा की जाती है। सोमवार या शुक्रवार मन्दिर में पूजा की जाती है (सर्वन देवी) इसमें पहले दुर्गा मन्दिर जाकर पूजा करते हैं। पाँच चिह्न बनाकर कर पूजा करके खूँट चढ़ा देते है। सब देवी-देवताओं को एक-एक खूँट चढ़ाकर पूजा कर देते हैं पीठा भी चढ़ाते हैं फिर सर्वन देवी जाते हैं।

पुजापा

60 पपड़ियाँ, वहाँ पर 14 चिह्न कुडरियाँ, रबे का हलुवा बनाकर पूजा करके 14 खूँट गुलगुलियाँ

लगाकर चढ़ा देते हैं। देवी जी को पेड़े, बताशे, पारा एक-एक सब देवी-देवताओं को खूँट चढ़ाकर आरती कर देते हैं। पीठा चढ़ाया जाता है प्रसाद खा लेते है। फिर घर आकर घर के दरवाजे पर तीनों तरफ पीठा हाथ में डुबोकर पाँच जगह लगाकर पूजा करके तब अन्दर घुसते हैं।

तीजों की पूजा पर लड़कियों के यहाँ रुपये भेजे जाते हैं। सब लोग दो-दो खूँट चढ़ाते हैं, 2 पपड़ियाँ, 2 रसगुल्ला, थोड़ा सा हलुवा, 1 पेड़ा, बताशा, एक-एक सब देवियों पर खूँट चढ़ा देते हैं।

(1 अगस्त) तिजियों की पूजा

सावन के महीने में झाड़ू नहीं मँगाते हैं।

पुजापा

घी का दीपक जलाते हैं। चौकोर चौक रखते हैं। कलश रखकर पूजा करते हैं। घी से पूजा की पटली पर दो पुतला बना कर पूजा करते हैं। पूड़ी, पुआ, गर्री का गोला (नारियल पानी वाला), बताशा, खोवे का मीठा, गुझियाँ, या पेड़ा, 1 पुआ, 1 पूड़ी, 1 गुझियाँ, 2 बताशे, इस तरह से 2 खूँट सब लोग चढ़ाते हैं, 1 गौरी जी का, पूजा करके आरती करते हैं फिर सुहाग लेकर चरण स्पर्श करते हैं।

रक्षा बन्धन

यह श्रावणी पर्व है। श्रावण मास की पूर्णिमा श्रावणी पर्व के नाम से प्रसिद्ध है। ब्राह्मण यजमानों के तथा बहिनें अपने भाइयों के राखी बाँधती हैं। रक्षाबन्धन में रक्षा का भाव निहित है। बहिन भाई से राखी बँधवाने का अनुरोध करती है ताकि भाई सदा उसकी रक्षा करता रहे।

सावन के महीने में अविवाहित लड़कियाँ तरह-तरह के पकवान बनाकर डलिया में रखती हैं व बाग और खेत में जाकर चींटी व कौओं को खिलाती हैं।

विवाहित लड़कियाँ एक कौए से माँ के पास मायके बुलाने का सन्देशा भिजवाती हैं।

कागा न हो मोरे कागा भैया ढिग कहे सनेस
ससुरे सावन बेटी ना करै।

सावन में गाँव में, बाग में या तालाब के किनारे वाले वृक्षों पर हिंडोले पड़ जाते हैं, जिन पर बालक-बालिकाएँ व स्त्री-पुरुष सभी झूलते हैं व गीत गाते हैं।

घेरि-घेरि आवे पिया कारी बदरिया।
दैवा बरसै हो बड़े-बड़े बूँद। बदरिया बैरिन हो।

सावन के गीतों में हिंडोले के गीत तो प्रसिद्ध हैं ही बलैया लेउं बीरन करके सावन का गीत बहुत प्रसिद्ध है। बहिन भाई से रेशम का झूला डलवाने की विनती करती है—

बिरना कासे कुसे के पटवा अंग छिलिया छीलि जाय।
बलैया लेउं बीरन।

सावन में ही नागपंचमी का त्योहार होता है जिसमें नागदेवता की पूजा होती है और नागों को दूध दिया जाता है।

भाई-बहन गुड़िया लेकर नदी या तालाब पर आते हैं। भाई गुड़िया पीटता है। अच्छे-अच्छे पकवान बनते हैं, झूला झूला जाता है तथा घुघरी (चना) भिगोकर खाया जाता है। सावन में कजरी

भी गाई जाती है। बल्कि कजरी वर्षा ऋतु शुरू होते ही गाने लगती है और शरद ऋतु के प्रारम्भ में समाप्त करती हैं।

(भादों) जन्माष्टमी + छठी

सोमवार या इतवार को कर सकते हैं।

अनन्त चौदस की पूजा

इस दिन अनन्ता मँगाकर कच्चे दूध से पूजा करते हैं रोली, जल, अक्षत, छिड़ककर पुए का भोग लगाते हैं। और अनन्ता हाथ में बाँध लेते हैं।

महालक्ष्मी की पूजा

इस पूजा में लक्ष्मी जी का व्रत रखते हैं मन्दिर में चौक डालकर उस पर पटली रखकर आसन बिछा कर लक्ष्मी जी को बैठा देते हैं और दोनों हाथी की भी साथ में पूजा करते हैं। लक्ष्मी जी को दही, दूध, शहद, तुलसी, गंगाजल से स्नान कराकर उनकी पूजा करते हैं। चौक पर मिट्टी का कलश उस पर घी का दिया जलाते हैं। पूजन शुरू करने से पहले ही सारे दीपक जला लेते हैं। पहले कलश पर सतिया बनाकर कलश पूजा करते हैं फिर गौरी जी की पूजा करते हैं तत्पश्चात लक्ष्मी जी का पूजन करते हैं। लक्ष्मी जी को सफेद वस्त्र पहनाकर सफेद पुष्प चढ़ाते हैं फिर देवी जी का (शृंगार) यानी सुहाग पिटारी का जितना सामान है चढ़ाकर (साड़ी, ब्लाउज, कंघा, शीशा, तेल, पाउडर, रीबन, नेलपालिश, आलता, मेंहदी, चूड़ी, बिन्दी, सिंदूर, इत्र, रुमाल, लिपिस्टिक, बिछिया, नथ या कील आदि) पूजा करते हैं। 16 रुपये चढ़ाये जाते हैं, कहानी पढ़ते हैं फिर आरती करते हैं।

सावन पर सवा लाख चावल इच्छानुसार शंकर भगवान पर चढ़ाये जाते हैं।

शुक्रास्त (जब सूक डूबे हो) कोई भी पूजन या अच्छा कार्य नहीं किया जाता। चूड़ी, बिन्दी, सिंदूर आदि लगाते हैं।

सामान–खोये का मीठा पुआ-16 बताशे फल-16, सेब, केला, दीपक घी के-16, पंचपतलव पान सादे-16 जोड़े (1 सुपारी, 2 लौंग, रखवार लगे हुए पान मीठे-4 भोग के लिए, 1 इलायची।

डेमसी के लाल धागे से 16 धागे की 16 गाँठें लगाकर दो धागे तैयार कर लेते हैं और देवी जी पर चढ़ाकर बाद में बाँध लेते हैं। दूब गाँठदार 16-16 की दो गड्डी बनाकर बाँध लेते हैं और आचमन कर देवी जी पर चढ़ाते हैं। आखिर में आटे का दीपक बनाकर उसमें तेल भर कर दीपक जला लेते हैं और बिना टोके छत पर जाकर बाहर की तरफ फेंक देते हैं पीछे मुड़कर भी नहीं देखते हैं इस व्रत में शाम को बिना नमक का खाना खाया जाता हैं। जो पुए बनते हैं वही खाये जाते हैं।

यदि पंचके लगी हो तो शादी के कोई भी अच्छे काम नहीं किए जाते हैं। पंडित जी से दिखवा लेना चाहिए। भद्रा लगी हो तो फेरे नहीं पड़ने चाहिए। शुक्रवार, सोमवार, बुधवार को काम करना चाहिए।

शादी की पूजा

अच्छे दिन देवी जागरण करते हैं प्रसाद में (1) भीगे हुए चने, (2) बताशे, (3) हलुवा या खोवे का मीठा, इसके बाद लगन निकाली जाती है तिलक चढ़ता हैं।

तिलक का सामान

1. थान
2. पीले चावल (पीले थैलों में),
3. नारियल चाँदी के बर्क लगे हुए
4. सुपारी-5 (चाँदी की भी)
5. चाँदी के सिक्के-21
6. रु.-21 या 11 (1/2 कि.) व्यवहार के डिब्बे (जितने माँगे जायें)।
   रु.-101 या 51 (1 कि.) साँसों के बड़े डिब्बे, 101 रु. के साथ 1 कि. का डिब्बा दूल्हे के हाथ में रखा जाता है। मिठाई के डिब्बों पर रुपये जरूर रखने चाहिए।
7. फल—5 या 7 मेल के फल में मुसम्मी नहीं दी जाती है।
8. मेवा—5 या 7 मेल की, काजू, किशमिश, मखाने, बादाम, छुआरे।
9. कपड़े सब बच्चों के परिवार में जितने लोग हैं।
10. लड़के के सूट शेरवानी, वगैरह, पगड़ी, जयमाल, चैन, अँगूठी, घड़ी, शेविंग का सामान।
11. लड्डू या इमरती बैने के लिए शादी में आप जो आइटम देना चाहें।

(1) धान, (2) माहार, (3) छेई

पहले पाँच कन्याओं को थोड़े-थोड़े चावल, बताशा देते है फिर 7 सुहागिनों को कोछे में चावल और 2 बताशे (करीब एक मुट्ठी चावल) दिये जाते हैं इसके बाद लड़की को साड़ी पहनाकर घर का कोई बड़ा या जो देवी पितर कर रहा हो लेकर आता है चौक के पास अंजुली भरवाकर लाता है जिसमें (चावल, पैसे, दूब, हल्दी) होती है पहले कन्या तेल चढ़ाती है फिर सुहागिनें तेल चढ़ाकर न्योछावर करती हैं। इसके बाद कलश पर से दीपक उतार कर रख देते हैं फिर वही 7 सुहागिनें दो-दो करके धान कूटती हैं 7 बार, 1 लोग बाद में दोहरा देता है धान कूट कर मूसर की पूजा कर देते हैं फिर गेहूँ दो-दो करके फटके जाते हैं, दो बार थोड़े से गेहूँ (चुटकी से) निकाल कर पानी में डाल देते हैं। फिर सूप की पूजा कर देते हैं फिर पहल से मिट्टी कुटवा छनवाकर भूसा मिलवाकर रख लेते हैं उसके सात चूल्हे बनाये जाते हैं एक बड़ा चूल्हा बनाते हैं जो पूजा में काम आता है। इसमें बीच में बोन लगा देते हैं। जागरण शुरू कर देते हैं। इसके बाद कोछे में गुल-गुले, बताशे दिये जाते हैं, 7 सुहागिनों को चकिया के पास चौक रखकर उस पर 7 आम की छोटी-छोटी लकड़ी कलावा से बाँधकर चकिया के ऊपर रख देते हैं और सात-सात गुल-गुले चकिया साबुत उरद डालकर सब लोग एक साथ चकिया चलाते हैं। वही दाल इसके बाद दाल छुई जाती है और पंखे के ऊपर बडी तोड़ देते हैं (7-7) और पूजा कर देते हैं।

तेल का बुलावा करते हैं इसके बाद तेल चढ़ाने के लिए मन्दिर जाते हैं जिसमें दो जगह सात कुज्झे और एक हंड़िया छोटी पूजा के लिए लिए ले जाते हैं कुज्झे में 2 पपड़ियाँ, बहुत थोड़ी सी दयोलरी (सिक्का, दो बताशे, जरा सा हलुवा डालते हैं पूजा के लिए), पूजा की थाली, तेल और देवी जी के लहंगा, चुनरी, बिन्दी, चूड़ी, बिछिया, सिंदूर, पुष्प, रोली, अक्षत, धूप, दीप, आरती, खोये का मीठा आदि ले जाते हैं जो देवी पितर करता है वो सबसे नीचे हांडी को रखकर उसके ऊपर 7 कुज्झे रख कर पूजा करता है। इसके बाद 7 सुहागिनें अपना पल्लू लगाकर 7 बार हिलाती हैं। सब लोग अपना-अपना कुज्झा ले लेते हैं बाद में उसका सामान खा लेते हैं। एक लोग मन्दिर में सब देवी-देवताओं पर 7 खूँट लगाकर चढ़ा

देते हैं खूँट में पपड़ियाँ, 2 गुलगुलियाँ, 2 बताशे, हलुवा, सिक्का, चढ़ा देते हैं। फिर जमीन में सप्तिन की पूजा करते हैं। जमीन में पीठे से चौक बनाकर हंडियां नीचे रखकर 7 कुज्झे लगाकर एक के ऊपर एक रखकर सातों सुहागिन पल्लू लगाकर सात बार हिलाती हैं। सब लोग अपना कुज्झा ले लेते हैं और हांडी जो देवी पितर करता है वो ले लेता है फिर सबको प्रसाद में बूँदी देते हैं जो व्रत रहता है वो खोये का मीठा खाता है इसके बाद हरदोई बाबा मन्दिर जाकर पूजा करते हैं। घर पर पंडित जी आते हैं खम्ब गड़वाते हैं, पूजा करवाते हैं। इस दिन पूरे परिवार का खाना किया जाता है।

विवाह संस्कार की वस्तुएँ

जब बारात दरवाजे पर आती है तो आटे और फूलों की रंगोली बहुत बड़ी बनाई जाती है जिसमें विभिन्न रंगों, अनाजों का इस्तेमाल इनकी सजावट के लिए किया जाता है। हल-सरावन तथा पतवार से शादी का मण्डप बनाते हैं तथा बाँस का इस्तेमाल किया जाता है। लकड़ी के दो पतले, मिट्टी के कलश, दीपक जलाने के सेखा का इस्तेमाल किया जाता है।

विवाह के समय प्रयुक्त होने वाली सामग्री

मंडप के लिए जो खम्भा गाड़ा जाता है उसमें खम्भा सरावन का बनता है तथा उस खम्भे में पतावर व सुग्गा चिड़िया लटकाई जाती है। इसके अलावा कलश और दिये की स्थापना की जाती है। डाल में सुहागपूरा, सिंदौरा, सिंदौरी होता है। इसके अलावा दूल्हा, दुल्हन के लिए पगड़ी, परात, मूसर, मौरा-मौरी, तीर व कंकन लगता है।

विवाह

इसके पश्चात् विवाह संस्कार आता है। विवाह में सर्वप्रथम धान पड़ता है—सात औरतें गाली में धान डालकर एक साथ मूसर से कूटती हैं। इन औरतों के पल्लू में चने की दाल, चावल व बतासा बाँधा जाता है। इसे कोंछ कहते हैं।

खम्भ

लड़के की शादी में बाँस का खम्भा व सरावन बीच में गाड़ा जाता है। उसमें थोड़ा सा फूस लगा देते हैं व नीचे कलश रखते हैं।

लड़की की शादी में सरावन, बाँस बीच में गाड़ा जाता है। चारों तरफ चार हल लगाये जाते हैं फिर उसी पर फूस लगाकर मंडप छाते हैं।

बाँस के खम्भे की चोटी पर एक गिलास बाँध दिया जाता है जो कि शादी का प्रतीक होता है।

छेई

सात औरतें गुलगुला बनाकर चकिया चलाती हैं। कोछे में गुलगुला डालकर चकिया में उरद दरती हैं, इस प्रकार छेई पूजन सम्पन्न होता है।

तेल पूजन

आटे के पापड़ बनाकर गाँव के देवी-देवता की पूजा होती है। घर आकर आटे के ऐपन की सात थापे

लगाकर अन्दर आते हैं। लड़की या लड़के के माथे से लेकर पैरों तक सात सुहागिनें तेल लगाती हैं। इसके पश्चात् लड़की की शादी में धोबिन के घर सुहाग माँगने जाते हैं।

लड़के की शादी में लड़के को पूरा सजाकर कुआँ बौरे को जाते हैं। लड़का सात बार कुएँ की परिक्रमा करता है, माँ कुएँ में पैर लटकाती है, लड़का माँ को उठाता है।

सात सुते (दिये) तथा उन पर सिक्का रखा जाता है। लड़का सभी सुतों को पैर से तोड़ता हुआ गाड़ी में बैठता है। गाड़ी में बैठने के बाद सात औरतें मूसल को लड़के के ऊपर फेरती हैं। दही, मीठा खिलाती हैं।

बहू आने पर मंडप के नीचे आरती उतारते हैं। मीठा शरबत, बहू बेटे पर सात बार उतारकर माँ पीती है। टीका करके बहू को कोहबर (जोती) में बैठाकर थाली में पानी डालकर पायल लुटाई जाती है। इसके पश्चात् संकटा खिलाई जाती है।

विवाह संस्कार की वस्तुएँ

विवाह के समय इस्तेमाल होने वाली वस्तुओं का उल्लेख इस प्रकार है–

सरावन : मण्डप बनाने के लिए बीच में एक खम्भा बनाया जाता है जिसमें बैलों के गले में बाँधी जाने वाली सरावन लगाई जाती है।

बाँस व गिलास : सरावन के साथ ही हरा बाँस लगाया जाता है, जो कि बहुत लम्बा होता है उसमें सबसे ऊपर एक गिलास बाँधा जाता है। इसका मुख्य कारण है कि दूर से ही देखने से पता लगता है कि इनके घर में शादी है।

कलश व दिया : हाँ से बाँस गाड़ा जाता है वहीं पर आटे की अष्टकमल चौक बनाकर कलश रखा जाता है। उसी कलाश के ऊपर दिया रखते हैं। उस दिये में रोज बत्ती जलाई जाती है जो पाँच दिन तक जलती है।

पतावर : पतावर एक प्रकार की घास होती है जिससे मंडप छाया जाता है। लड़की की शादी में पूरा मण्डप छाया जाता है। चारों किनारों पर चार हलों का सहारा देकर मण्डप छाया जाता है। लड़के की शादी में बीच के खम्भे में सिर्फ थोड़ी पतावर बाँध देते हैं।

छठी

पुत्र के जन्म के छठे दिन छठी पूजी जाती है और गीत गाये जाते हैं। बुआ पहली बार अपने भतीजे को काजल लगाती है। काजल से बच्चे की आँखें अच्छी रहती हैं। नये कपड़े पहनाती है तथा उसके

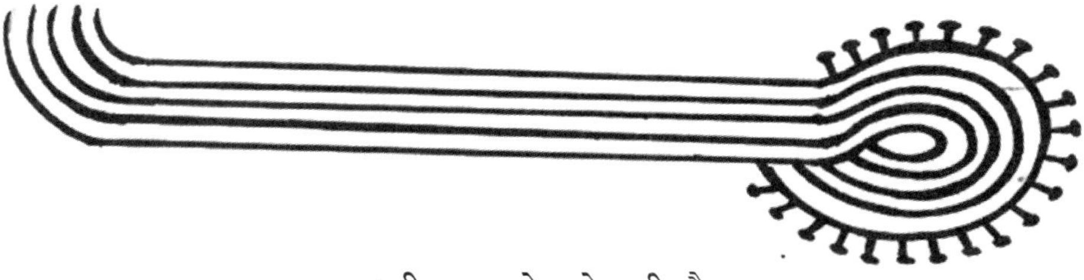

छठी पर बनाये जाने वाली चौक

बदले भाभी उसे नेग देती है।

छठी के पश्चात् पुत्र की आयु की वृद्धि तथा मंगल कामना करते हुए आशीर्वाद स्वरूप गीत गाये जाते हैं।

भयो रे लालनवा छठिया पुजाओ ननदी बुलाओ कजरवा अंजाओ।
चेटुआ खगोरा मंगाओ, रूचि-रूचि छठिया धराओ।
आई ननदिया लेके छटूला वहिका नेग दिवाओ।

बुआ काजल लगाती है, उरद, भात, बरा बनाकर छठी पूजी जाती है।

बरही

बरही में जच्चा के कमरे से आँगन तक चावल के पीठे से सात लाइनें बनाई जाती हैं और सूरज की पूजा होती है। बच्चा ननिहाल का कपड़ा पहनता है।

जनेऊ

लड़का जब 13 वर्ष का हो जाता है तो जनेऊ संस्कार होता है। सारे रिश्तेदार भीखी डालते हैं। भीखी में कपड़े, राशन, जेवर, पैसे वगैरह देते हैं।

मेला

महाऋषि दधीचि के नाम पर यहाँ बहुत बड़ा मेला लगता है। जो कि 1 नवम्बर से 15 नवम्बर तक चलता है। इस मेले में करीब डेढ़ लाख लोगों की भीड़ होती है। यह मेला 300 बीघे में लगता है। इस 300 बीघे में खेती नहीं होती है यह जमीन मेले के लिए छोड़ दी गयी है।

इस मेले में लोहे से बनने वाले समस्त बर्तन मिलते हैं तथा 15 दिन में करीब 50 लाख से ऊपर की बिक्री होती है।

धनुष यज्ञ मेला

धनुष यज्ञ मेला हरदोई के काल्यमल नामक स्थान पर होता है। यह अगहन (नवम्बर-दिसम्बर) के शुक्ल पक्ष के पहले से छठे दिन आयोजित होता है।

काल्यमल संडीला से 24 किमी. उत्तर में स्थित है। इसका प्राचीन नाम रथौली है। यह वह स्थान है जहाँ भगवान राम का रथ रुका था। रावण वध के पश्चात् राम हत्या हरन नामक स्थान पर स्नान हेतु गये थे।

हत्या हरन का मेला

हत्या हरन, काल्यमाल में एक तालाब है, जहाँ यह मेला भाद्र (अगस्त-सितम्बर) के हर रविवार को लगता है। गाँव से डेढ़ किमी. दूर एक तालाब है जिसका नाम हत्या हरण है। इसी स्थान पर भगवान राम ने रावण वध के पाप से मुक्त होने हेतु स्नान किया था।

इस स्थान को कल्यान साह नामक व्यक्ति ने खोजा था।

लाल पीर उर्स

यह उर्स गोपामऊ नामक गाँव में ज्येष्ठ (मई-जून) मास में प्रत्येक वर्ष आयोजित होता है। गोपामऊ हरदोई से 25 किमी. उत्तर-पूर्व दिशा में है और गोमती नदी से 3 किमी. पश्चिम दिशा में है।

इस गाँव का प्राचीन नाम मवा सराई था मवा चाचर था और इस पर अहबनस का राज्य था। कन्नौज पहुँचने पर वे जयचन्द द्वारा ठठेरा लोगों से युद्ध करने के लिए भेजे गये। उस समय ठठेरा लोगों का कब्जा गंगा से मिठौली तक था। उन्हें हराने के बाद सरूप सिंह भैंसरी में रुक गये किन्तु गोपाल सिंह यहाँ वापस आ गये और इस स्थान का नाम गोपामऊ रख दिया।

काजी अहमद जिन्हें अजमत शाह या अजमत पीर भी कहा जाता था, वे एक दरवेश थे जो मक्का से आये थे। उन्होंने इस जगह रहना शुरू कर दिया। इसीलिए इसके एक भाग का नाम अजमर टोला पड़ गया। यहाँ पर मुस्लिम सेना ने सैयद सालार मसूद के नेतृत्व के विरूद्ध जाने से इंकार कर दिया और उसे वहाँ से भाग जाने को कहा।

मसूद वहाँ से चला गया पर सतरिख पहुँच कर उसने मीर सैयद अजीज-उद-दीन जिन्हें लाल पीर कहते थे, को गोपामऊ भेजा। उसने यहाँ पर दो साल तक राज्य किया फिर उसे हिन्दू राजाओं ने पराजित कर दिया।

1233 ई. में ख्वाजा ताज-उद-दीन हुसैन चिश्ती को गोपामऊ परगना में इल्तुतमिश द्वारा भेजा गया। उसने अहबन्स को पराजित कर दिया और एक किला और मस्ज़िद बनाया। कालान्तर में यह नष्ट हो गयी फिर लाल पीर की दरगाह को बनाया गया, ख्वाजा कुतुब-उद-दीन की सलाह पर 1232 ए.डी. में। इसे 1786 ए.डी. में नवाब मोहम्मद अली खान द्वार पुनर्निर्मित किया गया (जो अरकोत का सूबेदार था) इस गाँव के अग्नेय कोण पर है, और बड़े-बड़े कांकर से बनी है, जो हिन्दू मन्दिर के अवशेष हैं। यह दरगाह सुव्यवस्थित है यहाँ उर्स पर हजारों लोग ज्येष्ठ मास के दूसरे सप्ताह में आते हैं।

यहाँ से उत्तर-पूर्व दिशा में चिश्तपुरा नामक स्थान है, जिसे चिश्ती शेखों ने ढूँढ़ा था। यहाँ पर एक मस्ज़िद के अवशेष हैं जो ख्वाजा हबीबुल्ला द्वारा बनाई गयी थी। यहाँ पर एक पत्थर की बारादरी भी है जिसे मौलवी गुलाम रसूल जिन्हें तिरुचना पल्ली का काजी 1801 में बनाया गया। नवाब अनवर-उद-दीन जो कि अरकोट के सूबेदार 1745 में नियुक्त हुए थे वे भी यहीं के थे। उन्होंने यहाँ पर एक चौखण्टा कुआँ और एक मस्ज़िद बनवाई थी।

पंचगिरि महादेव मेला

इस मेले का आयोजन काल्यमाल नामक स्थान पर होता है। यह अगहन (नवम्बर-दिसम्बर) मास में पंचगिरि महादेव मन्दिर के सम्मान में होता है। ऐसी मान्यता है कि यहाँ की शिवलिंग की स्थापना पांडव राजा युधिष्ठिर ने की थी।

विन्धेश्वरी देवी का मेला

विन्धेश्वरी देवी मेला हरदोई के बिलग्राम में चैत्र (मार्च-अप्रैल) की अष्टमी को होता है।

बिलग्राम हरदोई से 26 किमी. दक्षिण पश्चिम में गंगा नदी के तट पर है। ऐसी मान्यता है कि इस स्थान का नाम बिल नामक दैत्य के नाम पर पड़ा था। एक अन्य मान्यता के अनुसार इसका

नाम बिलाल के नाम पर पड़ा था। उसके पुत्र इलाल की हत्या बलराम (कृष्ण के भाई) ने की थी।

प्राचीन समय में इसका नाम श्रीनगर था और रैकवार राजा श्रीराम ने इसे स्थापित किया था। उन्होंने 9वीं एवं 10वीं शताब्दी में ठठेरा को हराया था। उन्होंने एक किला, एक मन्दिर व एक तालाब बनाया था, जिसका नाम सागर था। इस शहर के दक्षिण के टीले पर इसका स्थान माना जाता था। अब यहाँ पर एक स्कूल, मस्ज़िद और सिंचाई केन्द्र है। 130 वर्ष पहले सागर के उत्तर में दो तालाब बनाये गये जिसके किनारे कांकर की सीढ़ियाँ थीं।

स्थानीय कथाओं के अनुसार ख्वाजा इमद-उद-दीन जो ख्वाजा अबू मोहम्मद चिश्ती का चेला था ने बिल दैत्य को मारा था। उनका मकबरा यहाँ है। इस शहर में बहुत सी मस्ज़िद थीं। सबसे पुरानी 1477 ए.डी. में सैयद वारा में बनाई गयी। जामा मस्ज़िद और इमामबारा मेहदी अली खान द्वारा 1800 ए.डी. में बनाया गया।

इसके पास एक मन्दिर है जो बाबा मनसा नाथ को समर्पित है। यहाँ पर शिवलिंग भी है। विन्धेश्वरी देवी का मन्दिर यहाँ से 3 किमी. दक्षिण में है।

हरदोई की भौतिक एवं अभौतिक संस्कृति

(अ) खेती के पारम्परिक तरीके

हरदोई क्षेत्र का आज भी मुख्य व्यवसाय कृषि है। इसलिए ग्रामीण जीवनशैली व संस्कृति को समझने के लिए कृषि के पारम्परिक तौर-तरीके के विषय में जानना आवश्यक है। इसके अतिरिक्त कृषि से जुड़ी विशेष शब्दावली का भी ज्ञान होना चाहिए। कृषि की तकनीक में पिछली शताब्दी में बहुत परिवर्तन आये और आधुनिक तकनीकों से कृषकों का जीवन सरल व विकसित भी हुआ किन्तु पारम्परिक तौर-तरीकों का अपना विशिष्ट महत्त्व है जिनकी चर्चा यहाँ पर की जायेगी।

सिंचाई–वस्तुतः प्राकृतिक संसाधनों का उपयोग होता था, नहर, नदी तथा बारिश पर निर्भर रहते थे। तत्पश्चात पारम्परिक तरीके की सिंचाई में बैल का प्रयोग होता है। बैल चलते थे और डोंगी से सिंचाई होती थी।

इसके अतिरिक्त 'रहट' से भी सिंचाई होती थी।

कुएँ के दोनों ओर लकड़ी या लोहे के दो खम्भे लगाए जाते थे। दोनों के बीच में लकड़ी की चरखी लगाते थे। उसके माध्यम से डिब्बे जुड़े रहते थे जिनसे बारी-बारी से पानी ऊपर आता है और खेतों में डाला जाता है।

डोंगी का उपयोग बड़े क्षेत्र में सिंचाई हेतु किया जाता था। रहट का उपयोग छोटे क्षेत्र के लिए किया जाता था।

नहर से सिंचाई बहुत बाद में हुआ, छोटी नहरों को रजवाहा कहते थे। फिर ट्यूबवेल का प्रयोग होता था। बैलों को जुआ से मचिया दिया जाता था।

पहले गेहूँ बोने के लिए खेत जोता जाता था। फिर देखते थे कि 'उईठ हुई है' अर्थात् नमी है मिट्टी में अथवा नहीं है।

उसके बाद गेहूँ बो दिया जाता था, स्थानीय भाषा में कहते हैं 'बई गौ'।

समय-समय पर निराई होती है, परहनी होती है (पानी लगाया जाता है)।

गेहूँ बड़ा हो जाने पर कटाई होती है, फिर गेहूँ की मड़ाई होती है। ये बैलों के पैर से होती थी। उसी से बाली व भूसा प्राप्त होता था। गेहूँ को चार से पाँच बार पानी दिया जाता है। गेहूँ कार्तिक माह (नवम्बर) के महीने में बो कर चैत में काटा जाता है। साल में एक फसल प्राप्त किया जाता है।

धान

पहले खेत की पलेवा की जाती है और धान को छिटक दिया जाता। फिर बेड़ तैयार हो जाता है।

और छोटे-छोटे पौधे निकल आते हैं। फिर वे पौधे उखाड़े जाते हैं और पलेवा पुनः किया जाता है और बेड़ लगा दिया जाता है। स्थानीय भाषा में इसे 'लगौनी हो गयी' है कहते हैं। धान में पानी भरा रहना चाहिए। फिर धान की कटाई होती थी, हंसिया से 'झोराई' होती है। आदमी लकड़ी पर धान पटकते थे। फिर इसको 'बखारी' में भर दिया जाता था, जिसे डेहरिया भी कहते थे।

तिल्ली का तेल प्रयोग किया जाता था। ये काम तेली लोग करते थे। तिल को लकड़ी के बटने से बटा जाता था। फिर एक बर्तन में डालकर बाँस से दबाया जाता था।

जल संचयन की पद्धति

सम्पन्न गाँव होने की वजह से पानी के लिए ट्यूबवेल की व्यवस्था है। फिर भी कुएँ वगैरह से भी लोग पानी इस्तेमाल करते हैं। घरों में हैण्डपाइप लगे हैं।

(ब) खेती किसानी की वस्तुएँ

हल–''हल का आविष्कार नवपाषाण काल में हुआ। प्रागैतिहासिक तथ्यों के आधार पर हल को सबसे पहले मिस्र में निर्मित किया गया। विद्वानों का ऐसा अनुमान है कि हल का विकास 'हो' उपकरण से किया गया। इसके लिए हल में केवल दो सुधार किए गये। प्रथम, 'हो' के हत्थे को अधिक लम्बा रखकर उसे हर्स में परिवर्तन किया गया। द्वितीय, हल में हत्थे को अलग से जोड़ा गया। किन्तु हल के विकास का उक्त मत सर्वमान्य न हो सका। कतिपय विद्वानों ने इस पर शंका की और अन्त में लेसर ने इसका खण्डन करते हुए बताया कि हल का आविष्कार खींचने से इस्तेमाल होने वाले एक प्रकार के फावड़े से हुआ जिसे आज भी कोरिया, जापान, मध्य एशिया, आरमोनिया और दक्षिणी अरब में इस्तेमाल किया जाता है।

बीज वपन नलिका युक्त हल का आविष्कार 2,000 वर्ष ई. पू बेबिलोन में हुआ। आज भी इसका इस्तेमाल कुछ स्थानों में खेत की जुताई तथा बुवाई साथ-साथ करने में होता है। मेरठ के किसान इस हल को 'नलका हल' कहते हैं। कोरकू जनजाति में भी इसका इस्तेमाल प्रचलित है।

हल खींचने में पशुओं का इस्तेमाल दक्षिणी पश्चिमी एशिया में लगभग 1,500 वर्ष पूर्व में किया गया। आज विभिन्न स्थानों में ऊँट, घोड़ा, बैल और भैंसे को इस कार्य में लाया जाता है। मध्य एशिया में कजक जनजाति में हल घोड़े खींचते हैं। अल्जीरिया, सऊदी अरेबिया एवं कुछ अन्य रेगिस्तानी प्रदेशों में जुताई कार्य में ऊँट का इस्तेमाल होता है। भैंसों को मालाबार में अधिक उपयोगी समझा जाता है किन्तु अन्य स्थानों में बैल जोते जाते हैं।

साधारण हल

इसमें हर्स, हत्था, खोपरा व नसी आदि भाग होते हैं। हल में अधिक कोण बनाती हुई नसी लगी रहती है। सम्पूर्ण भारत में साधारण हल इस्तेमाल किया जाता है। (बनवीर)

त्रिफला हल

यह तीन नोक वाला होता है व खेतों में जुताई के काम आता है।

हँसिया और हँसुआ में अन्तर

हंसिया और हँसुआ की बनावट में अन्तर होता है। हँसिया में फलक और पुच्छ-कंट के बीच का कोण कम होता है और फलक आकृति में अर्द्ध चन्द्राकार होता है तथा इसका कार्यपैना होता है। हँसुआ में फलक और पुच्छ-कंट के मध्य का कोण अपेक्षाकृत अधिक होता है और फलक का झुकाव कम होता है तथा इसका कार्यांग प्रायः दाँतेदार किन्तु कभी-कभी समतल पैना होता है। हँसुआ के मुकाबले में हँसिया का इस्तेमाल अधिक प्रचलित है।

हँसिया (दराँती)

यह खेतों में फसल की कटाई के काम आती है। यह अर्धचन्द्राकार होती है व इसमें पकड़ने के लिए एक हत्था लगा रहता है।

सेरावन

यह लकड़ी का लम्बा लट्ठा होता है व खेतों में भुरभुरी मिट्टी बराबर करने के काम आता है।

इसी प्रकार खेतों में दवा छिड़कने के लिए हाथ से पम्प करके चलाने वाली मशीन इस्तेमाल होती है। पानी निकालने के लिए आधुनिक बिजली से चलने वाले पम्प का इस्तेमाल हो रहा है।

खेती किसानी की वस्तुएँ

1. खेतों में जुताई के लिए छोटे किसान लकड़ी के हलों से खेती की जुताई करते हैं। सरावन का इस्तेमाल खेतों की जुताई एवं मिट्टी को महीन करने के लिए किया जाता

पारम्परिक हल का प्रयोग करता किसान

है तथा जमीन बराबर हो जाती है। खोदने के लिए कपड़ा का, घास छीलने के खुरपी का, खेतों की कढ़ाई के लिए हँसिया का, सिंचाई के लिए पम्प का इस्तेमाल किया जाता है। पटेला जिसमें खेतों के छोटे-छोटे खाने बनाये जाते हैं और बीज बोये जाते हैं। बड़े किसान ट्रैक्टर से जमीन पर खेती करते हैं।

2. यहाँ की विशेषकर पैदावार गेहूँ और मक्का है।
3. दोमट मिट्टी होने के कारण मूँगफली भी अच्छी हो जाती है।
4. सामान्य रूप से अरहर, उड़द, मूँग की फल भी हो जाती है।
5. आलू, कटहल, लौकी, कद्दू की पैदावार खूब होती है।

खेती किसानी के लिए लोग नयी तकनीक का इस्तेमाल करने लगे हैं। जहाँ हल बैल द्वारा चलाया जाता था वहाँ आज ट्रैक्टर द्वारा चलाया जाता है। गेहूँ की मढ़ाई के लिए थ्रेशर का प्रयोग किया जाता है।

काफी सम्पन्न गाँव होने की वजह से आधुनिक उपकरणों का प्रयोग होता है। जुताई के लिए ट्रैक्टर का प्रयोग किया जाता है। गेहूँ की मढ़ाई के लिए थ्रेशर का प्रयोग किया जाता है। खेतों में अधिकतर ट्यूबवेल लगे हैं; जिनसे सिंचाई का कार्य होता है। इस प्रकार आज खेती किसानी के लिए पूरी तरह से आधुनिक उपकरण उपयोग में लाये जाते हैं।

यहाँ की प्रमुख फसल आलू, गेहूँ, धान है। यहाँ सब्जियाँ अधिक उगाई जाती हैं जो शहर में रोज बिक जाती हैं।

सागौन, यूकीलिप्टस, आम, नीम की लकड़ी के सामान ज्यादा बनाये जाते हैं। सिंचाई के लिए ट्यूबवेल का इस्तेमाल होता है।

जानवरों को खिलाने के लिए हरा चारा काटा जाता है उस मशीन को चारा-खांदने की मशीन कहते हैं। भैंस जिसमें चारा खाती है उसे चन्नी कहते हैं। इसी प्रकार खेती किसानी में हंसिया, खुरपा, फावड़ा इत्यादि का प्रयोग होता है।

मट्ठा बनाने की हांडी

टेराकोटा

गाँव में घुसते ही एक कुम्भकार का घर पड़ता है। उसके अनुसार तालाब से निकली हुई चिकनी मिट्टी का इस्तेमाल करके मिट्टी के बरतन बनाये जाते हैं। एक हाथ मिट्टी निकालकर फिर उसके नीचे की मिट्टी का इस्तेमाल होता है। मिट्टी को अच्छी तरह मिलाकर उसे चाक पर रखा जाता है फिर आवां में पकता है। टेराकोटा बनाने वाले ये कारीगर अपने व्यवसाय से परेशान हैं क्योंकि बाजार में प्लास्टिक प्रयोग के कारण मिट्टी के बरतनों का इस्तेमाल बहुत कम हो गया है। इसलिए इनके लिए पैसा कमाना बहुत मुश्किल हो गया है।

ऐतिहासिक मेलों के आयोजन होने पर तो टेराकोटा का अच्छा व्यापार हो जाता है। इसलिए यहाँ कुम्हारों के कई घर हैं जो तालाब की चिकनी मिट्टी से बर्तन बनाते हैं और इनकी आमदनी भी अच्छी हो जाती है।

जल संचयन की पद्धति (कुएँ/रहट/बावड़ी)

कुआँ, हैण्डपम्प आदि का प्रयोग पानी पीने के लिए किया जाता है, रहट, बावड़ी, बोरिंग की गाँव में होती है। गाँव का पानी साफ-सुथरा है। तालाब से भी पानी का उपयोग खेती में पहुँचाने के लिए किया जाता है।

कोल्हू/बखार/बैलगाड़ी/छकड़ा आदि

आने जाने के लिए लोग बैलगाड़ी अथवा छकड़ा का प्रयोग करते हैं लेकिन आजकल लोग मोटरसाइकिल, आटो, साइकिल का प्रयोग भी करते हैं। सम्पन्न लोगों के पास जीप या फिर मार्शल गाड़ियाँ भी हैं।

घर-गृहस्थी से सम्बन्धित वस्तुएँ व अनाज रखने के तरीके

बखारी

यह अनाज रखने की कोठरी होती है। जिसमें एक छोटा सा दरवाजा लगा रहता है व इसमें कोई भी झुककर ही प्रवेश कर सकता है। यह बखारी ईंट गारे की बनी होती है व लकड़ी का दरवाजा लगा रहता है। इसमें अनाज रखने के लिए पहले नीचे जमीन पर भूसा (गेहूँ के सूखे पौधों से बना हुआ) बिछाया जाता है, उसके ऊपर बोरियों में अनाज को रखते हैं, बोरियाँ रखने के बाद उसके ऊपर फिर भूसा बिछाकर सारी बोरियों को ढक देते हैं। इस प्रकार इसमें रखा अनाज साल भर सुरक्षित रहता है।

बखारी

लोहे की बखारी

यह एक लोहे का जमीन से लेकर छत एक फुट छोड़ते हुए ऊँचा ड्रम जैसा होता है। इसमें गेहूँ स्टोर किया जाता है व कीड़ों से बचाने के लिए नीम की पत्ती सुखाकर डाली जाती है। कुछ लोग सल्फास की गोलियाँ भी रखते हैं।

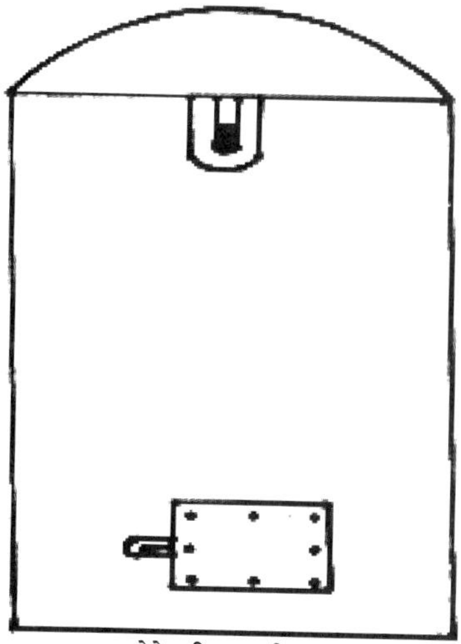

लोहे की बखारी

गाली

यह दालों से छिलका उतारने के काम आता है। दाल चक्की में दरने के बाद व दो भाग में हो जाती है किन्तु उस पर छिलका लगा ही रह जाता है तब इस दाल को इसमें रखकर कूटने से छिलका उतर जाता है। यह पत्थर की होती है। इसका आकार बड़े कटोरे जैसा होता है, इसको जमीन में

ही चिपका दिया जाता है।

मूसर

यह लकड़ी का बना अनाज को कूटने का औजार है। इसको हाथ में लेकर गाली में दाल रखकर उस पर चोट दी जाती है। इससे दाल का छिलका अलग हो जाता है। इसके बाद सूप द्वारा इस

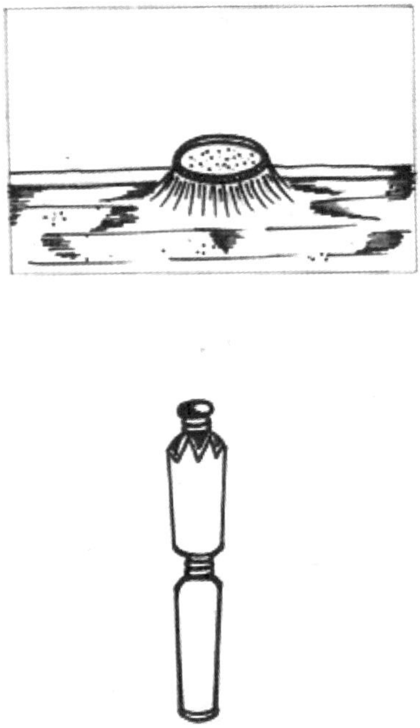

गाली एवं मूसर

दाल का छिलका उड़ा दिया जाता है। इस प्रकार गाली और मूसर की सहायता से दाल पकाने योग्य बनाई जाती है।

गाली-मूसर की पूजा

किसी भी शुभ काम में गाली और मूसर की पूजा जरूर की जाती है। काले धान या जौ की अंजुरी भर के सात औरतें मिलकर एक साथ कूटती हैं।

चकिया

पुराने जमाने में चकिया में आटा पीसकर इस्तेमाल किया जाता था आज तो सिर्फ पूजा के काम ही आती है। शुभ अवसर पर गुलगुला पूड़ी बनाकर चकिया में सात मुट्ठी उरद की दाल डालकर सात औरतें चकिया चलाती हैं और इस अवसर पर बन्नी गायी जाती है। चकिया पत्थर की बनी होती है। पकड़कर चक्की चलाई जाती है, यहाँ से अनाज डाला जाता है, यहाँ से पिसकर आटा गिरता है।

चकिया

दरेतिया

इसका आकार भी चकिया की तरह ही होता है। अन्तर इतना है कि चकिया में गेहूँ से आटा पीसकर निकाला जाता है और दरेतिया में अरहर, चना, उरद, मसूर या किसी प्रकार की दाल को दरा जाता है। इस वजह से ऊपर के पत्थर व नीचे के पत्थर के बीच में थोड़ी दूरी बढ़ाने के लिए बीच के डण्डे में कपड़ा लपेट दिया जाता है।

बठिया

गाँव में गाय, भैंस, बैल, भैंसा, साँड़ के गोबर से कंडे बनाये जाते हैं। इन कंडों को ईंधन के लिए इस्तेमाल में लाया जाता है। इस वजह से कंडे बनाकर उसे स्टोर करने की प्रथा है। अतएव कंडों को एक-दूसरे के ऊपर रखकर कंडे का पिरामिड जैसा बनाते हैं इसे ही बठिया कहते हैं। इन कंडों को बारिश में भीगने से बचाने के लिए फूस से ढक देते हैं और धीरे-धीरे इससे निकालकर इन्हें इस्तेमाल करते हैं।

कंडों की बठिया

छन्ना

लकड़ी का हल

फावड़ा, कुदाल, बाँका, तवल, बेलचा, रेत

चारा काटने की मशीन

(स) जनपद हरदोई के अन्तर्गत प्रयुक्त होने वाली

कृषि सम्बन्धी शब्दावली : एक रूपरेखा

1. भूमि से सम्बन्धी शब्द और उनका सन्दर्भगत अर्थ
2. बीज एवं पौधों से जुड़े शब्द एवं अर्थ
3. कृषि से जुड़े उपकरण—नाम एवं प्रयोग
4. अनुकूल एवं प्रतिकूल प्रकृति से जुड़े शब्द-अर्थ
5. किसान के शत्रु-मित्र जीव-जन्तु तथा वनस्पतियों और इनके रूढ़िगत सांकेतिक अर्थ
6. कृषि परम्पराओं तथा विश्वास सम्बन्धित शब्दावली
7. निष्कर्ष

अवध प्रान्त के हरदोई जिले का अपना एक महत्त्वपूर्ण स्थान है। जब हम लोगों ने हरदोई के पाँच गाँवों का जो कि अलग-अलग ब्लाक में स्थित हैं उनका अध्ययन किया तो वहाँ सांस्कृतिक धरोहरों से अवगत हुए। उन सांस्कृतिक धरोहरों को एकत्र करने का प्रयास भी किया जो आज के भौतिकवादी युग में विलुप्त होती जा रही है। इन धरोहरों में कृषि को भी बड़ी बारीकी के साथ अध्ययन करने का प्रयास किया। पूर्व काल या आज से 50 वर्ष पहले प्रयुक्त कृषक संसाधन लगभग विलुप्त होते जा रहे हैं। कुछ बुजुर्ग लोगों से इनके बारे में, इनके नाम एवं कार्य के बारे में पता चला, जिन गाँवों का सर्वे हम लोगों ने किया और जो तथ्य सामने आये उनका संक्षिप्त विवरण प्रस्तुत है।

भूमि से सम्बन्धित शब्द और उनका सन्दर्भगत अर्थ

अवध प्रान्त में भूमि से जुड़े हुए शब्द और उनके अर्थ लगभग समान हैं। कुछ अर्थों में क्षेत्र एवं जिले का प्रभाव दिखाई देता है और कुछ शब्दों के नाम भी बदले होते हैं। हरदोई जनपद के जब गाँवों का सर्वे किया तो कृषि यन्त्रों में विशेष अन्तर दृष्टिगत नहीं हुआ, हाँ बोली या उच्चारण नाम में कुछ भिन्नता अवश्य दिखी जो स्वाभाविक भी है। अध्ययन की दृष्टि से भूमि-कृषि से जुड़े शब्दों को निम्नलिखित शीर्षकों के माध्यम से प्रस्तुत किया जा सकता है।

(क) भूमि स्वामी से जुड़े शब्द जो गाँवों में प्रचलित हैं

भूमि से जुड़े लोगों के बारे में जब गाँवों वालों से बात की तो ज्ञात हुआ कि जो परम्परा आजादी के पूर्व थी वह लगभग समाप्त हो चुकी है। पहले बड़े जमीन के मालिकों, प्रतिष्ठित कास्तकारों को एक सम्मान की दृष्टि से देखा जाता था और उनके लिए एक सार्थक उपयुक्त नाम भी दिया जाता था लेकिन अब यहाँ यह चलन लगभग ना के बराबर हो गया है। लेकिन कुछ अर्थों और समयों पर इन नामों का उल्लेख आज भी लोग कर देते हैं और लगभग अधिकांश लोग यह जानते हैं कि इनका नाम और प्रयोग क्यों होता था जैसे—

1. जमींदार, 2. तालुकदार, 3. कास्तकार, 4. आसामी।

(ख) भूमि-स्वामित्व से जुड़ी शब्दावली

कुछ सामान्य चर्चित शब्द निम्न हैं—

(1) **सीर**–सीर वह भूमि है जिसे जमींदार स्वयं जोतता है। जब हमने गाँव वालों से पूछा तो उनका कहना था कि यह वह जमीन है जो जमींदार लोग दूसरी जगह खरीद लेते थे इसे 'नेवासा' या 'पाही' भी कहा जाता था।

(2) **बैनामा**–जब कोई व्यक्ति जमीन की रजिस्ट्री न करके बैनामा करता है जैसे स्टाम्प पेपर पर यह लिखना कि मैं यह जमीन इनको देना चाहता हूँ।

(3) **पट्टा**–यह एक प्रकार का अधिकार पत्र है। पट्टा और बैनामा में मात्र इतना अन्तर है कि पट्टा होने के बाद व्यक्ति का जमीन पर पूर्ण हक होता है और इसकी कोई अवधि नहीं होती जबकि बैनामा की अवधि होती है।

(4) **इस्तमरारी पट्टा**–यह पट्टा हमेशा के लिए लिखा जाता है लेकिन अब इसका चलन नहीं है।

(5) **बेचनामा**–खरीदी हुई जमीन का लिखित रूप में भूस्वामित्व 'बेचनामा' कहलाता है।

(6) **रेहन**–यह फारसी का शब्द है जिसका अर्थ है जब कोई किसान अपनी जमीन को किसी बड़े कास्तकार या साहूकार के यहाँ जमीन के बदले में पैसा ले लेता है तो उसे रहन कहते हैं। यह विधिवत् कागज पर लिखित होता है जिसे 'रेहननामा' भी कहते हैं। अर्थात् भूमि को बन्धक रखना और उसके बदले धन ले लेना। इसमें ब्याज के स्थान पर पैदा होने वाली फसल का प्रयोग किया जाता है।

(7) **अधिया**–आज के भौतिकवादी युग में हर व्यक्ति गाँव से शहर की ओर भाग रहा है। ऐसे में वह जमीन पर खेती नहीं कर पाता और अपनी खेती को गाँव में रहने वाले छोटे किसानों को अधिया, बटाई पर दे देता है। इसमें कई प्रकार देखने को मिलते हैं जैसे–1. पैदावार का आधा अनाज भू-स्वामी को देना और लागत का आधा धन भू-स्वामी से लेना।

2. एक निश्चित अनाज पर बिना लागत दिये जमीन को एक वर्ष के लिए दे देना।

(8) **घुड़कल**–अवध प्रान्त में घुड़कल की प्रथा भी है जिसमें भू-स्वामी अपनी जमीन को एक निश्चित धन (जैसे 4 हजार स. बीघा) के आधार पर गाँव के किसी भी किसान को दे देता है।

(ग) भूमि प्रबन्धन से जुड़े उपयोगी शब्द

आज के वैज्ञानिक युग में जहाँ कम्प्यूटर की टेक्नोलॉजी पूरी दुनिया में व्याप्त है। सारे काम कम्प्यूटर से होते हैं वहाँ प्रचलित शब्दों का प्रयोग भी ग्रामीण अंचलों में मिलता है–

(1) **बन्दोबस्त**–यह फारसी का शब्द है इसका साधारण अर्थ है व्यवस्थित भूमि प्रबन्धन। इसे कहीं-कहीं राजकीय सुधार के अर्थ में भी ग्रहण किया जाता है।

(2) **चकबन्दी**–चकबन्दी भारत-सरकार की भूमि सुधार योजना से सम्बन्धित है। इस योजना के तहत समय-समय पर सरकार अव्यवस्थित भूमि को एक सूत्र में बाँधती है जिससे किसानों की जो जमीन इधर-उधर रहती है वह एक साथ हो जाती है। यह 'परसियन' भाषा का शब्द है।

(3) **पड़ताल**–अवधी भाषा में इसे 'परताल' भी कहते हैं। पड़ताल से आशय है–गाँवों में सरकार द्वारा नियुक्त लेखपालों द्वारा होने वाला निरीक्षण। दूसरे शब्दों में लेखपाल गाँवों

में किसान की भूमि की जाँच पड़ताल करता है।

(4) **कुर्की**–कुर्की को कुडुक्की भी कहते हैं। यह सरकारी कर्ज या किसी अन्य मामलों में सरकार द्वारा ही कराया जाता है जिसमें उक्त व्यक्ति की जमीन मकान वगैरह सब जब्त कर लिया जाता है।

(5) **नीलामी**–यह कुर्की का व्यावहारिक रूप है। कुर्की होने के बाद उसकी नीलामी की जाती है।

(6) **बेदखली**–यह फारसी का शब्द है। जमींदारी उन्मूलन में इस शब्द का प्रयोग होता है। इसका अर्थ है अधिकार की इति हो जाना।

(छ) उद्यान सम्बन्धी शब्दावली

1. खंदक, 2. कोष्ठ, 3. बगिया, 4. थाला।

(ङ) जंगल तथा झाड़ी सम्बन्धी शब्द

1. गड्ढा, 2. चरहा, 3. बसवारी, 4. मड़ार, 5. भीट।

(च) तालाब तथा झील सम्बन्धी शब्द

1. आरी, 2. करेमुआ, 3. गहिर, 4. घाट, 5. झील, 6. तालाब, 7. पोखर, 8. ताल।

(छ) पशुओं के रहन-सहन सम्बन्धी शब्द

1. ऊँच, 2. खाल या स्खल, 3. गोबर, 4. घूर, 5. चरही, 6. हौदा, 7. हउदी, 8. नाद, 9. सानी, 10. नैसुआ, 11. बरदवारि, 12. मेंडरी।

(ज) खलिहान सम्बन्धी शब्द

1. खलिहान, 2. पैरा, 3. समथर, 4. भूसा, 5. कोल्हू, 6. गुलउरि, 7. पैरा, 8. जगेल।

(झ) रहन-सहन तथा संग्रहालय एवं कृषि उपकरण सम्बन्धी शब्द

1. अत्तरी, 2. बखारी, 3. अंगना, 4. दुआर 5. भुसइल, 6. बैलगाड़ी, 7. हैरो, 8. फावड़ा, 9. हसिया, 10. दराती, 11. त्रिफला हल, 12. चारा काटने की मशीन, 13. इंजन।

(ञ) लेखा से जुड़े गाँवों में प्रयुक्त आम बोलचाल की शब्दावली

इसके अन्तर्गत हरदोई जनपद में जो बातें हम लोगों ने की वह बदलते परिवेश के बावजूद भी कुछ स्थान सुरक्षित रखने में कामयाब हैं। गाँवों में आधुनिकीकरण पूरी तरह से हावी है किन्तु पुराने शब्दों का प्रयोग भी होता रहता है।

(1) **कब्जा**–कुछ लोगों के उच्चारण से यह 'कब्जा' सुनाई पड़ता था। कब्जा आज भी दबंगई के रूप में देखने को मिलता है। पहले इसका रूप विराट था लेकिन अब संकीर्ण हो गया है। आज भी गाँव में लोगों द्वारा दूसरे की जमीन पर कब्जा की प्रथा कायम है।

(2) **हक**–यह फारसी का शब्द है। कब्जा हो जाने पर जब किसान कानूनी लड़ाई लड़ता है

तो उसे हक की लड़ाई कहते हैं। इसलिए इसे वैधानिक अधिकार भी कह सकते हैं।

(3) **नाम**–नाम के कई बिगड़े रूप मिलते हैं। क्योंकि गाँव में सामान्यतः दो प्रकार के लोग होते हैं–1. शिक्षित, 2. अशिक्षित
शिक्षित लोग तो 'नाम' शब्द का ही प्रयोग करते हैं लेकिन जो कम पढ़े-लिखे या अशिक्षित हैं वे नाऊ, नॉव जैसे शब्दों का भी प्रयोग करते हैं।

(4) **खाता**–यह फारसी का शब्द है। गाँवों में इसका प्रयोग बैंक के खाता, 'बही खाता', 'रजिस्टर खाता' आदि नामों से जानते हैं।

(5) **चक**–यह खेती किसानी में जमीन के निर्धारण में प्रयोग होता है। किस किसान के पास कितने चक हैं अर्थात् खेत हैं, यह वीघा, बिस्वा के स्थान पर 'एक चक', 'दुई चक' इत्यादि के रूप में प्रयुक्त होता है।

(6) **चकरोट**–चकरोट परसियन भाषा का शब्द है जिसका अर्थ है 'चौड़ी पगदंडी'। गाँवों में लगभग यह खेतों के आस-पास या सड़क से गाँव तक जाने के लिए प्रयोग किया जाता है।

(ट) किसानों को सुविधा मुहैया कराने के बाद धन उगाही के शब्द

किसानों को जो सुविधाएं मिलती हैं उनके एवज में सरकार उनसे कुछ धन लेती है। इस धन उगाही का कार्य मुगलों, अंग्रेजों के समय से चला आ रहा है। पहले इसकी व्यवस्था कठिन थी, अब थोड़ा सख्त हो गयी है।

(1) **सिंचाई**–इसका प्रयोग लगभग हर जगह एक जैसा है सरकार गाँवों में ट्यूबवेल लगवाती है और उनके खेतों-फसलों को पानी देती है और बदले में 'सिंचाई धन' लेती है।

(2) **लगान और मालगुजारी**–सरकार किसानों से खेतों की लगान या मालगुजारी लेती है। यह परम्परा सदियों से चली आ रही है।

(3) **यूनिट**–यह अंग्रेजी भाषा का शब्द है। बिजली का बिल लेने के लिए सरकार 'यूनिट' निर्धारित कर रखी है। गाँवों में इसे 'युनिट' 'ऊनट' ऊनिट भी कहते हैं।

(4) **मवाजा**–इसके कई नाम हमें लोगों से सुनने को मिलते हैं। जैसे–मवाजा, माजा, मुआवजा। यह जमींदारी उन्मूलन के बाद भारत सरकार ने भूमि का मूल अधिकार खरीदने के लिए किसानों को जो धन लौटाया वह मवाजा था। यह किसानों पर पड़ने वाले प्रकोप के बाद दिया जाता है। जैसे–अकाल, पाला, बाढ़ वगैरह।

(5) **मालियत**–पुराने समय से यह शब्द गाँवों में प्रचलित है। गाँव का अधिकतर किसान इस शब्द से परिचित है। इस शब्द का प्रयोग चकबन्दी में अधिक होता है। चकबन्दी में चार आने, आठ आने, सोलह आने में खेतों की मालियत लगाई जाती है। मालियत वस्तुतः मूल्यांकन का पर्याय है।

(ठ) न्यायालय से जुड़े गाँवों में प्रयुक्त शब्दावली

खेती-किसानी के कारण जो विवाद आपस में गाँव में होता है उसका निस्तारण 'अदालत' में ही होता है। अतः उनकी शब्दावली का प्रयोग भी बहुलता के साथ गाँवों में होता है–

(1) **नकल**–यह फारसी का शब्द है। इस शब्द का प्रयोग उस कागज के रूप में किया जाता

है जिस पर लेखपाल भूमि स्वामी के पिता का नाम, खेतों का नम्बर, लगान तथा जोत की अवधि लिखकर देता है। इसे 'खसरा खतौनी' भी कहते हैं। नकल का महत्त्व मुकदमे में बहुत अधिक है।

(2) **समन**–इसे न्यायालय का आमंत्रण पत्र भी कहते हैं। जब कृषक कोई ऐसा कार्य करता है जो न्याय विरुद्ध होता है तब उसे न्यायालय से 'समन' या 'सम्मन' भेजा जाता है।

(3) **तामील**–इसका प्रयोग 'समन' के साथ ही होता है। जब किसान और साक्षी का हस्ताक्षर हो जाता है तब कहा जाता है 'सम्मन' तामील हो गया।

(ड) कृषि परम्पराओं तथा विश्वास सम्बन्धी शब्दावली

इष्टदेव से सम्बन्धित मान्यताएँ

टेढ़– भगवान के रूठ जाने को कहा जाता है। 'दइअव टेढ़बा'। भगवान नाराज हैं। इसका प्रयोग पानी न बरसने पर, पकी फसल के समय बरसात होने पर, मड़ाई के समय आँधी आने पर इत्यादि।

दइव– इसका अर्थ है देव।

सोझ– इसका अर्थ है सीधा अर्थात् देवता प्रसन्न है। उपज अच्छी होगी। एक कहावत है–

भादों की छठ चाँदनी, जो अनुराधा होय।
ऊबड़ खाबड़ बोय दे, अन्न घनेरा होय।

यदि भाद्र शुक्ल छठ को अनुराधा नक्षत्र हो, तो खराब जमीन में बीज बोने पर पैदावार अच्छी होती है। अर्थात् देवता सीधा है तो सब ठीक है।

अरगासन– फसल काटने पर दान के साथ आटा अथवा चावल, जिसके साथ नमक और खटाई भी होती है। एक जगह निकाल कर रख दिया जाता है और बाद में इसे किसी भिखारी ब्राह्मण को दान दे दिया जाता है।

चढ़ावा– पशुओं की बीमारी आदि से बचाने के लिए 'कड़ाही' आदि चढ़ाव चढ़ाए जाते हैं।

टुटका– इसे टोटका भी कहते हैं। बच्चे को बुरी नजर से बचाने के लिए व्यक्ति को बुरी नजर से बचाने के लिए एवं पशुओं को भी बुरी नजर से बचाने के लिए गाँवों में टोटका (सरसों, नमक, मिर्च) आदि उतार कर आग में डाल देते हैं।

टोना– टुटका-टोना लगभग एक ही बात है। फसलों को बुरी नजर से बचाने के लिए बाँस के लट्ठे में कपड़ा पहनाकर काला मटका बाँध देते हैं जिससे फसल में किसी की बुरी नजर न लगे।

सिधा– यह एक प्रकार का 'अगरासन' है। जो फसल पकने पर खाने से पूर्व निकाल दिया जाता है।

गाँव में कुछ बहु-प्रचलित कहावतें

1. **अगहन दूना पूस सवाई**
   फागुन बरसै घर से जाई

अर्थात् यदि अगहन में बारिश होती है तो रबी की फसल को दूना लाभ होता है, पौष मास में पानी बरसता है तो सवाया लाभ होता है और यदि फाल्गुन मास में पानी बरसे तो किसान की

फसल नष्ट हो जाती है। उसकी फसल की लागत भी चली जाती है।

2. **करिया बादर जीउ डरवावै।**
भूरा बादर पानी लावै।

अर्थात् यदि आसमान में घनघोर बादल छाये हैं तो तेज वर्षा का भय है लेकिन पानी बरसने के आसार नहीं होंगे, परन्तु यदि बादल भूरे हैं तो समझो पानी निश्चित रूप से बरसेगा।

3. **उत्तम खेती मध्यम बान।**
निषिद चाकरी भीख निदान।
4. **एक हर हत्या दो हर काज।**
तीन हर खेती चार हर राज।।
5. **कच्चा खेत न जोतै कोई।**
नाहीं बीज न अंकुर कोई।
6. **धान पान, उखेरा।**
तीनों पानी के चेरा।
7. **एक बात तुम सुनहु हमारी।**
बूढ़ बैल से भली कुदारी।
8. **आलस नींद किसानै नासै चौरै नासै खाँसी।**
अँखिया लीबर बेसवै नासै बाबै नासै दासी।
9. **घर घोड़ा पैदल चलै तीर चलावै बीन।**
धाती धरे दमाद घर जग में भकुआ तीन।
10. **नसकट पनही बतकट जो जोय पहिलौंठी बिटिया होय।**
पातर खेत बौरहा भाय, घाघ कहैं दुःख कहा समाय।
11. **कपड़ा पहिरै तीनि बार, बुध बृहस्पति सुकवार।**

शकुन-अपशकुन सम्बन्धी शब्दावली

गाँवों में आज भी अपशकुन मानने की प्रथा देखने को मिलती है। कृषि सम्बन्धी शकुन-अपशकुन अधिकांश नक्षत्रों और ग्रहों पर निर्भर है। इनके दायरे बढ़े हैं। जैसे खाली बाल्टी का मिलना अपशकुन है। किसी काने व्यक्ति का मिलना, बिल्ली का रास्ता काट देना, छिपकली का गिरना अपशकुन है। लेकिन इसका उपाय भी गाँव वाले आसानी से निकाल लेते हैं। लोक कवि भड्डरी की कुछ कहावतें लोगों के मुख पर सुनने को मिलती हैं। जैसे–

1. **मंगल सोय होय सिवराती। पछिवाँ वाय बहै दिनराती।**
घोड़ा रोड़ा टिड्डी उड़ै। राजा मरै की परती परै।
2. **सोम सनीचर पुरुष न चालू। मंगर बुध उतर दिसि कालू।**
बिहफै दक्खिन करै पयाना। नहि समझें ताके घर आना।
3. **रवि तामूल सोम के दरपन। भौमवार गुर धनियाँ-चरबन।**
वुध मिठाई बिहफै राईं शुक्र कहे मोहि देहि सुहाईं
सन्नी बाडभिरंगी भावै। इन्द्रौ जीत पुत्र घर आवै।

इसके अतिरिक्त कुछेक और प्रचलित शकुन-अपशकुन देखने को मिलता है।

1. **कुचरी**–झाड़ू के आकार का ग्रह जिसका आकाश में दिखाई पड़ना अपशुकन माना जाता है। कृषक यह समझता है कि फसल का सफाया करने के लिए यह झाड़ू ईश्वर ने भेजी है।
2. **कुदारि**–यह ग्रह कुदारि के आकार का होता है। इसका उगना भी अपशकुन माना जाता है। मान्यता यह है कि इसके निकलने से फसल नष्ट हो जाती है।
3. **गरहन**–एक ही महीने में (दो बार) सूर्य और चन्द्रमा ग्रहण का पड़ना बड़ा खराब माना जाता है। कहा जाता है, ''याक पाख द्वि गहना, राजा मरै कि सेना।''
4. **नखत**–विभिन्न नक्षत्रों में बादल होना, बूँदें पड़ना, वर्षा का होना अथवा न होना, आँधी चलना, पुरवाई, पछुवा आदि हवाओं का चलना भी शकुन-अपशकुन में आता है। कुछ कहावतें जो हरदोई में प्रचलित हैं वे इस प्रकार हैं–

सावन का पछुआ, दिन दुई चार,
चूल्ही का पाछा उपजा सार।

अर्थात् सावन में दो चार दिन भी पछिवाँ चले तो ऐसी ऐसी जगह में खेती हो सकेगी अर्थात् घर टपकने लगेगा।

हथिया बरषे चित्रा मण्डराय, घर बैठे किसान हर्षाय।
पूरब धनुही, पच्छिम भान
घाघ कहे बरखा नियरान।

कुछ अन्य कहावतें जो जन सामान्य से हैं–

1. **कहूं जात करमउ साथे है।**
2. **भीख नाई देहो का त्वाबो हेरि लेहो।**
3. **मारे भूखन के कंडो होइगे।**
4. **गरीबी में आटा गीला।**
5. **कोयले की दलाली में हाथ भी काला मुँह भी काला।**
6. **गरीबी तेरे तीन नाम, लुच्चा, भड़ुआ, बेईमान।**
   अमीरी तेरे तीन नाम, परसा परस परसराम।
7. **चारि कौर मित्तर तब देव और पित्तर।**

प्रचलित शब्दावली

1.	अस्टेशन	:	स्टेशन
2.	आला	:	ताखा
3.	एंडुआ	:	बैठका
4.	कुलुप	:	ताला
5.	गरूरी	:	नारियल
6.	चन्नी	:	भैंस के चारा खाने का पात्र
7.	नोन	:	नमक
8.	पतेल	:	पतावर

9.	फरूहा	:	फावड़ा
10.	बत्ती	:	लाइट
11.	बटन	:	स्विच
12.	मिच्चा	:	मिर्च
13.	मट्‌टी	:	मिट्‌टी
14.	सूता	:	दिया, दीपक
15.	हद्‌दी	:	हल्दी
16.	हरेरी	:	हरा चारा

(द) 1 लोक कलाएँ

प्रागैतिहासिक युग से ही मानव गुफाओं की दीवारों पर उँगली से उकेरकर चित्र बनाता था। फिर उसने अपने हाथ के पंखे के निशान मुँह में रंग भरकर फिर उसे फूँककर बनाया। इस क्रम में आगे बढ़कर उसने अन्य तरह के चित्र बनाये जिनमें जानवरों, पक्षियों का चित्र, मानव को शिकार करते तथा दैनिक गतिविधियों से सम्बन्धित चित्र पाये गये हैं।

ये कलात्मक प्रकृति मनुष्य में हमेशा से रही है। यदि हम ग्रामीण क्षेत्रों में अलग-अलग त्योहारों में बनाये जाने वाले चित्रकला को देखें तो उत्तर से दक्षिण तक और पूरब से पश्चिम तक भिन्न-भिन्न प्रकार की चित्रकलाएँ देखने को मिलती हैं। उत्तर प्रदेश के हरदोई जिले में भी ये देखी जा सकती है। इन्हें मुख्यतः घर की स्त्रियाँ या कन्या बनाती हैं। भारत में सदैव से ही स्त्री को अन्नपूर्णा व लक्ष्मी स्वरूपा माना गया है सम्भवतः इसीलिए त्योहारों पर वह ही चित्र बनाती थीं। ये अलग-अलग प्रकार से बनाये जाने थे—चावल को पीसकर उसका पीठा बनाकर गाय के गोबर से, गेरू से और अलग-अलग प्राकृतिक रंगों से। कुछ चित्र जमीन पर तो कुछ को दीवार पर बनाया जाता है। कुछ घर की चौखट पर तो कुछ गुप्त स्थान पर बनाये जाते हैं।

यदि हम इनको ध्यान से देखें तो हरदोई जिले में स्थानीय भिन्नता तो है किन्तु कमोबेश समान प्रकार के चित्र देखने को मिलते हैं।

इनमें सबसे पहले एक आयताकार घेरा दिखाई पड़ता है जो सम्भवतः सामाजिक दायरे को इंगित करता है। फिर अलग-अलग कृतियों में विषय-वस्तु बदल जाती है। कुछ में जीव-जन्तु तो कुछ में पेड़-पौधे-नदियाँ बनी होती हैं जो मानव और प्रकृति के रिश्तों का संकेत है। ये मानव के एक स्थान पर गृहस्थ बनने से भी जुड़े हुए हैं।

सूर्य, चन्द्रमा और तारे मानव और पौधों को जीवनी शक्ति प्रदान करने वाले हैं। उसी से दिन व रात तथा मौसम का परिवर्तन होता है। इसीलिए इनको प्रमुखता से लगभग हर चौक में बनाया जाता है। इनमें मानव कृतियाँ, जैसे—भाई-बहन, काम करती स्त्रियाँ या द्वारपाल भी बनाये जाते हैं जो दैनिक गतिविधियों और जीवनशैली के बारे में बताते हैं। मानव को दर्शाने के लिए रेखा-चित्रों से विचित्र प्रकार का आकार बनाया जाता है जो प्रतीकात्मक है।

कुछ शुभ चिह्न जैसे ॐ, स्वस्तिक भी बनते हैं। भाइयों की संख्या सात या बारातियों की संख्या पाँच तरह के वाद्य बजाते हुए बनाई जाती है। क्योंकि इस संख्या को शुभ माना जाता है।

इन्हें बनाने से पूर्व उक्त स्थान को धोया जाता है या गोबर से लीपा जाता है। इन चौक को बनाने के बाद आचमन करके देवी-देवताओं का आवाहन किया जाता और उस पर तिलक, पुष्प व

भोग लगाया जाता है और पूजन किया जाता है। इन्हें मिटाने के भी दिन, विधि निश्चित है। मंगल व इतवार को नहीं मिटाया जाता है।

शिल्पकला–हर लोक कला का एक चौखटा होता है, जो पूरे स्थान को एक घर बनाता है और उसे भरा पूरा करता है। भारतीय लोक-मानस में देश की जो कल्पना या अवधारणा है वह 'घर' की है। लोक कला के भित्तिचित्र या भूमि पर बने चौक आदि में प्रायः चौकोर आकृति अधिक मिलती है और उसके भीतर गोल आकृतियाँ होती हैं। इस चौकोर आकृति से बाहर का संसार व्यक्त होता है। गोल आकृति भीतर का संसार है। बाहर का संसार काल को भी अपने में समेटे रहता है।

काल सतत प्रवाही है, काल के इस प्रवाह को द्योतित करने के लिए प्रायः हर चित्रकारी में 'लहर' और 'कल्पवल्ली' बनती है।

भारतीय चिन्तन में नर-नारी दोनों ही एक-दूसरे के पूरक माने गये हैं, ये दोनों एक-दूसरे की आकांक्षा के लिए होते हैं। इस आकांक्षा और पूरक भाव को व्यक्त करने के लिए, पशु, पक्षियों और मानवों के जोड़े बनाये गये हैं।

लोक कलाओं में फलवाले वृक्ष जैसे आम, केला आदि अधिक चित्रित होते हैं। यह जीवन को प्रयुक्त करके परिपूर्ण बनाने की आकांक्षा के लिए होता है। इसी प्रकार आस-पास का परिवेश और जीवन अपने साधनों के माध्यम से व्यक्त करने के लिए घर-गृहस्थी के उपकरण, अनाज का भण्डार आदि चित्रित किया जाता है।

इन चित्रों को देखने से यह लगता है कि स्थान भरा भी है और विभक्त भी है। बीच में अलग-अलग भाँति-भाँति के प्रतीक हैं पर विभाजन की कोई रेखा खींची नहीं गयी है। यह अवश्य है कि बीच में दो प्रतीकों को जोड़ने का कोई माध्यम है। ये जोड़ने वाले माध्यम बड़े ही मौलिक होते हैं। एक ध्यान देने योग्य विशेषता प्रायः इसमें और होती है कि विभाजन को इंगित करने के लिए सीधी रेखा बीच में नहीं बनाते, अलगाव प्रतीकों के माध्यम से ही व्यक्त होते हैं।

लोक कलाओं में चित्रित प्रतीकों का अध्ययन भी अत्यधिक महत्त्वपूर्ण है। उदाहरण के लिए 'नाग या सर्प' को अनन्तकाल के लिए चित्रित किया जाता है क्योंकि शेषनाग अनन्त हैं। अनन्त इच्छा (काम) का भी प्रतीक है। इसीलिए काम (इच्छा) के प्रतीक रूप में भी ये सर्प बनते हैं। नाग लोक संस्कृति में पूज्य है।

काल (मृत्यु) के भय से मुक्ति पाने के लिए भी नाग देवता को प्रसन्न किया जाता है। काल की उपस्थिति सर्वत्र स्वीकार की गयी है। इसलिए इस चित्र में यह भाव भी जुड़ा रहता है कि काल (मृत्यु) शाश्वत है इसलिए इससे भयभीत न हो, पर उसे भूलो भी नहीं, समय का, छोटे से जीवन का अधिक से अधिक सदुपयोग करो।

लोक कलाओं में सात की संख्या में भाई, बहन, भाभी आदि भी चित्रित किये जाते हैं। इसका कारण है कि हमारी संस्कृति में सात की संख्या बहुत महत्त्वपूर्ण है। यहाँ सप्तमातृकाओं की अवधारणा और सप्तऋषियों की भी, साथ ही सात समुद्र भी हैं। इसलिए सात की संख्या कई अर्थों को द्योतित करती है।

वैसे सात अवधि निर्धारक संख्या भी है। सात सोपान, सात काण्ड, सात पोर, सात गाँठ, सात हाथ आदि का उल्लेख बार-बार आता है। सात हाथ का आदमी पूरा आदमी माना जाता था। विवाह में सात बार की प्रतिज्ञा सप्तपदी होती है। सात भाँवरों से कन्या परायी हो जाती है।

सात की संख्या महत्त्वपूर्ण हो गयी है। सात का एक और महत्त्व है कि सात दिन का एक सप्ताह होता है। सात दिन इधर और सात दिन उधर बीच में एक अष्टमी, इसी का पखवारा होता है। इसीलिए अष्टमी का भी अत्यन्त महत्त्व है। भारतीय संस्कृति में सप्त नदियों की महिमा है–

गंगेव यमुनेव चैव गोदावरि सरस्वती।
नर्मदे सिन्धु कावेरी जलेस्मिन सन्निधि कुरू।।

(गंगा, यमुना, गोदावरी, सरस्वती, नर्मदा, सिन्धु और कावेरी इस जल में तुम सब आ जाओ, यह कहकर सातों नदियों का आवाहन किया जाता है)

इसी प्रकार सप्त पर्वतों का, सात औषधियों का वर्णन हुआ है। शुभ कार्य में मंगल कलश के साथ सात जगह की मिट्टी रखी जाती है। सात पुरियाँ तो प्रसिद्ध हैं ही।

प्रायः कोहबर, भित्ति चित्र और चौक आदि में चन्द्रमा, सूर्य अवश्य चित्रित होते हैं। ये दिन और रात अर्थात् काल के द्योतक हैं। चन्द्रमा भीतर का मन है, मन का प्रकाश है, सूर्य बाहर का संसार है, आँख का प्रकाश है, इसके साथ ही चन्द्रमा और सूर्य लोक मानस के सनातन साक्षी भी हैं।

व्रत कथाओं से सम्बन्धित कथानक उस व्रत या त्योहार पर्व के अवसर पर दीवाल, भूमि अथवा लकड़ी के पाटे पर बनाये जाते हैं। इनके प्रतीकों के अर्थ उस कथा से ही अधिक स्पष्ट होते हैं। प्रायः लोक कलाओं में दही के दहेंड़ी लिए हुए ग्वालिन बनती है। दही शुभ शकुन है और उसे लिए हुए सौभाग्यवती ग्वालिन का चित्र समृद्धि की आकांक्षा से बनता है। कोई बाहर शुभ कार्य से जा रहा हो तो दही गुड़ खिलाया जाता है, वर-वधू को सर्वप्रथम दही गुड़ से मुँह जूठा कराया जाता है। नयी फसल का नया अन्न जिस दिन सर्व प्रथम शुभ साइत में लाया जाता है उस दिन दही के साथ ही खाकर दही के कटोरे या दहेंड़ी का दर्शन भी किया जाता है। कहीं कोई आवश्यक कार्य से बाहर जा रहा हो तो उसके कानों में 'दही मछली' का नाम भी सुनाया जाता है। प्रश्न उठता है कि लोक विश्वास के अनुसार कहीं दूध पीकर तो जाने की मनाही है पर दही इतना 'शुभ' कैसे हो गया जब कि वह दूध का ही रूपान्तर है। कारण यही समझ में आता है कि दूध में तत्काल विकृति आने का दोष होता है और दही एक प्रकार से दूध की छिपी हुई सक्रियता है। लोककलाओं का लक्ष्य मानव की छिपी हुई शक्ति और सक्रियता को उभारना होता है तथा जीवन की खटास में से भी नवनीत निकालने का सन्देश देना होता है।

इसी प्रकार मछली भी शुभ शकुन के रूप में चित्रित होती है। 'मीन' मनुष्य की आत्मा है, उसका जल से विलग होते ही प्राण त्याग देना सच्चे प्रेम का प्रतीक है। जीवन में प्रेम के महत्त्व की द्योतक है 'मीन'।

आड़ी, तिरछी, सीधी रेखाओं से ये चित्र बनते हैं। ये रेखाएँ आदिम काल से ही मिलती हैं। रेखाओं से ही मानव आकृतियाँ बनती हैं। प्रायः इन मानव आकृतियों के कदम आगे बढ़े हुए बनाये जाते हैं। आगे का बड़ा कदम गति को महत्त्व देता है। इसीलिए इन चित्रों में चेहरा नगण्य होता है क्योंकि यहाँ केवल गति को महत्त्व देना अभिप्रेत होता है। जहाँ पर आँखों को महत्त्व देना होता है वहाँ अनुपात में बड़ी आँख बनायी जाती हैं। कहीं-कहीं देवी के चित्र में आँखें

बड़ी दिखायी जाती हैं उसका अर्थ देवी की विराट, उदार, करुणामयी दृष्टि का बोध कराना होता है। मूर्ति कला में भी नारी के अंगों का उभार मातृत्व और वत्सलता के भाव को प्रकट करने के लिए ही होता है।

जिस प्रकार काल को द्योतित करने के लिए सूर्य चन्द्रमा बनते हैं, उसी प्रकार किसी कथानक को स्पष्ट करने के लिए देश और स्थान के विभाजन के लिए बीच में वनस्पति चित्रित की जाती है।

काल का बोध प्रायः आकृति से होता है इन लोककलाओं में अमूर्त को मूर्त रूप देने का भी सार्थक प्रयत्न किया जाता है। देश के मुख्य घटक पशु, पक्षी का युग्म बनाकर भी भाव अभिव्यक्त किया जाता है।

इन चित्रों में 'लता' या 'बेल' घेरने के लिए बनायी जाती है जो जीवन की निरन्तरता को व्यक्त करती है। प्रायः कमल का विस्तार करके चित्र को बढ़ाया जाता है इसे लोक भाषा में कुसबढ़ांव भी कहते हैं। इसका अभिप्राय है कि एक नाल से विस्तार होता है जो वंश वृद्धि की आकांक्षा का काम करता है, कमल दल एक से दूसरा गुँथा हुआ भी होता है। यह एक-दूसरे में ओतप्रोत होना तथा परस्पर सम्बद्धता का द्योतक है। संसार की कोई भी चीज एक-दूसरे से असम्बद्ध नहीं है। मिलकर परस्पर सहयोग से ही पूर्णता प्राप्त होती है।

कमल पत्र 'पुरइन' का भी लोक कलाओं में अत्यधिक महत्त्व है। उसकी जल में रहकर भी जल से निर्लिप्तता मानव-जीवन को बहुत कुछ सन्देश देती है। इसके साथ ही उसकी जड़ जमीन से जुड़ी होती है, बीच में जल है उसका जमीन से जुड़ा होना दिखाई नहीं है पर अन्ततः वह भूमि से ही अपनी खुराक ग्रहण करती है। आज के मानव को अपनी जमीन से जुड़े रहने का संकल्प याद दिलाती है यह 'पुरइन'।

इसी प्रकार हाथी का चित्रांकन शक्ति, गम्भीरता, और सन्तान का अभिप्राय व्यक्त करता है। घोड़ा गति और तीव्रता का बोध कराता है। इन चित्रों के विविध रूप हैं। यह गहन अध्ययन का विषय है। एक ही चित्र से कई-कई अर्थ अभिव्यक्त होते हैं।

लोक कला के प्रतीकों और अभिप्रायों का अध्ययन अलग चिन्तन का विषय है, जो आज के परिप्रेक्ष्य में अत्यन्त आवश्यक हो उठा है। लोक कला में जो एक अनगढ़ सौन्दर्य है वह अपने में एक अनोखापन स्वयं ही प्रस्तुत करता है। इस अनगढ़ता के कारण उसमें विस्तार की अनन्त सम्भावनाएँ हैं। वह नित्य नवीन होता रहता है पर फिर भी कुछ ऐसे तत्व हैं जो उसके मूल स्वरूप को बनाये रखते हैं।

लोककलाओं की विषयवस्तु में प्रायः नृत्य, गान, अलंकरण, प्रसाधन और प्रकृति का सौन्दर्य अधिक है। सुकुमार और ललित भावों की अक्षय स्रोत हैं हमारी लोककलाएँ।

सबसे बड़ी बात है, लोककलाओं की समग्र दृष्टि। यह व्यक्ति के लिए नहीं समष्टि के लिए होती है जो सहजीवन की प्रेरणा देती है। लोककलाओं का लक्ष्य है मन को आनन्द रस से सराबोर करना। कोई भी आनन्द व्यक्ति अकेले नहीं उठा सकता। दुख तो आदमी अकेले झेल सकता है पर आनन्द तो किसी के साथ बाँटकर ही उठाया जा सकता है। लोककलाओं का मूल उद्‌देश्य उस आनन्द की प्राप्ति कराना है।

कुछ लोग लोककलाओं को कला का आदिम स्वरूप मानते हैं पर कुछ आलोचक लोककला को कला का विकृत रूप मानते हैं जो सरासर अज्ञान है। कला लोक कला से नये आयाम, नये

अर्थ ग्रहण करती है। कला व्यक्तिपरक हो सकती है इसीलिए उसमें उतना अवकाश सम्भव नहीं। इसीलिए उसे लोक कला से जोड़ा जाता है, क्योंकि लोक कला जन सामान्य की वस्तु होती है, वह किसी विशेष वर्ग की नहीं होती। इसमें सहज भावाभिव्यक्ति होती है तथा जन-जन की आकांक्षा, और उसके सुख-दुख की कथा निहित होती है।

लोककलाएँ केवल शुभ शकुन या ऊपरी सुन्दरता के लिए ही नहीं हैं। उसमें कुछ सीखने, देने की प्रेरणा है, अभ्यन्तर सौन्दर्य है। इस कला को एक पीढ़ी दूसरी को देकर पितृ ऋण से मुक्त होती है। *'विद्या बिन्दु सिंह'*

बच्चे के जन्म के 12वें दिन होने वाले संस्कार पर बनने वाली अल्पना जो कि चावल को पीसकर बनाई जाती है व जन्म देने वाली माँ के बिस्तर से जहाँ से सूर्य दिखाई दे वहाँ तक।

लोक चित्रकला

समय-समय पर होने वाले त्योहारों व विवाह संस्कार, जन्म संस्कार व सामाजिक उत्सवों पर होने वाली चित्रकारी पूरे हरदोई में एक समान है। चाहे वह लखनऊ से लगा हुआ गाँव हो या सीतापुर से लगा हुआ गाँव।

यदि हम त्योहारों के हिसाब से चलें तो सबसे पहले होली आती है। होली में अष्टकमल की आटे से चौक बनाकर उस पर सात बल्ले रखते हैं। इसी प्रकार दीपावली में भी आटे की चौक बनती है। आटे से अष्ट कमल बनाकर घर में उसके ऊपर 7 गोबर के बल्ले रखते हैं जहाँ होलिका दहन होता है वहाँ से आग लाकर घर के बल्लों में आग लगाते हैं। इस पर घर में जो भी मीठे नमकीन पकवान बनाये जाते हैं उनको चढ़ाते भी हैं। इस प्रकार होली की पूजा सम्पन्न होती है। दीपावली में इसी अष्टकमल की चौक पर गणेश लक्ष्मी की स्थापना करके मिठाई, खील, खिलौना, बताशे से भोग लगाते हैं। इस प्रकार दीपावली की पूजा सम्पन्न होती है।

इस चौक पर पिंडोर के गणेश व गोबर की लक्ष्मी बनाकर व लक्ष्मी गणेश की मूर्ति बाजार से लाकर दीपावली का पूजन सम्पन्न होता है।

मुरौली कटरियान में दीपावली पर आटे और फूल की चौक बनाई जाती है। आटे में रंगों

चित्र 1 : कंकड़ जो अष्ट कमल पर रखते हैं

चित्र 2 : गोबर की गौर

को मिलाकर लाल, पीले, नीले आदि रंगों का प्रयोग चौक की सजावट करने के लिए किया जाता है। फूलों की रंगोली बनाने के लिए गेंदा, कमल के लाल फूलों का प्रयोग किया जाता है। चौक के दाहिने तरफ ताँबे, पीतल का अनाज से भरा हुआ कलश रखा जाता है, जिसे आम की सात पत्तियों से सजाया जाता है। गोबर की छोटी-छोटी गोलियाँ एवं मिट्टी की पाँच गोलियाँ बनाकर चौक के ऊपर रखी जाती हैं, सुपारी पर लाल सूती धागा लपेट कर रखा जाता है। गोबर और मिट्टी की गोलियों को गौरी का प्रतीक माना जाता है और सुपारी को गणेश का। लक्ष्मी पूजन कर दीपावली को मनाते हैं।

करवा चौथ

चावल को भिगोकर, पीसकर उसी के द्वारा चौक का निर्माण करते हैं। करवा चौथ के व्रत में स्त्रियाँ दिनभर व्रत रखकर दीवार पर गोबर से लीप कर, चावल के पीठे से चित्रकारी करती हैं।

इस प्रकार तरह-तरह के पशु-पक्षियों के चित्र बनाते हैं। करवा की कहानी के अनुसार स्त्री व उसके छन्नी लिए भाई का चित्र बनाते हैं।

बसन्त पंचमी

माघ शुक्ल पक्ष में सरस्वती पूजन किया जाता है इसमें आटे की चौक बनाई जाती है। इसके ऊपर लकड़ी का पाटा रखा जाता है जिसमें पीला वस्त्र बिछाकर उस पर सरस्वती माँ की प्रतिमा रखी जाती है। विद्यार्थी को सरस्वती पूजन कराया जाता है। विशेषकर बाल्यावस्था के शिशु की पढ़ाई का सबसे उत्तम अवसर माना जाता है, जिसमें शिशु को अनार की लकड़ी की कलम बनायी जाती है और सरस्वती की प्रतिमा के सामने शहद से उनको वर्णमाला का पहला अक्षर लिखवाया जाता है उसी कलम से उसकी जीभ पर सरस्वती का नाम शहद से लिखा जाता है। पीले फूलों की माला माँ पर चढ़ाई जाती है।

गोवर्धन पूजा

कार्तिक की अमावस्या को दीप जलाकर लक्ष्मी का पूजन किया जाता है। दूसरे दिन परिवा के दिन गोवर्धन पूजा की जाती है। गोबर पूजन में गोबर की आयताकार चौक बनाई जाती है जिसकी जौ और गेहूँ, चावल से सजावट की जाती है, इसमें परिवार के बड़े और छोटे की तस्वीरें गोबर से बनाई जाती हैं। गोवर्धन पूजा में गायों की पूजा का विशेष महत्त्व है, इसका महत्त्व पौराणिक कथा अनुसार भी है, कहा जाता है कि श्रीकृष्ण ने भगवान इन्द्र का गर्व भंजन किया था तथा भगवान कृष्ण ने इन्द्र की पूजा को हटाकर गोवर्धन की पूजा-अर्चना की। इस त्योहार पर विभिन्न प्रकार के पकवान बनाकर अन्नकूट का भोग लगाते हैं।

विवाह संस्कार पर निम्न प्रकार के चित्र बनाये जाते हैं–

विवाह में दरवाजे पर बनने वाला चित्र

लोक शिल्प

चिकनकारी–लखनऊ से लगा हुआ गाँव होने की वजह से चिकनकारी का काम वहाँ घरों के अन्दर

चित्र 3 : माई गौरी (यह गेरू से बनाया जाता है)

चित्र 4 : कोहबर (घर के अन्दर देवता का स्थान)

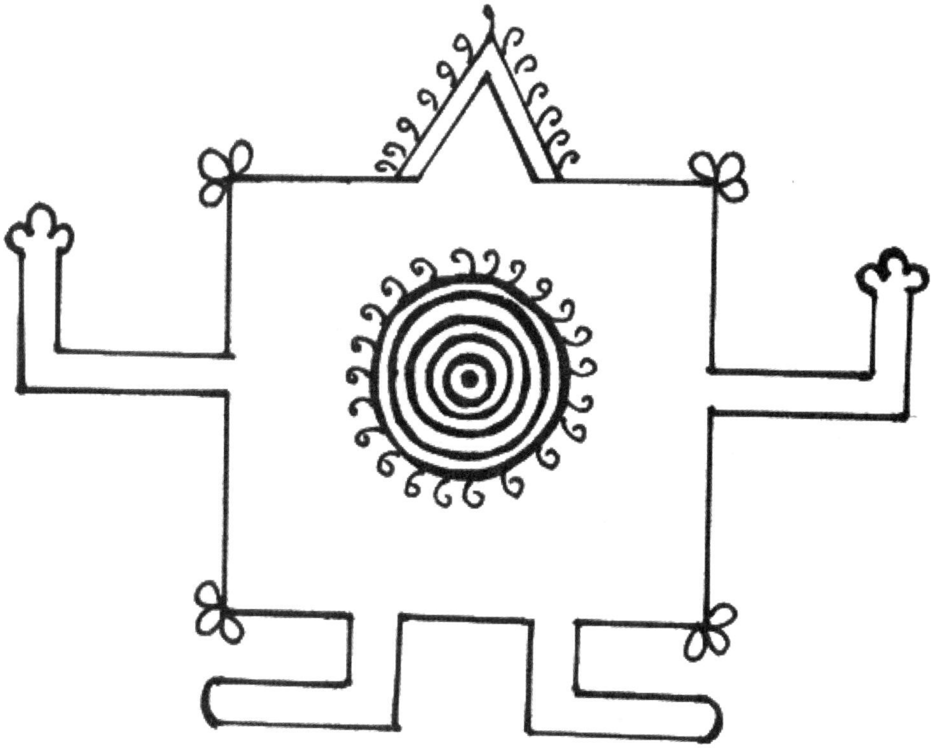

चित्र 5 : कोहबर (घर के अन्दर देवता का स्थान)

होता है। लोगों ने लकड़ी के अड्डे लगा रखे हैं जिनमें जरी का काम होता है। घर की महिलाएँ सुई व सूती धागे से चिकन का काम करती हैं व पुरुष अड्डे पर जरी का काम करते हैं।

चिकनकारी का काम घरों-घरों में होता है। घर की लड़कियाँ, बहुएँ चिकन वस्त्रों के विक्रेताओं के पास से छपे हुए कपड़े व कढ़ाई की सामग्री ले लेती हैं व सुनिश्चित समय पर काम पूरा करके देने पर उन्हें नकद मेहनताना मिल जाता है।

लोग दरदोजी का काम अधिकतर करते हैं, क्योंकि इसके लिए उन्हें अच्छा मेहनताना मिलता है, जिससे आय में वृद्धि होती है। इस व्यय को ज्यादातर यहाँ की क्वाँरी लड़कियाँ करती हैं। लोगों के घरों में अड्डे लगे हैं जिन पर यह काम होता है।

स्त्रियाँ सिलाई का काम घरों में ही करती हैं। पहले कपड़े हाथ से सिले जाते थे, अब मशीन द्वारा सिले जाते हैं।

टेराकोटा

कुम्हार जाति के लोग मिट्टी के गमले, मटके, दुदहड़ी, कुल्हड़ बनाकर बाजार में बेचकर जीवन यापन करते हैं।

कुम्हारों के तीन, चार घर ही हैं जिनके यहाँ चाक पर घड़े, गुल्लक, कुल्हड़, सुराही इत्यादि

चिकनकारी

बनाये जाते हैं। इन सबको हरदोई शहर की मार्केट में सप्लाई करके ये अच्छा कमा लेते हैं।

टोकरी बनाने की कला

हरदोई के लगभग सभी गाँवों में स्त्रियाँ टोकरी बनाने की कला में पारंगत थीं। वे कांस और मूँज से टोकरियाँ बनाती थीं। मूँज का बल्ला पहले फाड़ा जाता है फिर उसे पानी में भिगो देते हैं। मुलायम पड़ने पर इसे अलग-अलग रंगों में रँगा जाता है और फिर सूजे का प्रयोग करके टोकरी को बुना जाता है। स्त्रियाँ डलवे, पिटारी, बैना, बैठका इत्यादि बुनती थीं। अनेक प्रकार की छोटी-बड़ी टोकरियों में अलग-अलग कृतियाँ देखने को मिलती हैं जैसे भड़तवा, पान के पत्ते, झुलनी, छड़ी और मक्खी। ताड़ के पत्ते से भी पंखे बिने जाते थे।

इनके अतिरिक्त बाँस का प्रयोग करके बड़े-बड़े टोकरे जिनको झलवा कहते थे भी बनाये जाते थे किन्तु ये काम धैकार जाति के पुरुष ही करते थे। हरदोई में खजूर के पत्तों का प्रयोग करके विवाह में पहनने वाले मौरी भी बनायी जाती थी।

बैठका

कांस एक प्रकार की घास होती है। उसे इकट्ठा करके मूंज रंगकर सूजे के द्वारा गोल आकृति की बुनाई की जाती है, इसे बैठका कहते हैं।

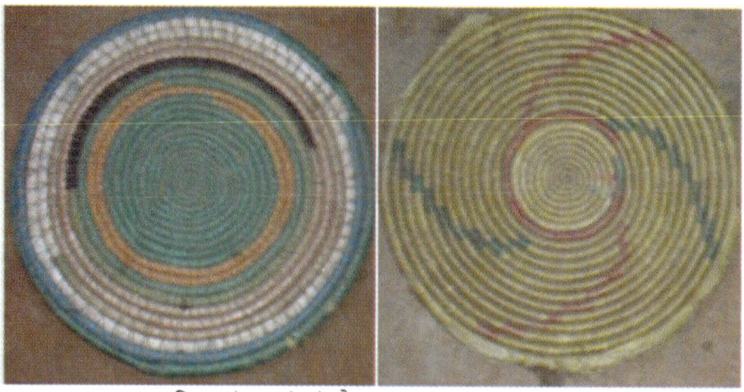

चित्र (7 एवं 8) बैठका

चित्र 9 : टोकरी बनाने का सूजा

चटाई

धान के पौधों को पैरा कहते हैं। इसी पैरा में सुतली फँसाकर चटाई बुनी जाती है। मूँज का बैठका पूजा के लिए पवित्र माना जाता है।

गाँव में लकड़ी और औरतें सूती धागे से साड़ियों, सलवार सूट हाथों से कढ़ाई करती हैं, जिसे

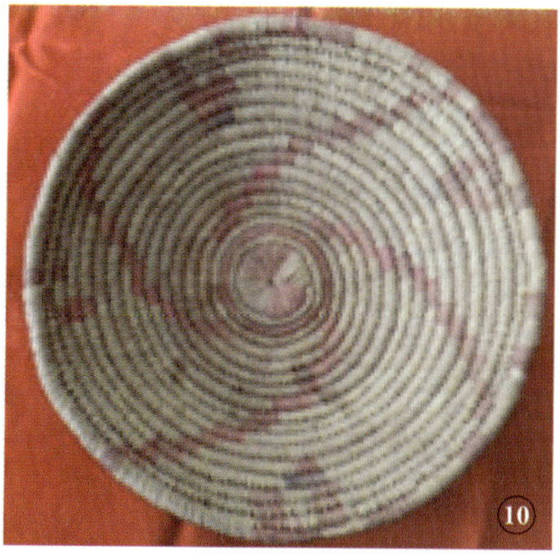

16

17

18

19

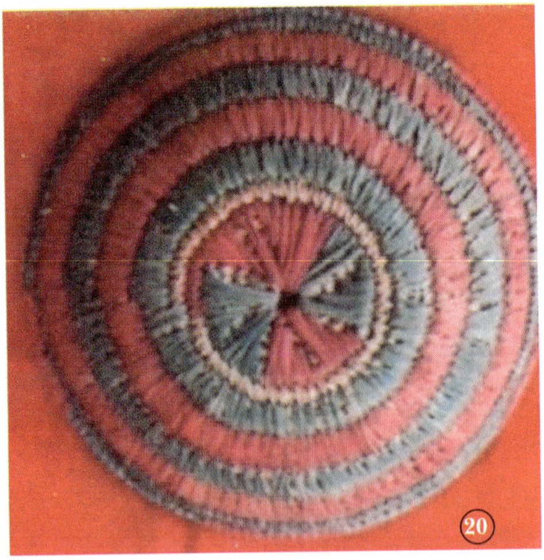
20

21

22

23

24

25

26

27

28

29

30

चित्र (10 से 30) : टोकरी की विभिन्न आकृतियाँ

31

32

चित्र 31-34 : पिटारी की विभिन्न आकृतियाँ

चित्र 35 : खजूर की मौरी

चित्र 36 : टोकरी बनाती एक महिला

शहर में चिकनकारी के नाम से जाना जाता है। लहँगा चुन्नी की कढ़ाई सितारों और नगों से की जाती है। लकड़ियाँ पतवार से अनेक प्रकार की डलिया और चटाई बनाती हैं। कपड़ों की कतरन से दरी बनाती हैं। गाँव में कुम्हार भाई मिट्टी का व्यवसाय करते हैं जिसमें वे घड़ा, दियाली, गमला, छोटे-छोटे मिट्टी के कलश बनाये जाते हैं। फिर उन्हें पकाकर विभिन्न प्रकार की डिजाइन उस पर बनाते हैं। मूर्तियाँ भी मिट्टी की बनाई जाती हैं जिसमें विशेष देवी, दुर्गा, लक्ष्मी, गणेश की बनाते हैं। लड़कियाँ क्रोसिमा की चीजें बनाती हैं, टेबल कवर, टीवी कवर, फ्रीज कवर आदि विभिन्न प्रकार की चीज हाथों से बनाती हैं।

1. गाँव के लड़के और लड़कियाँ दर्जी से अपने वस्त्र सिलवाते हैं तथा कुछ औरतें ब्लाउज तथा पेटीकोट अपने आप मशीन से सिलकर पहनती हैं।
2. घर पर सिलाई करने के हाथ वाली मशीन, सुई धागा का इस्तेमाल किया जाता है। कढ़ाई के काम में रंगीन रेशमी धागों का प्रयोग चादर बनाने, तकिया में फूलों की बेल बनाने के लिए किया जाता है। विभिन्न प्रकार की डिजाइन हाथों से बनाई जाती है।
3. औरतें स्वेटर, टोपा, मोजा आदि बनाने का काम करती हैं।

काष्ठ कला–हरदोई में लकड़ी पर नक्काशी बहुत व्यापक स्तर पर होता था। इसके लिए मुख्यतः शीशम और सागौन का प्रयोग किया जाता था। कुछ परम्परागत मकान जोकि आज भी अच्छी दशा में हैं उनकी चौखट पर सुन्दर नक्काशी देखने को मिलती है। कालान्तर में ये कारीगर सहारनपुर क्षेत्र की ओर चले गये और वहीं पर स्थापित हो गये। वहाँ की काष्ठ कला आज पूरे भारत में प्रसिद्ध है।

मिट्टी के भित्ति चित्र–ग्रामीण क्षेत्र के घर अधिकतर मिट्टी के बने होते थे। उनकी दीवारों पर तालाब की मिट्टी का प्रयोग करके ग्रीष्म ऋतु में स्त्रियाँ सुन्दर आकृतियाँ हाथ से उकेरती थीं। इनमें मुख्यतः शुभ चिह्न थे, जानवर अथवा चिड़िया होती थी।

चित्र (37 से 41) : काष्ठ कला के विभिन्न डिजाइन

38

39

40

चित्र (42 से 45) भित्ति चित्रकला के विभिन्न डिजाइन

45

दरी–हरदोई में दरी बनाने का काम भी किया जाता था। हालाँकि वर्तमान में ये कला लगभग समाप्त ही हो गयी है। दरियाँ बनाने के लिए सूत या रेशम को मिलाकर ठड्डी पर दरियाँ बुनी जाती थीं।

चित्र 46 : कालीन बनाने का पंजा

चित्र 47 : कालीन का फर्मा

(द) 2. लोक वस्त्र

गाँव के बड़े-बुजुर्ग ही पुराने वस्त्रों का इस्तेमाल कर रहे हैं। नयी पीढ़ी आधुनिक वस्त्रों का इस्तेमाल करने लगी है। पुराने पहनावे में पुरुषों के लिए धोती, कुर्ता, सदरी, फतुहिया पहनते थे। वे कन्धे पर अंगोछा डालते थे। उच्च जाति के लोग अलग-अलग प्रकार की पगड़ी पहनते थे। अधिकतर पुरुष कमीज और पैजामा पहनते थे। वे किनारी की धोती व लम्बी कमीज भी पहनते हैं।

पारम्परिक तौर पर स्त्रियाँ लहँगा ओढ़नी पिछौरा और चदरिया पहनती थीं। उनके लहँगे अतलस (एक विशेष प्रकार का वस्त्र) के होते थे। इसके अतिरिक्त वे साड़ी, पेटीकोट व कमीज पहनती थीं। महिलाएँ सूती साड़ी, कमीज़ का प्रयोग करती हैं।

(1)

(2)

(3)

(4)

चित्र : धोती (1), फतुहिया (बनियाइन) (2), सदरी (3), रूइया का नमूना (4)

(6)

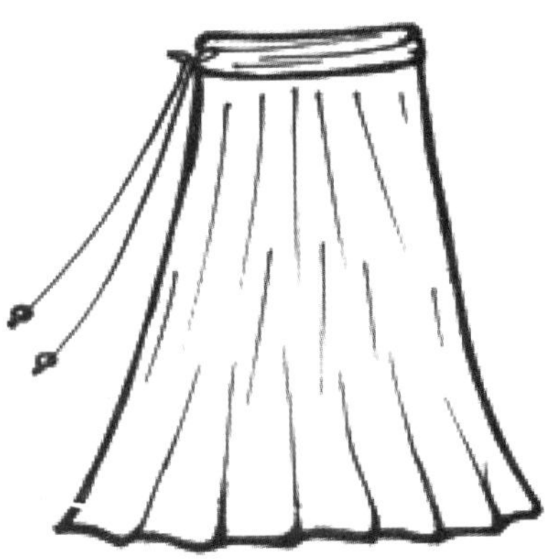

(7)

चित्र (5, 6, 7) : साड़ी, कमीज, पेटीकोट

मर्द कुर्ता, धोती, फतुहिया पहनते हैं। अँगौछा शान का प्रतीक माना जाता है। इसके अलावा स्त्रियाँ सलूका (ऊनी कपड़े का ब्लाउज) धोती, जम्पर इत्यादि पहनती हैं। मर्द सर्दियों में रूइहा का इस्तेमाल करते हैं जो कि बाहर से सूती कपड़ा लगाकर अन्दर रूई की पर्त बिछाई जाती है। फिर उसे ऊपर से कोटनुमा सिल दिया जाता है।

(द) 3. आभूषण

सदियों से मानव ने आभूषण का प्रयोग किया है पहले वह जानवर के दांत व नाखूनों को आभूषण के रूप में प्रयोग करता था। फिर उसने कौड़ियों और रंगीन पत्थरों के आभूषण पहनना सीखा। कालान्तर में उसने बहुमूल्य धातुओं के जेवर का प्रयोग किया। ये आभूषण स्त्री और पुरुष दोनों

प्रयोग करते थे इनका उपयोग सौन्दर्य को निखारने के लिए होता था। ये सामाजिक प्रतिष्ठा के भी देवता थे। इसके अलावा ये धन का संचित रूप थे जो आवश्यकता पड़ने पर धन के स्थान पर प्रयोग किये जा सकते थे। इन आभूषणों के पहनने के वैज्ञानिक कारण भी थे, जैसे—ये माना जाता था कि वे रक्त संचार बढ़ाते हैं। शरीर के महत्त्वपूर्ण बिन्दुओं पर जोर डालकर उन्हें क्रियाशील कर देते थे।

ऐसा विश्वास किया जाता है कि प्राचीन समय में साधारण विवाहित हिन्दू महिला बिना निम्नलिखित आभूषण धारण किए घर से नहीं निकल सकती थीं।

बुलाक, बाले, हार, कंगन, जोशन, अँगूठियाँ और पायजेब। प्रचलित विश्वास के अनुसार आभूषण पहले रोग-हरण के लिए धारण किए जाते थे, फिर इन्हें सौन्दर्य-वर्धन के लिए प्रयुक्त किया जाने लगा।

शरीर को सजाने की इच्छा स्त्री समूहों में अधिक प्रचलित है। बचपन से ही माताएँ अपने बच्चों को इस योग्य बनाने की कोशिश करती हैं कि उनके शरीर पर आभूषण अच्छे लगें। प्रचलित प्रथा के रूप में लड़कियों की नासिका को उसी समय छेद दिया जाता है जब वे एक या दो महीने की होती हैं और छिद्र बन्द न होने के लिए नीम की पतली टहनी पहना दी जाती हैं। बुलाक या नोकल उस समय पहनाई जाती है जब उनकी नासिका काफी मजबूत हो जाती है। कर्णफूल भी उस समय पहनाया जाता है जब लड़कियाँ कुछ अवस्था प्राप्त कर लेती हैं। नाक और कान छेदने में जिन उपकरणों का प्रयोग होता है वे निम्नलिखित में से होते हैं।

काँटा, नोकदार बाँस की छड़, साही के काँटे, सूई आदि। नासिका के बायीं ओर पीतल की नथ पहनी जाती है। कुछ स्त्रियाँ मस्तक पर एक आभूषण धारण करती हैं जो चमकने पर मयूर की चोटी जैसा लगता है। बंगाली हिन्दू स्त्रियों में दो सीप के कंगन प्रत्येक हाथ में पहने जाते हैं, जिससे प्रतीत होता है कि यह स्त्री अभी विवाहित है। आबोर लोगों में पीतल से बने कंगन पहने जाते हैं। यह गोल होने के साथ नुकीले होते हैं, जिससे इनका प्रयोग सुरक्षा और आक्रमण दोनों ही दृष्टिकोणों से किया जाता है। हो, कुन्डा, सन्थाल और ओरांव लोगों में पायजेबों के पहनने का बहुत प्रचलन है। छोटा नागपुर और आसाम के लोगों में चित्रकारी किए हुए बाँस के कड़े प्रयोग किए जाते है। भारत में चाँदी, सोने के आभूषणों का प्रयोग जिन आदिवासियों में होता है, वे आधुनिक समझे जाते हैं।—*बनबीर*

लोक आभूषण

आभूषणों में महिलाएँ कानों में बुन्दे, गले में सुतिया, पैरों में कड़े, लच्छा का प्रयोग करती हैं।

महिलायें, माथे पर मांग बेंदी, कानों में झुमकी का, गले में हार का, बाजूबंद, कंगन, हथफूल, अँगूठी, करधनी, पॉयजेब, बिछिया आदि विभिन्न आभूषणों को धारण करती हैं। औरतें गहरे रंग की लाल, पीली, हरी, नीला साड़ियाँ पहनती हैं जिनमें सितारों का काम खूब होता है। कुछ औरतें साड़ी के साथ ब्लाउज की जगह कमीज पहनती हैं। ब्लाउज और पेटीकोट अधिकतर औरतें घर पर ही सिल लेती हैं। बाकी बच्चों, बेटी के कपड़ों को दर्जी के यहाँ सिलवाती हैं। आदमी लुंगी और कमीज का प्रयोग गाँव में पहनने के लिए करते हैं। साधारण तौर पर लोग पैण्ट-शर्ट का प्रयोग करते हैं। दुल्हन के लिए लहँगा और दूल्हे के लिए कोट पैण्ट बनवाया जाता है।

सभी गाँवों में लगभग एक जैसे आभूषण होते हैं, कुछ विभिन्नताएँ हैं जैसे यहाँ स्त्रियाँ नाक को बीच में छिदवाकर बुलाका धारण करती हैं। स्त्रियाँ पारिवारिक सामर्थ्य के अनुसार सोने या चाँदी

के गहने बनवाती हैं जिनका विवरण इस प्रकार है—

हसुली—गले में पहनने का गहना है।

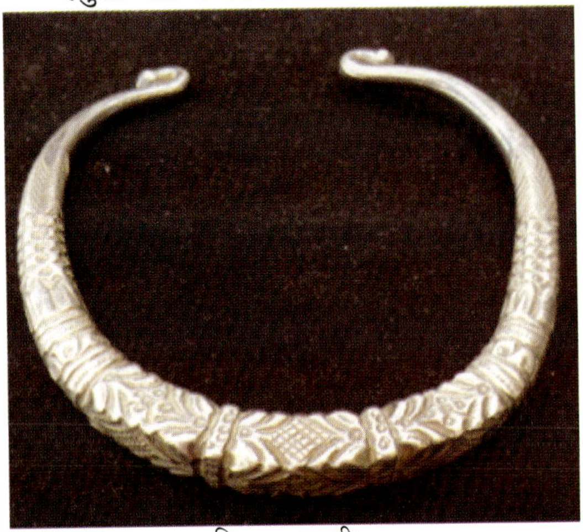

चित्र 1 : हसुली

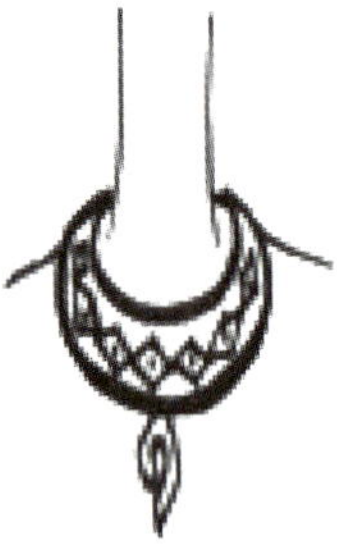

चित्र 2 : हसुली

हंबेल—21 सोने की मोहर की माला होती है।

मटरमाला—गोल सोने की मोती की माला होती है। बीच में एक लॉकेट लगा होता है।

बिजली—कान में पहनने वाला आभूषण है।

अनवठ—पैर के अंगूठे में पहनने वाला आभूषण।

गोड़हरा—यह पैर में पहनने वाला आभूषण है।

चित्र 3 : हंबेल

चित्र 4 : मटरमाला

चित्र 5 : बिजली

सुतिया (सोने की)–यह सोने का बना हुआ गले में पहनने का आभूषण है। इसके अन्दर पोल होता है जिसमें लाख भरा होता है।

सीता रामी हार (सोने का)–यह सोने का गले में पहनने वाला हार होता है। इसमें तीन चेन लगी होती है बीच-बीच में सोने का ठप्पा जड़ा होता है सबसे नीचे सोने का ठप्पेनुमा लॉकेट होता है।

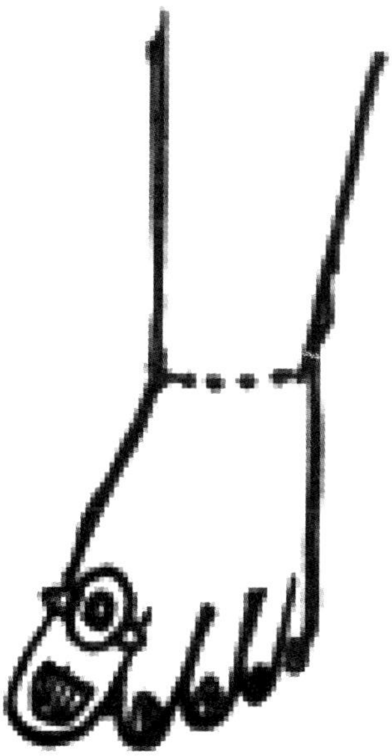

चित्र 6 : अनवठ

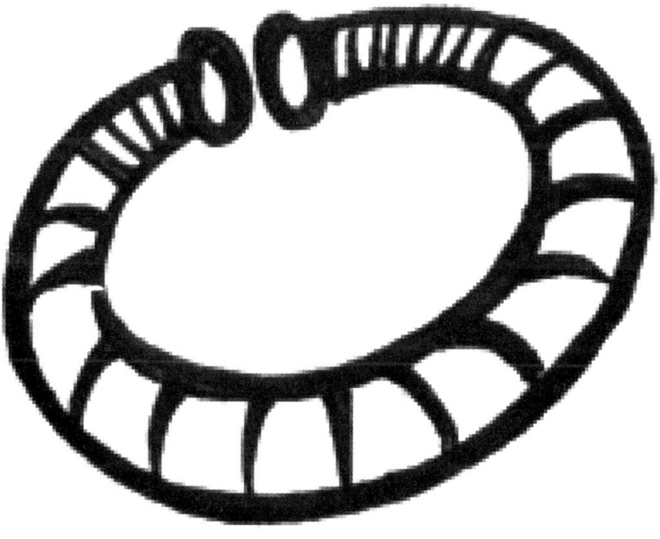

चित्र 7 : गोड़हरा

गुलूबन्द (सोने का)–यह शनील के कपड़े पर सोने के ठप्पे जड़कर बनाया जाता है व गले में पहना जाता है।

मांग बिन्दी (सोने की)–यह बालों के बीच में सिर से मस्तक तक धारण करने वाला आभूषण है। इसे सुहाग का प्रतीक मानते हैं व सुहाग की हर पूजा में इसे धारण किया जाता है।

टड़िया (सोने की)–यह बाँह में पहनने वाला सोने का गहना है यह कंठेनुमा होता है।

छन्नी (सोने का)–यह हाथ में पहनने वाला सोने का आभूषण है इसमें जाल जैसा बना रहता है। इससे सबसे आगे पहना जाता है।

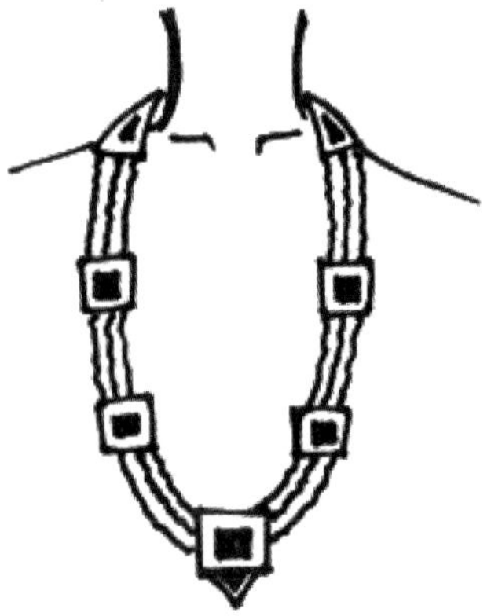

चित्र 8 : सीता रामी हार

चित्र 9 : गुलूबन्द

कंकना (सोने का)–यह भी सोने का बना कंगननुमा आभूषण है इसे छन्नी और पछेला के

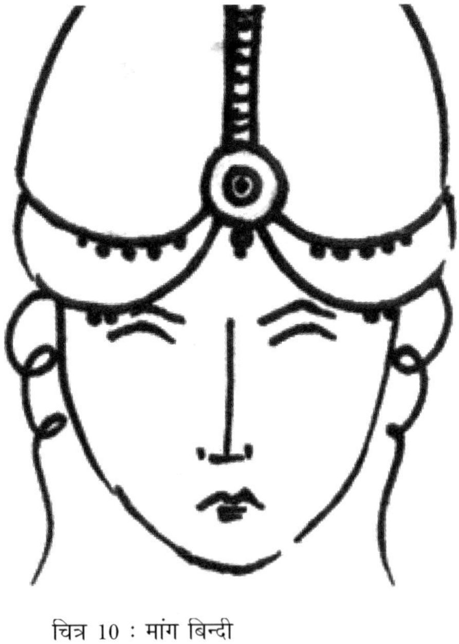

चित्र 10 : मांग बिन्दी

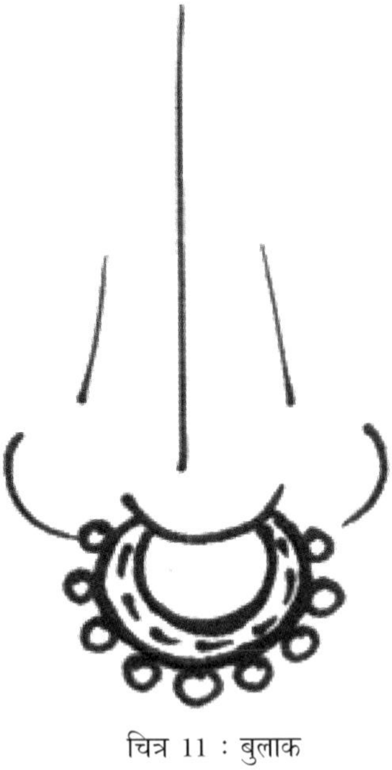

चित्र 11 : बुलाक

बीच में पहनते हैं।

फेरमा (सोने का)–यह हाथ की अंगुली में पहनने वाला सोने का आभूषण है इसमें छल्लेनुमा तीन घेरे होते हैं।

चित्र 12 : टड़िया चित्र

चित्र 13 : छन्नी

पेटी (चाँदी या सोने की)–यह कमर में पहनने वाला आभूषण है। इसे कोई भी अपनी सामर्थ्य के अनुसार सोने या चाँदी का बनवाता है।

झांझै (चाँदी की)–यह चाँदी का बना पैर में पहनने वाला आभूषण है। इसमें एक पट्टे के ऊपर ढेर सारे घुघरू लगे रहते हैं। इसे पाँव में सबसे नीचे पहना जाता है।

छैलचूड़ी (चाँदी की)–यह चाँदी का बना जालदार आभूषण है। इसे पाँव में दो लच्छों के बीच पहना जाता है।

चित्र 14 : कंकना

चित्र 15 : फेरम

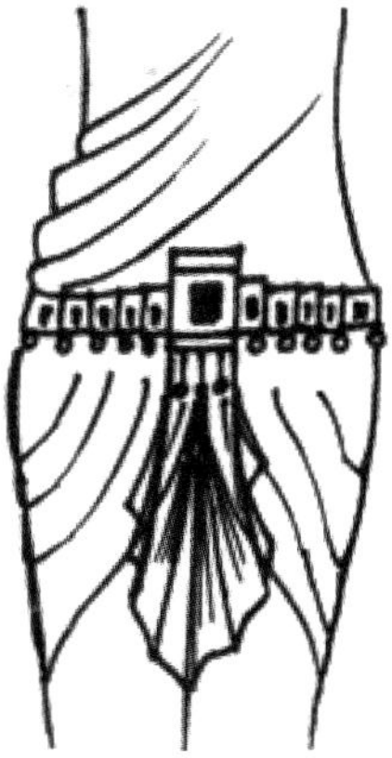

चित्र 16 : पेटी

लच्छा (चाँदी का)–यह चाँदी का बना पाँव में पहनने का आभूषण है। इसे छैलचूड़ी के आगे व पीछे पहना जाता है।

चित्र 17 : झांझै

खड़ुआ–यह हाथ में पहना जाने वाला गहना है। सम्पन्न लोग इसे सोने का बनवाते हैं। बिपन्न इसे चाँदी का भी बनवाते हैं।

गुलसनपट्टी–यह पाँव में पहना जाने वाला चाँदी का गहना है।

पारम्परिक तौर पर हरदोई क्षेत्र में स्त्रियाँ निम्न जेवर का प्रयोग करती थीं–

औरतों के जेवर

सिर के

1. माँग बेदी
2. झूमर (सिर के बायीं ओर पहना जाता है)
3. जूड़ा फूल
4. किलिप चोटी (जिसमें पान और फूल बने रहते थे)
5. कर्णफूल
6. बाली
7. झाली
8. बैकुठी (ये मरने पर भी नहीं निकाली जाती थी)
9. बाले
10. झाले

नाक के जेवर

11. बुलाक
12. बेहसर (नाक की नथनी जिसमें नग लगे रहते थे)
13. चुदिया (बड़ी नाक की कील जिसमें एक छेद होता था, बड़ी नथ पहनने के लिए)

गले के जेवर

14. गुलूबंद (यह शनील का होता था जिसपर सोने की पत्तियाँ लगी रहती थीं)
15. सीतारामी
16. हसुली
17. कंठा
18. चन्दनहार (पाँच लड़ियाँ)
19. हमेल (मोहर की माला)
20. झिलमिल हार
21. हंसहार (इसमें दोनों तरफ हंस चिड़िया बनी रहती थीं)
22. तौक
23. टड़िया (कोहनी पर पहना जाता है)

हाथ के जेवर

24. बाजूबंद
25. कृष्णमुकुट
26. कंगन
27. छन्नी (बीच की चूड़ी)
28. पछेला (पीछे)
29. दस्तबंद/तोड़ा
30. बेलचूड़ी(थोड़ी चौड़ी)
31. हथफूल
32. आरसी (शीशा वाली अँगूठी)
33. खडवा

कमर के जेवर

34. पेटी (चिड़िया एवं पान बने होते हैं)
35. कर्धनी (लड़िया)
36. बिछुआ
37. बुरझुनझुन

18

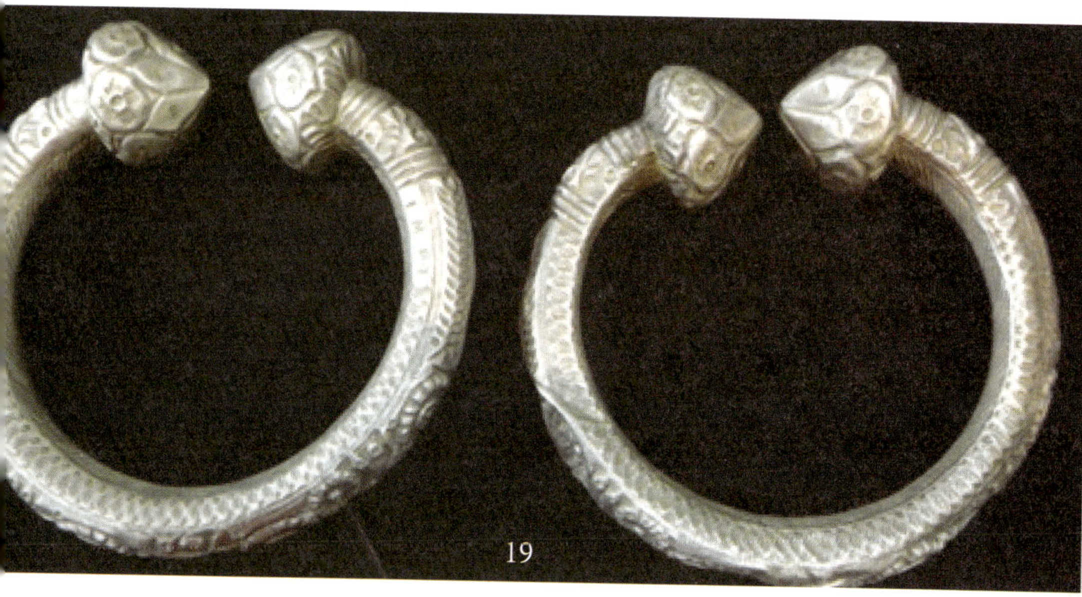

चित्र (18, 19 एवं 20) : स्त्रियों द्वारा पहने जाने वाले विभिन्न आभूषण

पैर के जेवर

38. लच्छे
39. छैल चूड़ी
40. झांझ
41. पायल
42. आयल (लच्छे जैसा जिसके अन्दर घुँघरू होते थे)
43. कड़ा (यह बहुत भारी होता था)
44. गुलशन पट्टी
45. पैरफूल
46. बिछिया
47. अनवट

पुरुषों के आभूषण

स्त्रियों की भाँति पुरुष भी आभूषण प्रिय थे। वे कान में कुण्डल पहनते थे। गले में तरह-तरह के हार पहनते थे, पगड़ी में कलगी लगाते थे। हाथ में और पैर में कड़ा पहनने के अलावा अँगूठियाँ भी पहनते थे।

गोदन–मुख्यतः सौन्दर्य वृद्धि के लिए गोदन प्रथा प्राचीन काल से ही प्रचलित है। ऐतिहासिक भारत में अशोक काल के कुछ मानव चित्र मिले हैं जिनको देखने से यह प्रतीत होता है कि उस समय भी केवल आँखों को छोड़कर शेष सभी भागों में गुदने गुदवाये जाते थे। आज भारत की लगभाग सभी आदिवासी जातियों में कलात्मक ढंगों से शरीर के विभिन्न अंगों में गुदने गुदवाने की प्रथा प्रचलित है। इसका प्रयोजन सभी स्थानों पर एक मात्र सौन्दर्य की ही वृद्धि नहीं बल्कि सामाजिक, धार्मिक एवं स्वास्थ्य विषयक भी होता है। स्त्रियों में गुदने गुदवाने की प्रथा पुरुषों की अपेक्षा अधिक प्रचलित है, जिससे इस तथ्य की पुष्टि होती है कि स्त्रियाँ पुरुषों की अपेक्षा अधिक सौन्दर्य वृद्धि पर ध्यान देती हैं। बंगाल के बूना लोग गुदने को 'वुल्की' और गुदने गुदवाने को 'वुल्की पारा' कहते हैं। गुदने गोदने के लिए इन लोगों में नोकदार सूजी प्रयोग होती है किन्तु कुछ समय पूर्व ये लोग साही नामक जानवर के काँटे का इस्तेमाल करते थे। त्वचा में जहाँ पर गुदने गुदवाना होता है वहाँ पर पहले स्त्री का दूध लगाया जाता है फिर नोकदार सूजी से गोद दिया जाता है। जब तक यह घाव सूखता नहीं है उसको दो या तीन बार दूध से साफ कर दिया जाता है। घाव सूख जाने पर वहाँ नीले रंग का गुदने का चिह्न बन जाता है, यह चिह्न लता, सर्प, पक्षी या अन्य चीज की आकृति जैसा बनवाया जाता है। बूना लोगों में स्त्रियाँ गुदने केवल सौन्दर्य मात्र की वृद्धि के लिए नहीं बल्कि जादू के कुप्रभावों से अपनी रक्षा करने के लिए भी गुदवाती हैं। भीलों में केवल स्त्रियाँ ही गुदने गुदवाती हैं। इस कार्य को इनके यहाँ 'गोन्धारी' नामक स्त्रियाँ ही करती हैं। इनके यहाँ अर्धचन्द्राकार, बिन्दु समूह, समानान्तर रेखाओं, नक्षत्र या पुष्पों की आकृति के गुदने गुदवाने का काफी प्रचलन है। गणचिह्न के रूप में यह जिसकी पूजा करती हैं उसकी आकृति के गुदने गुदवाना इनके यहाँ पूर्णतया वर्जित है। बैगा लोगों में भी गुदने केवल स्त्रियाँ ही गुदवाती है जिनका उद्देश्य केवल सौन्दर्य वृद्धि है। विवाह के पूर्व लड़की केवल अपने हाथों में ही गुदने गुदवा सकती है, शेष अंगों में

गुदने गुदवाना वर्जित है, किन्तु विवाह हो जाने पर गुदने पैर, जाँघ, वक्ष, पेट, पीठ और कन्धों पर भी गुदवाए जाते हैं। सन्थालों में स्त्रियों में ही गुदने गुदवाए जाते है। पुरुषों में गुदने निषिद्ध हैं। इनमें गुदने शादी के पूर्व जब लड़कियाँ 10 या 11 वर्ष की होती हैं गुदवाये जाते हैं। सिकलीदार जनजाति में 'खुदनी' कहलाने वाली स्त्रियाँ गुदना गोदती हैं। सन्थाल स्त्रियों में गुदने केवल सौन्दर्य-प्रसाधन ही नहीं सामाजिक व धार्मिक महत्त्व भी रखते हैं। यदि किसी लड़की की शादी बिना गुदने के हो जाती है तो उसकी सास उसे अपने परिवार की बहू बनाना स्वीकार नहीं करती। यही नहीं यदि लड़की 14 या 15 वर्ष तक गुदने नहीं गुदवाती और उसकी मृत्यु बिना गुदने के हो जाती है तो यह विश्वास किया जाता है कि मृत्यु के देवता उसकी आत्मा को अपवित्र मानकर नरक में ले जाते हैं, जहाँ पर उसे कठिन दण्ड मिलता है। माल पहाड़ियों का विश्वास है कि गुदने गुदवाने से अंग स्वस्थ रहते हैं और वे सुचारु रूप से कार्य करते हैं। मालेर स्त्रियों का विश्वास है कि उनके मस्तक पर गुदने का चिह्न उनके शिशु-जनन में सहायक है। टोडा जनजाति में भी गुदने की प्रथा प्रचलित है, इनमें जब स्त्रियाँ एक या दो बच्चों की मां बन जाती हैं तो बहुत अधिक गुदने गुदवाने लगती है। गोंड स्त्रियाँ भी सौन्दर्य वृद्धि के लिए ही गुदने गुदवाती हैं। नेफा की आबोर जनजाति में जब तक गुदने नहीं गुदते, लड़की या लड़के को विवाह करने की स्वीकृति नहीं दी जाती।—*बनबीर*

हरदोई क्षेत्र में गोदना उच्च जाति के लोगों में प्रचलित नहीं था यह मुख्यतया नीची जाति के लोगों द्वारा कराया जाता था। सम्भ्रान्त परिवार के लोग इसे हेय दृष्टि से देखते थे। स्त्रियाँ चिह्न के लिए पति का नाम लिखवाती थीं क्योंकि उनका नाम लेना वर्जित था।

सौन्दर्य प्रसाधन

स्त्रियाँ सदैव से ही सौन्दर्य प्रसाधनों का प्रयोग करती रही हैं। वे अपने बालों को ना केवल विभिन्न तरह से सजाती थीं बल्कि उन्हें रंगने की कला भी भली-भाँति जानती थीं। इसके लिए वे मेंहदी की पत्ती का अधिकतर प्रयोग करती थीं। वे अपने बालों को सुव्यवस्थित करने के लिए अलग-अलग तरह से बाल सँवारती थीं। जैसे—पटिया बनाना (छोटी-छोटी चोटियाँ बनाई जाती थीं) पत्तियाँ बनाना (गरम सरसी का प्रयोग करके वे अपने बालों में लहर बनाती थीं और फिर उसे अलग-अलग तरह से चिपकाती थीं) इनके अतिरिक्त वे चुटीलों का प्रयोग करती थीं। सोने और चांदी से बनी क्लिप का प्रयोग करती थीं, लट्टू लगाती थीं।

सिर में अधिकतर वे चमेली के तेल या जबा कुसुम के तेल का प्रयोग करती थीं। बालों को काटना वर्जित था और उसे बहुत बड़ा अपशकुन माना जाता था।

पारम्परिक तौर पर स्त्रियाँ आँखों में काजल एवं सुरमे का अधिक इस्तेमाल करती थीं। होठों पर टिकिया वाली लाली का प्रयोग होता था। इनके अतिरिक्त कन्याएँ व स्त्रियाँ महावर की पुड़िया घोलकर आलता लगाती थीं।

(द) 4. लोक गीत

लोक गीत मानव जीवन को प्रतिबिम्बित करते हैं। किसी भी समाज के लोक गीतों में वहाँ के लोगों की मनोभावनाओं व इच्छाओं और महत्त्वाकांक्षाओं को व्यक्त किया जाता है।

कुछ गीत अलग ऋतु में गाये जाते हैं तथा उसकी विशेषताओं के बारे में बताते हैं और उन ऋतुओं में उस ऋतु के प्रति अपनी मानवीय संवेदना को व्यक्त करते हैं।

विभिन्न प्रकार के काम करते समय अलग-अलग प्रकार के गीत गाए जाते हैं जो उस काम को मनोरंजनपूर्ण बना देते हैं और काम कब समाप्त हुआ ये अहसास नहीं होता है।

हिन्दू समाज में जाति किस हद तक प्रभावी है यह इससे पता लगाया जा सकता है कि हर जाति के अपने गीत होते हैं जैसे—धोबियों के गीत, कहारों के गीत, पासियों के गीत। इन गीतों में प्रत्येक (उनके) कार्यों की विशिष्टता, महत्त्व तथा उनसे जीवन पर पड़ने वाले प्रभाव की चर्चा की जाती है।

हिन्दू समाज में 16 संस्कार होते हैं। इन संस्कारों में गाए जाने वाले गीतों में न केवल संस्कार का महत्त्व सामने आता है बल्कि ये गीत अलग-अलग नातेदारों से जोड़ते हैं, समानीकरण को बढ़ावा देते हैं, खुशी का वातावरण बनाते हैं।

कुछ गीतों जैसे आल्हा में स्थानीय वीरों की गाथाएँ होती हैं जो ऐतिहासिक घटनाओं के विषय में भी बताती हैं। गीत नवयुवकों के लिए प्रेरणा का स्रोत भी होते हैं।

लोक गीत किसी भी संस्कृति का दर्पण है। इनके अध्ययन के माध्यम से सर्वप्रथम तो स्थानीय भाषा का ज्ञान होता है। अतः हमें लोक में प्रचलित भाव समझने में आसानी होती है। ये गीत लोगों को अपनत्व का एहसास दिलाते हैं उन्हें अपनी माटी से जोड़ते हैं। इन गीतों के बोल हृदय स्पर्श कर लेते हैं। इनकी सादगी और साधारण विषय वस्तु मन मोह लेती है।

कुछ लोक गीत जनजीवन के कृत्यों व क्रियाकलापों से जुड़े होते हैं जिन्हें श्रम गीत कहते हैं। ये गीत ऐसी लय गें गाये जाते हैं कि शारीरिक श्रम की थकान का एहसास नहीं होता। सम्भ्रान्त परिवार की महिलाएँ जब काम कराती थीं तो अनेको प्रकार के गीतों को सुनती थीं जैसे छनना पछन्ना (पछोरना) गीत होते थे। दराई के गीत होते थे।

संस्कारों से जुड़े गीत न केवल रीति रिवाज के महत्त्व बताते थे अपितु लोगों को अपने नातेदारों से जोड़ते थे और अपनत्व का भाव प्रकट करते थे।

इसी प्रकार ऋतुगीत प्रत्येक मौसम की विशेषताओं को इंगित करते हुए उन्हें प्रसन्नतापूर्वक व्यतीत करने का मार्ग बताते थे।

वीरगाथाएँ न केवल वीरों को अमर कर जाती हैं बल्कि लोगों को प्रेरित भी करती हैं। इन गीतों की गायन शैली शरीर में तीव्र ऊर्जा और व्यक्ति में साहसपूर्वक अपनी लड़ाई लड़ने की ताकत प्रदान करती है।

कुछ लोकगीत इतिहास को भी प्रकाशित करते हैं। ये ऐतिहासिक घटनाओं को अपने माध्यम से सँजोकर रखते हैं। इनके गायन से और श्रवण से ऐतिहासिक घटनाएँ स्पष्ट रूप से समझी जा सकती हैं।

अलग-अलग प्रकार के लोकगीतों में राम और कृष्ण की चर्चा ऐसे की गयी है जैसे वे भी गाँव के ही निवासी हों इससे भक्त और भगवान के अटूट मार्मिक सम्बन्ध स्पष्ट होते हैं।

इन्दु प्रकाश पाण्डेय कहते हैं—“लोक-साहित्य के प्रख्यात एवं लोक प्रचलित विषय (Themes) होते हैं और उनका प्रस्तुतीकरण भी परिपाटी के अनुसार सर्वमान्य पद्धति पर चलता है। लोक-साहित्य अपनी रूढ़िवादिता को छिपाने का भी यत्न नहीं करता, प्रत्युत उसी आधार पर मिथकीय शाश्वतता प्राप्त करता है। वह अपनी और पूर्वनिर्धारित शैली, भाषा और प्रविधि में परिवर्तन नहीं लाना चाहता। नयी उत्प्रेक्षाओं (Innovations) को भी लोक-साहित्यच में प्रशंसा की दृष्टि से नहीं देखा जाता। जबकि साहित्य से नितनूतनताओं और नयी उत्प्रेक्षाओं की माँग रहती हैं और विषयों में भी केवल प्रख्यात ही नहीं प्रत्युत ‘उत्पाद्य अथवा काल्पनिक इतिवृत्त’ को विशेष स्थान मिलता है। अपरिवर्तनशीलता

जिस प्रकार रूढ़िवादी समाज (Traditional society) की विशेषता होती है उसी प्रकार लोक-साहित्य की भी वह प्रमुखता होती है।"

लोक-साहित्य परम्परागत सामाजिक मूल्यों के अनुसार होता है, जो सामाजिक आदर्शों के प्रतिकूल नही जा सकता। लोक-साहित्य में जीवन की मान्यताओं को प्रसाारित एवं प्रचारित किया जाता है, जो अन्य आभिजात्य (Classical) साहित्य में होता है।

यद्यपि मौखिक परम्परा लोक-साहित्य की प्रमुख विशेषता है और लिखित परम्परा शुद्ध साहित्य की तथापि लोक-साहित्य में शुद्ध साहित्य की तमाम विशेषताएँ उपलब्ध हो सकती हैं।

इस सम्बन्ध में दो सूचनाएँ देना आवश्यक है। एक तो यह कि लोक-साहित्य का अध्ययन तभी ठीक से हो सकता है जब अध्येता अपने अध्ययन क्षेत्र को और उसकी भाषा एवं संस्कृति को भीतर-बाहर से भली-भाँति जानता हो। किन्तु ऐसी स्थिति में यह सावधानी बरतनी पड़ेगी कि वह वस्तुगत उपलब्ध सामग्री को यथावत एकत्र कर रहा है या नहीं। प्रायः यह होता है कि ऐसा जानकर अपनी ओर से जोड़-घटा देता है। उसे यह एक प्रकार के 'प्रूफ करेक्शन' का काम नहीं करना चाहिए। आवश्यकता पड़ने पर जाँचने के लिए क्षेत्र में दुबारा जाकर सामग्री की पड़ताल करनी चाहिए। दूसरी बात यह है कि ऐसा हो सकता है कि अपेक्षा के विपरीत ऐसी बातें सामग्री में प्रस्तुत हों, जिन्हें अध्येता अपनी नैतिक/सांस्कृतिक पृष्ठभूमि के कारण स्वीकार करने में हिचके, और उन्हें छोड़ दे। उदाहरण के लिए सताना की कथा, जिसमें भाई अपनी बहन सताना से विवाह के लिए आग्रह करता है और विवाह भी होता है—इत्यादि। ऐसी सामग्री को वह अपनी झिझक के कारण व्याख्यायित करने के पूर्व बाहर निकाल दे सकता है। ऐसी स्थितियाँ दरअसल अध्येता के लिए और भी दिलचस्प होती हैं 'अवधी कहावतें' नामक मेरी पुस्तक के इतने विलम्ब से प्रकाशित होने के पीछे यही कारण थे, क्योंकि मेरे संकलन में कुछ स्पष्टतः फूहड़ या अश्लील कहावतें थीं। अस्तु, ऐसे कारणों से वैज्ञानिक अध्ययन में बाधाएँ प्रस्तुत हो सकती हैं, जिनसे सावधान रहना चाहिए। अन्त में इस सम्बन्ध में एक बात फिर से दोहराने में कुछ अनुचित न होगा कि हम अध्येताओं को लोक-साहित्य में वर्णनों को वास्तविक आचारों से मिलाकर देखना चाहिए और उनमें अन्तर हो तो उनको स्पष्ट करना चाहिए। लोक-साहित्य के प्रयोजनों की सही एवं समुचित व्याख्या के लिए उपर्युक्त सावधानियाँ बरतना आवश्यक है और इन सभी प्रश्नों के उत्तर प्राप्त करना अनिवार्यतः आवश्यक है, जिनका पिछले पृष्ठों में उल्लेख किया गया है।

लोक-साहित्य के अन्य प्रयोजनों पर भी विचार करना परमावश्यक है। लोक-साहित्य का एक मुख्य प्रयोजन होता है कि वह अपने समाज के सांस्कृतिक रूप-व्यापारों, रीति-रिवाजों तथा स्थापित संस्थाओं की महत्ता को स्थापित करना चाहता है और उनके सामाजिक एवं धार्मिक मूल्यों का प्रचार करना चाहता है। जैसे व्रत कथाएँ। ये कथाएँ वैधीकरण (legitimation) प्रदान करती हुई सांस्कृतिक मूल्यों और आचारों को समर्थन और बल प्रदान करती हैं। उन्हें सर्वमान्यता प्रदान करती हैं। जब कभी शंका भी उत्पन्न होती है तो उनका इन्हीं के माध्यम से शमन भी किया जाता है।

एक अन्य प्रयोजन है कि यह लोक-साहित्य निरक्षर समाज का शिक्षण-प्रशिक्षण करता है और सदाचार, नैतिकता, धार्मिकता तथा नित्यप्रति के सभी कार्य-कलापों में मार्गदर्शन का काम करता है। यह साहित्य सदाचार संहिता के रूप में भी काम में लाया जाता है। इसके अतिरिक्त लोक-साहित्य का यह भी प्रयोजन होता है कि समाज अपने सांस्कृतिक, सामाजिक मूल्य एवं

आचार का पालन करता रहे। कहावतें इसी प्रयोजन के अन्तर्गत रखी जा सकती हैं, जिनमें लोक का समस्त विवेक, सांसारिक व्यवहार, तथा रीति-रिवाजों की ओर लोक मानस को उन्मुख करता है। नियम भंग होने पर दण्डित भी करता है और सामाजिक वैधानिकता को बनाये रखने लिए कोड़े का काम करता है। इस प्रकार जन्म से मरण तक के सभी कार्य-कलापों का न केवल लोक-साहित्य नियमन करता है बल्कि नियमों के पालन के लिए दण्डनायक की प्रमुख भूमिका निभाता है।—*विद्या बिन्दु सिंह*

दूसरी विशेषता है, प्राकृतिक परिवेश के साथ गहरा जुड़ाव और प्रकृति और मनुष्य में बिम्ब-प्रतिबिम्ब भाव का बार-बार दिग्दर्शन। उदाहरण के लिए इस संकलन में एक विवाह गीत आया है, जिसमें कोयल और लड़की का तादात्म्य है, हँस और दामाद का तादात्म्य है, पुत्र और कमल का तादात्म्य है। कहीं-कहीं बिम्ब-प्रतिबिम्ब भाव न होकर समानान्तर भाव आया है। जैसे—भोर जगाने के गीत में चिड़ियों का प्रातः बोलना, मृग का वन चुगने जाना, हलवाहे का हल लेकर चलना, नारी का चक्की पर बैठना, सब एक ही साथ घटित होते हैं, मानो विश्व की सम्पूर्ण क्रिया एक है।

इन गीतों की तीसरी विशेषता है, सामान्य जीवन से साधारणीकरण। राम, शिव, गंगा या अन्य कोई भी देवी-देवता अथवा लोकोत्तर पुरुष अपना ऐश्वर्य एक सहज सामान्य भाव के आगे समर्पित कर देते हैं। शिव करसी (उपला) बटोरते हैं और बाटी लगाते हैं। सीता गोबर से घर लीपती हैं, बुहारी करती हैं। जगदम्बा-भवानी दही बिलोती हैं अर्थात् इनके साथ आत्मीयता स्थापित करने के लिए, इनका देवत्व और अधिक काम्य बनाने के लिए इन्हें जन सामान्य की आर्थिक, सामाजिक परिस्थिति में डाल दिया जाता है।

अवधी लोकगीतों का वर्गीकरण

संस्कार गीत

1. पुत्र जन्म के गीत (सोहर, उठौना या उलारा अथवा उतारा, बधाई, छठी, बरही के गीत)
2. मुण्डन के गीत (सोहर)
3. यज्ञोपवीत के गीत (सोहर)
4. विवाह (विवाह के गीत, सहाना, कर्मठ गीत)
5. द्विरागमन (गौना) के गीत।
6. मृत्यु संस्कार के गीत।

ऋतु गीत

1. कजली, सावन (वर्षा ऋतु के गीत)
2. बारहमासा
3. चौमासा
4. फगआ, चौताल, डेढ़ताल, चहका (बसन्त ऋतु के गीत)
5. चैता (बसन्त ऋतु का गीत)

जाति गीत

1. अहीरों का गीत
2. धोबियों का गीत
3. कुम्हारों का गीत
4. कहारों का गीत
5. नाइयों का गीत
6. तेली, भड़भूजों का गीत
7. मालियों का गीत
8. हरिजनों का गीत
9. जोगियों का गीत
10. गड़रियों का गीत

धार्मिक गीत

1. त्योहार, व्रत-उपवास, दान-स्नान के गीत
2. विभिन्न देवी-देवताओं के गीत
3. पौराणिक आख्यान सम्बन्धी गीत
4. प्रकृति-पूजा के गीत
5. आध्यात्मिक तथा दार्शनिक भावना के गीत
6. मंत्र-तन्त्र, जादू-टोना तथा आवाहन के गीत
7. शुभ संस्कारों पर मंगल हेतु प्रार्थना के गीत

श्रम परिहार के गीत

खेल सम्बन्धी गीत

1. लोरी तथा पालने के गीत
2. बालकों के खेल के गीत
3. कठिन शब्दों के उच्चारण सम्बन्धी गीत
4. बालिकाओं के गीत
5. जल-क्रीड़ा के गीत

प्रणय सम्बन्धी गीत

1. नकटा
2. पूर्वी
3. झूमर
4. नाच का गीत
5. लचारी
6. विदेसिया

7. ग़ज़ल

प्रकीर्णः

1. गारी गीत
2. मुसलमानों के लोकगीत।

इस वर्गीकरण से एक बात स्पष्ट हो जाती है कि लोकगीतों का जीवन से कितना गहरा सम्बन्ध है तथा किसी न किसी कार्य या अवसर से सम्बद्ध अनुष्ठानों के साथ तालमेल कैसे होता है। जैसे सिन्दूरदान होते समय गीत भाव व्यक्त करते हैं कि सौभाग्य तपस्या का फल है और जीवन में सचमुच यह भाव कितना आवश्यक होता है।

प्रचलित लोकगीत

लोकगीतों को हम उनके उद्देश्यों के आधार पर दो भागों में बाँट सकते हैं–

1. अनुष्ठान=आचार सम्बन्धी
2. पर्व=सामाजिक उत्सव सम्बन्धी

   अनुष्ठान सम्बन्धी गीत संस्कार प्रधान होते हैं। हिन्दुओं में 16 संस्कारों के प्रति आस्था है। इन 16 संस्कारों में 3 संस्कार प्रमुख हैं–

   (1) जन्म
   (2) विवाह
   (3) मृत्यु।

जन्म के गीत

(1) सोहर अथवा सोहिलो (सरिया), पुंसवन, रोचना, पालना, कठुला, झुनझुना, खेलावना, बधाई, लवारी, छठी।
(2) मुंडन
(3) कर्ण छेदन
(4) अन्न प्राशन
(5) यज्ञोपवीत (बरूआ, पद प्रक्षालन, भीखी, धानगीत अथवा गीत निकालना, तेल, उबटन, भाई-मंतरा (मातृ पूजन अथवा मायन गीत), मांडव गीत, नहछू नहावन, पियरी।

पुंसवन (गर्भाधान) के समय स्त्री अनेक वस्तुओं को खाने की इच्छा रखती है। गर्भाधान के बाद स्त्री की अनेक प्रकार की वस्तुएँ खाने की इच्छा को ही दोहद कहते हैं। इसके लिए दोहद गाया जाता है–

सोने के टिकुली दुलाहिनि रानी उनुकि ठुनुकि बोलै।
राजा हमरे हबुसि कै साथ, हबुस लै आवौ।

इसी प्रकार पुत्र की इच्छा रखना या बच्चे की कामना के लिए व्रत-उपवास करना, इन अवसरों पर देवी गीतों की प्रथा है।

छोटिनि बहिनि सितल रानी गोड़वां घुघुर सौहे।
माता ठाढ़ी जमुनवा के तीर त गोड़िया पुकारै।

अरे अरे गोड़िया बिटौना नवरिया लेके आवउ।
मोरि लसकरि परवा उतारौ, मैं देसवा देखन जात्यौं।
का कहुं देसवा देखन जाव्यौं देसवा भिआवन।
माता घर घर हनिगै कैवरिया त लोगवा दुखित भयै।
जातै केवरिया खुलउवै दियना बरउवै।
गोड़िया गरबी के गरब नेवरबै दुखिया नेबजबै।।

सोहर में ऐसे गीत मिलते हैं जिसमें सौतन का उल्लेख होता है। ऐसे मालिन के सौतन रूप में बताते हुए यह गीत गाया जाता है।

मालिन को सौतन बताते हुए मालिन के रूप का चित्रण

"खिरकिनी ठाढ़ी दुलहिनि रानी, नयन कजर दिये मांग सेन्दुर दिहे।
बहिनि पातर पिय ठाढौ फुलबरिया मलिन संग बिहँसे।
अरे-अरे चेरिया लौंड़िया बेगेहे चलिं आवौ,
चेरियां मालिनि पकड़ि लैं आवो मोर पातर पिय भोरवे।
आई मालिनि बिटिया डेउढ़ी के ठाढ़ भई,
रानी कवन कसूर हम कीन्हा हमहिं बंधवायउ।
पहिले त रहेउ तु मालिनि, मालिनि बिटिया,
मालिनि अब भयउ सवति हमार, मोर पातर पिय भोरा एक।
मालिनि कैसे-कैसे पिया भोर-भोरायउ कवन रस राखेउ।
पनवा के सेजिया बिछायउं फूल छितरायउं,
रानी सारी रात बेनिया डोलायउं नयन रस राखेउ।

बधाई

ननद भौजि मिलि केलि करैं बाबा के ओबरि बिच,
भौजी जो तोरे होरिला जनमिहैं, कंगना हम लैबे।
यह वचन फुरि होई है ननद गोसाइन,
ननदी कंगना के ओट पछेलिया बेसरि पाहिरउबे।
होत बिहान यह फाटत होरिला जनम लीन्ह,
बाजै लागें आनन बाधव उठन लागै सोहर
भौजी पुरवा विधाता मोरी आस कंगना हम लैबे।

पुत्र का जन्म यदि अपने पिता के घर में होता है तो नाई उसके मामा तथा नाना के घर और यदि ननिहाल में तो ननिहाल का नाई बाबा और पिता के घर जाकर रोचना देता है।

रोचना गीत (सम्बन्धियों के माथे पर हल्दी और चन्दन का तिलक लगाना)

छापक पेड़ छिउलिया तौ पतवन गहवरि।
रामा तेहि तर ठाढ़ि सितल रानी, मने अति अनमनि।
रामा उमड़ि घुमड़ि पिर आवहि सिता मन अनमानि।
के मौके देहें अगिया, बेलेइ कई कंटिया।

रामा किन मोरि जगिहइ रतिया, त रतिया विपति कईं
रामा किन मोरे आगे पीछे बैइठइ किन होइहैं धगरिन।
बन से निकारि बन तपनि सियहि समुझावइ।
सीता हम तोरे आगे पीछे बैव हम होवे धगरिन।
हम तोहे देवै अगिया, बेलेहे कई कटिया,
सीता हम तोरि जागव रतिया त रतिया सुफल होइहैं।
भोर भयें यह फारत, होरिल जनम लीना,
बाजइ लागै अनंद बधाव उठन लागैं सोहर।

पिपरी गीत

सोहर गीतों में जच्चा की औषधि को लेकर पिपरी गीतों की रचना हुई है।

मतवाली पिपरि मोरे कौन पिये।
सलोने राजा पियरि मैं न पिमेउं, पिपरी मोहे कड़ई लगे।
सलोनी धना देइहौं मैं तिलरिगढ़ाई, सोनरवा और गढ़ पिपरी।
सलोनी धना कई लैहों दुसर बियाह, पिपरिया बैरेपियें।
सलोने राजा पियउं हिलाय झुलाय सवति आर कौन सहै।

जीरा

जीरा मैं न पियउं जीरा कड़वा लगे।
दुआरे से आये ससुर राजा ठाढ़े अरज करैं हो।
औ बहुआ बारे गभुआरे पियैं दुधु, सुहागिनि जीरा पियो।
दुआरे से आये जेठ, राजा ठाढ़े अरज करैं हो।
ओ लहुरि बारे गभुआरे पियें दुधु, सुहागिनि जीरा पियो।
दुआरे से आये देवर राजा ठाढ़े अरज करैं हो।
ओ भउजी बारे गभुआरे पियें दुधु, सुहागिनि जीरा पियो।
दुआरे से आये साहेब राजा, ठाढ़े अरज करैं हो।
ओ धनिया बारे गभुआरे पियें दुधु, सुहागिनि जीरा पियो।

खिलौना

सोहर में बच्चे के झुनझुने, चटुई खिलौने के सन्दर्भ में भी गीत गाये जाते हैं।

धीरे-धीरे बाजन बाजे धीरही सोहर उठै हो।
साहेब सुनै पइहैं मोरे ननदोइया बधाव लइके आई जैहें हो।
हाथी घोड़ा भीतर बाँधौ गदहा दुआरे बाँधौ हो।
साहेब इहौं देखि लौटि ननदोइया तो सखा मोरा धोबी हवैगा।

पालना

सन्तान उत्पन्न होने के पश्चात् बच्चे के लिए सुन्दर सुन्दर सा पालना बनता है जिसमें बच्चे को झुलाते हुए यह गीत गाया जाता है।

नीका लागे घर तोरे कौसिल्या।
रेशम पाढ़ि का बना पालना, झूलै-झूलैं सुत तोरे कौसिल्या।
हाथ कंकन पायेन पैंजनियां, खेले-खेलें सुत तोरे कौसिल्या।
दशरथ की बांह पकरि के, चाल चलैं सुत तोरे कौसिल्या।
देइकै असीस चलीं सब सहेलरियां, जुग-जुग जिये सुत तेरो कौसिल्या।

देवी गीत

किसी भी शुभ कार्य में गीत शुरू करने से पहले देवी गीत गाने का चलन है।

राखि लेउ बेला भवानी प्रतिज्ञा मेरी राखि लेउ
हमरे हिमांसु ने जज्ञ रचो है जज्ञ पूरन कैसे होय
प्रतिज्ञा मेरी................
देई ओ देउता रानी तुम नहीं माने जज्ञ पूरन कैसे होय
तीर परोसी तुम नहीं माने जज्ञ पूरन कैसे होय
माछी ओ मकरी तुम नहीं माने जज्ञ पूरन कैसे होय
राजा ओ रानी दोनों गंगा नहाये
हाथ परे हैं रीते घोंघा प्रतिज्ञा.....................
देई ओ देउता राजा अब हम माने हैं
जरू पूरन मेरा होय
राजा ओ रानी दोनों गंगा नहाये
हाथ परे हैं हीरा मोती प्रतिज्ञा.................

ब्याह गीत

लड़की की शादी में बिदाई के समय यह गीत गाया जाता है—

कहे को लिखो है बिदेस रे सुन बाबुल मोरे
जिस दिन बीरन भैया तुम्हरो जनम भओ
भई है सोहल वारी रात रे सुन बाबुल मेरो
जिस दिन बीरन भैया हमरो जनम भओ
भई है बज्जुर वाली रात रे सुन बाबुल मेरो
माई हासै, दाई हासै, बाबुल हासै चौपार रे सुन............
माई रोवै, दाई रोवै, बाबुल रोवै चौपार रे सुन................
हम तो बाबुल तुम्हरे अंगन चिरैया
सुनत-बिनत उड़ जाय रे सुन बाबुल.....................

भजन

आवौ राम बैठो राम हरि के पैरन लेओ विश्राम
गंगाजल गडुआ पीयौ राम
पाँच पान के बीड़ा चाबौ राम
डाक छुआरा टूंगौ राम
दूध बतासा पीयौ राम
हरि की पाँवरिया चटकाओ राम
सोने की थारी में जेवौ राम
जब बौलो तब सीताराम
खाली जिस्वना कोई नहिं काम............

(छट्ठी गीत)

(ज्ञानवती सिंह)
मचल रही ननदी वीरन के अगनवा छठी की पुजा
लालन के भरने की पूँज छट्ठी, लालन के
दाल वानायव मातृ वनायव, 2
और वनायव खट्टी वादी, लालन के
पूड़ी वनायव कचौड़ी वनायव
लालन के भरो की पूजो छट्ठी।
सोया मेथी का साग बनायव
सगरो शहर नेवता भेजवायो,
इतने में जच्चा की नजर पड़ी लालन केमरो की पूजो

सोहर

चलो चलिए नन्द जी के द्वार कन्हैया जी ने जन्म लियो।।
मोर मुकुट माथे शशि शोभा, गले वैजन्तीमाला/कन्हैया जी ने चलो।
शंख चक्र हाथों में साजे, बांस मुरलिया मुख पर राजे।
सखी शोभा अचब विशाल, कन्हैया जी/चलो।।
तनपे पडका कमर करधनिया, छोटे-छोटे पैरों में सजी पैजनिया
पैर शोभा वरन नहीं जाये कन्हैया। चलो।।
सखी
बड़ी अखिया आम की फकिया, चितवत नैन पसार कन्हैया,
कानो कुन्डल लपलप पलके, जड़े हीरा जवारात लाल, कन्हैया चलो।
कहे ज्ञानवती आओ मेरे भक्तों, हरि को शीश झुकाओ मेरे,
अव जीवन को करो उद्धार कन्हैया जी सखी गाओ गीत,
मल्हार कन्हैया, चलो चलिए यशोदा जीद्धार कन्हैया

मइया के भवन में होवे जै-जै कार हो, मन्दिरवा में मइया बैठ रूप आपर डे। बैठे

कृष्ण जन्म

सोहर

कान्हाँ भयोरे मामा की हवालात में। कान्हाँ
मथुरा में हरि जन्म लिया है, गोकुल बजे बधाई, गोकुल
गोकुल बृजे बधाई सखीरी, गोकुल बजे बधाई, फिर क्या हुआरे
शहनाई बाजीरे गोकुल के ब्रजधाम में, कान्हाँ भयोरे

देवकी के जन्म लियो है, यशुदा लाल कहाई,
यशुदा लाल कहाई, सुखीरी, यशुदा लाल कहाई, फिर क्या।
चरूआ चढ़ारे गोकुल के ब्रजधाम में चरूआ।। कान्हाँ।।
मथुरा में हरि कंस न सायो, गोकुल लीला दिखाई,
गोकुल लीला दिखाई सखीरी गोकुल लीला दिखाई फिर क्या
लीला कियोरे गोकुल के ब्रजधाम में, रास रच्योरे गोकुल के ब्रज।
ज्ञानवती लिखती है भजन को प्रभु की शरण में जाईं
हरि के शरण में जाई सखीरी प्रभु की शरण जाईं फिर क्या
अरे बंशी बाजी रे गोकुल के ब्रज धाम में बंशी बाजीरे।
।।कान्हाँ भयोरे मामा की हवालात में।।

नकटा

उठाय पिजड़ा दरवाजे पे रखो, सासू की चोरी मैने चला भुजवाईं
सवेरे सुआ बोले चवक्को चवक्को।। उठाय।।
सासू की चोरी मैने सड़ि। मगयी, सवेरे सुआ बोले चमको चमको।। उठाय।।
सासू की चोरी मैंने सेजा बिछाई, सवेरे सुआ बोले घिनट्ट्रो घिनट्टो।। उठाय।।

भजन

हमारे हरि बोलत काहे नइयारि।। काहे, नइया ......
जो मै होती बन के मोखा, मोरे हरि करे सिगार मुकुट विचस जाती।
कहो नइया, रे।। जो मैं होती बनकी हिरनी मोर हरी खेलते शिकार
रसोइया बिच रिझती काहे नइयरि।। हमारे हरी बोलत।।
जो मैं होती जल की मछरिया, मोर हरी को स्नान चरण रज
पीतव काहे नइयरि।। हमार हरी बोलत काहे नइया रे।
जो मैं होती महलो की क्या मोर हरी रचत हृदय बीच
रहव काहे नइया रे।। हमारे हरी बोलत काहे नइयारे।

बन्ना

ऐ अपनी ससुराल बन्नी चलना सभांल के,
नजर न लग जाये बन्नो सोलह सिंगार पे।
मांगो मोती साजे माथे पे वेदी सोहे,
मागों में सेदुरा सजाना बन्नी सभांल के,
नजर न लग जाये।
कमर पे लहंगा साजे अंगों में चोली सोहे।
घूंघट निकालो बन्नी चूनर को डाल के नजर ...

छमछम

हाथों चूड़ी साजे पाव में पायल सोहे, बिटुआ की बन्नी चलना सम्भाल के,
नजर न लग जाये।

बन्नी

बाबुल घर छोड़ बहना, साजन घर बसाना है। बाबुल
दस्तूर दुनिया का हम सबको निभाना है।
मेरे बाबा वर ढूंढा दुनिया की
लिहाजो से ताऊ ने वर ढूंढा।
आजी की जुदाई को दादी। ताई की जुदाई को रोरो के भुलाना है।

बन्नी

ब्रह्मा और विष्णु रचाई न होती तो बाबुल की बेटी पराई न होती।
बाबा ने पाला पोसा बड़े लाड प्यार से, दादी ने विदा किया आँसुओं की धार से,
आज बन्नी से मेरी जुदाई न होती तो बाबुल की बेटी पराई न होती।

बन्नी

कार धीरे से चलाना बन्ना बन्नी है नदान।। कार
एक कार बाबा दादी दूझे परिवार।
ताझी कार में बन्ना-बन्नी चौथी में समान।
कार धीरे से

बन्नी

बन्नी हमरी अटरिया पे आया करो सरमाया न करो।। बन्नी।।
तुम्हरी अटरिया हमे डर लागे। हमे डर लागे बन्ना। हमे।।
बन्ना खिड़की से हमको बुलाया न करो।। सरमाया .....
तुम्हरी खिड़किया बन्नी हमे डर लागे। हमरे डर लागे। हम।।
बन्ना बाबुल बगिया में आया करो।। सरमाया न .....

फूलो की कलिया बन्नी क्या करना है। क्या करना है। बन्नी
बन्ना फूलो के हार से सजाया करू।। सरमाया ....
बाबुल तेरे घर बहना (बन्नी) एक दिन का ठिकाना है।
बाबुल तेरे बगिया की मैं तो एक कलिया रे
छोड़ तेरी बगिया मुझे घर पिया का सजाना है।
बेटी घर बाबुल की किसी और अमानत है,
दस्तूर दुनिया का हम सबको निभाना है।
मैया तेरे आँचल की मै तो एक गुड़िया रे
मैया तूने जनम दिया तेरे घर क्यू बेगाना है।
मैया पे क्या बीत रही बहना तू ऐ क्या जाने,
कलेजे के टुकड़े को रोरो के भुलाना है।
मैया तेरे अंगना की मैं तो एक चिड़िया रे,
रात भर का बसेरा है सुबह उड़ जाना है।
यादे तेरे बचपन की हम सबको रुलायेगी,
बाबुल तेरे घर गोरी एक दिन का ठिकाना है।

बन्ना

बन्ना बन्ना मत कर सासू अब तो बन्ना मेरा है।
जब सोते थे खाट खटोला तब तक बन्ना तेरा था।
पलंग के ऊपर गद्दा लगा है। अब तो बन्ना मेरा है। बन्ना मत कर सासू
जब तक पहने अबला झबला तब तक बन्ना तेरा था।
कोट के ऊपर टाई लगी है, अब तो बन्ना मेरा है।
जब तक कहते मम्मी पापा तब तक बन्ना तेरा था।
जाये कचेरी लाये जलेबी अब तो बन्ना मेरा है।

लांगुरिया

जल्दी कर ले तू तैयारी मेले जाऊँ, लांगुरिया किम ले जाऊ लांगुरिया। जल्दी
झुमका पहने, नथुनी पहने, पायल घूँघट वाली, पायल घूँघट वाली,
नौ लोरिया का हार गले में माला मोतियों वाली। जल्दी कर ले तू।
चुनरी बीकानेरी ओढ़ी, लहंगा जयपुर वाला, चूड़ी फिरोजाबादी पहनू कंगन दिल्ली वाला।
जल्दी करले तू तैयारी मेले जाऊँ लांगुरिया कि जल्दी कर ले तू तैयारी मेरे।
कर सिंगार चली जोगनिया मेरे लांगुर संग मैया के दर्शन करने की मनसें भरी
कि जल्दी कर ले तू तैयारी मेले जाऊँ लांगुरिया कि मरे जाऊँ लागुरिया
ओ ओ मै तो जाऊँगी करोली धाम अरे धाम मोहि ले चल बारो लागुरिया।
मेरे अगड़ पड़ोसिन सब जादे देवी के दर्शन कर आवे, सब छोड़ के घर का काम हो।
मैतो माँ की भेंट चढ़ाऊँगी, माँ के मेले में जाऊँगी माँ के दर्शन को जाऊँगी
मेरे मन में बसा है नाम, मोहि ले चल बारे लांगुरिया/ मैतो जाऊँगी।।

चहे सास लड़े चहे ससुर लड़े-तुको तो जाना जरूर पड़े। चहे।।
चहे ननद करे बदनाम - बदनाम, ले चल मोहि बारे लांगुरिया।। मैतो।।
चह कोई कहे मै न मानू मै परा करू जो मन ठान मै परो करू,
मैं तो पूजा करूँ सुबह शाम है सुबह शाम लेचल मोहि बारे लांगुरिया।
बैहना मोरे बहुत सतायेरे मेरे बारो सो लांगुरिया, मेरो करो सो लांगुरिया या मेरो छोटो से लांगुरी
मैं पनिया भरने जाऊ, उसको बहकाकर आऊ, मेरे पीछे-पीछे आये रे मेरे वारो सो। लंगुर
मेरी खीचे हरदम चोटी, आदत है उसकी खोटी, आदत है उसकी खोटी मेरी खीचे हरदम चोटी,
मेरी चुनरी खीच ले जाये रे।। मेरो वारो।। मैं खाट पे उसे सुलाऊ, बैहना उसको समझा दे,
बैहना उसको समझाऊ, मै खाट पे उसे सुलाऊ, पर गोदी में सो जाय रे मेरो वावरो सो लांगुरिया
जब रूठे नाही बोले, सारे घर में घुटवन डोले, सारे घर में घुटवन डोले ओ रूठे नाही बोले।
आतो रोटी तक न खाय रे, मेरो वारो सो लांगुरिया, मेरो वारो लांगुरिया, मेरो छोटो

विदाई गीत

अब डोलिया मा लेवाय जाये बाहरा।। अब।।
माथे बेंदिया नैनभर कजरा, सखिया सहेली माँग भरे से दुरा।। अब डोलिया।।
तनपे साजी चटकी चुनरिया, संग न जाये छल्ला मुदरिया, संग बाँध दियो पापों का सेहरा।।
अब डोलिया।।
तीर पड़ोसी के देखन आये, मल-मल हाथ सबै पछताये, माफ करो मइया हमारस खतरा जब-जब।।
डोलिया जायके यमपुर पहुँची, धरमपुर पहुँची, एक-एक चीजन का होय लाग मोजरा।।अब।।
कहे ज्ञानवती सुनो मइया भक्तों। आये यमराज करन लागे झगरा, अब डोलिया पड़ो।।
मइया रगरा अब करनी भरनी का पड़ गयो रगड़ा अब डालिया लिवाय जाये कहरा।।
(कन्हैया बड़े रसिया)
जब देखा तब ढाड़े कदम तड़े, बजाये रहे बसिया सुनो मोरी गोइया।। कन्हैया।।
जब देखा तब ढाड़े गलिन में, रोक रहे रहिया सुनो मोरि गोइया।। कन्हैया।।
जब देखा तब ढाड़े मधुबन में, लगय रहे घतिया, ओ हमरी गुइया।। कन्हैया।।
जब देखा तब ढाड़े पनघटवा, लड़ाये रहे अखिया ओ मोरी गुइया।। कन्हैया।।
जब देखा तब ढाड़े वृन्दावन, चराय रहे गइया।। ओ हमरी सखिया।। कन्हैया।।
जब देखा तब ढाड़े यमुना तट, रिसाय रहे सखिया, ओ मोरी गुइया।।
ज्ञानवती भक्तों बलबल जाये, पड़ौ उनकी पइयाँ, ओ मोरी गुइया।। कन्हैया।।

लंगुरिया

काशी में लगी बाजार माल कोई ले ले लागूँरिया।
कौन खरीदे राजा हरिशचन्द्र कौन खरीदेता राशि
कौन खरीदे रोहित कुँवरवा विक गये तीनों प्राणी
काशी में लगी बाजार ....
डोम खरीदे राजा हरिश्चन्द्र
बनिये तारा रानी

भालो खरीदे रोहित कुँवर वाको बिक गये
तीनों प्राणी का
काह करत है राजा हरिशचन्द्र
काह करै तारा रानी काह करत है रोहित
कुँवरवों बिक गये तीनों प्राणी
मरघट पे कर ले राजा हरिशचन्द्र बरतन भाजे तारा रानी
फूल विनत है रोहित कुँवर वानिका गये तीनों प्राणी
क्या करत राजा हरिशचन्द्र क्या करत है तारा
रानी क्या करत है राजा हरिशचन्द्र
रोहित क्या कुवँरिया बिक गये तीनों प्राणी
शमशान में राजा हरिशचन्द्र बर्तन माँजे तारा रानी
फूल बिने रोहित कुँवरवाँ बिक गये तीनों प्राणी।

झूलना

देख आयी री मै तो देख आयी री
साँवरों को झूलना मैं देख आयी री
ढेरो री कन्हैया टेढ़ो बाको झूलनदार
टेढ़ी री बजरिया बाकी कूका टेढ़ो जाये
सखीरी हाँ सखी री देखि आयी री
राधा जी की मोहन माला उलझी जाये
कान्हा जी की मोर मुकुटिया टेढ़ी टेढ़ी जाये
सखीरी हा सखीरी देखि ....
बंशी में मन मोहन गाये बदरा घिर घिर आये
रिमझिम रिमझिम पड़त फुहारे वृन्दावन में आये
सखीरी ....

बधाई

हमारे राज राजेश्वर बधाई है बधाई है
मिला है आज शुभ अवसर बधाई है बधाई है।
खुशी के शमदयाने हैं मुहब्बत के बशने है
दुआयें हो रही घरघर बधाई है बधाई है।
रहे आनन्द ये चारों रहे सानन्द के दारी
कि चारों फल है आये अवधवासी नजर आये
हजारों दिल है न्यौछावर बधाई है बधाई है।
अयोध्या में प्रगटे है राम भक्तजनों के पूरे होंगे अब तो सारे काम,
घोड़ा रूप जग पते सारा शाशन रूप लगाया। अयोध्या में।
हमें सवार थका तो प्रभु नये लगाम ली थाम।

न्याय और अन्याय के बीच में छिड़ा घोर संग्राम। अयोध्या
आप न्यायकारी तब आपे करने काम तमाम।
पापरूप रजनी का अब हो चुका तीसरा धाम।
सूर्यवंश में सूर्य सरीखे उदित हुए सुखधाम। अयोध्या

सेहरा

आये हैं अवध कुमार मिली हैं शुभ घड़ियां
पचरंग पा गये और सुहावे हाँ मौर्य सुहावे,
मुख पे छाई बहार मिली है शुभ घड़ियां
माथे पे मर्मर हाथ में कंगना हाँ हाथ,
गल भोपीपन कहार मिली है......
श्याम गात से जामाजरी का हाँ जामा जरी का
पटका ललित बहार। मिली है ......
राम सिया की अनुपम शोभा है अनुपम शोभा
निरख निरख जाये बार बने बने पेसब बारियाँ।
आयी शेहरे की घड़ी गाये न क्यूकर शेहरा।
राम जी तुमको सदा शुभ हो मनोहर शेहरा।
बंध के एक तार में इतना गया फूलों का समूह,
आँख के सामने ही चढ़ गया सिर पर शेहरा,
उसने बलि को छला था उसको छुपा रखा है
आज फूला न समाता है ये गज भर शेहरा
नील अम्बर के सदृश श्याम सलोने मुख पर
चमका तारे की तरह फूलों की जेवर शेहरा।
बोए शब्दों के सुमन तार सुरत का लेकर
सखियां लाई स्वयं ही बना सुन्दर शेहरा।
काम बहुरूप में बलिहार हुआ राम जी पर
हो रहा वर पे हैं रस गति न्यौछावर शेहरा।
जा रोओ मेरी लाडो री नयनों में भर के नीर,
जा पति की सेवा कीरयो सास स्वसुर की सेवा कारयो
यह सीखो मेरी लाडो री नयनों में भर के नीर
यह सीखो मेरी लाडो री धारण कर मन में धीर
दुःख अपने सिर पर सहियों औरों की सुख पहुँचइयों
तू रहियो मेरी लाड़ो री होकर उदार गंभीर।

बधाई

बधइया बाजे अबध पुरी में अवधपुरी में
कोसल नगरी में बधइया बाजे,

दशरथ के घर लड़का भयो है।
भाग्य अवध को कैसी खिलो है,
शोर मचो है देखो अवधपुरी में,
बज रहे ढोल बजे शहनाई,
नाप रहे सब गावे बधाई
उड़त गुलाल रंग अवधपुरी में,
राजा दशरथ जी सोना लुटावे माता कौशिल्या गहने लुटावे
सगुना मनाये सब अवधपुरी में,
जुग जुग जियो मेरे चारो मइया देवल मनाय रही केकयी मइया,
बन्दनवार बंधी अवधपुरी में बधइया बाज रही।

झूला

झूला पड़ो री कदम की डाल झुलावे आयो ब्रजनारी,
रेशम की सखी डोरी पड़ी है मोतियन सो जाकी पटली जड़ी है,
जामे बैठे नन्द कुमार झुलावे ब्रजनारी। झूला
मधुर मधुर श्यामबंशी बजावत बंशी बजावत रस बरसावत
नन्हे-नन्हे पड़त फुहार झुलावे ब्रजनारी-झूला
श्याम राधिका झूला झूले गोपी ग्वाल देख फूले
सब गावे मिलके मल्हार झुलावे ब्रज नारी झूला
पड़ गयो झूला सावन ऋतु आयी सावन ऋतु आयी रे
झुलन रितु आयी रे।

पालना

माता कौशिल्या ने डाल दिया पालना,
झूल रहे तीनों भाई देव बनकर के लालना।
जबसे श्री राम जी दशरथ ग्रह आये,
घर में होने लगे मंगल बधाये।
छायी खुशी तन में पूछे कोई हाल ना। झूल रहे ....
लै लै उमंग माता कवहूँ हलरवि,
गोदी में ले कबहु पालना झुलावे,
रोवे न कबहूँ मारे किलकारना। झूल रहे
एक दिन दर्शन को शंकर जी आये
सूप में लिटाकर दर्शन कराये
दीन्हा आशीष शिव अमर रहे पालना। झूल रहे ..
तुलसी दास अति प्रभु को देखकर
दिये दान हीरा मोती सोने के काँगना। झूल रहे

गाली

मैं समधी को गाली न देहौ,
है समधी की बड़ी-बड़ी अँखिया, पके आम की जैसे फकियाँ
मैं समधी के सुरमा लगइहौ। मैं समधी
है समधी का मुखड़ा छोटा मुरादाबाद का जैसे लोटा
अपने समधी को खीर खबैबे
मेरे समधी की नरम कलाई, पके दूध की जैसे मलाई,
अपने समधी की पतली कमरिया जैसे पनिहारन की जगरिया,
अपने समधी को लँहगा पहनैबे
मेरे समधी की काली काली जुल्फें, जुल्फों में समधी लघी किनफे
अपने समधी को चुनरी ओढ़इबे।

सोहर

लाल की बधाई जड़ाई बेदा लूँगी,
ननद भवज दोनों आँगन में बैठी होगा भतीजा जड़ा बेदा लूँगी।
जो बीबी मेरे बिटिया हुई है आशा न लगाना मैं बेटा नहीं दूँगी।
शोर हुआ लालन जनम लिया है शोर न मचाना ननद सुन आयेगी
म्हलों में शोर हुआ ननदी ने जान लिया मेरे हुई बिटिया मैं बेटा नहीं दूँगी।
भइया ने इशारा किया ननदी ने जान लिया दे भागी बिटिया मैं
बिटिया खिलाऊँगी
बेटा उठाय भाभी आँगन में लेकर लेजा सवतिया मैं अब ना
बुलाऊँगी
बेटा उठाय जनदी माथे में बाँध लिया यही ललन के
मुन्डन में आऊँगी
होगी भाभी घटिया में दुसार गढ़ाऊँगी

बन्नी

लाल लाल चूनर ओढ़ी मेरे बाबा लाल लाल सेन्दुरा
भरी माँग रे यही सेंदुरा के कारना हो बाबा घुटि जैइ है
देश तुम्हारा रे
मइया के रोइबै में छलिया फटत हैं बाबा की अँखिया,
उदास रे मइया के रोइबे में अचरा भीगत है भौजी
खड़ी मुसकाये
मइया कहै बेटी नित डीठ अइयो बाबुल कहे घण्टे मास रे
भइया कहे बहिनी काम काम में मौजी कहै का काग रे
बाबुल ने दीन्हा अनघन सोजवा गइया ने हर बचेर रे

भइया ने दीन्हों उड़न वालो घोड़िला भौजी ने जनम
सेहागरे
बाबुल का सोनवा रुचि खर्च हुई जइ है कीट चैइ है लहर
बटोर रे भइया का घौड़िला में जगर घुभर हैं भौजी,
का अटल सोहागा रे।

हरदोई बाबा का यात्रा भजन

बाबइ मिलन हम आयीं रे झुकि आयी अंधेरिया।
सोने के थारा मा भोजन परोसे,
बाबइ जियावन हम आयीं रे झुकि आयी अंधेरिया।।
बाबइ मिलन हम ....
सोने को गढुआ गंगा जल पानी,
बाबइ पियावन हम आयी रे झुकि आयी अंधेरिया।
बाबइ मिलन हम ....
पाना पचीसी को बीड़ा लगाओ
बाबइ रचावन हम आयीं रे झुकि आयी अंधेरिया।
बाबइ मिलन हम ....
सोने की सींक बरेली का सुरमा
बाबइ लगावन हम आयीं रे झुकि आयी अंधेरिया।
बाबइ मिलन हम ....
फूला नेवारन की सेजा बिछायी
बाबइ सोवावन हम आयीं रे झुकि आयी अंधेरिया।
बाबइ मिलन हम आयीं रे
झुकि आयी अंधेरिया।

(हरदोई में ही हरदोई बाबा का मन्दिर है। जहाँ पर मांगी हर मन्नत पूरी होती है। प्रस्तुत भजन में हरदोई बाबा के दर्शन के लिए जाने की यात्रा का वर्णन है। इसमें 'बाबइ' व 'नेवारन' शब्द वहाँ की क्षेत्रीय भाषा को दर्शाते हैं।)

भजन

गौरा पिलावैं गणेश जी का पनियाँ
जो गणपति का भूखा लगति है,
गौरा खिलावैं, गणेश जी का लडुआ।
गौरा पिलावैं गणेश जी का पनियाँ। ।।1।।
जो गणपति का प्यासा लगति हइ,
गडुआ म देंइ गंगा जी को पनियाँ,
गौरा पिलावंइ, गणेश जी का पनियाँ।।।2।।

जो गणपति का नींदा लगति हइ,
बघम्बर सुलावैं शिवरनियाँ,
गौरा पिलावंइ, गणेश जी का पनियाँ। ।।3।।
विघ्न विनाशक हंइ लम्बोदर,
हम सब की हइ, यहै परथनियाँ,
गौरा पिलावंइ, गणेश जी का पनियाँ।।।4।।

कीर्तन

बिन ढूंढे राम मिलत नाहीं, मेरी राम लगन छूटत नाहीं।
एक राधा नारि पुकार रही, प्रभु कहां लगाई तुम देरी?
कान्हा तुम बिन रास रचत नाहीं, मेरी राम लगन छूटत नाहीं।।
बिन ढूंढे राम ....।। 1
एक जसुदा नारि पुकार रही, प्रभु कहाँ लगाई तुम देरी?
अब माखन आइ चखत नाहीं, मेरी मेरी राम लगन छूटत नाहीं,
बिन ढूंढे राम ....।। 2
एक द्रोपती नारि पुकार रही, प्रभु कहा लगाई तुम देरी?
अब तुम बिन लाज बचत नाहीं, मेरी राम लगन छूटत नाहीं,
बिन ढूंढे राम ....।। 3
एक अहिल्ला नारी पुकार रही, प्रभु कहाँ लगाई तुम देरी?
अब तुम बिन शिला तरत नाहीं, मेरी राम लगन छूटत नाहीं।।
बिन ढूंढे राम ....।। 4

(प्रस्तुत भजन में राम की आराधना का वर्णन किया गया है। नहीं की जगह 'नाही' शब्द का प्रयोग वहाँ की भाषा शैली को दर्शाता है।)

भजन

''रामै रमा रटइ मोरि जिभिया''
नयन कहत कछु देखिवो! भरिबो, कान कहैं कुछु सुनिबो ज्ञान।
रटइ मोरि जिभिया ....
रामइ रमा रटइ मोरि जिभिया। ।।1।।
जीभ कहइ हम चट्ठो - मिट्ठो खइबो,
दाँत कहंइ हम चबिबो .... पान।।
रामइ रमा रटइ मोरि जिभिया। ।।2।।
पैर कहंइ हम तीरथ करिबो,
हाँ कहंइ हम दीबो दान।
रटइ मोरि जिभिया ....
रामइ रमा रटइ मोरि जिभिया। ।।3।।
कहत कबीर सुनउ अरू समुझइ,

हरि चरनन से धरियउ ध्यान।।
रटइ मोरि जिभिया ....
रामइ रमा रटइ मोरि जिभिया। ।।4।।

(प्रस्तुत भजन में राम की भक्ति में लीन एक भक्त ने अपनी भावनाओं को प्रस्तुत किया है। हरदोई की भाषा में बो का प्रयोग किया जाता है जैसे—चबिचो, करिबो, खइबो, दीबो आदि।)

देवी गीत

मइया आइ गयी रून झुन नीबा तरे।
सोने के थारा में भोजन परोसे।
मइया जेइ गयी रून झुन नीबा तरे
मइया आइ ....।। 1
सोने को गडुवा गंगा जल पानी।
मइया पेइ गइ रूपन झुन नींबा तरे।
मइया आइ ....।। 2
सोन की सींक बरेली को सुइया।
मइया रीझि गयी रून झुन नींबा तरे।
मइया आइ ....।। 3
लौंगा, इलायची को बीर बनाया,
मइया चाबि गयी, रून झुन नींबा तरे।
मइया आइ ....।। 4
फूला झारि, फुल-सेजा बिछायी।
मइया सोइ गयी रून झुन नींबा तरे।
मइया आइ ....।। 5

(प्रस्तुत देवी गीत हरदोई की प्रचलित भाषा में प्रस्तुत किया गया है। किसी भी शुभ कार्य हेतु गीतों को शुरू करने से पहले देवी गीतों से शुरुआत की जाती है। इसमें नीबा तेरे (नीम के नीचे), पेइ गयी (पी गयी), चाबि गयी (चबा कर खाना), सोई गयी (सो गयी) यहाँ की भाषा को दर्शाते हैं।)

देवी गीत

देबिन दरबार निबिया कटाइ डारउ जर से।
ओहि निबियां की लम्बी लम्बी पत्तियाँ,
उड़ि के गिरइँ मोरी सेज निबिया कटाइ डारउ जर से।
देबिन दरबार ....।।1।।
वहि निबिया की पलकी मँवइबो,
सोवइँ राजा, राम निबिया कटाइ डारउ जर से,
देबिन दरबार ....।।2।।
मइके के बढ़ई बोलइबो,
ससुरे के लोहार निबिया कटाइ डारउ जर से।

देबिन दरबार ....।।3।।

बहि निबिया के पटुला बनइबे,

बइठई राजा राम निबिया कटाइ डारउ जर से

देबिन दरबार ....।।4।।

(नीम के वृक्ष पर देवी का निवास होता है ऐसा माना जाता है। 'पलकी मतइबो' का अर्थ है, पालकी बनावएंगी 'बढ़ई बोलइबो' का अर्थ है बढ़ई बुलाएंगे, पटुला बनइबो का अर्थ है राजा राम का आसन बनायेंगे।)

देवी गीत

कामना पूरन करौ माई

काहे को मइया तेरो भवनु बनो है।

काहे को खम्भा लगे माई

कामना पूरन करो माई 1

सोने को मइया तेरो भवनु बनो है।

चाँदी को खम्बा लगे माई

कामना पूरन करो माई 2

कौन चढ़ावे मइया ध्वजा नारियल

कौन चढ़ावे दूधू माई?

कामना पूरन कारौ माई 3

राजा चढ़ावे मइया ध्वजा नारियल।

रानी चढ़ावे दूधू माई

कामना पूरन कारौ माई 4

कहा देखि मइया मोरे घर आई

कहा देखि मुस्काई?

कामना पूरन कारौ माई 5

दूधू देखि मइया मोरे घर आईं

पूतू देखि मुस्काईं

कामना पूरन करौ माई 6

(इस देवी गीत में भवनु बनो है, चढ़ावे दूधू माई, पूतू देखि मुसकाई शब्द क्षेत्रीय भाषा को दर्शाते हैं। ''देवी के आगमन के लिए स्वागत की तैयारी का वर्णन किया गया है।'')

लांगुरिया

देवी मइया के दरस को घर से निकरो लांगुरिया।

निकरो लांगुरिया हो घर से निकरो लांगुरिया।

देवी मइया के ....

माथे तिलक सिंदूर को टोपी पहिरों लाल

पियरे कुर्ता तपर पड़ी रे गले फूलन की माल।

देवी मइया के ....

माथे तिलक सिंदूर को टोपी पहिरें लाल

पियरे कुर्ता पर पड़ी रे गले फूलन की माल।

देवी मइया के ....

झंडा सोहे हाथ में, रे बाजत मुख से बैन

काजर, कटीलौ डारि के खूब चलावत सैन।

देवी मइया के ....

मेंहदी रच रही हाथ में रे घड़ी कलाई सोह

ठुमुक ठुमुक के वो चले रे दिल को लेवे मोह।

देवी मइया के ....

जोगिन ठाड़ी राह में रे भरि भरि देखे नैन

मन हर्षित हो गया। हमारी ऐसी उसकी बैन

देवी मइया के ....

(लंगूर को हनुमान जी का अवतार माना जाता है व लंगूर ही माता के मन्दिर की पहरेदारी भी करता है। उसी का वर्णन करते हुए देवी जागरण का समापन लाँगुरिया से होता है। ''घर से निकरो लाँगुरिया'' का अर्थ है घर से लंगूर देवी की सेवा में निकला है।)

बन्ना

काली बदरिया में चाँद हो चाँद चमके।

बन्ना हजारों में एक चमके।

सिर बन्ने के मौरा सोहे, मौरी पे हीरे हजार चमके।

बन्ना हजारों में एक चमके।

काली बदरिया में चाँद चमके हो चाँद चमके।

बन्ना हजारों में एक चमके 1

आँख बने के काजर सोहे, सुरमे पे हीरे हजार चमके,

बन्ना हजारों में एक चमके

काली बदरिया में चाँद चमके हो चाँद चमके।

बन्ना हजारों में एक चमके ....।।2।।

अंग बने के जामा सोहे, पटुके पे हीरे हजार चमके,

बन्ना हजारों में एक चमके

काली बदरिया में एक चमके

काली बदरिया में चाँद चमके हो चाँद चमके।

बन्ना हजारों में एक चमके ....।।3।।

बन्ना

खेलैं खेलैं कौशिल्या की गोद,

राम जी बन्ना बने।।

सिर पर सोहे कागद को मौरा,
मौरी पर नाचै मोर, राम जी,
खेलै खेलौं ....।।1।।
नैना सोहे सांमलिया सुरमा,
रेखा पे नाचें मोर राम जी बन्ना बने।
खेलै खेलौं ....।।2।।
अंग सोहइ खासा को जामा,
पटुका पै नाचैं मोर, राम जी बन्ना बने
खेलै खेलौं ....।।3।।
हाथ सोहें हीरा की मुंदरी
घड़िया पर नाचैं मोर, राम जी बन्ना बने,
खेलै खेलौं ....।।4।।
पांय साहैं लखनउआ जूता,
पंचा पे नाचै मोर, राम जी बन्ना बने
खेलै खेलौं ....।।5।।
संग सोहे हरियाली डोला,
परदा पे नाचैं मोर, राम जी बन्ना बनें।
खेलै खेलौं ....।।6।।

(बन्ना लड़के की शादी में गाया जाने वाला गीत है। राम जी के ब्याह का वर्णन करते हुए स्त्रियाँ अपने बेटे में राम का रूप देखती हैं।)

बन्ना

बन्ना तुम्हारे सेहरे की लम्बी लड़ी होंगी।
बन्ना तुम्हारे बाबा आंगन में खड़े होंगे।
बन्ने तुम्हारे ....।। 1।।
बन्ना तुम्हारे ताऊ आंगन में खड़े होंगे।
बन्ने तुम्हारी ताई, अरमान भरी होंगी।
बन्ने तुम्हारे ....।। 2।।
बन्ना तुम्हारे चाचा आंगन में खड़े होंगे।
बन्ने तुम्हारी चाची, अरमान भरी होंगी।
बन्ने तुम्हारे ....।। 3।।
बन्ना तुम्हारे जीजा आंगन में खड़े होंगे।
बन्ने तुम्हारी जीजी, अरमान भरी होंगी।
बन्ने तुम्हारे ....।। 4।।
बन्ना तुम्हारे भइया आंगन में खड़े होंगे।
बन्ने तुम्हारी भाभी, अरमान भरी होंगी।
बन्ने तुम्हारे ....।। 5।।

(प्रस्तुत गीत में बेटे की शादी के समय दादा-दादी, ताऊ-ताई, चाचा-चाची, जीजा-जीजी, भइया-भाभी की खुशी व उल्लास का वर्णन किया है।)

सोहर

मेरी जच्चा का मन बड़ा भारी रे।
हमें जामनु मंगा दो कारी कारी रे।
ससुरा से कही ससुरा ना सुनी।
सासू से कह कह हारी रे।
मोहे जामुन मंगा दो कारी कारी रे।।
जेठा से कही जेठा ना सुनी।
जेठनी से कह कह हारी रे।
मोहे जामुन मंगा दे कारी कारी रे।
देवरा से कही देवरा ना सुनी।
देवरनियां से कह कह हारी रे।
मोहे जामुन मंगा दे कारी कारी रे।।
सैयां से कही सैंया ना सुनी।
सवतिया से कह कह हारी रहे।
मोहे जामुन मंगा दे कारी कारी रे।।

(बच्चे की पैदाइश पर सोहर गाये जाते हैं। इसमें जो स्त्री माँ बनी है उसे जच्चा कहा गया है गर्भधारण करते समय शरीर में होने वाले परिवर्तन का वर्णन किया गया है।)

बन्ना

मेरे बन्ने को रपटो है पांव इलायची लौंगाई बिथुरि गई
बन्ने के चाचा हैं चतुर सुजान
लपैझप बीनि लईं
मेरे बन्ने के मामा है, चतुर सुजान
लपैझप बीनि लईं
मेरे बन्ने को रपटो। पांव ....
मेरे बन्ने के फूफा; चतुर सुजान
लपैझप बीनि लईं
मेरे बन्ने को रपटो। पांव ....
मेरे बन्ने के जीजा हैं, चतुर सुजान
लपैझपै बीनि लईं
मेरे बन्ने को रपटो। पांव ....
इलायची लौंगाई बिथुरि गई।

(प्रस्तुत गीत में क्षेत्रीय भाषा का पुट देखने को मिलता है जैसे ''रपटो है पाँव'' (पैर फिसल गया), ''इलायची लौंगाई बिथुरि गयी'' (लौंग इलाची बिखर गयी) ''लपै झप्पै बीनि लई'' (जल्दी जल्दी बीन लिया)।)

बन्ना

बरना चले ससुरिया बरनी की नगरिया
बन्ने को बहनोई ने सजाया।
सुन्दर मुकुट है सिर पे सुहाया
फेटा बंधा है कमरिया - बरनी की नगरिया।
मेंहदी रची हाथ आंखो में कजरा।
क्या खूब सूरत गले में है गजरा।
लगे बुरनी नजरिया - बरनी की नगरिया।
बरना के संग बाबा नाना चाले हैं।
वस्त्र आभूषण भी अच्छे भले हैं।
दोनऊ बराबर उमिरिया-बरनी की नगरिया।
चाचा ताऊ मामा मौसा भी आये।
मारे खुशी के न फूले समाये।
शहनाई बाजे दुअरिया-बरनी की नगरिया।
सज धज के संग में चले हैं बाराती
शोभा निराली कही कुछ न जाती।
चलती है पुरवा बयरिया-बरनी की नगरिया।
मारुति में दूल्हा बस में बराती।
कैलाश अगवानी करते जनाती।
चन्दा की चमकै उजिरिया-बरनी की नगरिया।

(बन्ना-बन्नी को बरना बरनी कहा गया है व बारात चलने के समय का वर्णन है।)

बन्ना

छोटी सी बन्नी हमार, गौरी पूजन को जाये।
बन्नी के हाथ में सोने को कलशा,
गौरी को अर्ध चढ़ाव, गौरी पूजन को जाये।
छोटी सी बन्नी हमार ....।।1।।
बन्नी के हाथ में केसर कटोरी।
गौरी को महक लगाय, गौरी पूजन को जाये।
छोटी सी बन्नी हमार ....।।2।।
बन्नी के हाथ में, सिंदूर कटोरी।
गौरी को तिलक लगाय, गौरी पूजन जाये।
छोटी सी बन्नी हमार ....।।3।।
गौरी पूजि जब लौटन लागी।
श्री रघुवर-वर पाय, गौरी पूजन को जाये।
छोटी सी बन्नी हमार ....।।4।।

(लड़की की शादी में सबसे पहले गौरी जी का पूजन होता है उसी का वर्णन है।)

बन्नी

कहुं बन्नी अंधेरी हुइ गयी, कबंबन्ना अंधेरा हुइ गये,
जो बन्नी हिंया मिलइ काली काली,
कहुं हिंया अंधेरा, कहुं हुआं अंधेरो,
कहुं सेजा अंधेरो हुइ रहो।
कहुं बन्नी .... हुई गये।।1।।
जो बन्नी मिलई गोरी गोरी,
कहुं हियां उजेरो, कहुं हुआं उजेरो,
कहुं सेजा उजेरो, कहुं हुआं उजेरो,
कहुं सेजा उजेरो हुइ रहो।
कहुं बन्ना अंधरा हुइ गये।
कहुं बन्नी .... हुई गये।।2।।
जो बन्नी मिलइ मोटी-मोटी,
कहुं हियां लुढ़क कहुं हुआं लुढ़क,
कहुं सेजा लुढ़कना हुइ रहो।
कहुं बन्ना अंधरा हुइ गये।
कहुं बन्नी .... हुई गये।।3।।
जो बन्नी मिलइ पतरी-पतरी,
कहुं हियां लचक, कहुं हुआं लचक,
कहुं सेजा लचकना हुइ रहो।
कहुं बन्ना अंधरा हुई गये।
कहुं बन्नी .... हुई गये।।4।।

बन्ना-बन्नी के स्वरूप का वर्णन क्षेत्रीय भाषा में है जैसे यहाँ को हियाँ वहाँ को हुआं कहा गया है।

बन्नी

मेरी अद्भुत बन्नी हेतु चढ़ावा लइयो।
बनी को शीष फूल लइयो और बुन्दा छप्पेदार।
करनफूल झुमका और पटिया तिलक सितारेदार।
बाँह जो थन लइयो।
मेरी अद्भुत ....
दुलरी तिलरी और सतलरी एक नौलख हार।
जवाहर जड़इयो।
मेरी अद्भुत ....
टुडे बाजूबन्द अनन्त अगिल पिछलिया लइयो।
नगजड़ी पहुँची और खडुआ कड़े छड़े छविदार

छैल चूड़िया लइयो।

मेरी अद्‌भुत ....

सारी जम्पर और चढ़इयो छल्ला मुदरिया लाल।

बहुतइ सोधन भड़ये नीचे लइयोजी जौहरी लाल।

कमी देरी ना करियो।

मेरी अद्‌भुत ....

(प्रस्तुत गीत में क्षेत्र में इस्तेमाल किये जाने वाले गहनों का वर्णन है जैसे दुलरी, तिलरी, सतलरी, नौलखा हार, पहुँची, खड़ुआ, कड़ा, छड़ा, छैल चूड़ी इत्यादि।)

विदाई गीत

बाबा मन्दिरवा सूने हुई गो,

आजु गुइयां ससुर धरू भरिगे।

एक सुधि आवै हमैं दुधवा पियन की,

आजु गुइयां अम्मा मेरी छुटी गयी।

बाबा मन्दिरवा ....

एक सुधि आवै हमैं गोदिया खेलन की

अजु गुइया बबुल मेरे छुटिगे।

बाबा मन्दिरवां ....

एक सुधि आवै हमें झुलुआ झुलन की

आजु गुइयां, भइया मेरे छुटिगै।

बाबा मन्दिरवां ....

एक सुधि आवै हमैं गुड़िया खेलन की

आजु गुइयां सखिन संगु छुटिगे।

बाबा मन्दिरवां ....

आजु गुइयां ससुर घर भरिगे।

(विदाई के समय बेटी के बचपन की सारी यादें माँ के द्वारा प्रस्तुत की गयी हैं। मन्दिरवा सूने हुई गो, यानि घर सूना हो गया है। बेटी के जाने से। उसका गोद में खेलना, झूला झूलना, गुड़िया खेलना माँ को याद आ रहा है।)

भात

मेरा छोटा भतइयाभात लेकर आया, जरा देखना।

लंहगा भी लाया, कुर्ता भी लाया।

लंहगा भी लाया कुर्ता भी लाया।

चूनर तो लाया फैशनदार, जरा देखना

मेरा छोटा भतइया ....।।1।।

काजल भी लाया, सेंदुर भी लाया,

काजल भी लाया, सेंदुर भी लाया,

बिंदया तो लाया, फैशनदार, जरा देखना।
मेरा छोटा भतइया ....।।2।।
बिछुआ भी लाया, पायल भी लाया।
बिछुआ भी लाया, पायल भी लाया।
बिछिया तो लाया फैशनदार, जरा देखना।
मेरा छोटा भतइया ....।।3।।

(गारी गीतों में स्त्री व पुरुष के सम्बन्धों को लेकर हँसी मजाक किया जाता है।)

गारी गीत

राम कहैं लछिमन से हँसके, चलौ चली ससुरारी जी,
जायं के पहुँचे बहिर जनकपुर, सीता रखावै फुलवारी जी।
केहि केरी हौ सीता बारी दुलारी, केहिकी रखावौं फुलवारी जी,
राजा जनक की बारी दुलारी, मइया की रखायी फुलवारी जी।
राजा जनक की बारी दुलारी, तो बैठो बगल हमारी जी,
तुम्हरे बगल हम कैसे बैठी, अवलौं हौं बारी कुआँरी जी।
सभामांझि बाबुल संकल्प तब बैठक बगल तुम्हारी जी,
भोर होत मइया माई जो छोड़े तब बैठक बगल तुम्हारी जी।
राम कहैं लछिमन से हँसि के चलौ चली ससुरारी जी।

(लड़की के मामा भात लेकर आते हैं इसी उपलक्ष्य में ये गीत गाया जाता है।)

मण्डप गीत

हरे-हरे बाँस कटइयों मोरे बाबा।
रूचि रूचि मड़वा छवान हो।
काहे से मड़वा छवावौ मोरे बाबा,
काहे के गूँथ लगाव हो।
पानन मड़वा छवइबे मोरी पोती।
रेशम गूँथ लगाइ हो।
अइसो मड़वा छवइयों मोरे बाबा,
मड़वा झिरझिरों न होइ हो।
हरे-हरे बांस कटइयों मोरे बाबुल
रूचि रूचि मड़वा छवाव हो।
काहे के गूँथ लगाव हो।
पानन मड़वा छवइवे मोरी बेटी।
रेशम गूँथ लगाइ हो।
अइसो मड़वा छवायो मोरे बाबुल
मड़वा झिरझिरो न होइ हो।

(शादी में बाँस व मूंज का मण्डप बनाया जाता है जिसमें शादी से सम्बन्धित कार्यक्रम होते हैं।

इसमें बेटी के बाबा, पापा, चाचा, फूफा, जीजा सभी के सम्बन्धों का वर्णन होता है।)

नकटा

करब बिकि जाय, हमैं लटकनु लइ देउ।
करब बिकि जइहै, तो बैल का खइहैं।
बैलहु बिकि जाये, हमैं लटकनु लइ देउ।।1।।
बैल बिकि जइहैं, तो खेत कैसे हुइहै?
खेतहु बिकि जाय, हमैं लटकनु लइ देउ
खेतु बिकि जइहै, तो लारिका का खइहैं?
लरिकउ बिकि जाये, हमैं लटकनु लइ देउ।।2।।
बिकि जइहैं तो हम कैसे रहि हैं?
तुमहूँ कि जाउ, हमैं लटकनु लइ देउ।।3।।

(नकटा में पत्नी व पति की प्रेम भरी नोक झोंक का वर्णन होता है। पत्नी पति से कान में पहनने वाले गहने को हर कीमत पर लेने को कहती है।)

नकटा

''राति राजा रूठे कढ़ी का''
सासू जी ढोरइ ननदी पछोरंइ,
सइयां मटरा बीनंइ कढ़ी का।
राति राजा रूठे कढ़ी का।।1।।
सासू जी पीसंइ, ननदी बटोरंइ,
सइयां झन्ना झारंइ कढ़ी का।।
राति राजा रूठे कढ़ी का।।2।।
सासू जी धोवइं, ननदी मांजइं,
सइयां चमचा धोवइं, कढ़ी का।
राति राजा रूठे कढ़ी का।।3।।
सासू जी धोरंइ, ननदी घोराबइं,
सइयां पनियाँ बढ़ावइं कढ़ी का।
राति राजा रूठे कढ़ी का।।4।।
सासू जी परसै, ननदी बढ़ावइं
सइँया जिभिया चलावंइ कढ़ी का।
राति राजा रूठे कढ़ी का।।5।।

(प्रस्तुत नकटा में कढ़ी बनाने के लिए पहले बेसन तैयार किया जाता है उसके लिए खेत से अनाज के उठने से चूल्हे पर पकाने तक के क्रम का वर्णन किया गया है।)

विदाई गीत

छूटो जाइ, नइहरवा अवधपुर।
आजी रोवैं, आजा समुझावंइ,
पोती फेरि बोलइबो अवधपुर।
छूटो जाये .... अवधपुर।।1।।
मम्मी रोवई, पापा समझावइं,
बेटी फेरि बोलइबो अवधपुर।
छूटो जाये .... अवधपुर।।2।।
चाची रोवई, चाचा समझावंइ,
भातिज फेरि बोलइबो अवधपुर।
छूटो जाये .... अवधपुर।।3।।
भाभी रोवई, भैया समझाबंइ,
जीजी फेरी बोलइबो अवधपुर।
छूटो जाये .... अवधपुर।।4।।
मौसी रोवई, मौसा समझांवइ,
बहनौतिन फेरि बोलइबो, अवधपुर।
छूटो जाये .... अवधपुर।।5।।
नानी रोवई, नाना समझावंइ,
नातिन फेरि बोलइबो अवधपुर।
छूटो जाये .... अवधपुर।।6।।

(प्रस्तुत विदाई गीत में क्षेत्रीय भाषा झलकती है। जैसे छूटो जाइ बोलइबो, समझांवइ इत्यादि।)

सोहर

चन्दन केर उउकिया मोतिन लागी झालरि हो।
तेहि पर राम नहाइ सीता रानी बिहँसइ हो।
एक सखी मुसुकाइ के पुनि पुनि पूछइ हो।
सीता कौन तपस्या तू किहेउ राम वर पायउ हो।
भूँखी रहेउँ एकासिया दुअसिया के पारन हो।
सखिया, विधि से रहेन इतवार, राम वर पायऊँ हो।
माघइ मकर नाहयउँ अगिनि नहीं तापेउँ हो।
रानी तुलसी के दियना जरायँउ राम वर पायउँ हो।

सोहर

आयी आयी बसंत ऋतु भौंरा बोले।
अमवा की डाली पे कोयल बोले।।
'दाई' जी आवे, नार छीनन को।

साड़ी के जोड़े पे जियरा डोले।
अमवा की डाली पे ....।।1।।
सासू जी आवे चरूआ रखावन।
कंगनो के जोड़े पे जियरा डोले।।
अमवा की डाली पे ....।।2।।
ननदी जी आवें छठिया धरन को।
हरवा की लरिया पे जियरा डोले।।
अमवा की डाली पे ....।।3।।
देवर जी आवें वंशी बजावन।
साइकिल घड़िया पे जियरा डोले।।
अमवा की डाली पे ....।।4।।
सखियाँ आवें मंगल गावें।
लड्डू के पैकेट पे जियरा डोले।।
अमवा की डाली पे ....।।5।।

(सोहर गीतों में जच्चा के बच्चा होने पर दाई, सास, ननदी, देवर व सखियों को दिये गये उपहार का वर्णन किया गया है।)

सोहर

हरदोई शहर की बजरिया, वहाँ बिकती कन कइया,
लाल मेरा खेलेगा।
लाल के बाबा कनकइया ले आये,
दादी की गोद में जाके, वह उउ मचाके।
लाल मेरा खेलेगा। हरदोई शहर की ....।।1।।
लाल के ताऊ कनकइया ले आये,
ताई की गोद में जाके, वह उउ मचाके।।
लाल मेरा खेलेगा। हरदोई शहर की ....।।2।।
लाल के पापा कनकइया ले आये,
मम्मी की गोद में जाके, वह उउ मचाके।।
लाल मेरा खेलेगा। हरदोई शहर की ....।।3।।
लाल के चाचा कनकइया ले आये।
चाची की गोद में जाके, वह उउ मचाके।।
लाल मेरा खेलेगा। हरदोई शहर की ....।।4।।

(घर में बच्चा पैदा होने के बाद सभी सदस्यों की खुशियों का वर्णन किया गया है।)

सोहर

राजा हरीरा गले बीच अटकै।
दाई बुलाने से मेरा जिया धड़कै।

मेम बुलाने को मेरा मन तरसे। राजा हरीरा ....

सासू बुलाने से मेरा जिया धड़के।

मैया बुलाने को मेरा मन तरसे। राजा हरीरा ....

जिठानी बुलाने से मेरा जिया धड़के।

भाभी बुलाने को मेरा मन तरसे। राजा हरीरा ....

ननदी बुलाने से मेरा जिया धड़के।

बहना बुलाने को मेरा मन तरसे। राजा हरीरा ....

देवर बुलाने से मेरा जिया धड़के।

भइया बुलाने को मेरा मन तरसे। राजा हरीरा ....

सखिया बुलाने से मेरा जिया धड़के।

गुइया बुलाने को मेरा मन तरसे। राजा हरीरा ....

पंडित बुलाने से मेरा जिया धड़के।

बाबुल बुलाने को मेरा मन तरसे। राजा हरीरा ....

(बच्चा पैदा होने के बाद माँ के खाने के लिए बनाये गये पकवान 'हरीरा' का वर्णन किया गया है।)

सोहर

जनमें होरिलवा आनन्द भई बखरी।

ननदी जी आवें, कजरा लगावें।

उनहूँ का राजा मगाई देउ चुनरी।।

जनमें होरिलवा ....।।1।।

सासू जी आवें, देउता मनावें।

उनहूँ का राजा, मँगाइ देउ पियरी।।

जनमें होरिलवा ....।।2।।

जेठनी जी आवें, चरूआ चढ़ावे।

उनहूँ का राजा, मँगाइ देउ तिलरी।।

जनमें होरिलवा ....।।3।।

देवर जी आवें, बंशी बजावें,

उनहूँ का राजा, मँगाइ देउ मुँदरी।।

जनमें होरिलवा ....।।4।।

('होरिलवा' लड़के के पैदा होने पर कहा गया है। लड़के के पैदा होने पर धनधान्य की बढ़ोतरी को दर्शाया गया है।)

सोहर

सोंठ के लड्डू चरपरे हैं। सोंठ के लड्डू।

अँगने ठांड़ी सास जी मांगे

बहू आंधा लड्डू हमका दइरिहो।

आधा तोरूंमोरी उंगली दुखत है,
पूरा दिया नहि जाये,
पसेरी भाई यहि मां घिउ परा है,
गरी के गोले नौ परे है,
बदाम और पिस्ता खूब परे है,
सोठि के लड्डू चरफरे है।।।1।।
अंगने ठांडी जिठानी,
बहू आधा लड्डू हमका देइ देहा,
आधा जो तोरूमोरी उंगली दुखत हो,
पूरा दिया नहि जाये,
पसेरी भरि यहिमा घी परा है,
गरी के गोले नौ परे है
बादाम और पिस्ता खूब परे है।
सोठि के लड्डू चरफरे है।2।

इस गीत में जच्चा के खाने के लिए लड्डू बनाये गये हैं उसमें कितनी मात्रा में मेवा मिलाई गयी है उसका वर्णन है।

सोहर

पलंग पर अब ना चढ़ै महाराजा।
सो राजा मोरे पहिली पीर जब आई
सासू को ठाड़ी जगायै महाराजा
पलंग पर अब ना ....
सो सोरे राजा सासू बड़ी बेदर्दिन
वो तो करवट ले गयी हैं महाराज
पलंग पर अब ना चढ़ै महाराज
सो मेरे राजा जेठानी बड़ी वेदर्दिन
सुनतई मैहर चली गयी महाराज
सो राजा मोरे तिसरी पीर जब आई
तो ननदी की ठाड़ी जगावै महाराज
पलंग पर अब ना ....
सो राजा मोरे ननदी बड़ी बेदर्दिन।
वे सुनतई ससुरे चली गयी महाराज
पलंग पर अब ना ....
सो राजा मोरे चौथी पीर जब आई
तो देवरी की ठाडी जगवाई महाराजा
पलंग पर अब ना ....
सो राजा मोरे देवरा बड़ा बेदर्दी

वे सुनतई कालेज चले गये महाराजा
पलंग पर अब ना ....
सो राजा मोरे पंचई पीर जब आई
तो तुम्ही की ठाडी जगवाई महाराज
पलंग पर अब ना ....
सो राजा मोरे तुम्हें हमारे साथी।
वे सुनतई दाई को लाये महाराज
पंलग पर अब ना महाराजा।

(प्रस्तुत गीत में प्रसव के समय स्त्री को होने वाली तकलीफ का वर्णन किया गया है ऐसे में वह पति का साथ चाहती है।)

सोहर

लव और कुश द्वारा अवध में रामायण पाठ

सीता, बइठी बिरछवा की छांह होरिल दोनौ खेलइं हो।
सीता आज तिसर उपवास, पिया की सुधि साले हो।
छोटे छोटे हथवा धनुहिंया बान छोटे तरकस हो।
रामा छोटे-छोटे लवकुश भइया कहति रामायण हो।
पहिले कहे न राम जन्म दुसरे धनु भंजन हो।
रामा तिसरे प्रभु वनवास, सियावन हरिगइँ हो।
मरि के रावण का राम अवध फिरि आये हो।
रामा कीन्हिन कठिन करेज सिया का वन पठयेनि हो।
रामायण येहि भाँति गाइके सुनावैं हो।
रामा, रोइ कहैं कौशिल्या मातु करहु कुछ भोजन हो।
उठि के चले दोनो भाई, राम लागे पकरन हो।
यहि देसवा सती को अपमान इहां न जलु अचवउं हो।

(इस गीत में लवकुश द्वारा अपनी माता सीता पर हुए अन्याय को गाकर सुनाये जाने का वर्णन है।)

मुंडन

जलुभरि लेउ हिलोर हिलोर, रसरिया रेशम की।
सोने की रसरी जब नीकी लागे, सोने का धैला होय।
रसरिया रेशम की। जलु भरि लेउ.....................।।1।।
सोने के धैला जब नीको लागे, सोने की अडुरी होय।
रसरिया रेशम की। जलु भरि लेउ ....।।2।।
सोने की अंडुरी जब नीकी लागे, पतरी सी धनियां होय।

रसरिया रेशम की। जलु भरि लेउ............................।।3।
पतरी सी धनियां जब नीकी लागे, गोदी में ललना होय।
रसरिया रेशम की। जलु भरि लेउ....................।।4।।
गोदी को ललना जब नीको लागे, गंगा पर मुंडनो होय।
रसरिया रेशम की। जलु भरि लेउ....................।।5।।
गंगा पर को मुड़नो जब नीको लागे, मायके को नाऊहोय।
रसरिया रेशम की। जलु भरि लेउ ....।।6।।
मायके को नाऊ जब नीको लागे, संग ननदिया होय
रसरिया रेशम की। जलु भरि लेउ....................।।7।।

जनेऊ

मड़ये मा ठाढ़े वरूआ रामा फिर फिर चितवै।
कहां गयी दादी हमारी भिक्षा लैं डारयो।
छिन बिल मौ छिन पूत छिन विलमौ।
करि लौ मैं सोलहा सिंगार भिक्षा लै डारयो।
करहु मै माया मोरी सितुआ अउश्र दस लेडुआ।
काशी बनारस जइबे वेद पढ़ि अइबे।
कस पूत जइहौं बनारस
जिनके बाबा हैं पीड़त आपन वेद पढ़इहैं।
ब्राह्मण करि देहे।

(विवाह संस्कार से पहले बच्चे का जनेऊ होता है व उसे बरूआ कहकर इंगित किया जाता है और उसी पर यह जनेऊ गीत गाया जाता है।)

नेग गीत

हीरा जड़ाऊ मोरा कंगना, कंगना नाइ दूँगी।
मइके से आया मोरा कंगना नाइ दूँगी।
आँगन में ठाडी सासु समझावें, दे दो बहू रानी कंगना।
ये कंगना मेरी अम्मा ने भेजा, कंगना नाइ दूँगी।
हीरा .... नाइ दूँगी।।1।।
आँगन में ठाढ़े ससुर समझावे, दे दो बहू रानी कंगना।
कंगना नाइ दूँगी।
ये कंगना मेरे पापा ने भेजा, कंगना नाइ दूँगी।
हीरा .... नाइ दूँगी।।2।।
आँगन में ठाड़ी जेठानी समझावे, दे दो छोटी रानी कंगना।
कंगना नाइ दूँगी।
ये तो कंगना मेरी भाभी ने भेजा, कंगना नाइ दूँगी।

हीरा .... नाइ दूँगी।।3।।
आँगन में ठाढ़े जेठ समझावें, दे दो छोटी रानी कंगना।
कंगना नाइ दूँगी।
ये तो कंगना मेरे भइया ने भेजा, कंगना नाइ दूँगी।
हीरा .... नाइ दूँगी।।4।।
आँगन में ठाढ़े देवर समझावें, दे दो भाभी रीन कंगना।
कंगना नाइ दूँगी।
ये तो कंगना मेरे चाचा ने भेजा, कंगना नाइ दूँगी
हीरा .... नाइ दूँगी।।5।।
आंगन में ठाढ़े बलम समझावें, दे दो मेरी रानी कंगना।
कंगना नाई दूँगी।
ये तो कंगना मेरी चाची ने भेजा, कंगना नाइ दूँगी।
हीरा .... नाइ दूँगी।

(बच्चे के किसी भी संस्कार के होने पर सभी सम्बन्धियों को नेग (उपहार) देने की प्रथा है, उसी समय यह गीत गाया जाता है।)

चैत मास का गीत

चैत हिय हुलसै हिलोर लेइ मनवां।
आंचल में गंध भरि गम कै पवनवां।।
खेत खेत मिन्ति द्वार लिए पुते अंगना।।
होरी के राग फाग मन में मगनवां।।
अभइ नांहि आंखिन से ओझल फगुनवां।।
चैत हिय हुलसै ....।।1।।
हरी हरी धरती की चूनर सुनहरी।
खेत खलिहान, घर बखरी भरी भरी।।
चैती, ढोला गाइ थिरकि, किलकैं किसनवां।
चैत हिय हुलसै ....।।2।।
मेड़न पे मखमल सी घास हरियाली।
लै के कलेऊ चलैं खेतन की रानी।
खन खन खन हाथन में खनकै कंगनवां।
चैत हिय हुलसै ....।।3।।
महुआ की मीठी गंध, बागन में महके।
टेसू, कचनार फूल, बड़हल के टपके।।
नीम अरू करौंदी बौर महकि रहो अमवां।।
चैत हिय हुलसै ....।।4।।

(फाल्गुन में होली होती है उसके बाद चैत्र का महीना आता है व चारों तरफ फसल लहलहाने लगती है हरदोई कृषि प्रधान जिला है यहाँ गेहूँ, मूंगफली, सरसों, चना की खेती बहुतायत होती

है। इसी समय महुआ, आम के बौर, टेसू, कचनार, बड़हल के फूल फूलते हैं इन गीतों में उसी का वर्णन किया गया है।)

कजरी

अरे रामा कृष्ण बने मनिहारी।
ओढ़ ली साड़ी रे हारी।
अरे रामा है कोई पहिरनहार।
पहिन ले चुड़िया रेहाती।
अरे रामा खिड़की खोल राधिका टेरे रामा।
अरे रामा इधर आओ मनिहारी।
पाहिन राधा प्यारी रे हारें।
अरे रामा नीली पीली वैजयन्ती चुड़िया रामा।
अरे रामा ऐसी चुड़िया पहिराओ
पिया को लगे प्यारी रे हारी।
अरे रामा हीरा जड़ी सन्दूक।
मोतिन मन माला रे हारी।
अरे रामा सोने की थाली में
ज्योना परोस्यो रे रामा।
अरे रामा जैवै सास जी बैठा
ननद जी का भइयारे हारी।
अरे रामा सीने का गढुआं गंगाजल पानी रे रामा।
अरे रामा पीवै सास जी का बेटा
ननद जी का भइयारे हारी।
अरे रामा पाना पचीसी की
बिड़िया लगायी रे राम
अरे रामा राचैं सास जी बेटा
ननद जी का भइया रे हारी।
अरे रामा फुला नेवारी की सेजा बिछाई रे रामा।
अरे रामा सोवैं सास जी का
बेटा ननद जी का भइया रे हारी।

(इस क्षेत्र में गायी जाने वाली कजरी में अरे रामा लगा कर गाने की प्रथा है।)

बारहमासी

''न्यारे तुम हुई जाउ, नारि बालम से बतलायी''
जैत महीना लगो नारि के दिल चिन्ता छायी।
मेरी मानों कहीं, रही बालम को समझायी।
कदरि ना रही हमारी है।

सासु ननद मोसे लड़ै, करै मेरी भारी ख्वारी है।
जिठानी परेशान करती।
काम के पीछे देउरानी मोते रात दिन लड़ती।
दुःखी हम रहते जा घर में।
नहिं न्यारे हुइ पावो भेज देउ मोकूं पीहर में।
करूंगी अपनी मनमानी।
न्यारे तुम हुइ जाउ, नारि बालम से बतलानी।

बैशाख

लागत ही बैसाख नारि बालम से समझायी
न्यारे में का धरो मोय निक दीजो समझायी।
हमें क्यों अकल सिखाती है।
भोली-भाली माता को क्यों दोष लगाती है।
बात तेरी एक न मानेंगे।
पीहर देउं पहुंचाय शान अपनी ही राखेंगे।
होय न्यारे में परेशानी।
न्यारे तुम हुइ जाउ नारि बालम से बतलानी।

जेठ

जेठ महीना लगो रही बालम को समझायी।
आशिक भये जिठानी पे, तेरी पोल पकड़ पाईं।
खाक तेरी डारूं ज्वानी पै।
रस्सी लेकर हाथ में फांसी देउं दुकानी में।
सुनत ही बालम घबड़ाये।
प्रेम चन्द्र कवि कहें नारि के चक्कर में आये।।
मान लई बात हमारी है।
गाय भैंस लेउ बांट और सब खेती वारी है।
मढ़ा लेउ अट्टा बारी है।
पूरो बनो किसान बांट लेउ बढिया ज्वारी है।
फेरि तुम करियो मनमानी।
न्यारे तुम हुइ जाउ नारि बालम सों बतलानी।

अषाढ़

अषाढ़ महिना लगो पिता से कहन लगी बानी।
मोहिं न्यारी करि देउ सहूं साझे में परेशानी।
सुनत ही न्यारों करि दीयो।
चीत बत्त सब बांट खुशी भयो प्यारी को हीयो।

सुनो तुम देवर के भइया।
गूंथि खुलाई मिली न दीनी पीहर की गइया।
बल मजी! जो बछरा ब्यानी।
न्यारे तुम हुई जाउ नारि बालम सों बतलानी।

सावन

सावन महिना लगो मल्हौर गाइ रही गोरी।
करि सोलह सिंगार उठाइ लइ पटुली और डोरी।।
बाग में झूला डारों है
न्यारे घर की बहु न कोई बरजन हाराहौ।
लिवावन आइ गयो भइया।
पीहर चलि दई चली संग में लै बछरा गइया।
ख़ुशी मन भारी छाय रही।
ऐन सनीनौ पर आओ, पति को समझाय रही।
सनीनौ, पै संग में जाऊँ।
खातिर दउँ करवायस, विदा दूनी मैं दिलवाऊँ
मौज से खइयौ मेहमानी।
न्यारे तुम हुइ जाउ, नारि बालम सों बतलानी।

भादों

भादों महिना लगो कृष्ण की आठें बीति गयीं
मोहि विदा करि देउ, सासु सो ऐसे जाइ कही।
सासु सुनि कहन लगी बानी।
मौज करौ तुम, मती सहों बिल्कुल परेशानी।
कहै हंसि-हंसि के प्यारी है।
धरे करौ आराम छोड़ि के चिन्ता सारी है।
दूधु घर होय रेंलम पेला।
भाभी से दुबकाय पियाइ दूँ भरि-भरि के बेला।
बदलि जाइ तुमरी रूमानी।
न्यारे तुम हुइ जाउ नारि बालम सों बतलानी।

क्वांर

क्वांर कनागत लगे ओंइठि खेतन की आय गयीं
ज्वार बाजरा पके खुशी सबके दिल छाय रही।
फसल को काम बड़ो भारी।
बपुअइ चढ़ो बुखार, पिया को समझावैं प्यारी।
सवेरे हर जोतन जइयो।

दो बीघा लौ जोति लोट घर की जल्दी अइयो।
सुबह हर जोतन जाते हैं।
फेरि शाम के वक़्त करब को काटि के लाते हैं।
निकल गयी सगरी मेहमानी।
न्यारे तुम हुइ जाउ, नारि बालम सों बतलानी।

कार्तिक

कार्तिक महिना लगो बदलिगै करमन के घेरे।
ससुरारि समुझि सुखसारि पिया भै प्यारी के चेरे।
धरि धरि शेखी शान भई
जायदाद बरबाद करी सब खेती उजरि गयीं
लड़ाई हुई गइ सारे से।
सासु कहे टरि जाउ लला अब द्वार हमारे से।।
परोसी हँसि रहे दै तारी।
भले मातु ने जने तुमइ अइसे सुत औतारी।
खाक ससुरारि आइ छानी।
न्यारे तुम हुइ जाउ, नारि बालम सों बतलानी।

अगहन

अगहुन महिना लगो नारि ने ऐसे आइ कही।
यहाँ से बालम चलो याद मोहि घर की आय रही।
लड़े मोसे भाभी औ भइयां
नित, उठि गारी देइ, लड़े तुमसे मेरी मइया।
गुजर यहाँ अब ना होने की।
घर अपने को चलौ चुराइ लई हँसुली सोने की।
सुनत ही गुस्सा आई है।
त्योरी नारि की उठी देखि सारे ने पायी है।
बात कुछ भी ना पूछी है।
मारी पटक घुमाय चाँच जीजा की पूजी है।
सुनाई ऊँच नीच बानी।
न्यारे तुम हुइ जाउ, नारि बालम सों बतलानी।
पूस महीना लगो कि सारी चिन्ता दूर भई
एक दिना की बात पिया ने प्यारी मनाइ लई
लौटि घर अपने आइ गये।
जमा जया जो पंजी सो तो पहिलेइ खाय गये।
बंधे नहिं खोन की सपड़ा।
कैसे जाड़े कटे न घर मा ओढ़िबे को कपड़ा।

खबरि ले गरूड़ चढ़इया हैं।
बल्ली लेको हाथ पार करू मेंरी नइया हैं।
कहां सोये गये अन्तर ज्ञानी।
न्यारे तुम हुइ जाउ, नारि बालम सों बतलानी।।

माह

माह महीना लगो अकल कुछ काम न आती है।
जाड़ो भारी पड़े रात मा ठंड सताती है।
रात भर नींद नहीं आती।
करि-करि सोच विचार फटी जाय दोनों की छाती।
पिया प्यारी को समझावे।
घर वालों की करे खुशामद तब पटरी खावे।
सुनत घुंघुट करो पास फिर सासुल के आयी।
लम्बो घुंघुट करो पास फिर सासुल के आयी।
बहै तब नैनन से पानी।
न्यारे तुम हुइ जाउ, नारि बालम सों बतलानी।

फागुन

फागुन महिना लगो सास अपनी के चरण परी।
ननद जेठानी देवरानी की विनती खूब करी।
डोलि रही साझे को गोरी।
मीठी बातें करे सभी से बनि बनि के भोरी।
खुशामद सास की खूब करे।
ननद, जिठानी देवरानी सबही की कही करे।
करे फिर हिस्से और गूँजा।
खीर पुरी करि लई करी फिर देवन की पूजा।
द्वारा पर गाय रही होरी।
लै पिचकारी हाथ छत्त पर चढ़ गयी है गोरी।
प्रेमरंग में अब हे सानी।
न्यारे कभी न होउ नारि बालम सों बतलानी।

लौंद

लौंद महीना लगो खतम होती बारह मासी।
हरि किशोर रहे गाय टेर सुनियो भारत वासी।।
रहो सब हिलमिल के भइया।
बिना मेल के चले न गाड़ी जाय अधवर नइया।
पड़ेगा फिर तुमको रोना।

नाम नारी की सीख यार कोई न्यारे मत होना।
फेरि भारी पछिताओगे।
होय कहावत सही भीख मागे न पाओगे।
काटियो हिल मिल जिन्दगानी।
है साझे में नफा नारि बालम सों बतलानी।
(इति बारह मासी छन्छ सम्पूर्ण)

विरहा गीत

चोंचो सोने की मढैहौं, कागा मोतिया चुगइहौं।
आजु आवंइ जो दुअरवा हमारे सजना।।
अम्बा की डाली कोइली बोली भिनसारे।
सपना मिटे मोरे देखि बादर कारे।
जियरा कसकि कसकि जाये, मनुआं मसकि मसकि जाये।
आधी रतिया म बाजइ, हमार कंगना। चोंचा सोने की ....।।1।।
भूखे बैल दुआरे ठाढ़े, गइया करैं जुगाली।
पनियाँ देन चली खेतवा पर छैलू की घरवाली।
करिके सोलहू सिंगार, लम्बा घुंघुटा निकारि।
बैठी अंगना बहुरिया बनावइ पिसना। चौंचा सोने की ....।।2।।
सखियां राबइ चलीं पनघट पर भरन पियनवा पानी।
अंजुरी बांधि पियइ परेदेशिया गोरि देखि मुस्कयानी।
चुनरी सरकि सरकि जाय, घइया ढरकि ढरकि जाय।
बइठी मांजइ रे महरिया, दुआरे बसना। चोंचा सोने की ....।।3।।
ननदी हंसि गुलाल छिड़कावंइ देउरा करंइ ठठोली।
मोरे सजनवां विसरत नाहीं। तोरी सुरतिया भोली।
आजु सगुना मनइहंउ, दियना घिय के जरइंहउ।
घर आवंइ जो सजनवां, हमारे किसना। चोंचा सोने की.....................।।4।।
आजु आवंइ जो दुअरवां हमारे सजना।।

होरी

यह होरी होली के अवसर पर सम्पूर्ण जनपद में गायी जाती है।

मसको नहिं वंहिया तोरि गओ, मसको नहिं बांह मिरोरि गओ।
जब रसिया द्वारे को आवो जब रसिया द्वारो कउ आवो।
वोहु चुरिया मोरी फोरि गओ, मसको नहिं बांह मिरोरि गओ।
मसको ....गओ।। 1।।
जब रसिया मोहरा पर आवो, जब रसिया मोहरा पर आवो।
वोहु फरिको मोरो मेलि गओ, मसको नहिं बांह मिरोरि गओ।
मसको ....गओ।। 2।।

जब रसिया आंगन कउ आवो, जब रसिया आंगन कउ आवो।
वोहु पाटी मोरी तोरि गओ, मसको नहिं बांह मिरोरि गओ।
मसको ....गओ।। 3।।
जब रसिया सेजिया पर आवो, जब रसिया सेजिया पर आवो।
वोहु आंगिया नारा तोरि गओ, मसका नहिं बहियां तोरि गओ।
मसको ....गओ।। 4।।

(इस होरी गीत में क्षेत्रीय भाषा का पुर देखने को मिलता है जैसे–द्वारे को आवो (द्वार पर आया) वोहु चुरिया (वह चूड़ियाँ) मसको मतलब (खिसकाना)।)

होली गीत

फागुनवाँ बीतो जाये सोनरवा पायल ना लाओं।
कंहनई की तोरि पैल बनी हइ, करनइ की तोरि पौल बनी हई
कंहन को लगो जड़ाउ, सोनखा .... ना लाओ
फागुनवाँ ....।। 1।।
डिली शहर की पैल बनी हइ, डिली शहर की पैल बनी हइ।
मथुरा लगो जड़ाउ, सोनरवा ....ना लाओ।
फागुनवाँ ....।। 2।।
कई लख की तोरि पैल बनी हइ कइ लख की तोरि पैल बनी हइ
कइ लख लगो जड़ाउ सोनरवा .... ना लाओ।
फागुनवाँ ....।। 3।।
दश लख की मोरि पैलबनी हइ, दशलख की मोरि पैल बनी हइ
नउ लख लगो जड़ाउ, सोनरवा .... ना लाओ
फागुनवाँ ....।। 4।।

कहरा

नीको हमैं लागै झोपड़ियन माँ।
गावन की कच्ची कोठरियन माँ।।
बालू के बबलू बनावैं खिलौना।
सेंठन के सिर किन के खेल खिलौना।।
बिटियन के खेल, गुड्डा, गुड़ियन माँ।
नीको हमैं लागैं झोपड़ियन माँ..................।।1।।
पिछवारे बगिया में बोलै कोयलिया।
पिउ पिउ पपिहा की बोले पयलिया।।
बैठि रहइं दादी, पलकियन माँ।
नीको हमैं लागैं झोपड़ियन माँ..................।।2।।
पोर पर बाबा सुनावैं कहानी।
एक हतो राजा, एक हती रानी।।

काम करैं बापू खेतरियन मां।
नीको हमैं लागैं झोपड़ियन माँ.................. ।।3।।
साढ़ी दुधांढ़ी की चाटै बिलइया।
श्यामू जुठारैं, दही की मलइया।।
अम्मा हँसै इन छलियन मां।
नीको हमैं लागैं झोपड़ियन माँ.................. ।।4।।

कहरा लोक गीत

अवकी गेहुंआ बेंचि किसनवा, मोंहिका ला दे चुनरी।
लादे चुनरी, मोहिका ला दे चुनरी अबकी.............................. ।
तेरी श्रद्धा सेवकाई से देवी जी हरषानी।
हरष हरष हमरे खेतन में नाचें नाच भवानी।।
अबकी गेंहुआ बेचि .... ।। 1 ।।
रेशम लहंगा, रेशम चोली और रेशमी चुनरी।
अपने रंग का नग जड़वा दे सोने की मुदरी।।
अबकी गेंहुआ बेचि .... ।। 2 ।।
चुनरी पहिन हम नैहर जइहौं, सखियन को दिखलइहौं।
सुनि तारीफ सखिन के मुँह से मन ही मन हरपैइहौं।।
अबकी गेंहुआ बेचि .... ।। 3 ।।

आल्हा

कइसे हाँथी गये तुमारे, हमका यादि रहो कुछु नाय
माह महेलां तुम्हें खवाए, दओ अमखोरन दूध पियायं
तुम दुइ भइया औ एक बहिनी, कजरी बनयी लओ औतार।
जेठो भइया आदि भंयकर, तेहिपर चढ़ई पिथौरा राय।
छोटी बहिनी वह बिजरासिनि, तेहि पर चढ़ाई कनौजी राय।
एब समुझि के महराजन, ने केहूँ तुम्हें खरीदो नाय।
ब्याहु हमारो भओ महुबे माँ, माहिल दइजे म दौनि चलाय।
बहुत दिनन को अरसा हुइगौ, हमकौ दइजे म दौनि चलाय।
बहुत दिनन को अरसा हुइगौ, हमको यादि रहो कहु नाय।
अपने पूतन का हनिहारो, तुमको नेकशर्म हइ नाय।
यदि करावंइ दश पुरवा की, जबहें चढ़ो करिंगा राय।
नितप्रति यादि करैं जम्बै की, लड़ुआ और मलीदा खाँय।
गीत सुनावति हइ बैरी को, घटिहा तेरो बुरो हुइ जाय।
हरे-हरे चुरिला कहि पर पहिरे, सेंधुर मांग लई भरवाय।
कइसे हांथी भये तम्हारे, यहु तुमने दीन्हों बतलाय।
औहातिनि ना धरंइ महाउरू, सांची हमैं देउ बतलाय।

दस्सराज और बच्छराज की, जस की धजा रही मंडराय।
दोनउ भइया महुबे पांजर, दशहरि पुरवा, लओ बसाय।
उन्हीं दिनौना के फेरे मां, रायकरिधां करी चढ़ाय।
आधी राति केर अमला मां, धावा करो करिंधा राय।
बनी रसोइयां रनि मल्हना की, भूरा मुगल पछौरे गाय।
मूंड़ काटि के दरसराज को, सिर बरगद मां दओ दंगाय।
धड़ पेरवाये हैं कोल्हू मां, ठठरी अर्स दई लटकाय।
तुमैं घसीटो हइ लशिकर से, राखों गोड़वान मां आय।
भल भल अश्रु बहैं हाथी के, हाथी बहुत गओ शरमाय।
अब ना करिबो नमक हरामी, दइ गंगा धइं सूड़ि उठाय।
पाँचों भसूडा पर दै मारे, चुरियां खील खील हुइ जायं।
एक कहारिक डारि दओ भकसी मां, जहि दौतंन से जाउ चबाय।
पकरी वाह तुरन्त मलिखे की, अरू हाथी घइ दियो चलाय।
अब ना दंग करौ लड़िकन ते, बदलों लेंय बाद को जाय।
गया करावइं फिरि पुरिखन की, मोरिउ छुटि आकवति जाय।
हिंयन ते आल्हा बन्द होति हइ, यारो तुमका दिया सुनाय।
पन्ना मरि गहो है आल्हा ते, नेइ बरनी देते करवाय।

पनघट गीत

जल कैसे भरौं जमुना गहरी।
ठाढ़े भरौं, राजा राम देखत हैं,
बैठे भरौं, भीजै चुनरी।
जल कैसे भरौं ....।।1।।
धीरे चलौं धर सासू रिसैहै।
जोर चलौं छलकै गगरी।
जल कैसे भरौं ....।।2।।

हास्य गीत

पहिरे कुर्ता पर पतलून। आधा फागुन आधा जून।
कुर्ता पहुँचा अपने देश, लुंगी धरे फकीरी वेष।
धोती पहुँच गयी रंगून, आधा फागुन आधा जून........।।1।।
बुढ़ऊ फैशन खूब बनावें, बेटवा फिल्मी राग उड़ावें।
बुढ़ऊ खायें आलू भून, आधा फागुन आधा जून ....।।2।।
घर में आटा है ना लोई, बाबा ना देखी हरदोई
बेटवा चले हैं देहरादून, आधा फागुन आधा जून ....।।3।।

प्रभाती गीत

हुइ गौ भारेहारो बोलन लागी चिड़ियाँ।
चलउ गुइयां भरि लावैं, कुइयां से पनियाँ।।
लै लै गगरिया चली हैं नवेली।
कोई चली जोड़ा से कोई अकेली।।
चलि भइ ननदिया, लला लैके कनियां।
चलउ गुइयां .... ।।1।।
अंगना दुआरो है सगरो बुहारो।
लल्ला, ललिन कह घर मां सम्हारो।।
सासु-ससुर सेवा में लागी लगनियाँ।
चलउ गुइयां .... ।।2।।
हलवा चलावें भूखे मुन्ना के बपुआ।
हरी मिर्च, नमकीन बेझड़ी के सेतुआ।।
घुंघटा में शरमाय धीमैं चलै धनियां।
चलउ गुइयां .... ।।3।।
हैं रात दिन की यह इनकी कहानी।
चिथड़ों में पलती है, गाँवों की रानी।।
मिलइ नांहि साड़ी न मिलती नथुनियां।
चलउ गुइयां .... ।।4।।

हर गंगा

धन के पन्द्रह मकर पचीस,
चिल्ला जाड़ा दिन चालीस।
सर्दी के बाढ़े सब रोग,
राति राति भरि खाँसैं लोग।
कथरिउ भीतर कपैं परान,
चोट पुरानी लेवा जान।
छीकैं असगुन करैं तमाम,
बड़ा धैंलगा रोगु जुखाम।
लरिकन के नथुनन ते नाक,
रहि-रहि मुलुकै मनहु वुलाक।
लागै बार-बार पेशाब।
लरिका बिस्तर करैं खराब।
जिनकी नारि बसै ससुराल
उनके ना पूछौ कुछु हाल,
परे खाट पर रगरैं सीस

रहि रहि उठै करेजे दीस।
धन के पंद्रह...... हरगंगा।
रूइहा वंडा पाहरे मोट
सेकैं डुकर पुरानी चोट।
बुढ़िया अण्डी तेल लगाइ।
फटी बिवाइ रही तपाइ।
आगि जरै चूल्हे मा मन्द।
दबी राख या सक्करकन्द
बुढ़िया, खुसुर फुसुर बतलाइ
कबहुं रसै कबहुं रिसियाइ
जाड़े की महिमा असिभाइ
बुढ़ियन ते बुढ़वा घबराई
बुढ़वा घटि के भये उन्नीस
बुढ़िया बढ़ि के भई इक्कीस
धन के पन्द्रह मकर पचीस
चिल्ला जाड़ा दिन चालीस हर गंगा ....

बाजरा गीत

जी के जंजाल मेरो बाजरा लाय दिजो, जी को जंजाल मेरा बाजरा।
जब मैं बाजरे को कूटन बैंठी, छिटक-छिटक जाये मेरो बाजरा।
मेरी पड़ोसिन बाजरा, तेरी कसम बाजरा, अल्हा कसम बाजरा।
जी को जंजाल मेरो बाजरा लाय दिजो जी ....।।1।।
जब मैं बाजरे को फटकन बैंठी, उड़-उड़ जाय मेरो बाजरा।
मेरी पड़ोसिन बाजरा, तेरी कसम बाजरा, अल्हा कसम बाजरा।
जी को जंजाल मेरो बाजरा लाय दियो, जी ....।। 2।।
जब मैं बाजरे को गूँथन बैठी, चिपक-चिपक जाये मेरो बाजरा।
मेरी पड़ोसिन बाजरा, तेरी कसम बाजरा, अल्हा कसम बाजरा।
जी को जंजाल मेरो बाजरा लाय दियो, जी ....।। 3।।
जब मैं बाजरे को खाने बैठी, अटक-अटक जाय मेरो बाजरा।
मेरी पड़ोसिन बाजरा, तेरी कसम बाजरा, अल्हा कसम बाजरा।
जी को जंजाल मेरो बाजरा लाय दियो, जी ....।।4।।

साक्षरता गीत

मइया कजरा देउ लगाई हम पढ़नवां जइबो ना।
नीले रंग की पैंट सिलायो, अउर शर्ट असमानी।।
पीठी वाला, बैग मंगा दो, अउ जूता जापानी।।
हमका टिफिन देउ मंगवाई मइया कजरा देउ लगाई ॥1॥

खाड़िया दै देउ पटिया देइ देउ औरू देइ देउ झोला।
मिट्टी की गोली बनवाइ देउ या लकड़ी का गोला।।
हमका स्कूल देउ बतलाई, हम पढ़नवा जइवो ना।।2।।
पास पड़ोस के लरिका बच्चा, गोली खूब उड़ावैं।
उनके पास जभी हम जाते, हमका भी सिखलावैं।।
हमका उनसे देउ बिछुडाई मइया कजरा देउ लगाईं।3।।
हमजोली के भइया बहिनी, उन संग करब पढ़ाईं
पढ़ि लिखि का अच्छे हम बनिबो, ज्ञान का दीप जलाईं
हमका देउ किताब मंगाई हम पढ़नवा जइबो ना।।4।।
मइया कजरा देउ लगाई, हम पढ़नवा जइबो ना।।

चैत की फसल पकने पर

'जियरा डोलि डोलि जाय'

लह लह खेत लहर लहराय, माटी मिसिरी मोल बिकाय।
बंसऊ बा बाँसुरी बजावै, अबंऊ बौरि-बौरि आवैं।।
जियरा डोलि डोलि जाय। जियरा डोलि डोलि जाय।
हरी हरी देखि हरेही बाढ़त-बढ़त नैन की जोती।
उड़ि-उड़ि चुगैं चिरैया, देखउ उखड़े खेत मां मोती।
गोरिया डोलि जाय, जियरा डोलि डोलि जाय।
लह लह खेत लहर लहराय, माटी मिसरी मोल बिकाय।
बंसऊ बा बांसुरी बजावै, अबंऊ बौरि-बौरि आ
जियरा डोलि डोलि जाय.............................. ।1।।
छुइ छुइ जात करेजेन महियां, दखिनै केरि बयरिया।
रात किसनऊ खेत मां सोवैं, अंगना बीच पियरिया।।
रसिया, रसिया सुनावैं, गोरिया कंगना बजावैं।।
जियरा डोलि डोलि जाय, जियरा डोलि डोलि जाय।।
लह लह खेत लहर लहराय, माटी मिसिरी मोल बिकाय।
बसंऊ बांसुरी बजावैं, अंबऊ बौरि बौरि आवैं,
जियरा डोलि डोलि जाय .... ।।2।।
बछरन छोंड़ि हुकारत गैंया, छोड़ि नाँद की सानी।
द्वारे खड़ी निहारै गोरिया भरे आँख मां पानी।
रोजै तुलसी चढ़ावै, रोजै सगुना मनावैं।
जियरा डोलि डोलि जाय, जियरा डोलि डोलि।।
लह लह खेत लहर लहराय, माटी मिसिरी मोल बिकाय।
बंसऊ बांसुरी बजावैं, अंबऊ बौरि बौरि आवैं,
जियरा डोलि डोलि जाय.............................. ।।3।।

फागुन गीत

चना मैने बंजर जोति बये।।
जबही चना भये बइ पाती,
सखियन खोटि खये, चना मैंनं ....।।1।।
जब ही चनाम मा घेटरी लागी
सुअना तोरि लये, चना मैंनं ....।।2।।
जबहीं चना बइ पाकन लागे,
लोगन भूँजि खये, चना मैंने ....।।3।।
जब ही चना खालिहानइ आये,
भुस कउ बैल खड़े, चना मैंनं ....।।4।।
जबहीं चना वइ घर का आये,
हाकिय द्वारो अड़े चना मैंनं ....।।5।।

धोबिया गीत

छिओ राम छिओ धोबी के लाल जिओ।
मोटी-मोटी रोटिइया बनइयो रे बरइठिन
विहन चलन होई हाट
तीन काम न भूलेउ बरइठिन
हुक्का, चिलम और आगि।
छिओ राम छिओ धोबी के लाल जिओ।
धोबिया के पैर में कांटो लग गयो
धोबिया पड़ो चिल्लाइ
हाय मेरी मैया, नरिगे दइया
मो पे चलो न जाई
छिओ राम छिओ धोबी के लाल जिओ।
टेहकति-टेहकति आवइ रे धोबिया
औरू रहो चिल्लाय
कहां लड़िकवा औरू गदहनवा दोनो गये हेराई
ऊँचे चढ़िके टेरै रे बरइठिन
लाड लाड न गदहनयी होरि।
छिओ राम छिओ धोबी के लाल जिओ।

बारात में दूल्हा सजने पर

सुनु दुल्हा रे जम जोट, कपड़े कहां पाये हते।
वहिकी अम्मा बनजबकि जोइ, कपड़े लइ आवो हतो।
सुनु दुल्हा रे जमहोट जामा कह पाये हते।

वहिकी अम्मा दरजिया कि जोबू, जामा सिलवाये हते।
सुनु दूल्लह रे जमजोट, लाछा कहां पाये हतो।
वहिकी अम्मा पटउनकि जोइ, पटउना लइ आवो हतो।
सुनु दुल्लह रे जमजोट, जूता कहां पाये हतो।
वहिकी अम्मा मोचेवा कि जोइ, मोची लइ आवो हतो।
सुनु दुल्लह रे जमजोट, मउरू कहां पाओ हते।

वहिकी अम्मा पटउनकि जोइ, पटउना लइ आवो हतो।
सुनु दुल्लह रे जमजोट, कजरू कहां पावो हतो।
वहिकी अम्मा ने, करे भतार, भतारू लइ आवो हतो।।

लहचारी

कौने गुनवां बाढ़ी ताल की नरइया?
कौने गुनवाँ बाढ़ी सेवार मोरी गुइयाँ?
ताल गुन बाढ़ी ताल की नरइया।
नदिया गुन बाढ़ि गयी सेवार मोरी गुइयां...... ।।1।।
कौने गुन बाढ़ी पतरी सी धनिया?
कौन गुन बाढ़ि गै जोवन मोरी गुइयाँ?
मइके गुन बाढ़ि गै पतरी सी धनियां।
दुलहा गुन बाढ़ि गै जोवन मोरी गुइयां।।
(जब लड़की धोबिन के घर सुहाग माँगने जाती है तब साथ में जाने वाली स्त्रियाँ ये गीत गाती हैं।)

लहचारी

मोटी मोटी रोटिया पकायो रे बरेठिन
बिहाने चले के होई घाट।
तीन चीज ना भूलेउँ बरेठिन।
हुक्का, चिलमिया औ खाट।।
धाम धमाधम धांमड़ धामड़।। मोटी मोटी।।
लादी लादि के चलों है बरेठा।
आई बदरिया घेरि
कोठे पर से पुकारइ बरेठिन
बरेठा मोरे लइयो गदहवा फेरि,
धाम धमाधम धामड़।। मोटी मोटी।।

आशीष (पुत्र की आयु की वृद्धि के लिए गाया गया गीत)

गावौं मैं लालन तेरी असीस।
दूध दही घिउ गागरि भरि लेओ, आजी भरि लेओ असीस।

अन्न प्राशन गीत

बच्चे को जिस दिन अन्न चटाया जाता है।

आजु मोरे लीपन पोतन और अन्नप्राशन हो।
सासु अरगन नेवतें परगन, नेहर, सासुर और अजियाउर औ ननियाउर रे
अरगन आयनि परगन, और ननियाउर और अजियाउर हो,
सासू एक नहिं आये बिस भैया कैसे जियरा बाँधों रे
सासु भेंटहिं आपन भैया, ननद आपन देवर हो।

देवी गीत

विवाह के समान ही देवी की स्तुति से कार्य प्रारम्भ होता है। ऐसे अवसर पर देवी गीत गाने की प्रथा है।

रथ हालत जाय रथ डोलत जाय, माता चली हैं परवत को।
माता के मांथ सिंधुर भल सोहे,
बिसतिया बुलाय माता चली परबत को।
माता की नाक नथुनी भल सोहे,
बिसतिया बुलाय माता चली परबत को।
माता की नाक नथुनी भल सोहे, सुनरा बुलाव, माता
माता के गले गजरा भल सोहे, मालिनिया बुलाव, माता
माता के अंग चुनरी भल सोहै, रंगरेजवा बुलाव, माता।

(देवी गीतों के बाद तेल-उबटन, माड़व गीत, भीखी गीत, नहावन गीत, तिलक, प्रभाती, संझवाती, ब्याहगीत, भात लावा भुजाई, अगवानी, कन्यादान गीत, लावा परछन गीत, पांव पूजन, भांवर, कोहबर, कलेवा, सोहाग गीत गाये जाते हैं।)

तेल उबटन गीत

आनिन बानिन तेलिन रानी, कहां कै तेल संचारिउ आउ।
तिलिया के तेल सरसों कैरा उबटन, तेल चढ़ावै कवन देइ रानी।
दूध चिरौंजी कै उबटन मैल छुटावै, बोलउ बरूआ के बाबा इसुख निरखई आय।

माड़व गीत

इक कदली कै खम्भ तेरे आनि गढ़ावईं
ओह मां हीरा लाल तो मानिक दीप जरावइं।
गज मोति चौक पुरवाइं सोने कलस धरावइं।

भीखी गीत

भिखिया दे माता असीस दे माता।
यह भिखिया के कारन माता चलेउं मैं कासी बनारस।

काहे जइहो बनारस काहे को कासी,
तोरे दादा हैं बिदवान धरहिं वेद पढ़ि हों।

नहावन गीत

घर घर फिरत नउनिया तो सब सखि आयो हो।
आज राम केरा नहखुर, बुलौवा हम दीन्हा है हो।
कौने दीन्हा है छल्ला मुंदरिया रतन जड़ाऊ हो।
कौन दीन्हा मोतिन हार राम केरा नहखुर हो।
कौसिल्या ने दीन्हा दल्ला मुंदरिया रतन जड़ाऊ हो।
सुमितत्रा ने दीन्हा मोतियन हार राम केरा नहखुर हो।

विवाह गीत

तिलक

कहंवा कैहू ब्रामन बरूआ कहंवा, तिलक लिए जाई जी।
जनक कै हम ब्रामन बरूआ अजोध्या तिलक लिए जाई जी।
रूपै के थार सोने के टकवा नरियर पान जनेऊ जी।
बहरा से राजा भितर होइगै ज्ञानी से मत ले आई जी।
कहहु तो रानी तिलक चढ़ाई नाहीं फिरि घर जाई जी।
काहे के राजा फिरि घर जइहैं राम कै तिलक चढ़ाई जी।
पाँच रूपइया विदाई दिहौ बिहँसी चलै नाऊ बारी जी।

पराती (प्रभाती) गीत

अरे उठहु त उठहु कवन बाबू सोनवा झंझर लेइ,
मंहवर भखारहु सोरही संवारहु हो।
अरे नहीं मोरे गइया न भैंसी, त सब मोरे ऊसर,
अरे दहिया जे बाढ़ो मटकवन दुधवा कुंडन बाढ़े हो।
अरे बाढ़ो बेटी देई के मइहर अउरउ सासुर।

संझवाती (संध्या) गीत

संझा पूछे हो भाई कौने घर जाई हो, को मोरे आरती उतारे कौन घर जाइब।
बोलि हैं पुरखिन देई हमरे घरे आओ हम तोरी आरती उतारब हो।
सांझ के देहौं कपूर कि बाती भोरहैं क दतून पानी हो हमरे घरे आओ।
सांझ महारानी तुम मोरे आयउ घर घर लक्ष्मी पठायउ हो।
जाउब नहैर सासु त कीन्हउ उजागर हो तुम मोरे घरे आयउ हो।

ब्याह गीत

केकर ऊँच मड़ौना त पनवन छावा है रे,
केकर उजरी बराति दुपहरन आवई
जनक जी के ऊँच मड़ौना त पनवन छावा है,
राजा दशरथ उजरी बराति दुपहरने आवा है।
आई बराति बगियवा, बगियवा के औलत,
अब भागे हैं बेटी के बाबा त दल न संभारे।
मड़ये ठाढ़ि दुलहिनि रानी कैस बाबा भागेउ रे।
मोरे कन्त दुआरे ठाढ़ त नौबति बाजै।
आगे-आगे विप्र, बराम्हन, टठिया अक्षत लिहे,
लालि पंवरिया ओढ़े बाबा दुआरे क चार करैं।

भात

अरे अरे कारी कोयलिया अंगन मोरे बोलौ।
कोयल की आजु मोरे पहिला बिआह नेवति देइ आयउ।
नेवतिउ अरगन-परगन औरू ननिआउर।
कोयल की एक जिन नउतियो बिरन भइया जिनसे मैं रूठियेउं।
आयें अरगन परगन औरू ननिआउर,
एक नहिं आये बिरन भइया तो केहि उठि भेंटेउं।
सासु भेटई अपन पूता ननद आपन बीरू।
हमरे तो जियरा बिरोग त केहि उठि भेंटेउ।

लावा भुजाई

अरी भुजेइनिया तोरे खेत बोयेऊँ भांटा, आपन भांटा............

अगवानी गीत

हालि बेगे खोरिया बहारऊ मंगल सिंह तोरे आवत दुलरू दमाद।
सांकरि खोरिया है तोहरि मंगल सिंह हथिया न ले पैठार।
कि दल उतरे आम इमलि तर की रे कदम जुड़ि छांह।
ना दल उतरे आम इमलि तर ना रे कदम जुड़ि छांह।
ई दल उतरे मंगल सिंह दुआरे जेहि घर कन्या कुआंरि।

कन्यादान गीत

अरे-अरे भइया रजन भइया धरिया न टूटे।
जो भइया धरिया टूटे, बहिनि हारि जइहौं।

लावा परछन गीत

बाबा न परिछो कवन बाबू ई तौ बहिनि तौहार।
अंगुठा न मोरो कवन दुलहे ई तो धनिया तौहार।
धरिया न छोड़ो कवन बाबू ई तौ बहिनि तौहार।
धरिया टूटे पति कइहैं हरिहौं बहिनी आपन।

कन्या वर के पांव पूजन गीत

भैया दे देऊ बेटी क दान, तोरी हो गयी धरम कई रात।
अब तो आये हैं - पराए पूत भइया हथवा दिये हु पथराए।
पुरवा के देसवा आये हैं बनिखिया के राजा, हमको दियहू पथराये।
बेटी उठऊ न बड़े भिनसार, खाए लेऊ दहिया अउ भात तोहरा चलना है बड़ी दूर।

भांवर गीत

पहिली भांवरि जवरे परी, बाबा अबहूँ तोहारि।
दूसरि भांवरि जवरे परी, बाबा अबहूँ तोहारि।
सातवीं भावरि जबरे परी, बाबा भई मैं पराई।

कोहबर गीत

कांचि पितयरिया क इहै नव कोहबर मानिक जड़ा दुआर।
तेहि भित्तर सोवई दुलह मान सिंह कोरवा दुलहिनि देई रानी।
पैठि जगावई भौजी रानी, उठु ननदी भए भिनुसार।
ऐसी भौजी तुरूक हाथे बेचौं, आधी रात बोले भिनसार।

कलेवा गीत

रघुवर आये गवहि, रघुवर आये गवहिं, जनक चले अगुवानी जी।
तन पुलकित ठाढ़े भूलि गये हैं, अपान जी।
भल आसन दीना, निरखत रूप अनूप जी।
सासु अरज करति हैं, उठहु ललन जेबनार जी।
चन्दन केरि चौकी, गंग कलस भरि आन जी।
षट्रस भोजन रचि रचि थार परोसे जी,
प्रभु जेवन बैठे दति सखी सब गारी जी।
सरहज पूछन लागी कहुह ननद कुसलात जी,
सब सखि मगन रहति हैं, अपने बबा की दुलारी जी।
आगे नहीं होतीं सपने में होती हमारी जी।

सोहाग गीत

कहवां से डिबिया मंगाइन इंगुर भराइन हो।
ए हो कहवां की लागी पिरितिया, पिरितिया मां जग मोहे हो।
मिथिला से डिबिया मंगायेन सेंदुरा भराइन हो।
एहो अवध से लागी पिरितिया, पिरितिया मां जग मोहे हो।

गौना गीत

गौना गीतों में कन्या के बिछुड़ने का मार्मिक और कारुणिक भाव रहता है।

आये कहान गमन मोरा लेने को।
नासे साठ बाराती आये बाबा कै छैकि लिहैं, नवरंग बाग।
हाथी और घोड़न की गिनती नहीं भईया के छैक लिहै खिरकी मुहार।
चनना कि चिड़िया में बतिसो कहरवा चौमुख डारि दिहै लाल ओहार।
गौने कि ढुंढिया सबै कोई खइहै कुहकत जहि हैं प्राण हमार।

नकटा

(बारात विदा करने के पश्चात् वर के घर में रातभर खूब धूमधाम मचती है। पुरुष वर्ग बारात चले जाते हैं केवल स्त्रियाँ रह जाती हैं। इन्हीं के साथ पड़ोस की स्त्रियाँ एकत्रित हो रात भर जगती हैं इसे रतजगा कहते हैं। और नाना प्रकार के स्वांग तथा प्रहसन करती हैं। गीतों के साथ नाटक खेला जाता है, जिसे नकटा कहते हैं। इन गीतों में अश्लीलता रहती है।)

भउयं पपिहरा पिया पिया रति कै।
बारे बलम परदेस निसरि गै न गयउं साथ न पठयउं जियरा।
पिया क बोल पपिहरा बोले उस मन होय कि तजि देउं जियरा।
हमरे मना के केउ न जाने कि जाने जियरा कि रे पपिहरा।

परछन गीत

(विवाह के पश्चात् जब बहू ससुराल आती है तब सास पहले उसका परछन करती है। पानी ठारकर बहू को घर में प्रवेश दिया जाता है। गीत गाया जाता है।)

मंगल आरति साजि बरहिं परिछन चलीं।
मुसरा ले बहुअरि मुसरा ले, मुसरा सपूरन होय,
धेरिया जे परिहैं सजन घर अब बाबा सोवउ सुख नींद।
लुढ़वा ले................................
दिअना ले................................
कलसा ले................................
सुपवा ले................................
आरति ले................................

मृत्यु गीत
दाहा गीत

(मृत्यु गीतों का एक प्रकार और है जिसे दाहा-रोना कहते हैं। यह गीत हसन-हुसैन के युद्ध में निर्दयता पूर्वक मारे जाने के शोक में प्रतिवर्ष ताजिए के दिनों में गाया जाता है।)

मक्के मदीने की लागी बजरिया मोरी अम्मा चलीं फिरियदिया रे हाय-हाय।
मोरी फिरियदिया सुना मोर मोला बेटा का रन से बचाउय रे हाय-हाय।
तल चलै तेगवा उपर चलै बरछी रन बिच गोलवा धमाकै रे हाय-हाय।
जेहि दिन हसन लिहिन जनमवा होइगे सोने कर रतिया रे हाय-हाय।
जेहि दिन हसन चले हैं लड़इया होइगे बजरवा के रतिया रे हाय-हाय।
जो मोरे हसन रइनि जीति अइहैं कफर मार अइहैं
घियना का दियना जरउबै रे हाय-हाय।

पर्व तथा सामाजिक उत्सवों के गीत

सामाजिक जीवन उल्लासपूर्वक ढंग से जीने के लिए हम गीतों का सहारा लेते हैं। सुविधा की दृष्टि से इसका वर्गीकरण निम्न प्रकार किया जा सकता है:-

1. धार्मिक गीत
2. ऋतु सम्बन्धी गीत
3. श्रम सम्बन्धी गीत
4. जाति सम्बन्धी गीत
5. विविध गीत (मेला गीत, बाल गीत, लोरियाँ, खेल गीत)

धार्मिक गीत

गीतों के द्वारा समाज समय-समय पर अपनी धार्मिक मान्यताएँ व विश्वास प्रदर्शित करता है। गीतों की प्राचीन विचारधारा से यह स्पष्ट प्रगट होता है कि लोकमानस किस प्रकार आदिम काल से गंगा माता, तुलसी माता, हनुमान, शिव, सर्प आदि की पूजा करता आ रहा है तथा वृक्षों, पत्थरों, पशु-पक्षियों की भी पूजा करता रहा है। आज भी लोक मानस उसी विश्वास को लेकर आगे चल रहा है-

शिव गीत

चला देखि आई भोला कै लाल गली,
चला देखि आई भोला कै सोरह गली।
केउ चढ़ावै अक्षत चन्दन, केउ चढ़ावै सुनरि चुनरि।
राजा चढ़ावै अक्षत चन्दन, रानी चढ़ावै सुनरि चुनरि।
राजा चढ़ावै फूल के गजरा, रानी चढ़ावै सुनरि चुनरि।

हनुमान गीत

तुहैं तो हम चीन्हित नाहीं महाबीर। तुहैं तो हम चीन्हित नाहीं महाबीर।
केकर पुत्र केकर ऐसा पायक केकर रहत हजूर।
अंजनि पुत्र राम कर पायक सीता रहत हजूर।

ऋतु सम्बन्धी गीत

बसन्त, वर्षा, शरद आदि ऋतुओं के आने पर लोक समाज के मन में एक अनुपम उमंग एवं उल्लास की तरंग उद्वेलित हो उठती है, उसी की अभिव्यक्ति लोक गीतों में सम्यक् रूप से उपलब्ध होती है।

चैता

चैत्र मास में गाये जाने वाले गीतों को चैता कहते हैं।

यदि ठइयां मोतिया हेराय गे हो रामा कहां लग ढूंढूं।
कोठवा पै ढूंढेउ अटरिया पै ढूंढेउ,
ढूंढि आएंउ संइया की सेजरिया हो रामा। कहां लग ढूं ढूं।
सासुजी से पूछेउं ननद जी से पूछेउं,
संइया से पुछत जलाय गयेउं हो रामा। कहां लग ढूं ढूं।

सावन

'सावन' गीत सावन माह के द्योतक हैं। सावन के महीने में वधुएँ अपनी माँ के घर जाती हैं। मायके में वे स्वतन्त्रतापूर्वक अपनी पुरानी सहेलियों के साथ मिलकर खूब झूला झूल सकती हैं और गा सकती हैं। इसीलिए गीतों में भाई के आने की तीव्र इच्छा दिखाई देती है–

ऊँच बरोठवा ससुर जी के छावा हरिअरे बांस,
तेहि चढ़ि चितवे सुनरिया हो नैहर नियरे कि दूर, मोरि परदेसिनी के भइया।
आवत देखिउं सौ साठि जाने साठि घोड़े असवार।
अगवा के घोड़वा बबइया मोरे पिछवई पितिया हमार,
अलरे बछोड़वा बिरन भइया चन्दन खेवरे लिलार।
बाबा मोरे उतरैं बिरिछ तर, पितिया हाट बाजार,
भइया मोरे उतरैं बहिनि घर कूचहिं बंगले कइ पान।

बिरना

सावन में बहनें झूला झूलते समय अपने भाई को सम्बोधन करके गीत गाती हैं उन्हें बीरना कहते हैं।

बजर कइ छतियां माई तोरी जेकरि, बिटिया सावन ससुरारी,
बलैयां लेवेउं बिरना।
कोइलरि ले बोलई अनन्द बन सुगन भइया मोहि लैं जाउ,
बलैयां....................
बहिनि कैसे मैं अखउं अनन तुहैं, बहिनी तोरे देस नदिया गम्भीर।

बिरिना नदिया का देवौ मैं दुधभात मल्लहवा के आंचर चीर। बलैयां..........

गुड़िया का त्योहार

इस त्योहार में बहनें कपड़े की गुड़िया बनाती हैं व लड़के रंग-बिरंगे डंडों से उन्हें पीटते हैं। इस अवसर पर यह गीत गाया जाता है–

तीति करैली के तीति बिया, झंगरैली पसरी ससुरूया जी के देस करैली।
मीठ करैली क मीठ बिया झंगरैली पसरी मयरिया जी के देस करैली।
सासु जे दीन्हा घइलवा झंकरैली, सागर पनिया क जाउं करैली।
चुनरी जे अटकी मकोइया झंकरैली, अब घइला भये चकसून करैली।
खाउं न बहुअर तोरे भाई बबा झंकरैली, बैसइ घइला मंगाउ करैली।
सरग भवांतुलि चोल्हिया झंकरैली, हमरा सन्देस लिहे जाब करैली।

चौमासा

खेत निराते समय, चक्की पीसते समय, झूला झूलते समय, चर्खा चलाते समय चौमासा गाया जाता है।

नहीं आये हो हमारे स्याम।
जेठो न आये, असाढ़ौ न आये, तरकई भुभुरि ऊपर कई धाम।
सावन न आये भादौ न आये,बहि चलि नदिया उमड़ि चले नार।
क्वारौं न आये कातिक नहिं आये, उई गयी जुन्हैया छिटिक रहे तारे।
अगहन न आये पूस नहिं आये, तर कांपै गड्डुआ, ऊपर कांपै सेज।

श्रम गीत

आटा पीसते समय या चक्की चलाते समय यह गीत गाया जाता है–

सबकी नगरिया चुड़िया बंसिया बजावै हो ना,
हमरी नगरिया केस न आवौ रे जी।
कैसे मैं आऊं सुन्दरि तोहरि नगरिया, कुकरू भूकें पहरू जागई हो न।

निखाही गीत

खेतों में से निरर्थक पौधों को निकालकर फेंक देने को निराना कहते हैं। ऐसे में यह गीत गाया जाता है।

पतरी सिकियन का एकरे बढ़निया, ले झुकवन बहारै वे अंगनवा।
अंगना बहारत छिटिकि गरमिया मथवन एएरे पसिनवा।
दुआरे से आये पिया पतिरिगवा पोछे लागे अपनी रूमलिया।
भितरा से बोली सासू बढ़ैतिन भयो रे पूत मेहरी क गुलमवा।
हमरे तो भये सासू बहि रे दिनवा, घूमिन जब सात रे भवंरिया।
हमरे तो भये सासू बहिरे दिनवा, जौने दिन मांगिन मां डारिन सेंदुरवा।

दुरदुरिया गीत

देवी मनाय घरै आगयीं अपने।
सोने के थारा ज्योना बनाये, देवी जिवाय घरै आगयीं अपने।
गंगा न गड़ुआ गंगाजल पानी, देवी घुटांय घरै आगयीं अपने।

शिव गीत

चला देखि आई भोला कै लाल गली,
चला देखि आई भोला कै सोरह गली।
केउ चढ़ावै अक्षत चन्दन, केउ चढ़ावै सुनरि चुनरी।
राजा चढ़ावै अच्छत चन्दन, रानी चढ़ावै सुनरि चुनरी।
राजा चढ़ावै फूल के गजरा, रानी चढ़ावै सुनरि चुनरी।

सावन

नाह हमरा गवन लाया, तुहुं पिया छायौ परदेस।
अंगना तो मोरे लेखे मधुवन, डुडुही तौ भई पहार।
सेजिया तो मोरे लेखे नागिन, बिनु पिया घई घइ खाय। नाहक.....
काहे कै बनावउं कगदवा, काहे केरि मसियानी।
कबने बोली बोलैं अरे कयथवा जे चिठिया लिखि देईं। नाहक.......
अंचरा के करऊं कगदवा नैन कजर मसियान।
देवरा बोली बोलैं अरे कयथवा जे चिठिया लिखि देईं। नाहक..........

बिरना

सावन में बहनें झूला झूलते समय अपने भाई को सम्बोधन करके गीत गाती हैं। उन्हें बिरना कहते हैं—

बजर कइ छतिया माई तोरी जेकरि बिटिया सावन ससुरारी।
बलैया लेवेउं बिरना।
कोइलरि जे बोलई अनन्द बन सुगन भइया बोलई पहार,
ससुरे में बोलई कुसुम बहिनी, बिरन भइया मोहिं लैं जाउ। बलैया।।
बहिनि कैसे मैं आवउं अनन तुहैं, बहिनी तोरे देस नदिया गम्भीर।
बिरिना नदिया का देवौं मैं दुधभात मल्लहवा कै आंचर चीर। बलैया।।

आल्हा

सावन में पुरुष वर्ग आल्हा गाते हैं।

कजरी वन के हाथी सजिगे, सजिगे राजस्तानी ऊंट।
सजिगे वर्धा मकनापुर के, सजिगे नये जवां रंगरूट।
सज गयी तोपैं चरखिन पै, सजिगे सैनापति सरदार।
सजगे रथ रब्बा जौ लढ़िया, घुंघरु बजे बैलनवन क्यार।

सजगे मारु बाजा वाले, सजगे घोड़न के असवार।
सजगे खच्चर बोझा वाले, सजगे ज्वान छड़ी बरदार।
चरमर-चरमर पनही बोलै, झण्डा आसमान फहराय।
जंग का बिल्ला बाँधे योधा, रहे मूछें पै हाथ फिराय।
ब्रह्मा मलेख आल्हा ताला, ढेवा और उदयसिंह राय।
ढिगै जाय मल्हना रानी के, पावन पडे मनै हरषाय।
आशिष दीन्हीं रानि मल्हनाने, पूजिन भुजा तिलकदे भाल।
बोली मल्हना जावौ बेटा, तुम्हरो होय न बांका बाल।
पीठ दिखइयो मत बैरी को, चहै तन धजी धजी उड़जाय।
सुनत बतकहीं रानि मल्हना की, कहन लगे उदयसिंह राय।

कजरी गीत

(इस शब्द की उत्पत्ति श्रावण मास में आकाश में आच्छादित बादलों की कालिमा से हुई है जो काजल के समान काले होते हैं। इसी काजल से कजरी शब्द बना है।)

संइया बिलमि रहे परदेसवा सपनेहुं दीख सुरतिया ना।
सावन मास गरज घन बरसे झुकी अंधेरिया ना।
बिन पिय जिय रहि रहि घबड़ावे, चम चम चमकै बिजुरिया ना।
पिया पिया रट रहयौ पपीहा कू कू करत कोइरिया ना।
भारी उठत हूक जियरा में सूनी देख सेजरिया ना।
तुम बिनु नाथ कटै नहिं रतिया तड़फै जैसे मछरिया ना।
नित उठि बार पियतम के चढ़ि-चढ़ि जाऊ अटरिया ना।
सेबक कहै बिरहिनी बिलखत अजहूं न मिली खबरिया ना।
मेरो प्रीतम प्राणाधार बिन काटे कटत उमरिया ना।

चौताल

होली का ही एक प्रकार चौताल है इसमें स्वर को बहुत खींचना पड़ता है—

सुनरा सब दिन कर साथी सो करत चलांकी।
बेसरि लाय बनाय रतन संजुत है बांकी,
तामें दगी कमान देत सुबरन की टांकी।
रान्ह परोसिनि टोना लगावति तिरछी अंखियां करि बांकी। सो करत.......
पिता दीन्ह बनवाय राय लैके माता की,
बरजि हजारन बार भाय-भावज मोरी थाकी।
सो ननदा तेगे मंह मांगति न्यौछावरि में होरिला की। सो करति चलांकी।

उलारा

प्रायः चौताल के पश्चात् बीच में थोड़े विश्राम के लिए उलारा गाया जाता है जो थोड़ा हल्का होता है–

मोरा सोवत लाल झुके कनिया
सोने की थारी मां ज्वेना परोसूं।
जेवउ कि उठि जाउ पिया। मोरा सोवत................

बारहमासी और चौमासा

यह पावस ऋतु का गीत है। बारहमासा नामक गीतों में विरह की विशेषता रहती है।

नहिं आये हो हमारे स्याम।
जेठो न आये, असाढ़ौ न आये, तरकई भुभुरि ऊपर कई धाम।
सावन न आये, भादौं न आये, बहि चलि नदिया उमड़ि चले नार।
क्वारौ न आये कातिक नहिं आये, उई गयी जुन्हैया, छिटिक रहे तारे।
अगहन न आये, पूस नहिं आये, तर कांपै गड्डुवा, ऊपर कांपै सेज।
माह न आये, फागुन नहिं आये, उड़त गुलाल खैलें सखि फाग।
चैतो न आये, बैसाखो न आये, फरि गये अमवा, फूलि रहे टेसू।
सूर श्याम बलि आस चरन क, उठहु राधिका घरे आये स्याम।

सत्य नारायण व्रत-कथा का गीत

गउवा के गोबरा मँगाई, तु बेदिया लिपउबे,
गज मोतियन चौक पुरइबे।
तेहि चढ़ि बैठे सत्यनारायण बाबा ओढ़े पितम्बर हो।
जो मैं जनत्यों सत्यनारायण बाबा मोरे घर अइहें हो।
मैं धोइके चरन चरन चढौत्यों मँगन कुछ मँगत्यो हों।
सोनवा त मँगत्यों हरदी यस, चनिया दहिय यस हो।
सुतवा त मँगत्यो नरियर यस, बिटिया चनन यस हो।
सोनवा त माग्यों नाकि जागे, चँदिया भरै की खातिर,
पुतवा त माँग्यों है अगम खातिर
धोरिया धरम खातिर हो।

(इसी प्रकार विभिन्न प्रकार के गीतों का पुट यहाँ पर देखने को मिला। इन गीतों को अवधी गीतों के वर्गीकरण के अनुसार रखा जाय तो वह इस प्रकार है।)

सोहर

बच्चे का गर्भ में आने से लेकर जन्म होने तक की भावनाओं का वर्णन इस गीत के द्वारा प्रस्तुत किया गया है–

जेठ बइसखवा कै घमवा त तपैली भुभुरिया,
एहो रामा जे सीता के निसारें त गरूए गरभ से हो।

छोट मोट बिरवा कदम कइ पतवन झालरि हो।
ये हो तेहि तराँ ठाढ़ी सीतल रानी, मनहिं मन मुरझइं हो।
बन तो निकरी बन तपसिन दुख सुख पूछइ हों।
रनिया का तुम पर परे हैं क्लेस, मनहिं मन मुरझउ हो।
को लइहैं अगिया से पनिया बेलेहिं केरि कँटिया हो।
माई, को मोरि जगिहैं सौरिया त रतिया बिपति कै हो।
हम लइबै अगिया से पनिया, बेलेहि केरि कँटिया हो।
सीता हम तोरी जगबै सौरिया तौ रतिया सम्पत्ति के हो।
रतिया सुखेन कै हो।
होत भोर पहु फाटे तो होरिला जनम लीना रहे।
ये हो बजे लागे अनंद बधइया, बनै बीच सोहर हो।

मुण्डन

बच्चे के जन्म के एक वर्ष के भीतर ही मुण्डन संस्कार होता है। इसमें इस प्रकार के गीत गाये जाते हैं।

लालन कै मूड़न जान्या पिया
सासू जी आईं देवता मनन को
बबुआ के गोदी माँ लैके मुड़ावन काँ,
वनकाँ पियरि मँगाया पिया,
बबुआ कै मूड़न जान्या पिया
ननदी जी आई लटिया रोपन को,
अँचरा म बबुआ कै लटिया रोपन को।
बनकाँ कंगना गढ़ाया पिया।
बबुआ कै मूड़न जान्या पिया।
नाऊ ज आये मूड़नि करन को,
बबुआ की मूड़न के नेग मँगन को।
बनकाँ मोहरिया दियाया पिया।
बबुआ कै मूड़न जान्या पिया।

कनछेदन

बालक के मुण्डन के बाद कनछेदन का संस्कार होता है—

बाबा पिरीते फलाने रामा गढ़ावै सोने सुइया सुइया
छेदावौ नाती छेदना मोरे रामा।
आजीति पिरीती दुलहिनि देई,
लुटावै सोने ढकवा ढकवा
छेदावौ नाती कनवा मोरे लाल।

नाग गीत

अपने करत जांत पिसीहें,
तीन लोक भीख मंगाएं हो मोरे नाग दुलरूआ।
जे मोरे नाग क गोहूँ भिखि देइहैं,
बरह बैल की दंवरी हो मोरे नाग दुलरूआ।
जे मोरे नाग का चाउर भीखी देइहैं,
लाले लाले ललना खिलैहैं हो मोरे नाग दुलरूआ।
जे मोरे नाग के कोदौं भीखी देइहैं,
बिटिया होवहैं हो मोरे नाग दुलरूआ।

इस क्षेत्र में गन्ना व गेहूँ की अधिकतर खेती होती है।

कहँरौवा

साँझ बोलै मोरवा सबेरे बोलै कगवा, कोरवा छोड़वा बलमू ना,
जागै नइहरे क लोगवा कोरवा छोड़ा बलमू ना।
सोने की थारी माँ ज्योंना परोस्यो।
जेवना जेइला बलमा ना।
होइगे जेवने क जुनिया कोरवा छोड़ा बलमू ना।

कुम्हारों का गीत

कौनी चिरइया के लम्बी-लम्बी टँगिया,
कौनी का चौरी पूंछि,
कौनी चिरैया पढ़ति बाटी पोथिया,
कौनी पढ़ै सीता राम।
हँस चिरैया के लम्बी टंगिया,
बगुला के चोरी पूँछ,
मैना चिरैया पढ़ति बाटी पोथिया,
सुगना कहै सीता राम।
ऐसे-ऐसे कहबै पिया के लैके रहबे।

धोबियों का बिरहा

निबिया के पेड़वा जबै निक लागै,
जब निबकौरी होय
मालिक जब निबकौरी होय।
गेहूँ कै रोटिया निक लागै,
चिठ से चभोरी होय,
मालिक घिउ से चभोरी होय।

अच्छा धोबिया जबै निक लागै,
धोवै बगुला के पाँख,
मालिक धोबै बगुला कै पाँख।
अच्छा समिया जबै निक लागै,
धोबिया काँ खुब देय,
मालिक धोबिया काँ खुद देय।

अवध प्रान्त में सभी नदियाँ पवित्र ग्राम देवी मानी जाती हैं तथा इनकी पूजा का भी विधान है। दोआब की अवध की भूमि गंगा और यमुना के मध्य विस्तृत है। पवित्र और धार्मिक जीवन के साथ उसका बड़ा घनिष्ठ सम्बन्ध है। लोक जीवन में गंगा की आरती मांगलिक कार्यों की पूर्णता के लिए उतारी जाती है, जैसे—

आरती गंगा जीव तुम्हारी।
भरि कैमण्डलु भगीरथ लाये,
सब देउतन के सीस चढ़ाये।
करी स्नान निर्मल भये मनुआ।
छूटि जात आवागमन के तनवा।
सब तीरथन की गंगा पटरानी,
नारद सारद वेदु बखानी
आरती गंगा..................

इस प्रकार एक ग्रामवधू सन्तान की लालसा से गंगा की प्रार्थना करती हुई, पियरी की मनौती मानती है, यथा—

गंगा जमुनवां के बिचवां तिरियवा एक तपु करई हो।
गंगा! अपनी लहर हमें देतिउ मैं मझधार डूबित हो।
की तोहिं सास ससुर दुख कि नैहर दूरी बसे।
तिरिया की तोरे हरि परदेस कवन दुख डूबउ हो
गंगा ! न मोरे सास-ससुर दुख नाहीं घर दूरी बसै।
गंगा ! ना मोरे हरि परदेस कोखि दुख डूबउ हो।
जाहु तिरियवा घर अपने हम न लहर देबइ हो।
तिरिया! आजु के नवएं महिनवां होरिल तोरे होइहैं हो।
गंगा ! गहवरि पियरी चढ़उवै हो। गंगा देहु भगीरथ पूत जगत जस गावइ हो।

आजादी के बाद का गीत

माता अपने आँचल से अपने सपूत की रक्षा कर रही है। सोहर गीत निम्नलिखित है—

गावों री मंगल गीत घरी सुभ आई हो,
घर-घर हरस हुलास, है बाजी बधाई हो।
नये-नये पहिरि पटोर, उषा मुसकाई हो।
भई पर सुख का संदेसु किरन नयी आई हो।
नवा-नवा आवा विहान, विधान नवा आवा हो।

समता के चटक उज्यार सुरज लइलावा हो।
माता क तिरंगा अंचरवा, छांह दइ लहरै हो।
ता तरे रजिन्दर बाबू, चरन सिर छा रही।
सो सुख नयन निहारि, परम सुख पावई हों।

स्त्रियाँ हँसी-मजाक में स्वतन्त्रता सपूत को बधाई के रूप में कुछ गारी भी गाती हैं। इन गीतों में आधुनिक युग के फैशन पर व्यंग्य है—

आय कांग्रेसी जमाना तो मोर बाजी लड़ी
फैसन मां बढ़ गयी समधिन छिनार मोर बाजी लड़ी।

सामान्य में यहाँ पर अधिकतर ठाकुर सम्प्रदाय के लोग रहते हैं। रानी विद्यावती देवी की बेरूआ स्टेट गुलामी के दौरान थी। ब्रिटिश हुकूमत के दौरान अंग्रेजों से लड़ीं। रानी विद्यावती की वीरता को याद कर आज भी यहाँ के लोग इन गीतों को गुनगुनाते हैं।

फक-फक धुएं की गाड़ी उड़ाय लिए जाय।
ऐसा फिरंगिया पैसे का लोभी
धुएं की गाड़ी उड़ाय लिहे जाय।
जात नहिं पूछे बात नहिं पूछे
एकहिमा सबकौ बैठाय लिहे जाय।

यहाँ की फसलों में गेहूँ, चना, सरसों प्रमुख हैं व मूँगफली भी होती है। कभी यहाँ मूँगफली बहुतायत होती थी किन्तु अब ऐसा नहीं है। यहाँ की स्त्रियाँ खेतों में कटनी के समय इस गीत का प्रयोग करती हैं—

खेतन मा लागी कटनिया हो राम।
माथे कं झूमर झलाझल झलके,
खनके कलइया कंगनवा हो राम
खेतन.........................
मिलि जुलि के सखियां लाहि बाँधवाओं
भरै चलो घर की बखरिया हो राम।
सासु ननदिया बाट हैरत हैं,
सइंया की साजी सेजरिया हो राम।

(पासियों के यहाँ से आल्हा आता है। यानि पासी लोग आकर आल्हा गाकर त्योहार की महत्ता को और बढ़ा देते हैं। इन आल्हा के गाने वाले लोगों को अलहित कहते हैं।)

उनके द्वारा प्रस्तुत गीतों का उदाहरण देखिए—

टंगी खोपड़िया हैं बापन की
आभा कहै पुकारि-पुकारि
कबहुं लरिका समरथ होईहैं
तबु लेहैं बापु का दांव।''

इस प्रकार यह बालक बहुत छोटा है। गन्ने की ज्यादा उपज होने के कारण जगह-जगह कोल्हू लगाये जाते हैं व कोल्हू चलाते समय जो गीत गाये जाते हैं उन्हें कोल्हुई कहते हैं। उदाहरण—

"काहे चन्दन तोरी सोरिया निखरहरी
काहे पलवना कोम्हिलान।
गंगा की लहेरियाँ मोरि सोरिया निखहरी।
सुरूज जोति पल्लव कोम्हिलाना।
कौनी कि जुनियाँ आवै गंगा के लहरिया।
मौनी सुरूजता के जोति।
आधी की रतियाँ आवै गंगा लहेरिया।
लपकि धरे सिउ बाहिं।

(द) 5. खेलकूद की परम्पराएँ

खेलकूद बाल्य जीवन का अभिन्न अंग है। इसके माध्यम से बच्चों में शारीरिक व मानसिक फुर्ती बनी रहती है। बच्चों का सर्वांगीण विकास भी होता है तथा मनोरंजन भी। खेल के तरीके उम्र व लिंग के अनुसार बदलते रहते थे।

गाँव में प्रवेश करते ही बच्चे कंचे खेलते मिले। जमीन में एक गड्ढा बनाकर, निशाने से कंचे को उसमें डालना होता है। जो जितनी बार डाल लेता है उसी पर हार जीत का फैसला किया जाता है।

पूछे जाने पर बताया कि गुल्ली-डंडा, बैट-बॉल, कबड्डी इत्यादि भी खेलते हैं।

खेलकूद परम्पराओं में कंचे, गेंद, गुलेल, गुल्ली-डंडा इत्यादि खेला जाता है। इसके अलावा गेंद ताड़ी भी खेलते हैं।

अब तो बच्चे बैट-बॉल खेलते हैं व पूरी तरह से क्रिकेट के नियम अपनाते हुए खेलते हैं।

गाँव में लड़के-लड़कियाँ कबड्डी, गुल्ली-डंडा, क्रिकेट आदि का प्रयोग अपने मनोरंजन के लिए करते हैं। अन्ताक्षरी भी लोग खेलते हैं। छुपा-छुप्पी भी बच्चे खेलते हैं। इकल दुकल का प्रयोग खेलने के लिए किया जाता है। लड़कियाँ खड़िया से सिकड़ी बनाकर इक्कल-दुक्कल खेलती हैं। लड़के गुल्ली-डंडा, गेंद-बल्ला, बांस का धनुष-बाण बनाकर खेलते हैं। ताश के पत्ते बड़े लोग खेलते हैं।

लपाचू डंडा इस क्षेत्र का बहुत प्रिय खेल है। इसमें बहुत से बच्चे एक साथ खेलते थे। एक बच्चे को चोर बनाया जाता था। जो पेड़ से दूर एक डंडा फेंकता था। बाकी सब पेड़ पर चढ़ जाते थे। फिर वो उतरकर उस डंडे को उठाने की कोशिश करते थे। यदि तब तक चोर ने उनमें से किसी को छू दिया तो वो चोर बन जाता था। फिर उसे नीचे रहकर डंडा फेंकना होता था।

सावन के महीने में लोग मूंज का झूला बुनकर पेड़ों पर टांग देते थे जिनपर झूलना बच्चों को बहुत ही पसन्द था।

इसके अतिरिक्त गाँव के बच्चे मछली पकड़ने के लिए अक्सर तालाब या पोखर पर जाते थे। वहाँ वे लखेड़ा नामक कीड़े का पेट काटकर उसमें आटा भरकर धागे से पानी में लटका देते थे जिससे मछलियाँ आकर्षित होकर आ जाती थीं। इसके अलावा मछली पकड़ने के लिए युवक और बच्चे टापर का भी प्रयोग करते थे।

चित्र 1 : गुट्टा खेलती हुई लड़की

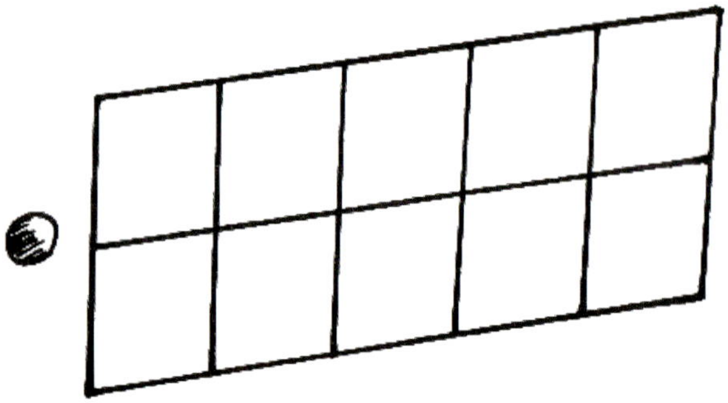

चित्र 2 : सिकड़ी और गिप्पल

चित्र 3 : झूला बनाते हुए कारीगर

लोक वाद्य

लोक संगीत में गाँव की औरतें ढोलक का प्रयोग करती हैं, मजीरा, चिमटा, करताल का प्रयोग भी करती हैं। आदमी लोग मनोरंजन के लिए बांसुरी, तबला, हारमोनियम का प्रयोग करते हैं।

लोक वाद्य में यहाँ के लोग ढोलक, मंजीरा, खंजड़ी व टांकी का प्रयोग करते हैं। ढोलक के साथ उसी की थाप पर एक डंडी बजाई जाती है जिसे टांकी कहते हैं। खंजड़ी एक डफलीनुमा वाद्य है जिसमें किनारे-किनारे टीन के ठप्पे लगे रहते हैं।

चित्र 4 : लखैड़ा (मछली पकड़ने हेतु)

चित्र 5 : टापर (मछली पकड़ने हेतु)

(द) 6. अवधी कथाएँ

अवधी कथाओं में विषयों की व्यापकता को देखते हुए उनके भेद अनेक प्रकार के हो सकते हैं। इन कथाओं में भी कुछ कथाएँ विशेष स्त्री-पुरुषों के लिए ही होती हैं, कछ बालकों के लिए।

अवधी कथाओं में हिन्दू घराने की कथाओं को लेकर बाहर से आने वाले (मुसलमानों) सूफी साधकों ने साहित्य में प्रेमाख्यान काव्य परम्परा के विकास में सहयोग दिया है। इन कथाओं में ऐतिहासिकता भी सुरक्षित रही है। यथा—इन्द्रावती और पद्मावती की कहानी।

सत्यव्रत अवस्थी ने अवधी लोक-कथाओं को दो भागों में विभाजित किया है—

1. एक वे कथाएँ जो किसी अवसर-विशेष पर कही जाती हैं, जैसे व्रत सम्बन्धी; और
2. दूसरी के अन्तर्गत शेष कथाएँ—

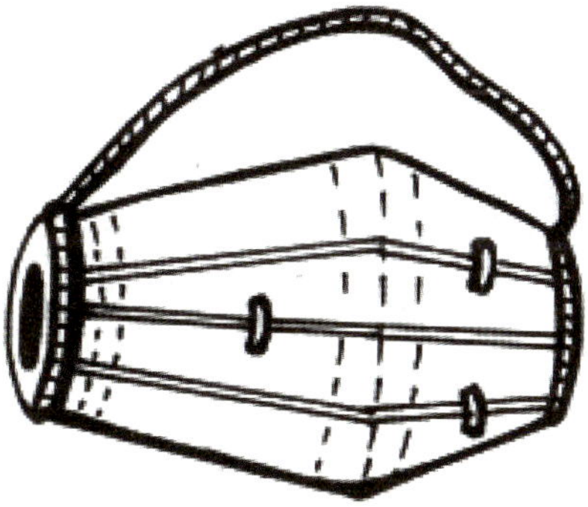

चित्र 6 : ढोलक

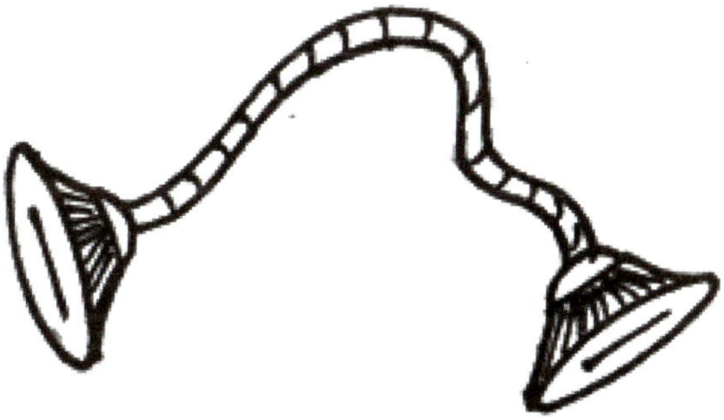

चित्र 7 : मजीरा

चित्र 8 : खंजड़ी

1. सृष्टि की कथाएँ; 2. देवी-देवताओं, अतिमानवों, भूतों, चुड़ैलों की; 3. साहस की; 4. चमत्कार की; 5. ठगी और धोखे की; 6. जाति-विषयक; 7. पशु-पक्षिओं एवं पेड़-पौधों की; 8. हाजिर जवाबी एवं चालाकी की; 9. लोकोक्तियों से सम्बद्ध; 10. ऐतिहासिक अनुश्रुतियाँ; और 11. पहेली और यौन सम्बन्धी कथाएँ।

उपर्युक्त वर्गीकरण का व्यापकता से दृष्टिपात करने पर अवधी लोक-कथाओं के व्यापक प्रसार का रूप देखते हुए मेरी दृष्टि में उनका विभाजन निम्न प्रकार से किया जाना समीचीन है—

1.प्रकृति सम्बन्धी कथाएँ; 2. पशु-पक्षी सम्बन्धी कथाएँ; 3. पौराणिक कथाएँ; 4. ऐतिहासिक कथाएँ 5. समाजिक कथाएँ; 6. काम अथवा रति सम्बन्धी कथाएँ; 7. उपदेशात्मक (नीति सम्बन्धी) कथाएँ; 8. घरेलू संस्कार, व्रत-उपवास, देवी-देवता की कथाएँ; 9. भूत-प्रेत, डायन, दानव, जादू-टोना, परी आदि की कथाएँ; 10. पराक्रम और साहस सम्बन्धी कथाएँ; 11. ठगी और धोखे से सम्बन्धित कथाएँ; 12. हँसी-मसखरापन, व्यंग कथाएँ; 13. चुटकुले उक्ति कथन कथाएँ; 14. गद्य-पद्य-मिश्रित कथाएँ; और 15. लघु कथाएँ।

पूरे हरदोई की बोली में 'र' का प्रयोग नहीं होता है। उदाहरण के लिए लोग हरदी को 'हद्‌दी' मिर्चा को 'मिच्चा', मिट्‌टी को 'मट्‌टी' तथा स्टेशन को 'अस्टेसन' कहते हैं।

हरदोई की श्रावण देवी पीठ की कथा

''कथा के रूप में दादी या माँ अपने बच्चों को कर्ण की कथा या राम, कृष्ण की सुनाती हैं। कर्ण एवं परशुराम के संवाद से शुरू होता है। परशुराम के आश्रम में कर्ण अस्त्र विद्या की शिक्षा लेते हैं। परशुराम उसकी जंघा पर सिर रखकर सो जाते हैं। उसी समय एक विषैला कीड़ा कर्ण की जंघा का मांस काटकर अन्दर घुस जाता है। कर्ण गुरु को इसलिए नहीं जगाता कि उनकी निद्रा भंग न हो जाये। रुधिर के स्पर्श से परशुराम जाग जाते हैं और दोनों में बात शुरू हो जाती है।''

''कृष्ण देवकी और वसुदेव की सन्तान हैं लेकिन यशोदा नन्द के रूप में जाना जाता है। कृष्ण ने बाल्यावस्था में अनेक असुर का संहार किया तथा बड़े होने पर कृष्ण ने कंस को मारकर अपने माता-पिता को कारागार से मुक्त कराया। आदि विभिन्न प्रकार की कहानियाँ सुनायी जाती हैं।

सरवन देवी, सत्य नारायण कथा, करवा चौथ, होली, दीपावली की कहानियाँ भी सुनायी जाती हैं।''

डही गाँव के तालाब की कथा

एक तालाब ऐसा है जिसके लिए मान्यता है कि बच्चे के न होने पर वो व्यक्ति बिसवा खोदता है तथा उसे तालाब में खोलता है। ऐसा करने पर सन्तान हीन लोगों को सन्तान की प्राप्ति होती है।

एक नाग सुबह चार बजे तालाब में नहाता है और मन्दिर में जाता है फिर वहीं खो जाता है। ऐसा लोगों ने देखा भी है। 300 बीघे मेला स्थल में पीढ़ियों से हल नहीं चलाया गया है।

मंगल गिरि तीर्थ की कथा

इस क्षेत्र में एक बड़ा सा तालाब है जिसके बीच में एक कुआँ है, ऊपर से कुएँ तक इसमें सीढ़ियाँ बनी हैं। कहा जाता है कि मंगल गिरि बाबा ने तालाब में गंगाजल डाला था। यदि इस तालाब में कुष्ठ रोगी नहाये तो उसका रोग दूर हो जाता है।

तालाब में मछलियाँ पली हैं जिनको दाना खिला सकते हैं, पर मार नहीं सकते।

मंगल गिरि बाबा की कृपा से यदि इस गाँव में आग लगती है तो सिर्फ एक ही घर जलता है।

यदि कोई बाहर से आकर सम्पत्ति बनाता है तो वह बहुत अमीर हो जाता है, किन्तु जब भी यहाँ से जाने की सोचता है तो उसकी सारी सम्पत्ति नष्ट हो जाती है।

भूतनाथ व बगैया बाबा की कथा

इसी तालाब के पास भूतनाथ का मन्दिर है, जिसमें शिवलिंग स्थापित है। प्राचीनकाल में यहाँ पर किन्हीं बगैया बाबा का वास रहा है जो कि प्रतिदिन इस शिवलिंग की पूजा अर्चना किया करते थे। इसके बाद वे समाधिस्थ हो गये।

आज यहाँ के लोगों का यह मानना है कि बगैया बाबा रात 12 बजे के बाद भूतनाथ बाबा की पूजा करने आते हैं, उनके सिर्फ घुटने और खड़ाऊँ दिखते हैं, व लालटेन भी साथ में चलती है। ऊपर का धड़ नहीं दिखता है। सुबह जितनी भी जल्दी दरवाजा खोला जाता है ताजे फूल चढ़े हुए मिलते हैं।

देवी पूजन (अहिरोरी) की कथा

यहाँ पर दो देवियों का अधिक प्रचलन है, दुरकईयां (अवसान बीबी), चट्ट देवी।

दुरकइयाँ (अवसान बीबी)–इन देवी की पूजा के लिए पेड़ा और चूरा खिलाया जाता है। दोनों को मिलाकर 2.5 किलो की मात्रा होनी चाहिए। सात सुहागिनों व एक विधवा को खाने का निमन्त्रण दिया जाता है।

चट्ट देवी–इनकी पूजा के लिए सात सुहागिनों को सवा किलो रबड़ी बराबर भाग लगाकर खिलाई जाती है। यह रबड़ी छिपुला के पत्ते पर रखकर चटाई जाती है। इसको हाथ से खाना वर्जित है।

मुरौली कटरियान के शिव मन्दिर की कथा

गाँव में शिवजी का बहुत प्राचीन मन्दिर है जिसमें बहुत पुरानी मूर्तियाँ विद्यमान हैं। पत्थर की मूर्तियाँ हैं जो अपने आप जमीन से प्रकट हुई थीं। कहा जाता है कि लोग दूध चढ़ाते समय जो कुछ मन्नत या कामना करते, उनकी वह मनोकामना पूरी हो जाती है। तथी लोग मन्नतें माँगते हैं। मन्नत पूरी

होने पर लोग दूध या पीतल का घंटा चढ़ाते हैं तथा बरगद, पीपल, नीम के वृक्षों की पूजा की जाती है। बरगद की पूजा को वहाँ बरम माउस कहकर पुकारते हैं। मेला साण्डी में लगता है जिसे बड़े, बूढ़े, बच्चे देखने जाते हैं।

दधीचि आश्रम (डही ग्राम) की कथा

ऐतिहासिक धार्मिक परिप्रेक्ष्य में वहाँ पर एक दधीचि कुण्ड था। ऋषि दधीचि ने तपस्या करके अपनी अस्थियाँ दान कर दी थीं, मगर समय पर इन्द्र इन अस्थियों को लेने नहीं पहुँचे, इस वजह से इसी गाँव में उन्होंने अस्थियाँ छोड़ दी थीं। वहीं पर इनकी तपस्थली बना दी गयी, विष्णु पुराण में भी इसका उल्लेख मिलता है। यहीं पर 1000 वर्ष पुरानी मूर्ति है जिसका सिर कटा हुआ है।

लोक कथाएँ लोक-जीवन की मर्मस्पर्शी अभिव्यक्तियाँ हैं, जिनका लोक-साहित्य के अध्ययन में अपना एक विशिष्ट एवं महत्त्वपूर्ण स्थान है। ये लोक-कथाएँ जीवन के प्रत्येक क्षेत्र को स्पर्श करती हुई विविध और व्यापक रूप से हमारे सामने आती हैं। कथाओं में लोक जीवन की साधारण-असाधारण घटनाओं का अपनी भाषा में जैसा का तैसा सरल वर्णन मिलता है। इसी से हम मानव जाति के आचार-विचार, रीति-रिवाज, धार्मिक विश्वास, रहन-सहन, उनकी आशा-निराशा, सुख-दुख की सुन्दर झाँकी को झाँक सकते हैं।

इस सम्बन्ध में एक श्लोक प्रचलित है।

यथा नव मृद्घटे लग्नः संस्कारो नान्यथा भवेत्।
कथाच्छलेन बालानां नीतिस्तदिह कथ्यते।।

अर्थात् नवीन मिट्टी के घड़े में लगा हुआ संस्कार कभी नहीं मिटता। उसी प्रकार कथा के बहाने बालकों को नीति के उपदेश दिये जाते हैं।

कथाओं में कुछ व्रत कथाएँ हैं जो धार्मिक अनुष्ठानों पर कही जाती हैं जैसे भैया दूज, करवा चौथ, हरछठ, गणेश-चौथ (सकट) इत्यादि।

बावन क्षेत्र में करवा चौथ पर कही जाने वाली कथा इस प्रकार है (अवधी भाषा में)—एक राजा हते। उनके सात लौंडे व एक लौंडिया हती। सातो भइया बहिन का बहुत चाहत रहे। जब बहिन का बिहाव भवा और करवा चौथ पड़ी, बहिन करवा पूजन कै खातिर बरते भईं। तौ भइया लोगन बहिन कै खातिर करवा लै के बहिनी के ससुरारी पहुँचे, तो का देखत हैं कि बहिन के मुँह भूख पियास के मारे झुराय गवा है। ऊ लोग कहै लागे बहिनी उठो अब पूजा करि लेबो, चन्दा उगि आव हैं। तबेहें एक भाई बरगद पै चढ़ि कै चलनी के पीछे तै लगदा जराय के देखाए दिहिन। बहिन समुझी चन्दा निकरि आवौ है वै अरग दे के जइसे मुँह जुठारिन तैसे ससुराल तै नाऊ पति कै मरै की खबर लै के आय गऔ। अब तो राउना पिटना मचि गऔ। उ नाऊ के साथ ससुरारि चल दिहिस। रास्ता मा रात पड़ी तो ऊ बिजावन बैठी रोवत रही और सोचत रही कि अब जी के का करबौ। अपने पती के साथ सती होई जाबौ। ओ ही रास्ता महादेव पार्वती जी बिहार करै का निकरे। ऊ बिटिया केर रोउब सुनकै पार्वती जी महादेव ते बोलीं महाराज तनिक रूकि जावौ। कौनोउ दुखियारी बहुत रोवत है। महादेव जी बोले—अरे पार्वती जी ई तो मर्तलोक है। दुःख सुख लगै रहत है। अपनी-अपनी करनी का फल सबहीं का भुगतैक पड़त है। तुम कहाँ तक केहू का कष्ट मिटइहौ। पार्वती जी बोलीं-नहीं शिवजी दुनिया का परोपकार बड़ी चीज है। साइत कुछ हम लोग एहकर दुख बाँट सकी तो का हरजा है। महोदव जी कहिन एही से मेहरारू के साथ चलब मना है। तिरिया हठ के आगे बस। अब जावौ

तुमही पूछौ। पार्वती जी बोली–कउन कारन है ऐसै रोवै का आखिर कौन विपत्त ऐके ऊपर परी जौन इ येही तरहा रोवत है। महादेव जी बोले हे पार्वती ई सात भाई की दुलारी बहिन हतीं करवा चौथ का बरत करे रही। सो ऐकर भाई ऐका भूखी पियासी न देख सका और चलनी में चन्दा का भरम कराय दिहिस और ई कारण ई व्रत खंडित कै दिहिस। यह पाप से ई विधिवा होई गयी और अब ई सती होइ के खातिर अपनी ससुरार जाय रही है। पार्वती बोलीं महाराज ई तो ऐके साथ बड़ा अन्याय भवा। ई अबहिन न दुनिया मा पाप जानेस न पुन्न। बिना अपराध के दण्ड कै भागी भईं कोई उपाय नहीं कि ऐकर पती जी जाय और ई सुखी होय जाय। महादेव जी बोले, उपाय तो है। ई लड़की अगर साल भर अपने पती की माटी सभार के राखै और गनेस जी के पूजा करे और जब अगले करवा चौथ आवै तो फिर विधिपूर्वक निर्जला बरत करै, चन्दा का अर्घ दे तो ऐकर पती जी उठे।

ई सब बातचीत लड़की सुनत रही। जब भोर भवा अपने ससुराज पहुँची तो ससुर जेठ सबके पैरन पै गिरि परी और लास का जरावे न दिहिस–औ लास का तेल मा धराय लिहिस और साल भर तक हिफाजत करती रही। पूजा उपवास कैके साल बितायेस। जब करवा चौथ आई विधि से गौरी गनेश करवा महारानी के पूजा किहिस। भगवान ओकर मनसा पूरइन। जैसे अर्ध चन्दा देखके दिहेस ओकर पती सोवत से जाग परा। जैसे भगवान शिवजी ओकर दिन बहुराय तैसे सबकै दिन बहुरैं।

इस क्षेत्र में बाबा जगन्नाथ की पूजा चैत्र शुक्ल पक्ष के दूसरे सोमवार को होती है। पहले सोमवार को एक छोटी तथा एक बड़ी रोटी बनाकर एक रोटी गाय को दी जाती है व एक खुद रखा ली जाती है। व्रत रहने वाली स्त्री पूरा हता नमक और तेल न खाती है न छूती है फिर दूसरे सोमवार को निर्जला व्रत रहकर पूजा सम्पन्न की जाती है जिसकी कहानी इस प्रकार है (अवधी भाषा में)–

याकै भीषम पांडे हते। उइ बड़े गरीब हते। रोज हरू ज्वातत हते। मुदा हते बड़े गुस्सैल। याक दिन हर जोत कै हां घर आये। गरमी के बड़े ताये हते। अपनी पड़ाइन तेरे कुछ खाय पियेक मांगिन। पड़ाइन उइ बेरिया जगन्नाथ स्वामी केरि पूजा कइ रहीं। उइ कहै लागीं पूजा कइकै आइत है। पांडे कइहां बड़ा गुस्सा आवा। उइ लैके बाघी पड़ाइन कै हां मारै लाग। औरू जगन्नाथ स्वामी क्यार पीड़ा उठाइकै फेंकि दीन्हेनि। वहि दिन ते उनके ऊपर पूर दलिदर आयगा। भिखारी बनिगे और ऐसी वैसी मांगे लाग। दिन भर मइहां जित्ता मांगेत हते वहिकी रोटी पंड़ायन साँझ कैहां बनऊती हतीं। मुदा तनिकिउ देर खातिर जो कहू चली जाती हतीं तो उइ सबरी रोटी बिलाय जाती हती। सिरफ याक रोटी और याक चँदिया रहित जात रहती। बिचरउ पांडे और पड़ाइन वहै खाय कै रहित जाति हती। पेट कबहूँ नाहि भरति हता। याक दायं पंड़ाइन बिराम पड़ी तब पांडे जो कुछ माँग जाँच के लाय वहिकी रोटी साँझ के बनाइन मुदा जले उई पानी भरे गै, तलहे उइ रोटी बिलाइ गयीं सिरफ याक रोटी और चँदिया रहि गयीं वहि दिन पांडे कइहां यू हालु मालूम था। उ पड़ाइन तेरे पूछिन तो उइ बताइन कि यू न जाने कित्ते दिन ते हुइ रहा है। जान परति हैं जगन्नाथ स्वामी नाराज हुइगै हैं। पांडे कै हां यह बात समझ में आयगै उइ कहै लाग हम जगन्नाथ जाब। पंड़ाइन कहिन जगन्नाथ केर हियें ध्यान कइ लेवो। मुदापांडे कहै लाग हम तो जइबे। बड़ी तकलीफ उठावत उइ जगन्नाथ क गे। राह मैंहा दुइ नदियां मिलीं उइ कहै लागी जगन्नाथन केरे हमार संदेस कहि दीन्हेउ कि हम नेरे रहिति हैं फिरिउ हम कबहूँ बरखौ मइहां नाहीं मिलि पाइत हैं। यहि का का कारण आय। फिरि राहत मइहां एक हाथी, बिरवा मैहां बंधा झूलि रहा हता। उइ कहेसि कि भगवान तेरे पूछि लिहो कि हम कौन पाप कोन्हह हते। तले एक बिरवा मिला उ कहै लाग हम हर साल फरिति है मुदा हमार सब फल सरि जाति है यू काहे मारे होति है। तले याक मेहरिया मिली वहिके मचिया पकी हती।

उइ कहेसि कि हमरे मचिया काहे चपकी रहित है। यही पूछि लिहो। सबका संनेस लैके पांड़े आगे बढ़े। जब बहुत दूरि पहुँचि गै तो जगन्नाथ स्वामी बुढ़वा बाम्हन का रूप धरि कै उन्हें परगट होइगे। उइ पांडे तेरे बातचीत कीन्हेनि औरू उ की भगति देखि कइहां साछात परगत होइगै। उइ कहेनि कि पांडे दूयाखौ हमरी दूयाहं मइहां कित्ती बरतैं (निशान) परी हैं। इ उह बरतै आही जोनी तुम पूजा करति बिरिया पड़ाइन केरे मारी हत्यो। पांडे उनके पाइन पर गिरि परे औरु माफी मागिन। भगवान उनका छमा केइके उनका दलिदरु दूरि कइ दीन्हेनि। तब पांडे लोगन क्यार सन्देसु कहेनि जगन्नाथ स्वामी कहेनि कि उइ नद्दी देवरानी जिठानी हतीं उइ लड़ती हतीं औरू कोउ केहु क्यार बायान लगे नरहीं भेति हती। तेहि के मारे इ जलम मां नद्दी भई औरू कबहूँ एक दूसरे तेरे नाई मिलती है। हमरे परसाद क्यार सीथ (पके चावल) क्यार एक दुई दाना उनमा डारि देहो उइ मिलै लगि हैं। उ हाथी उइ जलम क्यार नाऊ हता उ अपनी ककई तेरे बार नाइ साफ करति हता। वहिके हमरी छ्वार ते पाँच ब्याँति औरू अपनी छूवार तेर पाँच ब्याँति मारि देहो इ ब्याँत लेति जाओ। उ बिरवा कबहूँ पहिले जलम मैहाँ दान पुन्नि नाहीं करति हता। तेहि के मारे उहि के फल सरि जाति है। उहू केरे इ ब्यात मारि देहो। और वहिके फल तुम खाय लिहो वह मचिया वाली मेहरिया कबहू अपने बड़े बूढ़न क्यार आदरू नाहीं करति हती। उनके समहें मचिया पर बैठि रहति हती। तेहि के गारे यहू जलम मैं हां उहि के मचिया चपकी रहति हैं। उहू केरे इ ब्याँत मारि देहो। इतना सबका उधार होई जाई

पांडे लौटे। राह मइहां उनकी बड़ी बिटिया क्यार गाँव हता उइ वहिके घरे गे। वहि दिन जगन्नाथ क्यार सोमवार हता। उइ तनिक पिसान गुड़ और तनिक घिउ पूजा खातिर माँगेनि। मुला उइ नाहीं दीन्हेसि। वह बड़े घर मां बिआही हती। अपने बाप कैहां फटे हालन देखि के खुस नहीं भै। पांडे चले आये। फिरि छोटी बिटिया कैहां गे। वह गरीबिनी हती। उइ अपने लरिका कैहां याक बनिया कैहां गिरहूँ धरि के पिसानु, गुड़ घिउ लै आईं पांडे खूब पूजा कीन्हनि। वहिका धरू धन-धान तेरे भरपूर होइगा। और बड़की बिटिया क्यार सब कुछ बिलाय गा। वह दौरति अपने बाप तीर गे और कहै लागि यू हमरे घर मां का होइगा। उइ कहेनि कि तुम जगन्नाथ स्वामी कै हां नाराज कइ दीन्ह्यो। जब उनहिन की सरन जाव। फिर उइ अपने घरे पहुँचे हुआं पहिलैहे तेरे सब रिद्धी-सिद्धी आय गयी हतीं।

फिर पांडे बाबा जग्य कीन्हेनि। और अपनी पंडाइन तेरे कहेनि कि जगन्नाथ स्वामी हमरे घरे आवै कइहां कहा हानि देख्यो कबहूँ लौटाय न देहूयो। कोउ आवै वहिका आदर तेरे बैठाओ। पांडे कौन्यो काम तेरे तनिकु बाहिर चलेगे तलहे जगन्नाथ स्वामी कोढ़ी केरे भेख मैहां आयगे। माछी भनिक रहीं हतीं। कोढ़ चुई रहा हता। उनका देखि कैहां सब जन उनका भगाय दीन्हेनि। उनके जातय खन उनके घर मां कमी परे लाग। तब पांडे पंडाइन तेरे पूछिन की का किहूं कइहां लौटाय तो नाहीं दीनिगा। पड़ाइन कहै लागी एकु कोढ़ी आवा हता वहिका मनइन रपटाय दीन्हेनि औरू तो कौन्हो आवा नाहीं हता। तब पांडे कहै लाग अरे उइ तौ जगन्नाथ स्वामी हते। उइ दौरि केहां उहिका लाये और पूजा कीन्हेनु जगन्नाथ स्वामी खुस हुइगै। और वहिका भण्डारू फिर भरिगा। जइस उन क्यार दिन बहुरे तइसै सब क्यार दिन बहुरें।

भरावन ब्लाक के अन्तर्गत ही बहेरिया गाँव आता है जहाँ शिव जी का एक पुराना मन्दिर है। जहाँ पर यह वक्तव्य प्रचलित है कि एक नाग रोज रात को बाबा के दर्शन करने आता है। लोगों ने प्रत्यक्ष उस नाग के दर्शन किये हैं। मन्दिर का नाम 'नागेश्वर बाबा मन्दिर' है।

गाँव के दक्खिन एक तड़ागा, तहाँ बसे एक नागा।

गोड़वा के पण्डित विद्याधर बहुत गरीब थे भिक्षा के लिए जा रहे थे तालाब में स्नान किया

पूजा करने लगे व जैसे ही उन्होंने पोथी बन्द की, देखा कि सामने एक नाग देवता विराजमान है वे ध्यान से पण्डित जी की कथा सुन रहे थे। उन्होंने पण्डित जी को एक मोहर दी व कहा कि यह बात किसी को मत बताना व रोज मुझे शिवपुराण सुनाना व एक मोहर ले जाना। जिस दिन तुमने यह बात किसी को बता दी उस दिन से मेरा तुम्हारा सम्बन्ध खत्म हो जाएगा।

पंडित जी ने बीवी के पूछने पर मोहर का राज बता दिया। तब से नाग बाबा ने उनसे सम्बन्ध खत्म कर दिया। पण्डित जी ने यहीं शिव जी का मन्दिर बनवाया व पूजा पाठ करने लगे वही नाग देवता रात में बाबा के दर्शन को आते हैं।

भरावन ब्लाक के अन्तर्गत अतरौली गाँव आता है इस गाँव में शिव जी का एक मन्दिर है जो 'जंगली सेवन' के नाम से प्रसिद्ध है। काशीपुर गाँव के जमींदार रामपाल सिंह ने यह मन्दिर बनवाया। इसी प्रकार गाँव में ठाकुर द्वारा के नाम से एक ऐतिहासिक इमारत है जिसके अन्दर रामजानकी मन्दिर है व राम-सीता-लक्ष्मण की मूर्तियाँ स्थापित हैं।

(द) 7. लोक व्यंजन

भारत को यदि विविध लोगों का देश कहा जाय तो कोई अतिशयोक्ति नहीं होगी। विविध धर्म के लोगों के निवासित होने के कारण उनकी संस्कृति, त्योहारों एवं भोजन प्रकार (व्यंजनों) में भी विविधता परिलक्षित है।

भोजन, मानव की मूलभूत आवश्यकताओं में से है। मानव आदिमकाल से ही अपने अस्तित्व को बनाये रखने के लिए भोजन पर निर्भर है। स्वादिष्ट भोजन न केवल भूख मिटाता है अपितु आत्मिक संतुष्टि भी प्रदान करता है। प्रायः ये देखा गया है कि भोजन के लिए भी मनुष्य प्रकृति पर निर्भर होता है—फिर चाहे वो शाकाहारी हो या मांसाहारी।

यदि वो शाकाहारी है तो सब्जियों, फूल, फल, जड़ों को कच्चा अथवा पक्का खाता है और यदि वो मांसाहारी है तो कई जानवर जैसे हिरण, खरगोश, बकरा, मुर्गा, बटेर, इत्यादि को मारकर खाता है। कुछ पक्षियों के अंडे व मछली भी उसके भोजन का अंग होते हैं।

प्रारम्भ में मनुष्य भोजन का सेवन कच्चा करता था फिर उसने भोजन को पकाना सीखा। इससे न केवल उसका स्वाद बढ़ गया वह और अधिक स्वादिष्ट भी हो जाता था। हरदोई जिले में भी इन पाक शैलियों के विषय में पूछा गया। यहाँ पर भोजन अधिकतर स्त्रियाँ ही बनाती हैं किन्तु विशेष अवसरों पर जब सामुदायिक भोज होते हैं तो पुरुष भी भोजन पकाते हैं। पाक विधियों में प्रचलित हैं—उबालना, सेंकना, भूनना, तलना, भाप में पकाना, भट्ठी में पकाना।

अधिकतर चूल्हा या भट्ठी का प्रयोग होता है। भोजन पकाने व खाने के लिए पीतल, ताँबा, कांसे के बर्तनों का प्रयोग होता था। इनके अतिरिक्त पत्तल व मिट्टी के बर्तन भी उपयोग में लाए जाते थे। खाना पकाने के लिए बटोई, कड़ाही, भगोना, तवा, कर्छी, चमचा, चिमटा, चकला-बेलन, सिल-बट्टा इस्तेमाल होता था।

भोजन में स्थानीय साग-सब्जी व अनाज को खाया जाता था। हरदोई में चना, मूँग, उड़द, अरहर की दालें, गेहूँ प्रमुख भोजन था। इनमें स्थानीय मसालों का भी प्रयोग होता था।

इस गाँव में व्यंजन बनाने की जो परम्परा है उनमें से कुछ खास व्यंजन इस प्रकार हैं—होली में गुझिया, दीवाली पर पूड़ी-कचौड़ी, असाढ़ी में दाल की पूड़ी, करवा चौथ में चावल के फरा, इत्यादि का चलन है। 50 प्रतिशत मुसलमान होने की वजह से कवाब, बिरयानी, रूमाली रोटी इत्यादि में लखनवी अन्दाज है।

खाने में तो अरहर की दाल, आलू की सब्जी का प्रयोग किया जाता है, और भी हरी सब्जियाँ बनायी जाती हैं। बालूशाही, रसगुल्ला, बरफी, हलुवा यहाँ के विशेष व्यंजन हैं। लोग सारे खाने में दाल, चावल, रोटी, सब्जी का इस्तेमाल करते हैं। तीज-त्योहारों में पूड़ी-कचौड़ी तथा मीठे व्यंजन खाने को मिलते हैं।

अहिस्सा : चावल को रातभर भिगोकर सूती कपड़े में बाँधकर टाँग देते हैं। फिर गीला ही कूटते हैं। इसके बाद छन्नी से छान लेते हैं। खोया और चीनी मिलाकर बालूशाही की तरह गोल टिकिया बनाकर सेंकते हैं।

मिंजनी : बेसन के आटे में हल्का पानी छिड़क-छिड़क कर उसकी रोड़ियाँ बना लेते हैं। कड़ाही में तेल डालकर हींग का तड़का देते हैं फिर उसमें सभी रोड़ियों को डालकर गुलाबी सेंकते हैं। इसके पश्चात् उसे कड़ाही से निकाल लेते हैं व कड़ाही में फिर से तेल गरम करके प्याज, लहसुन के पेस्ट के संग पूरा मसाला डालते हैं, भूनकर रसा लगा देते हैं।

नमकीन गुझिया : मोयन सहित आटा गूँधते हैं, पतली पूड़ी बेलते हैं, व उसमें चने की दाल, हरा मटर पीसकर, भूनकर व सारा मसाला मिलाकर इस पूड़ी में भरते हैं व गुझिया जैसा शेप बनाते हैं। एक भगोने में पानी खौलाकर थोड़ा नमक व चिकनाई डालते हैं व इसी खौलते पानी में गुझिया पकाते हैं। पक जाने पर कड़ाही में फ्राई कर लेते हैं।

पिटऊवा : मक्का या बाजरा में मोयन, गुड़ मिलाकर पुआ बनाते हैं।

रसाजै (छपिया) : बेसन घोलकर कड़ाही में हलुआ जैसा बनाते हैं बरफी जैसी कतरिया काटकर तेल में तलते हैं फिर मसाला, लहसुन, प्याज भूनकर रसा लगा देते हैं।

करायल : मूँग की दाल की फुलौरी बनाकर उसमें मसाले का तड़का देकर करी तैयार करते हैं जिसे करायल कहते हैं।

रकौज : उड़द की दाल पीसकर, उसे कड़ाही में थोड़ा तेल डालकर हींग के तड़के से हलुआ जैसा तैयार करते हैं ठंडा होने पर उसे चौकी पर थपथपा कर चौकोर छोटे-छोटे टुकड़े काट लेते हैं फिर उसे तेल में तलकर मसाले से रसा लगा लेते हैं।

रसावर : चावल को धोकर गन्ने के रस में देर तक पकाते हैं जब चावल पूरा गन्ने का रस सोख लेते हैं तब रसावर तैयार हो जाता है। इसे दही के साथ परोसते हैं।

अन्य व्यंजन : कपूरकंद के लच्छे (लौकी से बनता है) लच्छा निकाल कर चाशनी में डुबोकर बनाते हैं–(शाहजहाँपुर में बनते हैं)–

लौकी का हलवा।
आटे का लड्डू।
खुरचन।
पूड़ी-रबड़ी।
करैल Gravy–मूँग की दाल टपकाकर फिर उसकी रसेदार सब्जी बनाते हैं
रसावल(साकें भी बोलते हैं)।
धोखा–बेसन का बनता है।
सकोड़ा–मिक्स दाल की पकौड़ी बनाते हैं फिर चटनी के साथ खाते हैं।
चिल्ला–मूँग की दाल के चिल्ले।
दूधवरी–आटा/मैदा की वरी, फिर दूध में पकाते है।

ठुठिया–पकरिया की फली की सब्जी।

गूलर–धीमी आँच में ढाई घंटे तक पकाकर सब्जी बनाते हैं।

बड़हर–कटहल की तरह सब्जी बनाते हैं।

देशी सब्जी–सहजन की सब्जी।

जंगल से–जंगली परवल।

सीक सालन–बेसन पतला करके सीक पे लपेटते हैं, फिर उबालकर काटते हैं।

स्थानीय बर्तन एवं दैनिक उपयोग की वस्तुएँ

(द) 8. लोक उपचार

स्वस्थ एवं निरोगी जीवन के लिए मनुष्य को क्रियाशील होने के साथ-साथ लोकोपचार का ज्ञान होना आवश्यक है। इस लोकोपचार के लिए वह प्राकृतिक संसाधनों का प्रयोग करता है–जैसे किन्हीं विशेष पेड़ के फूल, पत्तियाँ, जड़ या डंडी इत्यादि। यह ज्ञान उसने वर्षों के अनुभव से अर्जित किया है। वर्तमान समय में इनका महत्त्व एवं उपयोगिता बढ़ती जा रही है। चूँकि अग्रणी दवाइयों के दुष्प्रभाव भी होते हैं लेकिन प्राकृतिक उपचार का कोई दुष्प्रभाव नहीं होता, अतः यह ज्ञान वांछनीय ही नहीं जरूरी भी है।

उपचार के लिए बीमार होने पर अंग्रेजी दवाओं का प्रयोग बहुतायत होने लगा है। इसके बावजूद बुजुर्ग आज भी साँप काटने या बच्चों से सम्बन्धित बीमारियों के लिए झाड़-फूँक में विश्वास करते हैं।

गाँव में लोग वैद्य से जड़ी-बूटियों की दवा लेते हैं। झोला छाप डाक्टर भी लोगों का इलाज करते हैं। प्राथमिक स्वास्थ्य केन्द्र से भी लोग उपचार करवाते हैं।

- पीपल की जड़ पीसकर लगाने से बाल घने होते हैं पर उस पीपल को पलट कर न देखें, पलटकर देखने से बाल झड़ जायेंगे।
- छुई-मुई की पत्ती टांसिल होने पर पीसकर लगाने से टांसिल ठीक हो जाता है व छुई-मुई

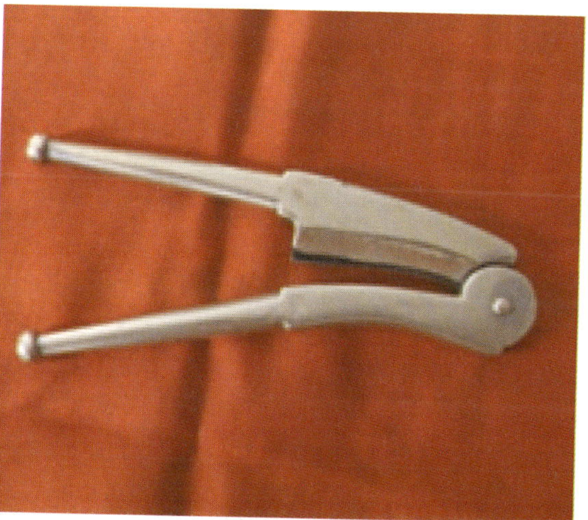

चित्र 1 : सरौता

चित्र 2 : पानदान

चित्र 3 : खुरचनी

चित्र 4 : कलसा

चित्र 5 : कटोरी

की जड़ की माला बच्चों को पहनाने से सर्दी ठीक हो जाती है।

- गेंदा की पत्ती का रस कान में दर्द होने पर डालने से दर्द ठीक हो जाता है।
- बुखार आने पर अमृता की पत्ती का रस दिया जाता है।
- जायफल, हींग, अजवाइन पीस कर, चुटकी भर बच्चे को चटाने से बच्चे की सर्दी ठीक होती है। सर्दी में जो हरा मल गिरता है वह बन्द हो जाता है।
- कुकरौधा पीसकर उसका रस दो बूँद पिला देने से सर्दी जुकाम दूर होता है।
- चिरचिरा की जड़ उल्टी आने पर पिलाई जाती है।

प्रस्तुत ग्राम बड़ा गाँव के माध्यम से हरदोई के गाँवों में फैली हुई रूढ़ियों का वर्णन प्रस्तुत करने की कोशिश की है–

समाज के विकास में संस्था लोकाचार और रूढ़ियों का विशेष स्थान है। प्रत्येक देश और जाति की अपनी कुछ विशेषताएँ हैं प्रायः सब जातियाँ अपने रीति-रिवाजों को शाश्वत समझती हैं। ग्रामीण जनता और भी अधिक रूढ़ होती है। हरदोई के गाँवों में टोने-टोटके का पारम्परिक प्रभाव आज भी

दृष्टिगत होता है। वे यह मानते हैं कि टोना-टोटका द्वारा किसी मनुष्य की बीमारी ठीक तो की जा सकती है, साथ ही वही बीमारी किसी दूसरे स्वस्थ व्यक्ति को लगाई भी जा सकती है।

हरदोई के ग्रामों में अधिकतर चिकित्सा, झाड़-फूँक करने वालों के हाथ में है। चिकित्सालयों की कमी तो है ही किन्तु ग्रामीण लोग औषधोपचार की अपेक्षा मंत्र चिकित्सा पर अधिक विश्वास रखते हैं। अथर्ववेद में यक्षमा, ज्वर, खाँसी तथा कुष्ठ रोगों के दूर करने के अनेक मंत्र हैं। इनमें प्रार्थना के साथ-साथ औषधियाँ भी बताई गयी हैं। यहाँ आज भी आधा शीशी दर्द को मंत्र द्वारा दूर किया जाता है।

- जन्म के पश्चात् बच्चे व जच्चा (माँ) को अकेला नहीं छोड़ा जाता तथा बच्चे को पीठ की तरफ नहीं सुलाते हैं। ऐसा कहते हैं कि भूत या परियाँ बच्चे को उठा ले जाती हैं।
- यदि बच्चा मूल नक्षत्र में पैदा होता है, और वह नक्षत्र कठिन होते हैं, ऐसी स्थिति में बच्चे का पिता सत्ताईस दिन तक हजामत नहीं बनाता, बच्चे का मुँह भी नहीं देखता। शुभ घड़ी देखकर ही यह कार्य सम्पन्न होता है।
- गाँव में जहाँ स्त्रियों को बच्चे जीवित नहीं रहते वे स्त्रियाँ अपने बच्चों की नाक बेल के कांटे से छिदवा देती हैं।
- बच्चे के काजल लगाने के बाद उसके माथे पर डिठौना (काला टीका) तथा उसकी हथेलियों तथा पैर के तलुओं पर भी काजल लगा देते हैं। गले में बजरबट्टू डालते हैं यह एक प्रकार की माला होती है, जिसमें रुद्राक्ष, गूमची, चाँदी का चाँद, ताम्बे का सूर्य, नीले, गुरिये तथा शेर का नाखून होता है। हाथो, कमर व पैरों में काला डोरा बाँधते हैं ऐसा विश्वास है कि काला पहनने से बच्चे को नजर नहीं लगती।
- मुरौली कठरियान के लोग नजर उतारने के लिए कई तरीके इस्तेमाल करते हैं जैसे—ढेले का नमक, लाल मिर्च, प्याज की पत्ती, पीली सरसों, कंड को बच्चे के ऊपर से सात बार उतारकर जला दिया जाएगा।
- इसके अलावा लोटे में लौंग (दो) चीनी, चावल और जल भरकर रातभर उसके सिरहाने रखकर, सुबह चार बजे उठकर बच्चे के ऊपर सात बार उतारकर फेंक देने से बच्चे की नजर उतर जाती है।

(द) 9. कहावतें-मुहावरे

कहावतें—कहावतें अपनी प्रसिद्धि के कारण लोक-साहित्य का एक अभिन्न अंग ही बन गयी हैं। संस्कृत में इन्हें सुभाषित कहा गया है। इनमें सुन्दरता, चमत्कार, प्रभविष्णुता तथा काव्यमयी उक्तियाँ पायी जाती हैं। अर्थात् सुभाषित गीत में और युवतियों की क्रीड़ा में जिसका मन नहीं रमता वह या तो योगी होगा या फिर पशु। अर्थात् सुन्दर ढंग से कही गयी उक्ति ही सूक्ति है। इसी उक्ति को यदि लोक अर्थात् साधारण मनुष्य व्यवहार में लाने लगें तब लोकोक्ति नाम पड़ जाता है। इस कथन की यदि मीमांसा की जाए तो कहा जा सकता है, वही कहावत है।

पाश्चात्य विद्वानों ने भी कहावतों की परिभाषा नाना प्रकार से की है। उनके अनुसार कहावतें बुद्धिगत चातुर्य की अनुभवपूर्ण व्यंजना है जो लोक-जीवन में अनायास कहीं बिखरी हुई हैं।

अन्य लोक भाषाओं की भाँति अवधी में कहावतों की प्रचुरता है। ये कहावतें ग्रामीण जीवन के बाह्य और आन्तरिक ज्ञान-भंडार हैं, जिन्हें वे अपने अनुभव और अपनी कुशल बुद्धि द्वारा प्रकट

करते हैं।

विद्वानों ने कहावतों को ग्रामीणों का नीतिशास्त्र कहा है। इसी दृष्टि से कहावतें संसार की नीति साहित्य (विज़डम लिटरेचर) का प्रमुख अंग मानी गयी हैं। इन कहावतों में एक व्यापकता समाहित है। यह व्यापकता गागर में सागर के सदृश है। देखने-सुनने में छोटी, पर प्रभाव बिहारी के दोहे के सदृश गम्भीर होता है।

कहावतों में भी पहेलियों की भाँति गम्भीर और गूढ़ अर्थ भरे होते हैं तथा दोनों से ही समाज का मनोरंजन भी होता है, और दोनों के द्वारा बुद्धि की परीक्षा भी होती है।

कहावतें सूत्र प्रणाली होती हैं। उनमें भावों की गम्भीरता व मार्मिकता पहेली से अधिक गहरी और भाषा की शब्द-शक्ति लक्षण के सदृश थोड़े में बहुत अर्थ की गम्भीरता रहती है।

लोक-कथा और गीत आदि के समान ही कहावतों की परम्परा बहुत प्राचीन है। इन कहावतों में अनुपम ज्ञानराशि संचित है। सामाजिक, धार्मिक, राजनीतिक और नैतिक सभी प्रकार की प्रथाओं, मान्यताओं, परम्पराओं, विश्वासों, रूढ़ियों, संस्कारों और विचारधाराओं का चित्र उनके द्वारा खींचा जा सकता है।

अवधी में घाघ और भड्डरी की ऋतु और कृषि सम्बन्धी अनेक उक्तियाँ भरी पड़ी हैं। कृषि जीवन में यह उक्तियाँ एक ज्योतिष विज्ञान का कार्य करती रही हैं और आज भी करती हैं। समय का अनुमान, अच्छी फसल, अच्छे बैल आदि की पहचान का ज्ञान सभी कुछ इनमें निहित है।

कभी-कभी कहावतें पद्य में भी सुनी जाती हैं और इसी कारण वे लम्बी भी हो जाती हैं, यथा—अवधी में एक कहावत प्रसिद्ध है—

'जैसे मिले उमादत्त पांडे तैसे मिलीं रसूला,
न वइ बाँधें टाटा फरिहा, न वै दागे चूल्हा।'

अर्थात् उमादत्त पांडे व उनकी रसूला बीवी एक समान ही हैं।

कहावतें अनुभव-प्रसूत होती हैं। इनके अध्ययन के लिए लोक-जीवन का परिचय पर्याप्त है। साधारणतया लोक-वातावरण से अपरिचित व्यक्ति कहावत का आनन्द नहीं ले सकता।

कहावतें सरल प्रभविष्णु होती हैं। उनकी यह सरलता स्वजात होती है और उद्देश्य की गहनता का बोध कराती है। देखने में सरल होने पर भी उनका प्रभाव मार्मिक होता है। मनोरंजन के साथ-साथ कहावतों का यह रूप उन्हें अन्य लोक-साहित्य की विधाओं से महत्त्वपूर्ण बना देता है।

मुहावरे—मुहाविरा शब्द की व्याख्या करना कठिन है। यह हिन्दी का अपना शब्द नहीं है। हिन्दी में मुहावरा, मुहावरा रूप हुआ है। यह अरबी भाषा का शब्द है, जिसका अर्थ है परस्पर बातचीत या सवाल-जवाब करना। अंग्रेजी में इसे 'इडियम' कहा जाता है। हिन्दी में इसके लिए आगरीति या रमणीय प्रयोग का व्यवहार किया जाता है। यद्यपि इन शब्दों से इसकी पूर्ण अभिव्यक्ति नहीं होती है। उर्दू में इसी अर्थ में रोजमर्रा शब्द का प्रयोग होता है।

अरबी से आया हुआ यह मुहावरा शब्द ही हिन्दी में प्रचलित है। किसी कार्य को करने से पहले श्रीगणेश करना आर्यों का धार्मिक कृत्य है। श्री गणेशजी की पूजा अनिवार्य है। इसी प्रकार से मुसलमानों में कार्य प्रारम्भ के समय बिस्मिल्लाह कहते हैं। यह एक अभ्यास-सा पड़ गया है या दूसरे शब्दों में कह सकते हैं कि मुहाविरा पड़ गया है या मुहाविरा बन गया है। दूसरे से जब कहेंगे तब भी यह कहेंगे कि आपको इस कार्य का मुहाविरा है। यही अभ्यास मुहाविरे का सीधा-सा अर्थ है।

मुहाविरे भाषा की जीवनी शक्ति हैं। उन्ही से भाषा जीवित रहती है। भाषा में रोचकता, चुस्ती

और सजीवता मुहाविरों के बल पर ही आती है। वाक्यों में शक्ति का प्रभाव इन्हीं के प्रयोग से प्राप्त होता है।

मुहाविरे जन-साधारण की सम्पत्ति होते हैं। मनुष्य अपने प्रतिदिन के व्यावहारिक जीवन में जो कुछ वस्तुएं देखता है उनसे अनुभव प्राप्त करता है। इन्हीं वस्तुओं, विचारों, दृश्यों, अनुभवों आदि में से अधिक आश्चर्यजनक व कौतूहलमय वस्तुएँ आदि ही उसके मानस-पटल पर प्रभाव डालते हैं, और उनको ही वह शब्दों में बाँध देता है। अन्त में ये ही मुहाविरे बन जाते हैं।

मुहाविरा प्राय संक्षिप्त अभिव्यक्ति है। छोटे-से में प्रभावपूर्ण ढंग से जन-मानस अपनी बात कहना चाहता है। सम्भवतः इसका सबसे सरल माध्यम मुहाविरे हैं। मुहाविरे मुहाविरा विविध और अनेक विषयों से सम्बद्ध होता है।

मुहाविरों की परम्परा का इतिहास भाषा के साथ ही चलता है। प्रत्येक बोली धीरे-धीरे भाषा बनती है। भाषा को प्रभावित करने के लिए ही मुहाविरे भी प्रयोग में आने लगे संस्कृत साहित्य में भी इनका प्रयोग पाया जाता है, यथा—कहीं बहुत घना अन्धकार है तो कहेंगे 'सूचिमेघंतमः' तथा अत्यन्त शीघ्रता के साथ रात व्यतीत होने के लिए 'अक्ष्णे प्रभातमासीत्' का प्रयोग संस्कृत भाषा में किया गया है। हिन्दी में भी कुछ मुहाविरे संस्कृत से ही आ गये हैं। वे संस्कृत के अनुवाद-से लगते हैं, यथा—गड्डलिकाप्रवाहः हिन्दी में 'भेड़िया धसान' मुहाविरा बन गया है, अर्थात् बिना सोचे समझे आगे सबका बढ़ना या कोई कार्य करना है।

अवधी लोक-साहित्य तो मुहाविरों का भंडार है। ग्रामीण शिक्षित नहीं हैं। उन्हें तत्सम शब्दों का भी ज्ञान नहीं है। उनके पोथी-पत्रा तो यही मुहाविरे हैं। ये ग्रामीण अपनी बोली में अपने स्वाभाविक उद्‌गारों को इन्हीं मुहाविरों द्वारा व्यक्त करते रहते हैं। जीवन का कोई भी पहलू इनसे अछूता नहीं है। सामाजिक, राजनीतिक, सांस्कृतिक, आर्थिक, धार्मिक सभी सत्यों का प्रगटीकरण इन मुहावरों के द्वारा हुआ है।

संक्षेप में कह सकते हैं कि मुहाविरों में संक्षिप्त पदावली, गोपनीयता व जीवन की व्यापकता का भाव रहता है। दूसरे मुहाविरे कहावतों के सदृश स्वतन्त्र नहीं रहते वरन किसी वाक्य के साथ आते हैं। दूसरे शब्दों में कह सकते हैं कि मुहाविरा वाक्य का अंगीभूत होकर रहता है। यदि स्वतन्त्र रूप से मुहाविरा प्रयोग में लाया जाए तो अपने कर्तव्य की पूर्ति नहीं करता है, यथा—अवधी बोली में 'आंखि मूदब' मुहाविरे का प्रयोग मृत्यु के लिए होता है। पर इस मुहाविरे की अपनी पूर्ण सत्ता नहीं है, किसी भी सन्दर्भ में इसका उपयोग हो सकता है।

मुहाविरा अधिकतर लाक्षणिक होता है, यथा—अवधी में एक मुहाविरा है 'अरबी तरबी काहे बूकतिहो' अर्थात् 'टेढ़ी-मेढ़ी बातें न समझने योग्य क्यों करते हो'। ग्रामीणों के अन्धविश्वास, उनकी परम्पराएँ, रूढ़ियाँ और धार्मिक आस्था सभी इन मुहाविरों में व्यक्त हैं।

उपर्युक्त विवेचन से स्पष्ट है कि अवधी पहेलियाँ, कहावतें तथा मुहाविरे लोक जीवन के चिन्तन, मनोरंजन और बुद्धि वैभव के परिचायक हैं। बाल्यावस्था से ही वचन-चातुर्य की ये रचनाएँ बालक सुनते रहते हैं और जीवन के गहनतम संघर्ष में उन्हें फलीभूत होता देखकर उनके सहज उद्‌देश्य को मौन रूप में स्वीकार कर लेते हैं। इनके अनेक प्रकार हैं।

यह प्रकट करना अनुचित न होगा कि किन्हीं आचार्यों ने लोकोक्ति और कहावत में सूक्ष्म भेद किया है। काव्य के अन्तर्गत ये लोकोक्तियाँ अलंकार के रूप में व्यवहृत होती हैं। अप्पय दीक्षित ने लोकोक्ति के सम्बन्ध में व्याख्या करते हुए कहा है, ''लोकप्रवादानुकृति लोकोक्ति रीति भव्यते''

(कुवलयानन्द, लेखक अप्पय दीक्षित) अर्थात् किसी लोक-व्याख्यात कहावत के अनुकरण से यह लोकोक्ति अलंकार मानते हैं।

हिन्दी में भी कहावतों को लोकोक्ति मानकर अलंकार के अन्तर्गत रखा है। 'जहं कहानवति अनुकरन लोक उक्ति' अथवा 'जहाँ लोक की कहनावति ठहराउ' (पदमाभरण, पद्माकर)।

कहावतें अपनी प्रसिद्धि के कारण लोक-साहित्य का एक अभिन्न अंग ही बन गयी हैं। सुन्दर ढंग से कही गयी उक्ति को यदि लोग अर्थात् साधारण मनुष्य व्यवहार में लाने लगें तब लोकोक्ति नाम पड़ जाता है इस कथन की यदि मीमांसा की जाए तो कहा जा सकता है, वही कहावत है।

- ''आन के धन पर लछिमी नारायन'' अर्थात् दूसरे की कमाई पर मौज करना।
- ''जैसे मिले उमादत्त पांडे तैसे मिलीं रसूला, न बई बाँधे टाटा फरिहा, न बै दागैं चूल्हा।'' अर्थात् उमादत्त पांडे व उनकी बीवी रसूला एक समान ही हैं। पंडित जी को पंडिताई नहीं आती और बीवी को चूल्हा जलाना नहीं आता।
- ''राकस के घर बिअहो जोय, भंजू-भांज कलेवा होय''। अर्थात् राक्षस के घर में ब्याही हुई स्त्री की कीमत नहीं, वह तो उसे भूनकर खा जाता है।
- ''बन्दर का जाने अदरक का स्वाद'' अर्थात् मूर्ख के घर में अक्लमंद लड़की का ब्याह जाना।
- ''चलनी में दूध दुहै करमन को लाग'' अर्थात् भाग्य को दोष देकर सन्तोष प्राप्त कर लेते हैं।
- ''राजा भये दुइजि के चाँद'' अर्थात् जो लोग बहुत कम दिखाई पड़ते हैं उनके लिए कहा जाता है।
- ''करिया बामन ग्वार चमार, इनते सदा रहे हुसियार।''
- ''अहिरा, भीत, बबूर ये जब उपजें तब काट।'' अर्थात् अहीर से भलाई कभी नहीं हो सकती।
- ''मोटी-मुखारी जे करै, दूध बियारी खाय, बासी पानी जो पिये, तेहि घर वैद्य न जाय'' अर्थात् मोटी दातुन जो करता है और रात में दूध और सबेरे बासी पानी पीता है, उसके घर वैद्य नहीं जाते।
- ''क्वार करेला, चैत गुड़, सावन साग न खाय, कौड़ी खरचै गाँठ की रोग बिसाहन जाय।''
- ''जैस उदइ तैस भान, न उनके झुटिया न उनके कान।'' अर्थात् सबकी शकल एक सी असुन्दर है।
- ''कखरी लरिका गांउ गुहार।''
- ''कागा चलै हंसि केरि चाल।''
- बैल मरखना चमकुल जोय, वा घर ओरहन नित उठ होय।'' अर्थात् जिसका मरखना बैल होगा और चटक-मटक वाली स्त्री होगी, उसको सदा उलाहने ही सुनने पड़ेंगे।

बड़े-बूढ़ों से बातचीत के दौरान उनके मुँह से निकलने वाली कहावतों का विवरण—

- जो कम्बर कें जानै भेद, नीचे ऊपर मूँदे छेद।
जो ऊपर से परै पिछौरी, जाड़ बिचारा करै चिरौरी।
- सींग मुड़े, माथा उठा, मुँह का होवे गोल।
रोम नरम, चंचल करन, तेज बैल अनमोल।

- बिन बैलन खेती करै, बिन मैयन के रार।
  बिन मेहरारू घर करें, चौदह साख लवार।
- चलनी में दूध दुहै करमन को लाग।
- करिया बामन ग्वार चमार, इनते सदा रहे हुसियार।
- क्वार करेला, चैत गुड़, सावन साग न खाय,
  कौड़ी खरचै, गांठ की रोग बिसाहन जाय।
- सौत के रिस कठौती के ऊपर।
- मक्के गये, मदीने गये, हज कै आये
  तेहूं मियां के मियां।

हिन्दी की प्रचलित कहावतें

- चोर-चोर मौसेरे भाई
- चोर की दाढ़ी में तिनका
- जितने के भगत नहीं, उतने के मंजीरा फूटना।
- सुबह का भूला शाम को घर आये तो उसे भूल न कहाये।
- घर में नहीं दाने, अम्मा चली भुनाने।
- उड़द की ताल, फुदक-फुदक चुरत है।

मुहावरे

मुहावरे भाषा की जीवनी शक्ति हैं। उन्हीं से भाषा जीवित रहती है। भाषा में रोचकता, चुस्ती, और सजीवता मुहावरों के बल पर ही आती है। वाक्यों में शक्ति का प्रभाव इन्हीं के प्रयोग से प्राप्त होता है।

इस क्षेत्र में प्रचलित कुछ मुहावरे–

- ''अड़बी-तड़बी काहे झारत हौ' अर्थात् न समझने योग्य बातें क्यों करते हो।
- ''तुम तो उड़ति कटनासु दूयाखा है।'' अर्थात् तुम्हें अनायास ही कोई सफलता मिली है।
- ''अंग फरके लाग।''
- ''आंखि फरकति अहै।''
- ''कौआ ब्यालति हैं।'' तीनों का अर्थ किसी प्रिय आगमन का संकेत देता है।
- ''अहिरै के पड़वा हो।'' अर्थ मूर्ख हो।
- ''पीसे क अकरा गावै क सीता हरन''। अर्थात् कुछ न होते हुए भी बड़ी-बड़ी बातें हाँकना।
- ''का सरग मां दिया देखै हो?'' अर्थात् क्या मरने के बाद काम आओगे।

बड़े-बूढ़ों से बातचीत के दौरान उनके मुँह से निकलने वाली कहावतों का विवरण–

- जो कम्बर कें जानै भेद, नीचे ऊपर मूँदे छेद।
- जो ऊपर से परै पिछौरी, जाड़ बिचारा करै चिरौरी।
- सींग मुड़े, माथा उठा, मुँह का होवे गोल।
  रोम नरम, चंचल करन, तेज बैल अनमोल।

- बिन बैलन खेती करै, बिन मैयन के रार।
  बिन मेहरारू घर करें, चौदह साख लवार।
- चलनी में दूध दुहै करमन को लाग।
- करिया बामन ग्वार चमार, इनते सदा रहे हुसियार।
- क्वार करेला, चैत गुड़, सावन साग न खाय,
  कौड़ी खरचै, गांठ की रोग बिसाहन जाय।
- सौत के रिस कठौती के ऊपर।
- तुम तो उड़ति कटनासु दुयाखा हो।
- अंग फटके लाग।
- आंखि फटकति अहै।
- कौआ ब्वालति है।
- अहिरै के पड़वा हो।
- का सरग मा दिया देखै हो?
- कहूँ जात करमऊ साथै है।
- हम बाँमन बिसुवा बीस।
- गगरिम दाना सूद उताना।
- दमरि कि धनिया साहजहाँपुर कोठी।
- तुम तो उड़ति कटनासु दुयाखा हो।
- फूले-फूले फिरत हैं आज हमार ब्याह
  तुलसी गाय बजाय के देत काठ में पाँव
- भैंस के आगे बीन बजावे,
  भैंस खड़ी पगुराय
- नाच न आवै, आंगन टेढ़ौ
- आम के आम गुठलियों के दाम।
- नौ दो ग्यारह होना।
- सिर पर चढ़ना।
- खून खौलना।
- भीगी बिल्ली बनना।

अन्य मुहावरे और उनके अर्थ

1. लीपा पोते डेहरी पहिरे ओढ़े मेहरी (औरी)–जैसे–डेहरी सजी अच्छी लगती है। वैसे औरत सजी अच्छी लगती है।

2. गगरी दाना, सूद्र उताना–जैसे–गगरी में दाना लुढ़कता है शूद्र के पास पैसा होता तो उछलता है।

3. जो मियाँ मरे, वो सलाम घटे–जैसे–जितना काम निपटे उतना अच्छा।

4. आँखिन ओट पहाड़न ओट–जैसे–पहाड़ के पीछे करो वैसे आँख के सामने से हट।

5. बड़ा कौर खाए बड़ी बात न बौलै–बड़ा कौर भले खाए। जैसे–जीवन में बड़ी बात नहीं

बोलनी चाहिए, भले ही भोजन का निवाला बड़ा खाए।

6. नाँच न आवै आँगन टेढ़ा—जैसे—किसी काम को न कर पाना और बहाना बनाना।

7. ठुमुर-ठुमुर बाजै तो बड़ा नीक लागै नऊआ नेग माँगे तो उठा बैठी लागै—जैसे—किसी कला को देखने में अच्छा लगना और उसका मूल्य माँगने पर अनुचित लगना।

8. लम्बी लाठी औ मुँह बाए जानौ कटियारी से आए—इस मुहावरे का प्रयोग कटियारी के पुरुषों के लिए होता है।

9. मुँह देख के बीड़ा बैठने के लिए पीढ़ा—जैसे—सामने पड़े तो सत्कार जाने के बाद सम्मान नही।

10. बड़े बाँसन की खंगराऊनै काफी—जैसे—बड़ा बटुआ चढ़ा है तो सब खा गये कोई आ गया तो खिला एहसान।

11. थोथा चना बाजे घना—जैसे—प्रतिभाहीन व्यक्ति अधिक ढोंग करता है।

12. लाम्बे घूँघट चापे पाँव उस घूँघट में भरे उपाय—जैसे—जब घूँघट में आयी तो बढ़िया, खुली तब असलियत खुली।

13. आँखिन अंधेरे नाम नैनसुख—जैसे—नाम के अनुरूप गुण न होना।

14. बन्दर क्या जाने अदरक का स्वाद—जैसे—महत्त्वपूर्ण वस्तु का मोल न जानना।

15. भैंस के आगे बीन बजाये भैंस खड़ी पगुराये—जैसे—किसी मूर्ख व्यक्ति से ज्ञान की बातें करना।

16. कोई मरै कोई मल्हारलै गावें—जैसे—किसी का दुःख-दर्द न समझना।

17. नानी के आगे ननकउरें की बातें—जैसे—किसी बुद्धिमान व्यक्ति को समझाने की कोशिश करना।

18. बर बर वृद्ध कनार डारी, नट्टो चलो उतानी—जैसे—जब इतराने लगता है तो पंख लग जाते है।

19. ज्यों ज्यों भीगे कांवरी, त्यों त्यों भारी होये—जैसे—समय के साथ हालात देखते हुए, किसी व्यक्ति की युवा शक्ति वक्त और हालात सामाजिक परिस्थिति से अवगत करा देते हैं।

20. कनवा बर्द ब्यारिन समझे—जैसे—हम कोई बात कर रहे हैं शक पड़ जाए और अगला निकल जाए।

21. द्वारे आई बारात, तौ नौनिया का लगी हगास—जैसे—किसी विशेष परिस्थिति का सामना न कर पाना।

22. कांधे बसुलां गाँव गोहार—जैसे—चीज पास में है चिल्लाते जगह-जगह ढूंढे।

23. तनिक हती हसुआ मा धार, सोऊ लई गै भुवन चमार—जैसे—अल्प धन होना और वो भी खो जाना।

24. हाथ कंगन आरसी क्या, पढ़े लिखे को फारसी क्या—जैसे—योग्य व्यक्ति किसी भी परिस्थिति का सामना कर सकता है।

25. बिच्छू मारै का मंत्र जानै, साँप के बिल मां हाथ डारै—जैसे—बिना जाने-समझे किसी कर्म को करना।

पहेली

मनुष्य जीवन की वस्तुओं व भावों का कोई छोर नहीं होता है। प्रकृति के विशाल तम्बू के नीचे बैठा अवध का निवासी ग्रामीण न मालूम कितनी प्रकार की पलेहियाँ नित्य प्रति सुनाता रहा है। इस क्षेत्र से प्राप्त पहेलियों का ब्योरा इस प्रकार है—

– एक चिरैया लेदी-बैंदी, संझवै से पिरवाई।
ओकर अण्डा उज्जरू-उज्जरू, झउवर को उठवाई (महुआ)

– अन काटौ बन काटौ,
बन मा बाँधौ बोझा।
हाथी के घुन घुनिया बाँधौं,
छिटक परे हैं राजा। (अरहर का पौधा)

– याक छोटि है ऐसी नार, डुबकी मारे जाये पार। (सुई)

– एक गोरी, एक कारी नार, एक नाम धरा करतार।
एक छोटी एक बड़ी कहावै, एक सस्ती एक महंग बिकावै। (इलायची)

– लाल-लाल ढकना, सुराहीदार ढकना,
बूझौ तो बूझौ नाहिं मारब चटकना। (मिर्च)

– गैया चरे खेत मा, बछड़ा चरे रेत मा।
दीन टिटकारी, बछड़ा ब्याला पेट मा। (बन्दूक)

ढकोसले

पहेलियों के साथ-साथ गाँव देहात में हास्य विनोद एवं व्यंगपूर्ण लोक-साहित्य का भी चलन है, जिन्हें ढकोसला कहा जाता है। इस क्षेत्र के कुछ ढकोसले इस प्रकार हैं–

– भैंस चढ़ी बबूर पर, गप-गप गूलर खाय।
काँटा लागा आंखि मां, भागी किधर को जाय।

– ऊँट पनारे बहि चला, मैं जानों पिय मोर,
हाथ नाय पिय ढूँढन लागी, मिला कठौती का बेंट।

– ऊँटनि कहै ऊँट सौ, सुनु पिय मेरी बात,
राजा एक पदमिनी हेरे, कोऊ-कोऊ यहिक सुजात।

स्थानीय बोली के उदाहरण

यह लोग माता-पिता को बाबू-जिया बोलते हैं। इसके अलावा और की मात्रा का ज्यादा प्रयोग होता है। जैसे (जाबौ, खाबौ, करिबौ, नहैबो इत्यादि) कुछ उदाहरण स्वरूप वाक्य जैसे–

- "जे बखारी है, जेमा गेहूँ धरो जात है"। (यह बखारी है इसमें गेहूँ रखा जाता है)
- "ऊपर करन गयेन जो बैठि नाई पायन, तौ नीचे करन लागेन।" (ऊपर करने गये थे, बैठ नहीं पाये इसलिए नीचे ही करने लगे)
- 'औ' की मात्रा का ज्यादा प्रयोग होता है जैसे–जाबौ, खाबौ, करिबौ इत्यादि।

(द) 10. यातायात के साधन

मनुष्य व्यापार अथवा सामाजिक कार्यक्रमों में भाग लेने हेतु अथवा भ्रमण करने के लिए अलग-अलग साधनों का उपयोग करता रहा है। जैसे-जैसे वह उन्नति करता गया इन साधनों पर भी प्रभाव पड़ा। समय-समय पर इन्हें भी तकनीकी तौर पर उन्नति मिलती गयी। इनके माध्यम से जो सफर पहले हफ्तों या महीनों में पूरा किया जाता था वह अब कुछ पलों में ही पूरा कर लिया जाता है।

सड़कों के निर्माण और यातायात व्यवस्था में परिवर्तन से आवागमन बढ़ा, लोगों ने एक स्थान से दूसरे स्थान पर जाना आरम्भ किया। विभिन्न संस्कृति को समूहों के लोगों का भी आदान-प्रदान होने लगा। परिणामस्वरूप सांस्कृतिक परिवर्तन होने लगे।

यदि हम सड़क संसाधनों की बात करें तो लोग पैदल चलना अधिक पसन्द करते थे। इसके अलावा वे घोड़े और अधिक समृद्ध लोग हाथी का प्रयोग करते थे। इसके अतिरिक्त लहड़ू बहुत प्रचलित था यह एक प्रकार की छोटी बैलगाड़ी थी जिसमें दो बैलों का प्रयोग किया जाता था। इसमें एक बार में तीन-चार व्यक्ति ही बैठ सकते थे। बड़ी बैलगाड़ी में सात-आठ लोगों के बैठने का प्रावधान होता था।

इनके अलावा दो प्रकार की पालकियों का प्रयोग होता था–

1. **पीनस**–इसको उठाने के लिए आठ लोगों का प्रयोग होता था।
2. **पयाना**–यह एक प्रकार की खुली प्रकार की पालकी थी जिसका प्रयोग मुख्यतयः पुरुषों के लिए किया जाता था।

एक गाँव से दूसरे गाँव जाते समय यदि झीलें और नदियाँ पड़ती थीं तो उन्हें छोटी-छोटी नाव द्वारा पार कर लिया जाता था। जिनमें एक बार में चार व्यक्ति ही बैठ सकते थे।

जनपद हरदोई के विकास हेतु सुझाव

- ✓ पर्यटन की दृष्टि से हरदोई के ऐतिहासिक एवं धार्मिक स्थलों का एक सर्किट विकसित किया जा सकता है।

- ✓ हरदोई के भित्तिचित्र वर्तमान समय में नगण्य हैं किन्तु ये अत्यन्त आकर्षक प्रस्तुतियाँ हैं इसलिए इनका संरक्षण अनिवार्य रूप से किया जाना चाहिए।

- ✓ जरदोजी एवं चिकनकारी की कढ़ाई के कारीगरों को बेहतर प्रशिक्षण देकर उनकी कला को उभारा जा सकता है तथा उनके उत्पादों को ई-मार्केट से जोड़ा जा सकता है इन दोनों की ही सम्पूर्ण विश्व में माँग है।

- ✓ यहाँ की काष्ठकला का पुनर्जीवन किया जाना आवश्यक है। ऐसा माना जाता है कि सहारनपुर की काष्ठकला जो आज सम्पूर्ण विश्व में प्रसिद्व है, को करने वाले कारीगर हरदोई से ही पलायन करके गये थे।

- ✓ टोकरियाँ बनाने की कला न केवल अतुलनीय है बल्कि पर्यावरण संरक्षण की दृष्टि से इनकी उपयोगिता है इसलिए इन कलाकारों का उत्साहवर्धन होना चाहिए। और इसे भी ई-मार्केट से विपणन किया जा सके। इनके स्वरूप को और अधिक विविधता प्रदान की जा सकती है और इन्हें आकर्षक बनाया जा सकता है।

- ✓ सण्डीला के लड्डू व अन्य पारम्परिक व्यंजन जिनकी चर्चा पहले भी की गयी है उनका प्रचार-प्रसार करना चाहिए। ये सभी पौष्टिक एवं स्वादिष्ट होने के साथ-साथ मौसम के अनुकूल होते हैं।

- ✓ लोकगीत एवं लोकनृत्य का संरक्षण एवं संवर्धन भी किया जाना चाहिए। इनके द्वारा अवधी भाषा, अवधी संस्कृति एवं इतिहास का ज्ञान होता है।

- ✓ इस प्रकार की विकासनीति से इस जनपद के युवाओं को अलग-अलग कौशल विकास का अवसर मिलेगा जिससे रोजगार को बढ़ावा मिलेगा और हरदोई जनपद की प्रसिद्व चारों ओर फैलेगी।

सन्दर्भ-सूची

अवधी लोक गाथा - डॉ. शंकर लाल यादव

अवधी श्रम गीत - डॉ. सूर्य प्रकाश दीक्षित

अवध के लोक गीत एवं उनका शिल्प सौन्दर्य - डॉ. मधुलता श्रीवास्तव

अवधी का लोक-साहित्य (1971, नेशनल पब्लिशिंग हाउस) - डॉ. सरोजनी रोहतगी

उत्तर प्रदेश की लोक कलाएँ, व्रत, पर्व एवं त्योहार (1994 सांस्कृतिक कार्य विभाग, उ.प्र. द्वारा प्रकाशित) - डॉ. विद्या बिन्दु सिंह

ऐनशिएन्ट इण्डियन हिस्टोरिकल ट्रेडीशन, दिल्ली, सन् 1962 - एफ.ई.पारजीटर

द मौन्युमेंटल ऐंटीक्विटीज एण्ड इंसक्रियप्शंस इन नोर्थ वैस्टर्न प्रोविंसेज एण्ड अवध - ए.फहरर

द हिस्ट्री एण्ड कल्चर ऑफ द इण्डियन प्युपिल, इलाहाबाद - आर.सी.मजूमदार एवं ए.डी.पुशलकर

द कैमरिज हिस्ट्री ऑफ इण्डिया, प्रकाशन-भाग-1, दिल्ली, सन् 1962. - ई. जे. रैपसन

भौतिक संस्कृति के परिवेश - डॉ. बनवीर सिंह

लोक-साहित्य की भूमिका - कृष्णदेव उपाध्याय

हरदोई जनपद की ऐतिहासिक, सांस्कृतिक धरोहर - अमिय कृष्ण चतुर्वेदी (2008)

हरदोई जनपद के लोक-गीत - अमिय कृष्ण चतुर्वेदी (2000)

हिन्दी साहित्य का वृहत् इतिहास, (षोडश भाग-अवधी लोक-साहित्य) - सत्यव्रती अवस्थी

हिस्ट्री ऑफ कोसल अपटू राइज ऑफ मौर्याज वाराणसी, सन् 1963 - वी.एन.पाठक

हिस्ट्री ऑफ कन्नौज टू द मुस्लिम कौक्वेस्ट, दिल्ली 1959 - आर.सी.त्रिपाठी

हरदोई इन गजेटियर, नैनीताल, 1904 - एच.आर.नेबिल

Evolution ofAwadhi - Dr. Baburam Saxena

Fairs and festivals of India (VOL-III) (2003, Gyan publishing house, New Delhi) - Ed. by M.P. Bez Baruah

Gazetteer of India, Uttar Pradesh (District Hardoi) - Amar Sigh Baghel (1974)

Imperial Gazetteer of India - Sir William Wilson Hunter (1881)

The Tribe and Castes of The Central Provinces of India (VOL-I, II, III) (Rajdhani Book Centre, New Delhi) - R.V. Russel and Raibahadur Hiralal (1975)

□□

परिशिष्ट

चित्र-सूची

तालिका-सूची

मानचित्र-सूची

डॉ. अंजलि चौहान

डॉ. अंजलि चौहान, श्री जय नारायण पी.जी. कॉलेज (लखनऊ विश्वविद्यालय) में असिस्टेंट प्रोफेसर एवं विभागाध्यक्ष मानवशास्त्र विभाग के पद पर 2001 से कार्यरत हैं। उन्होंने अपना पीएच.डी. शोध कार्य विकलांग जनों पर किया है। इसके अतिरिक्त उन्होंने जनजातियों के सामाजिक-सांस्कृतिक विकास एवं परिवर्तन पर तथा अनेक धार्मिक विषयों जैसे कुम्भ मेला इत्यादि का अध्ययन किया है। उन्होंने 14 शोध-पत्र प्रकाशित किये हैं तथा 2 पुस्तकें भी लिखी हैं। उन्होंने विश्व के छह देशों में अन्तरराष्ट्रीय सम्मेलनों में व्याख्यान दिये हैं। उन्हें संस्कृति विभाग, भारत सरकार से जूनियर फेलोशिप मिली है तथा उन्होंने यू.जी.सी. व अयोध्या शोध संस्थान, संस्कृति विभाग (उ.प्र.) की 2 शोध परियोजनाएँ पूर्ण की हैं।